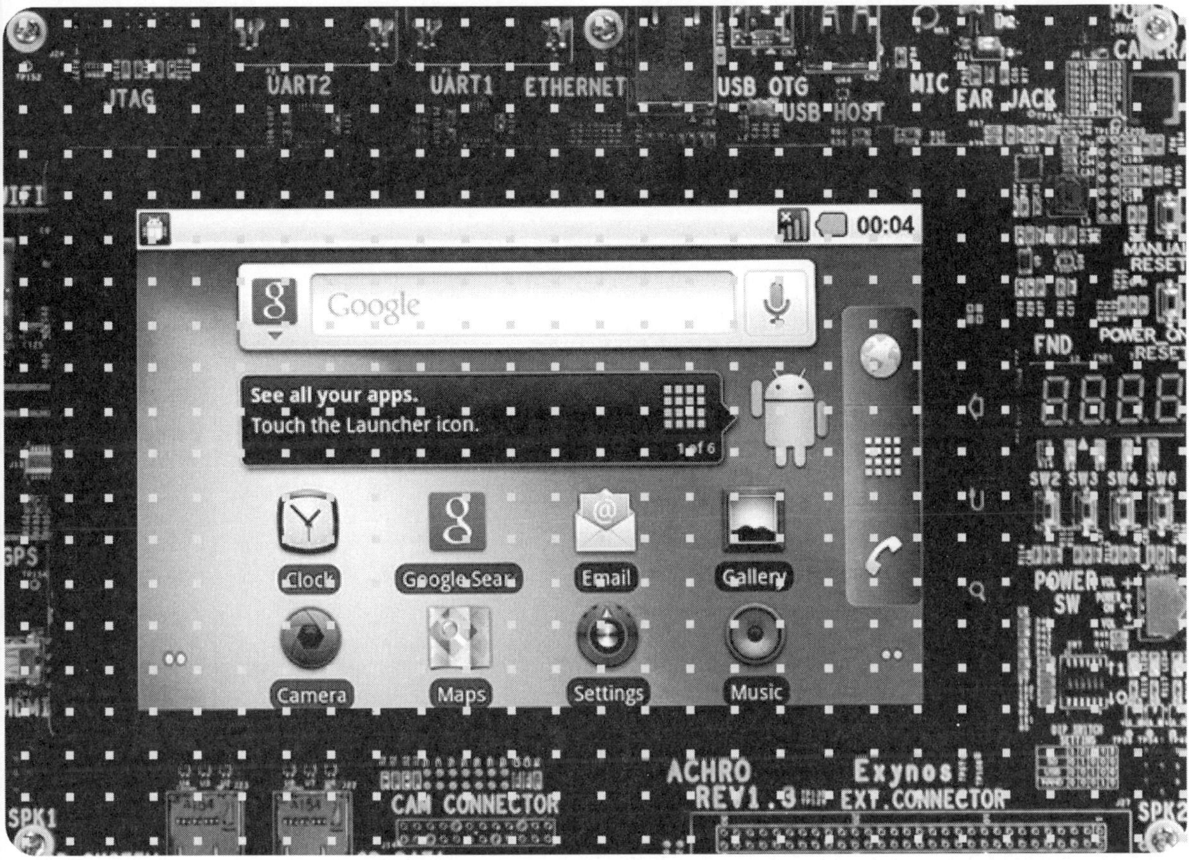

Achro-210T 보드를 활용한

임베디드 리눅스 시스템의 이해와 활용

조윤석 · 홍성현 지음

홍릉과학출판사

머리말

요즘 많은 사람들의 입에서 회자되고 있는 사물인터넷, 빅데이터, 초연결사회 등의 이면에는 사람들 간의 연결뿐만 아니라 사물, 프로세스, 데이터까지 모두 연결 가능하게 하는 IT와 통신 기술, 특별히 임베디드 시스템이 있다. 임베디드 시스템은 그 규모에 따라 소형 시스템부터 고성능 시스템까지 분류될 수 있고, 보편적으로 많이 사용하는 운영체제와 CPU는 각각 리눅스와 ARM이다. 임베디드 시스템 분야에 익숙해지려면 소프트웨어적으로는 시스템에 많이 사용되는 운영체제를 배워야 하고, 하드웨어적으로는 CPU를 포함하여 다양한 주변장치들의 동작원리를 이해하는 것이 필요하다. 이러한 내용들을 숙지한 다음에는 다양한 응용을 할 수 있도록, 소프트웨어 관점에서는 C 언어로 커널 프로그래밍 및 디바이스 드라이버를 작성할 수 있고, 자바언어로 응용프로그램을 작성할 수 있어야 한다. 하드웨어 관점에서는 전체 시스템이 어떻게 동작하는지 하드웨어 연결도를 분석할 줄 알아야 하고, 또한 디바이스 드라이버를 작성하는데 필요한 하드웨어 분석능력이 있어야 한다.

이 책은 이러한 능력을 갖추는데 도움이 되도록 임베디드 리눅스 시스템의 기본 개념부터 응용 부분까지 많은 내용을 담고 있다. 내용을 기술함에 있어서 단순히 실험 단계만 제시하는 것이 아니라 기본 개념을 충실히 설명하면서 단계별 실습 내용을 다루고 있다. 실습 내용으로는 가상머신에 우분투 리눅스 설치부터 시작하여 타겟보드에 시스템 구동 이미지를 올리는 방법, 시스템 콜을 추가하고 디바이스 드라이버를 작성하는 방법도 다룬다. 디바이스 드라이버는 가상의 장치에 대한 것뿐만 아니라 실제 장치를 구동하는 드라이버까지 작성한다. 그리고 커널 타이머를 활용하여 장치를 주기적으로 동작시키는 것도 실습해 본다. 또한 화면 제어에 가장 기본이 되는 프레임 버퍼를 활용하는 방법도 다룬다. 리눅스 기반의 실습을 마친 다음에는 타겟보드에 안드로이드를 포팅하고, 호스트에 안드로이드 개발환경을 구축하여 JNI까지 실습할 수 있도록 한다. 본문의 전체 구성은 다음과 같다.

제1장에서는 임베디드 시스템의 정의와 주요 특징과 활용되는 분야에 대해 알아본다.

제2장에서는 버추얼박스(VirtualBox)를 설치하여 가상머신을 생성할 수 있도록 한다. 임베디드 시스템 개발 시 호스트 컴퓨터로 사용할 가상머신을 생성하고, 이 가상머신에 우분투 리눅스를 설치한다.

제3장에서는 설치한 리눅스를 활용할 수 있도록 리눅스에서 사용하는 기본 명령어와 vi 편집기에 대해 다룬다. 또한 리눅스 파일시스템의 기본 구성과 리눅스 커널을 구성하고 있는 파일 구조를 설명한다.

제4장에서는 네트워크와 관련된 다양한 주제를 다룬다. TCP/IP 통신에 필요한 가장 기본적인 IP 주소 개념부터 시작하여 게이트웨이를 설정하고 DNS를 설정하는 방법, 그리고 네트워크 상에서 파일시스템을 공유하기 위한 NFS와 삼바에 대해서도 알아본다.

제5장에서는 임베디드 시스템 개발에 필요한 개발환경을 호스트 컴퓨터로 사용하고 있는 우분투 리눅스가 설치된 가상머신에 설치한다. 개발환경으로는 툴체인과 타겟보드와 직렬로 통신하기 위한 설정 그리고 USB로 데이터를 전송하는데 필요한 툴 설치 등을 포함한다.

제6장에서는 타겟보드로 사용하는 Achro-210T 보드에 대해 설명한다. 보드 사양에 대한 소개와 함께 타겟보드에 시스템 이미지를 구축하는 상세한 방법까지도 다룬다.

제7장에서는 타겟보드에 부트로더로 탑재되어 있는 uboot 프로그램이 어떻게 구성되어 동작하는지 알아본다. 그런 다음 간단한 부트로더 명령어를 추가하는 실습을 해 본다.

제8장에서는 시스템 콜에 대해 설명한 다음, 시스템 콜 명령어를 추가하는 방법에 대해 알아본다. 추가된 시스템 콜 명령어가 시스템에 반영되기 위해 커널을 다시 컴파일해서 시스템에 올린다.

제9장에서는 디바이스 드라이버를 작성하는 방법에 대해 알아본다. 먼저 가상의 디바이스를 구동하는 프로그램을 작성해 보고, 실제 하드웨어를 구동하는 프로그램을 작성해 본다. 또한 커널 타이머 사용법을 알아보고 이를 하드웨어 제어하는데 활용해 본다.

제10장에서는 타겟보드에 부착되어 있는 LCD에 프레임 버퍼를 이용하여 다양한 도형을 그리는 방법을 알아본다. 또한 도형을 그리는데 작성된 함수들을 라이브러리로 만들어 활용하는 방법도 다룬다.

제11장에서는 안드로이드 플랫폼과 안드로이드 애플리케이션 개발을 위한 개발환경을 구축해 본다. 그런 다음 타겟보드에 안드로이드 이미지를 설치하고, 간단한 안드로이드 프로그램을 작성하여 타겟보드에서 구동해 본다.

제12장에서는 안드로이드 애플리케이션에서 특정 부분을 네이티브 코드로 구현할 수 있도록 NDK 개발환경을 구축해 본다. NDK는 C나 C++로 작성된 네이티브 라이브러리를 자바로 작성된 안드로이드 애플리케이션에서 사용할 수 있도록 자바 네이티브 인터페이스(JNI)를 제공한다. 마지막으로 안드로이드 상에서 JNI를 이용하여 LED를 제어하는 프로그램을 작성해 본다.

그 동안 이 책을 작성하면서 많은 시간과 공을 들였음에도 불구하고 책 출간이 늦어져 아쉬움이 많이 남는다. 특정 보드를 수업에 사용하는 경우 제대로 구성된 교재가 없어서 어려움을 많이 겪는데, 이 책이 조금이라도 도움이 되길 바라는 마음이다. 책이 출간될 수 있도록 도움을 준 홍릉과학출판사 관계자 분들께 감사를 드린다.

저자

차례

Chapter 06

타겟보드(Achro-210T) 설정

Chapter 07

부트로더(Bootloader)

Chapter 08

시스템 콜

Chapter 09

디바이스 드라이버

Chapter 11

안드로이드

Chapter 12

NDK(Native Developer's Kit)

Chapter 01 임베디드 시스템

임베디드 시스템은 우리 삶의 매우 넓은 분야에서 활용되고 있다. 기술이 점점 발전함에 따라 과거 여러 개의 기기들에서 수행했던 기능들이 이제는 하나의 기기로 통합되고 있다. 스마트폰의 경우 기본적인 전화기능 이외에도 음악감상, 카메라 기능, 캠코더 기능, 스케줄러 기능, 소셜 네트워크 기능, 인터넷 사용 등이 가능하며, 다양한 종류의 센서들이 내장되어있어 위치 정보나 가속도 정보를 이용한 서비스들도 사용이 가능하다. 이 장에서는 이러한 기술 흐름에 근간이 되는 임베디드 시스템이 무엇인지, 어떠한 요소들로 구성되어 있는지, 어떤 분야에 활용되고 있는지 알아본다.

1.1 임베디드 시스템의 정의

시스템이란 이미 계획된 순서 및 조건에 따라 일정규칙으로 동작하는 것으로 소프트웨어적 요소만을 이야기할 수도 있으나 일반적으로는 하드웨어까지 같이 포함한다. 시계라는 시스템은 초침, 분침, 시침들과 내부의 다양한 부품들, 시계 줄, 건전지 등으로 구성되어 있고, 이러한 구성요소들이 일정규칙으로 잘 맞물려 돌아갈 때 시계는 정상적으로 동작한다고 볼 수 있다. 세탁기의 경우 상태를 표시해주는 패널, 사용자가 선택할 수 있는 다양한 선택 스위치, 세탁 봉, 내부 수위 조절센서, 솔레노이드 밸브, 다양한 제어 장치 등으로 구성되어있고, 이러한 구성요소들이 세탁, 헹굼, 탈수 등의 일련의 과정을 거치는 시스템으로 볼 수 있다.

임베디드 시스템은 컴퓨터 하드웨어와 소프트웨어가 시스템의 중요 요소로 내장되어 특정 제품이나 여러 응용 분야에 특화된 독립시스템으로 동작하거나 큰 시스템의 일부로 동작한다. 대부분의 임베디드 시스템은 하드웨어 구성이 고정되어 있고 소프트웨어도 하드웨어 안에 내장된 상태로 출하되어 사용자로부터의 시스템 접근을 제한하여 안정성을 보장한다. 즉, 사용자가 PC처럼 운영체제를 자유자재로 바꾸거나 재구성이 불가능하며 응용프로그램도 하드웨어에 내장된 상태로만 사용이 가능하다.

임베디드 시스템과 데스크톱 시스템 환경과의 차이점을 비교해보면, 데스크톱 시스템은 PC 환경에서 보듯이 시스템이 오동작하는 부분에 대해서는 임베디드 시스템보다 덜 민감하다. 서버환경의 경우 하드웨어 이중화 및 고장방지능력(fault tolerance) 기법 등을 도입하여 안정성을 추구한다. 임베디드 시스템은 일반 가전기기부터 시작하여 다양한 센서장치, 휴대폰, 비행기, 잠수함, 우주왕복선 등 매우 다양한 분야에서 사용된다. 따라서 임베디드 시스템에서는 안정성 부분이 매우 중요하게 된다. 예를 들어 휴대폰이 통화 중에 프로그램의 치명적인 오류발생으로 종종 통화가 끊기거나 시스템이 재부팅 된다면 매우 심각한 문제를 야기한다. 임베디드 시스템이 안정적으로 동작하도록 시스템에 사용되는 코드는 확실하게 검증된 코드(production code)를 사용한다. 그리고 주변 환경으로부터 물리적인 변화를 주고받는 임베디드 시스템은 실시간(real-time) 처리가 가능해야 하며, 대부분의 임베디드 시스템이 이러한 경우에 속한다. 실시간 처리의 개념은 외부에서의 무언가 요청이 있을 때 그 요청이 정상적으로 처리될 수 있는 시간 내에 처리될 수 있음을 의미한다. 예를 들어 휴대폰을 사용하여 통화하고 있을 경우 다른 요청이 있더라도 통화 끊김 등의 현상이 나타나지 않으면서 그 요청을 정상적으로 처리할 수 있는 경우이다.

1.2 임베디드 시스템의 구성요소

임베디드 시스템을 구성하고 있는 하드웨어 요소로는 크게 마이크로프로세서(또는 마이크로컨트롤러), 메모리, 주변 장치로 나눌 수 있다. 마이크로프로세서는 프로그램의 명령어 처리를 담당하는 부분으로, 프로세서 종류로는 ARM 계열, Power PC 계열, MIPS 계열, 인텔 계열 등의 프로세서들이 있다. 이러한 프로세서들은 한 번에 처리할 수 있는 데이터버스 크기에 따라 8비트, 16비트, 32비트 등으로 나뉜다. 최근 임베디드 시스템은 ARM 계열의 CPU가 상당부분 이용되고 있으며, 앞으로 그 사용범위는 더욱 더 확대될 것으로 보인다. 메모리는 프로그램 및 데이터를 저장하는 공간으로 램과 플래시 메모리 등이 쓰인다. 임베디드 시스템에서 사용하는 주변장치로는 매우 다양하며 키 버튼, 터치스크린, LCD, 사운드 코덱, UART, 다양한 센서류 등이 있다.

임베디드 시스템에서의 소프트웨어는 크게 시스템 소프트웨어와 응용소프트웨어로 나뉜다. 시스템 소프트웨어는 시스템의 하드웨어를 관리하고 응용프로그램이 시스템을 효율적이고 안전하게 사용할 수 있는 인터페이스를 제공한다. 시스템 소프트웨어로는 크게 운영체제와 디바이스 드라이버가 있다. 운영체제로는 리눅스, 윈도우 CE, VxWorks, uC/OSII, VRTX, Nucleus 등 다양한 종류가 있다. 디바이스 드라이버는 디바이스를 구동하기 위한 프로그램으로, 디바이스를 사용하려면 반드시 필요하다. 디바이스 드라이버를 작성하는 기초는 본 책 뒷부분에서 다룬다. 응용프로그램은 임베디드 시스템 상에서 실제 필요한 기능을 수행하는 소프트웨어로 스마트폰의 다양한 앱들이 이에 해당된다.

1.2.1 프로세서의 종류

반도체 회사에서 각각 다양한 종류의 프로세서들을 시판하고 있다. 이들 프로세서는 수 MHz에서 수백 MHz 혹은 수 GHz의 클럭 속도를 가지고 있으며, 데이터버스의 크기는 8비트부터 64비트까지 다양하다. 임베디드 시스템에서 사용하는 프로세서는 기능의 복잡도 및 시스템의 크기 면에서 매우 다양하다.

프로세서는 기능에 따라 일반적으로 마이크로프로세서(Microprocessor)와 마이크로컨트롤러(Microcontroller) 두 가지로 분류된다. 많은 종류의 마이크로프로세서 및 마이크로컨트롤러 중 가격대비 성능이 최적인 제품을 찾아내는 것은 매우 어려운 일이며, 다양한 경험과 지식을 필요로 한다.

중앙처리장치(Central processing unit, CPU)는 소프트웨어 실행이 이루어지는 컴퓨터의 핵심 부분으로, 일련의 명령어들로 구성된 소프트웨어를 실제로 처리하는 칩이다. 실제의 CPU 칩은 프로그램 실행뿐만 아니라 캐시 등의 부가장치가 통합된 경우가 많다. CPU는 기계어로 쓰여진 컴퓨터 프로그램의 명령어를 해석하여 실행한다. CPU는 프로그램에 따라 외부에서 정보를 입력하고, 기억하고, 연산하고, 외부로 출력한다. CPU는 컴퓨터 부품과 정보를 교환하면서 컴퓨터 전체의 동작을 제어한다. 기본 구성으로는 레지스터, 산술논리 연산장치(ALU: arithmetic logic unit), 제어부(control unit)와 내부 버스 등이 있다.

마이크로프로세서는 컴퓨터의 중앙처리장치를 단일 IC(Integrated Circuit) 칩에 집적시켜 만든 반도체 소자로, 1971년 미국 인텔에서 세계 최초로 만들었다. 마이크로프로세서는 종종 CPU와 같은 의미로 사용되지만, 비디오 카드에서 사용되는 CPU와 같은 마이크로프로세서도 있다. 최초의 마이크로프로세서는 일반 컴퓨터의 중앙처리장치에서 주기억장치를 제외한 연산장치, 제어장치 및 각종 레지스터들을 단지 1개의 IC 소자에 집적시킨 것이다. 용도에 따라 입·출력 등의 주변 회로나 메모리를 내장한 것도 있어서 하나의 IC 또는 컴퓨터 시스템으로서 동작하는 것을 '원칩 마이크로컴퓨터'라고 한다.

마이크로프로세서가 개발되기 이전까지 CPU는 진공관이나 트랜지스터와 같은 단독 소자로 구성되거나 집적회로가 개발되고 나서도 많은 집적회로의 편성으로서 구성되어 왔었다. 집적회로의 규모가 커지고 많은 회로를 삽입할 수 있는 기술이 등장해 하나의 대규모 집적회로에 CPU 기능을 수행할 수 있게 되었다. 이에 따라 생산과 이용이 편리하게 되고 대량 소비가 가능해짐에 따라 성능은 증가하고 가격도 점차 떨어져 갔다.

마이크로컨트롤러는 PC에 쓰이는 일반 목적의 마이크로프로세서와는 반대로 낮은 전력 소비, 비용 설삼, 자동 처리를 강조하는 마이크로프로세서의 일종이다. 범용 목적의 마이크로프로세서의 일반 산술, 논리 요소뿐 아니라 데이터 저장을 위한 읽기 쓰기 메모리, 코드 저장을 위한 플래시와 같은 전용 메모리나 EEPROM, 주변 기기, 입출력 인터페이스 등의 부가 요소로 구성된다. 반면, 마이크로컨트롤러는 현대에 쓰이는 마이크로프로세서보다 매우 낮은 속도로 동작하며 특정분야의 응용프로그램들에 적절하다. 예를 들면, 마이크로컨트롤러는 자동차 엔진 제어 시스템, 리모컨, 사무기기, 전자 기기, 전원 도구, 장난감과 같은 제품에 쓰인다.

프로세서는 명령어의 복잡도에 따라 분류하면 CISC(Complex Instruction Set Computer)와 RISC(Reduced Instruction Set Computer)로 분류될 수 있다. RISC 개념은 1980년경에 스탠퍼드와 버클리 대학의 프로세서 연구 프로그래머들에 의해 시작되었다. 복잡한 명령을 지원하는 프로세서들을 CISC라고 하고 인텔사와 모토로라 프로세서가 그 대표적이라 할 수 있다.

(1) CISC(Complex Instruction Set Computer)의 특징

CISC형 마이크로프로세서에서는 사용자 명령어(Machine Code)를 해독하고 실행하는 방법으로 마이크로프로그램(Micro Program) 방식을 주로 사용한다. 이것은 마이크로프로세서가 주기억장치에서 인출한 하나의 사용자 명령어를 실행하기 위하여 내부적으로 자신의 언어인 마이크로프로그램을 가지고 있는 것인데, 이 마이크로프로그램은 CPU의 Micro Instruction ROM에 들어 있게 된다. 이와 같은 방식의 CPU는 사용자 명령을 다시 내부의 마이크로프로그램에 의하여 실행하기 때문에 CPU를 설계할 때 많은 사용자 명령 세트를 마이크로 명령을 이용하여 쉽게 정의할 수 있다. 따라서 회로가 간단해지는 장점이 있지만 각각의 사용자 명령을 해독하여 이를 내부에서 소프트웨어적으로 처리함으로 실행속도가 느린 단점이 있다. CISC는 초창기 프로세서에서 사용한 아키텍처로 현재는 점점 사용이 줄어들고 있다. CISC 명령어의 대표적인 특징은 다음과 같다.

- 명령어가 그 필요에 따라 다양한 크기를 가진다.
- 복잡한 기능을 하나의 명령어로 수행할 수 있다.
- 기본적인 기능은 같더라도 부가적인 요소에 의해 여러 개의 명령어를 가진다.

(2) RISC(Reduced Instruction Set Computer)의 특징

단순한 명령어 세트를 지원하는 프로세서들을 RISC라고 하고 ARM 프로세서가 대표적이라 할 수 있다. RISC형 마이크로프로세서는 사용자 명령을 해독하고 실행하는 것을 전적으로 하드웨어 회로에 의존한다. 이와 같이 모든 명령을 하드웨어적으로 수행하면 당연히 전체 회로가 복잡해지게 되므로 사용자 명령 세트를 기본적인 명령들만으로 축소 정의함으로써 마이크로프로세서 설계를 단순화하고 처리속도를 빠르게 한다. RISC 마이크로프로세서에서는 처리속도를 높이기 위해서 필수적으로 파이프라인 처리기법을 사용한다. 그리고 대부분의 RISC 마이크로프로세서는 명령용 버스와 데이터용 버스를 분리하여 사용하는 하버드 구조를 채택하고 있다. RISC 마이크로프로세서의 단점은 명령어 종류가 적고 간단하여 사용자 프로그램이 길어진다.

RISC는 명령어의 동작을 단순화하고, 유사한 명령어는 통합한다. 예를 들면, 연산 동작과 메모리 동작은 별개의 명령어로 만들고, 메모리에 저장되어 있는 데이터를 연산해 다시 메모리에 저장하는 동작은 여러 개의 명령을 수행해 처리하도록 한다. 즉, 복잡한 동작을 하는 명령어는 만들지 않고, 여러 개의 단순한 명령을 조합해 처리한다. 또한, 연산 동작은 항상 레지스터와 수행하거나, 메모리 어드레싱의 종류를 간접 어드레싱만 사용해 명령어의 개수를 줄인다. 따라서 명령어의 개수가 적어지며, 하드웨어를 단순화하고 규칙화하기 쉬워진다. 또한 동작 속도를 높여 성능을 향상시킨다.

RISC 프로세서의 대표적인 것이 ARM(Advanced RISC Machine) 프로세서이다. ARM 프로세서는 인텔이나 모토로라의 CISC보다 임베디드 시스템에 효율적인 RISC 프로세서이다. ARM사는 자체적으로 프로세서를 생산하지 않고, 가지고 있는 프로세서 코어를 세계의 다른 반도체 회사, 즉 인텔, TI, OKI, 삼성, LG 등에 라이선스하여 공급하고 있다. 특히, 저전력, 제품 원가에 민감한 임베디드 시스템 분야에서 선두자가 되었다. 표 1-1은 CISC와 RISC 프로세서의 차이점을 보여준다.

표 1-1 CISC와 RISC 프로세서 비교

	CISC 프로세서	RISC 프로세서
명령어(instruction)	복잡	단순
명령어 효율	낮음	높음
Relative Program Size	130~140	160~180
임베디드 시스템 적용 적합성	적합하지 않음	매우 적합

1.2.2 임베디드 시스템 소프트웨어의 특징

최근의 임베디드 S/W 솔루션은 구글에서 발표한 안드로이드와 같이 임베디드 OS에 다양한 미들웨어 기능이 추가된 임베디드 S/W 표준 플랫폼으로 발전하는 추세이며, DBMS 분야에서는 전용 임베디드 DBMS 업체인 Progress Software를 비롯하여 Sybase, Oracle 및 Microsoft 등 기존 DBMS 업체들이 임베디드 S/W 시장의 요구에 부합하는 제품 개발로 시장 점유를 확대하고 있다. 임베디드 미들웨어 시장은 CORBA/DCOM/XML의 임베디드 분산 미들웨어, 기본 응용, JVM 관련 미들웨어, 임베디드 멀티미디어 미들웨어 등 광범위한 시장을 포함하고 있다. 그리고 임베디드 S/W 개발 도구 시장은 설계 자동화 도구, IDE (Integrated Development Environment), 시험 도구 등을 포함하는데, 임베디드 애플리케이션이 점차 복잡하고 다양해짐에 따라 도구의 중요성이 점차 부각되고 있으며, 임베디드 S/W 컴포넌트의 재사용을 지원하는 플랫폼 독립 S/W 개발 도구를 임베디드 S/W 개발환경으로 접목하고 있다. 임베디드 소프트웨어에 대한 특징은 다음과 같다.

① 실시간 처리 지원

실시간 처리가 지원되지 않으면 큰 손실이나 위험을 초래할 수 있는 비행제어 시스템 및 항법 시스템 등에서 실시간 처리를 지원하여야 한다.

② 고신뢰성

원자력 발전, 항공기 및 미사일 제어 등과 같은 S/W 오작동이나 불시의 작동 중지 등으로 심각한 결과를 초래할 수 있는 시스템에서 고도의 신뢰성이 요구된다.

③ 최적화 기술 지원

임베디드 시스템은 크기, 가격 및 발열 등의 이유로 제한된 H/W 자원으로 구성되기 때문에 임베디드 S/W는 경량화, 저전력 지원, 자원의 효율적 관리 등의 측면에서 H/W에 최적화되는 기술을 지원하여야 한다.

④ 특정 시스템 전용

범용 데스크톱 또는 서버에서 실행되는 패키지 소프트웨어와 달리 특정 시스템의 실행을 목적으로 개발되는 S/W이다.

⑤ 네트워크 및 멀티미디어 처리기능 지원

임베디드 시스템들이 단독형 시스템뿐만 아니라 유무선 네트워크를 통해 연결될 수 있어야 하고, 멀티미디어 정보를 처리하는 기술이 필요한 디지털 TV, PDA 및 스마트폰 등과 같은 임베디드 시스템을 지원해야 한다.

⑥ 다양한 솔루션과 개발 도구 필요

다양한 기종과 규격의 마이크로프로세서에 최적화된 별도의 솔루션이 동시에 제공되어야 하며, 고난도의 임베디드 S/W 애플리케이션을 빠르고 안정되게 개발하기 위해 사용하기 쉬운 개발 도구가 필요하다

1.2.3 임베디드 운영체제의 종류

임베디드 장치에서 사용하는 상용 실시간 운영체제의 몇몇 종류와 특징에 대해서 알아보자. 다음 내용에서 경성 실시간 운영체제와 연성 실시간 운영체제의 의미는 정해진 시간 내에 작업의 결과가 절대적으로 이루어져야 하는 시스템(Hard RTOS; 경성 실시간 운영체제)과 치명적인 결과를 초래하지 않는 시스템(Soft RTOS; 연성 실시간 운영체제)을 구분할 때 사용되는 용어이다.

① VxWorks

대표적인 경성 운영체제로 화성 착륙선 패스파인더의 운영체제로 사용되어 유명해진 운영체제이며, 폭넓은 범위의 하드웨어 플랫폼을 제공하므로 교차 아키텍처 이식성이 높고

멀티코어 프로세서를 병렬화시켜 애플리케이션 성능 향상을 가속화하는 SMP기능을 지원한다. 또한, 하나 이상의 다수의 코어(멀티코어)를 지원하도록 운영체제가 설계되어 산업용 기기에 많이 사용된다.

② VTRX

통신장비와 네트워크 장비뿐만 아니라 자동차 엔진 제어시스템과 발전소 모니터링 시스템 등에 사용되고 있는 경성 RTOS이다. 이 VTRX는 멘토 그래픽스라는 회사에 흡수되게 된다.

③ Nucleus

일반적인 휴대전화, 셋톱박스, PMP 등과 같은 임베디드 기기에서 사용이 가능한 실시간 운영체제이다. 일반적인 전자제품 중 제한된 메모리를 가지고 있는 하드웨어 시스템에 이용할 수 있도록 코드와 데이터의 크기를 최소화 시킬 수 있다. 멘토 그래픽스사는 VTRX를 구입하고, 그 이후에 3D가속 업체를 인수하여 하나의 'Mentor Embedded'라는 연합을 만들고, 자체 RTOS의 소스코드 모델로 만들고자 하였고, 그 결과로 탄생된 운영체제이다.

④ pSOS

각종 통신장비와 네트워크 장비에서 사용된 경성 RTOS인 pSOS는 1982년 ISI사에 만들어진 실시간 운영체제로 모토로라의 68000 모든 시리즈에 이용되었다. 운영체제 디버깅과 장치 플러그인, TCP/IP 스택과 언어관련 라이브러리, 디스크 서브시스템, 다중 프로세서 지원 및 추가 네트워크 확장 등을 지원해왔다. 1999년에 윈드리버사에 흡수 통합되었다. 통합된 후에는 VxWorks에서 해당 pSOS의 시스템 콜을 지원하게 된다.

⑤ μC/OS-II

소스가 공개된 RTOS이며, 일부 상용 운영체제처럼 이식성이 높다. 그래서 알려진 많은 임베디드 플랫폼에서 사용할 수 있으며 임베디드 특성에 맞게 소스코드 사이즈에 대한 조정이 가능하기 때문에 8비트 CPU에서도 이식해서 사용이 가능하다. 최대 64개의 태스크를 가지며 각 태스크는 동일한 우선권을 가질 수 없다는 단점이 있으며, 공개되어있는 만큼 지원되지 않는 부분에 대해서는 스스로 개발을 해야되기 때문에 시간이 많이 소요될 수 있다.

⑥ Window CE

Win32 API를 지원하는 실시간 운영체제로 Microsoft에 의해 개발된 운영체제이다. 일반적인 PDA(Pocket PC) 버전과 달리 의료장비, 플로터 등 다양한 임베디드 시스템에 이식이 가능하다. PC 환경의 윈도우즈와 유사한 인터페이스를 가지고 있으나, 일반적인 RTOS에 비해서 커널과 시스템의 전반적인 크기가 큰 편이다.

⑦ 임베디드 리눅스(Embedded Linux)

PC기반의 리눅스를 임베디드 기반에서 사용할 수 있도록 만든 리눅스이다. 오픈 소스를 통해서 다양한 플랫폼에 이식할 수 있으며, 무료로 사용할 수 있다는 장점이 있다. 특히, 커널 버전 2.4는 비선점형 커널이었으며 2.6으로 변경되면서 선점형 커널로 변경된다. 하지만 그럼에도 불구하고 상용 RTOS에 비해서 실시간적인 요소를 충족하지 못한다는 단점과 시스템 혹은 소프트웨어 개발환경이 좋지 못하다는 단점이 있지만, 구글에서 발표한 안드로이드로 인한 커널의 변화와 화려한 UI와 소프트웨어의 확장성, 개발환경의 급격한 발전에 힘입어 기존의 열악한 시스템 개발환경과 성능에서 많은 개선이 있었다.

1.3 임베디드 시스템의 분류

임베디드 시스템은 시스템의 복잡도에 따라 소규모 임베디드 시스템, 중규모 임베디드 시스템, 고성능 임베디드 시스템의 세 종류로 분류될 수 있다. 소규모 임베디드 시스템은 보통 한 개의 8비트 또는 16비트 마이크로컨트롤러 수준의 하드웨어와 소프트웨어로 구성된다. 소프트웨어 개발 시 어셈블러 또는 크로스 어셈블러를 사용하고 C언어를 많이 사용한다. 소규모 임베디드 시스템들로는 자판기, 마우스, 멀티태스킹 장난감, 무선 리모콘, 혈압 측정기 등이 있다.

중규모 임베디드 시스템은 한 개 또는 여러 개의 16비트 또는 32비트의 마이크로컨트롤러 또는 DSP, RISC 수준에서 설계된다. 이들 시스템은 복잡한 수준의 하드웨어와 소프트웨어로 구성된다. 이러한 시스템에 요구되는 소프트웨어는 주로 실시간 운영체제(RTOS)에 기반하여 개발하며, 하드웨어 설계 시 IP를 많이 사용한다. 사용하는 IP의 예들로는 버스 인터페이스용 블록, 암호화용 IP, 신호처리용 DCT 블록 등이 있다. 필요한 기술들로는 C 프로그래밍 능력과 RTOS 프로그래밍 능력 그리고 프로그램 모델링 능력이 필요하다. 그리고 운영체제상에서 스케줄링, 프로세서 간의 통신 등을 포함하여 메모리 관리, 디바이스 드라이버 설계, API 사용법, 윈도우 프로그래밍 등에 대한 기술 능력이 필요하다. 중규모 임베디드 시스템의 예로는 라우터, PDA, 게임기, 뮤직 시스템 등이 있다.

고성능 임베디드 시스템은 다수의 하드웨어와 복잡한 소프트웨어들로 구성되어 있으며, 고성능의 하드웨어들을 많이 사용한다. 이러한 시스템을 설계하려면 하드웨어와 소프트웨어를 함께 설계할 수 있는 능력이 요구되며 최첨단 기술이 필요하다. 시스템의 속도는 하드웨어 한계에 의해 정해지는 경우가 많기 때문에 소프트웨어로 처리하는 함수들을 하드웨어로 구현하여 성능을 향상시킨다. 예를 들어 암호화, 복호화, TCP/IP 프로토콜 스택 및 네트워크 구동 함수 등이 고성능 임베디드 시스템에서는 대부분 하드웨어로 구현된다. 이러한

고 수준의 복잡도를 갖는 하드웨어 및 소프트웨어를 설계하기 위해서는 팀으로 함께 문제를 풀어가야 하며, 하드웨어 구성요소에 대한 충분한 이해와 여러 종류의 프로그래밍 스킬과 운영체제에 대한 이해 그리고 최적화 기법에 대한 안목이 있어야 한다. 고성능 임베디드 시스템의 예로는 고속네트워킹시스템, 기가 비트율의 암호화 시스템 등이 있다.

1.4 임베디드 시스템의 활용

임베디드 시스템이 활용되는 분야는 매우 넓다. 모바일 분야에서는 MP3, PDA, PMP, 휴대폰 등 다양한 전자기기에 사용되고 있다. 가전기기 분야에서는 셋톱박스, 게임기, 세탁기, 전자레인지, TV 등에 활용되고 있다. 홈오토메이션 분야에서는 가전제품에 마이크로프로세서 또는 마이크로컨트롤러를 내장하여 사람이 해야 할 일을 대신 수행하거나 네트워크를 통해 서로 정보를 주고받으며 모니터링 하거나 관리하는데 임베디드 시스템이 활용된다. 예를 들어 자동온도조절장치, 무인경비시스템, 인터넷 기능을 갖는 TV와 냉장고, 가스 누출감지 및 알림 시스템 등이 있다. 임베디드 시스템은 통신 및 컴퓨터 시스템의 일부분을 구성하고 있다. 예를 들어 라우터, 공유기, 스마트카드, 모바일 컴퓨팅, 카드리더기 등의 다양한 단말기들이 있다. 산업 전반에도 임베디드 시스템 기술은 널리 활용되고 있으며, 공장 자동화 시스템, 엘리베이터 제어기, 모터 제어시스템, 자동차 내비게이션, 심장 박동기, 환자 모니터링 시스템 등 매우 다양한 분야에 적용되고 있다.

Chapter

02 가상 컴퓨터(Virtual PC)

가상화(virtualization)는 컴퓨터 상에서 컴퓨터 자원(resource)을 추상화하는 개념을 일컫는 광범위한 용어이다. 이 말의 어원은 1960년대 IBM에서 하드웨어와 소프트웨어를 결합하는 가상머신(virtual machine)을 만들면서부터이다. 가상머신은 IBM M44/44X 시스템에서 처음 등장하였고 당시는 pseudo machine으로 불렀고, 후에 서버 가상화라는 용어로 쓰이기 시작하였다. 가상화는 다른 시스템이나 응용프로그램 또는 최종 사용자들이 물리적인 컴퓨터의 자원을 함께 사용할 수 있도록 하는 기술로, 실제로 존재하는 물리적 자원들을 논리적 자원들의 형태로 표시함으로써 물리적 자원을 이용하는 사용자에게는 논리적 형태로만 나타난다. 간단한 한 예로 운영체제가 작업하는 공간인 RAM의 물리적 크기를 극복하기 위해 가상 메모리 방식으로 RAM의 크기를 늘림으로써 사용자에게는 실제 물리적 RAM이 보이는 것이 아니라 확장된 RAM이 보이게 되며, 따라서 RAM의 크기에 상관하지 않고 작업을 할 수 있도록 한다. 여기서의 사용자는 구체적으로 응용프로그램이나 다양한 서비스들을 포함한다. 다른 가상화 기술의 예로는 가상 CD-ROM 소프트웨어이다. 이 프로그램을 설치한 후 가상 CD-ROM을 사용할 경우 실제 CD-ROM 드라이브가 없어도 ISO나 LCD 등의 CD 이미지 파일을 마운트하면 CD-ROM에 디스크를 넣은 것처럼 동작한다.

이 장에서는 이러한 가상화 기술에 기초하여 가상 컴퓨터(virtual PC)를 구현하는 소프트웨어를 소개하고, 이 가상화 지원 프로그램을 이용하여 한 대의 컴퓨터에 여러 대의 가상 PC를 설치하는 방법을 알아본다. 이 가상 PC에는 윈도우뿐만 아니라 안드로이드 시스템, 다양한 종류의 리눅스 설치가 가능하며, 여기에서는 임베디드 시스템 개발환경 구축을 위해 사용할 우분투(Ubuntu) 계열의 리눅스(linux)를 설치한다.

2.1 가상 컴퓨터란?

가상 PC를 구현하는 프로그램은 그림 2-1과 같이 시스템 콜을 사용할 수 있는 커널 모드가 아닌 사용자 모드에서 동작하는 응용프로그램이다. 이 사용자 모드에서 가상 사용자 모드와 가상 커널 모드를 사용자에게 지원해 주어 PC 안에 또 하나의 가상 PC를 운영할 수 있도록 환경을 만들어 주는 소프트웨어이다.

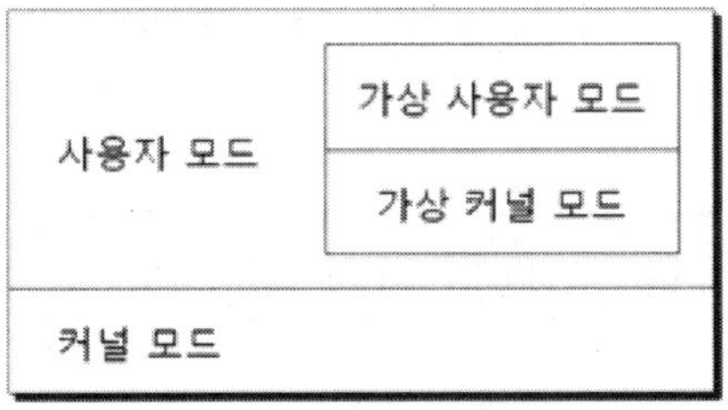

그림 2-1 사용자 모드, 커널 모드, 가상 모드 간의 관계

가상 PC 프로그램에는 VMware사의 VMware 워크스테이션, 마이크로소프트사의 Microsoft Virtual PC, 오라클사의 버추얼박스(VirtualBox) 등이 있다. VMware 워크스테이션은 여러 운영체제에 설치할 수 있도록 제공되는 유료 프로그램이지만, 기능상의 다소 제한이 있는 VM 플레이어를 사용하면 무료로 사용할 수도 있다. 'Microsoft Virtual PC'는 윈도우 계열 운영체제만 지원하는 공개 프로그램으로, 윈도우와 호환성이 매우 높은 반면 그 이외의 운영체제에 대해서는 파일 공유 및 마우스 통합 기능 등이 제공되지 않는다.

버추얼박스는 독일계 이노텍사에서 초기 개발하였으나 이후 썬마이크로시스템즈사에 합병되어 프로그램이 제공되었고, 현재는 오라클에서 인수하여 프로그램을 무료로 제공하고 있다. 버추얼박스 프로그램은 윈도우와 맥 OS X, 리눅스, 솔라리스 등에서 실행 가능하며, 다양한 종류의 게스트 운영체제(DOS, 윈도우, 리눅스, 솔라리스, 오픈 솔라리스, OS/2, 오픈 BSD 등)를 지원하고 있어 사용자들에게 주목을 받고 있는 프로그램이다. 마이크로소프트사의 Virtual PC 프로그램과 달리 버추얼박스는 리눅스 환경하에서도 마우스 통합 및 폴더 공유 등의 다양한 기능들을 제공한다. 이외에도 버추얼박스는 다수의 물리적 네트워크 카드 설정도 지원한다. 이 책의 실습장비로 사용되는 Achro-210T의 개발환경은 버추얼박스의 가상화 지원 프로그램을 사용하여 호스트 리눅스에 구축하는 것으로 한다.

2.2 우분투 리눅스 호스트

이 책에서 사용하는 Achro-210T 보드의 개발용 툴들은 우분투 10.04 LTS 버전으로 제공된다. 따라서 210T 보드를 사용하기 위해서는 호스트 컴퓨터에 우분투 버전 10.04 LTS를 설치한다. 우분투 10.04 버전은 releases.ubuntu.com/lucid에서 다운로드 받는다.

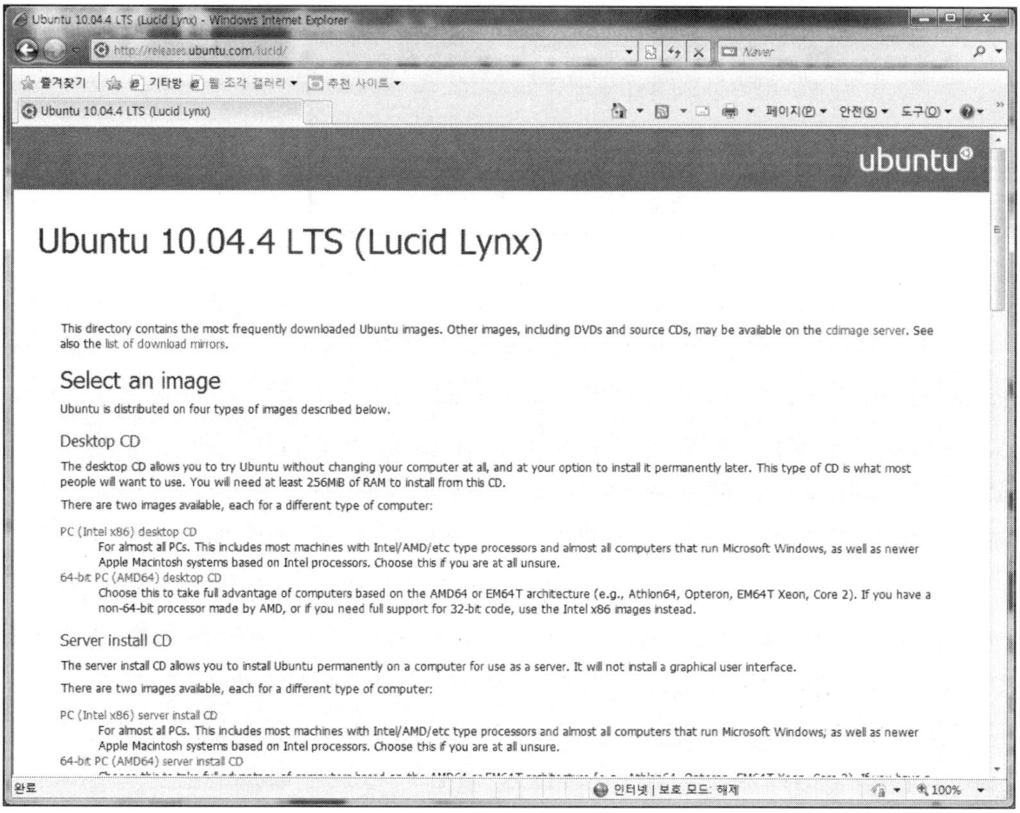

그림 2-2 우분투 다운로드 사이트

우분투의 다른 버전을 받아야 할 때의 주의사항은 가급적이면 LTS 버전을 받아야 한다. LTS는 Long Term Support의 약자로, 일반적인 우분투에 비해서 장기간 패키지 지원이 이루어지는 배포본이다. 2012년 8월 기준 최신 버전은 12.04이며 LTS 버전이다. 표 2-1은 우분투의 각 버전별 지원기간이다. LTS 기간이 지나면, 추가 패키지 다운로드 등의 지원이 중단된다. 리눅스 10.04 버전은 12.04 버전에 비해 일반적인 리눅스 배포본과 비슷한 UI 구조로 되어있고, 변경된 UI 형태를 가진 12.04 LTS에 비해서 많은 빈도로 활용되고 있는 버전이다. 여기에서는 실습용 보드에 필요한 개발 툴들이 우분투 10.04 기준으로 되어 있기 때문에 10.04 LTS 데스크톱용(ubuntu-10.04.4-desktop-i386.iso)을 다운로드 받는다. 만일 우분투 다운로드 사이트에 서버용만 보일 경우, 인터넷 상에서 데스크톱용을 구한다. (http://old-releases.ubuntu.com/releases/lucid/)

표 2-1 우분투 버전과 지원기간

버전	코드명		해석	커널 버전	배포	지원 기간	
	Adjective	Animal				데스크톱	서버
4.10	Warty	Warthog	혹 난 혹멧돼지	2.6.8-1	2004/10/20	~2006/04	
5.04	Hoary	Hedgehog	백발의 고슴도치	2.6.10	2005/04/08	~2006/10	
5.10	Breezy	Badger	산들바람의 오소리	2.6.12	2005/10/13	~2007/04	
*6.06	Dapper	Drake	날렵한 수오리	2.6.15	2006/06/01	~2009/06	~2011/06
6.10	Edgy	Eft	날카로운 영원	2.6.17	2006/10/26	~2008/04	
7.04	Feisty	Fawn	기운찬 새끼사슴	2.6.20	2007/04/19	~2008/10	
7.10	Gutsy	Gibbon	용감한 긴팔원숭이	2.6.22	2007/10/18	~2009/04	
*8.04	Hardy	Heron	강건한 왜가리	2.6.24	2008/04/24	~2011/04	~2013/04
8.10	Intrepid	Ibex	용맹한 야생염소	2.6.27	2008/10/30	~2010/04	
9.04	Jaunty	Jackalope	쾌활한 뿔토끼	2.6.28	2009/04/23	~2010/10	
9.10	Karmic	Koala	숙명의 코알라	2.6.31	2009/10/29	~2011/04	
*10.04	Lucid	Lynx	맑은 스라소니	2.6.32	2010/04/29	~2013/04	~2015/04
10.10	Maverick	Meerkat	사나운 미어캣	2.6.35	2010/10/10	~2012/04	
11.04	Natty	Narwhal	산뜻한 외뿔고래	2.6.38	2011/04/28	~2012/10	
11.10	Oneiric	Ocelot	꿈꾸는 표범	3.0	2011/10/13	~2013/04	
*12.04	Precise	Pangolin	정밀한 천산갑	3.2	2012/04/26	~2017/04	
12.10	Quantal	Quetzal	양질의 케트살	3.5	2012/10/18	~2014/04	
13.04	Raring	Ringtail	근질근질한 링테일	3.8	2013/04/25	~2014/1	
13.10	Saucy	Salamander	건방진 도롱뇽	TBA	2013/10	~2014/7	

2.3 프로그램 설치 및 가상머신 생성

이 절에서는 가상머신을 설치하고, 임베디드 시스템 개발에 편리한 툴과 환경을 설정하는 법을 알아본다.

2.3.1 버추얼박스(VirtualBox) 설치

VirtualBox 프로그램은 VirtualBox 공식 웹사이트(www.virtualbox.org)에서 다운로드 받을 수 있다. 윈도우에서 실행되는 VirtualBox 프로그램뿐만 아니라 리눅스와 솔라리스 환경에서도 수행되는 프로그램도 지원한다. 윈도우 버전의 경우 32비트뿐만 아니라 64비트 운영체제에서도 실행된다. VirtualBox 프로그램 설치 과정은 윈도우 7을 기준으로 설명한다. 그림 2-3은 공식 웹사이트 화면이다.

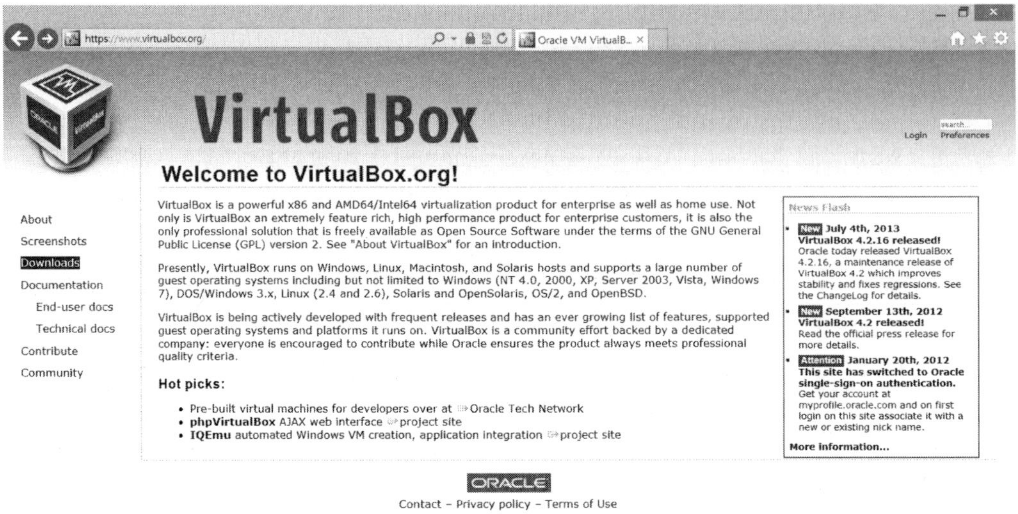

그림 2-3 VirtualBox 공식 웹 사이트

1 그림 2-3의 화면 왼편에 보이는 Downloads 버튼을 누르면 프로그램을 다운로드 받을 수 있는 창이 그림 2-4와 같이 보인다. 윈도우에서 실행될 VirtualBox 프로그램을 다운로드 받기 위해 "VirtualBox 4.2.16 for Windows hosts → x86/amd64"를 선택하여 프로그램을 다운로드 받는다. 다운로드 시점에 따라 프로그램 버전은 달라질 수 있으므로 최근 버전을 다운로드 받는다.

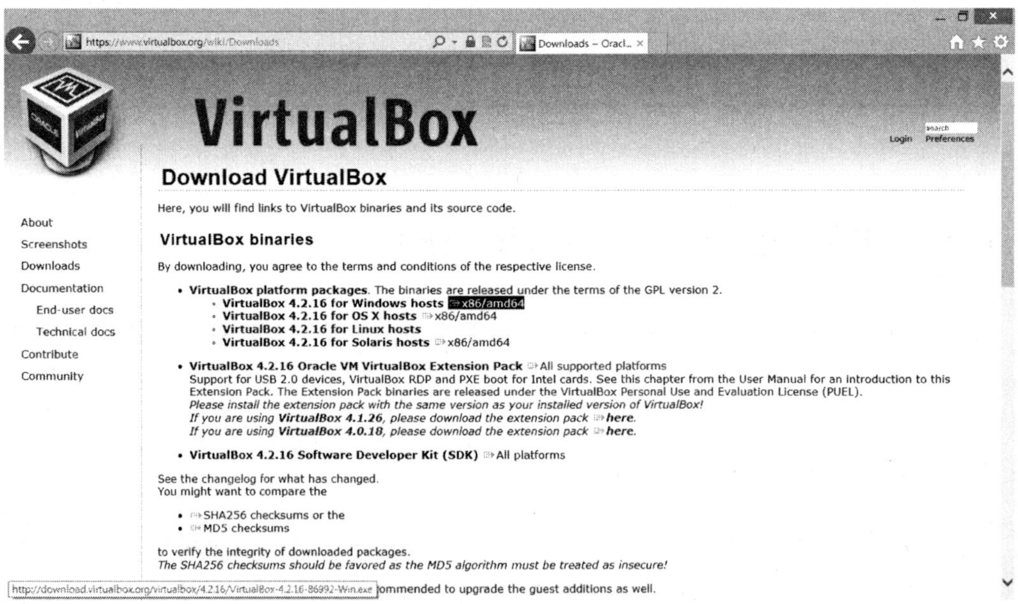

그림 2-4 Windows 기반의 VirtualBox 다운로드

2 다운로드 받은 파일(VirtualBox-4.2.16-86992-Win.exe)을 더블클릭하여 프로그램 설치를 시작한다.

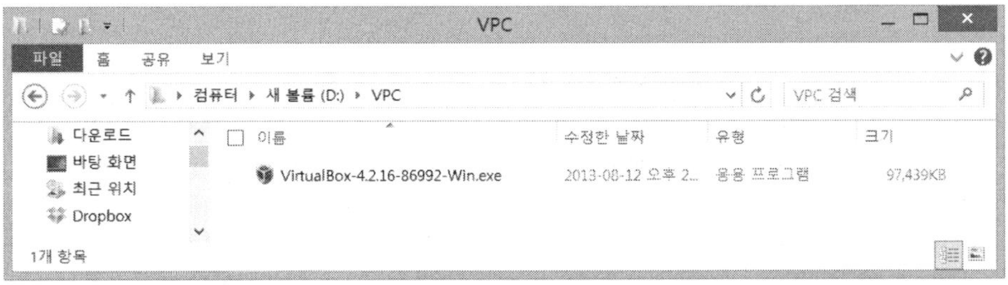

그림 2-5 다운로드 받은 VirtualBox 설치 실행파일

3 버추얼박스 설치 시작을 위한 설정 위저드 화면이다. Next를 클릭하여 프로그램 설치 단계로 이동한다.

그림 2-6 VirtualBox Wizard 시작

4 다음의 설치할 항목들을 선택하는 화면에서는 프로그램 설치 위치나 설치 옵션 변경이 필요 없으면 그냥 Next를 눌러 설치를 진행한다. 여기에서는 기본값으로 설치하는 것으로 한다.

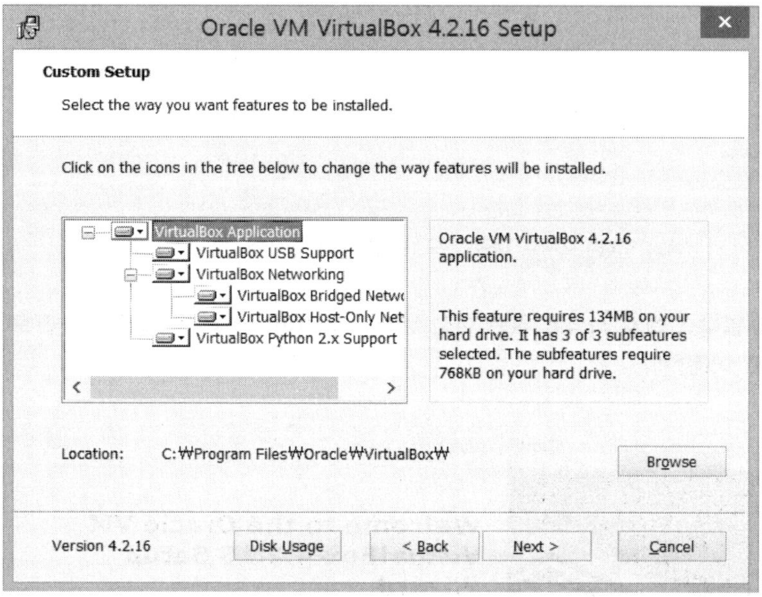

그림 2-7 VirtualBox 구성요소 설정

5 단축 아이콘 설치 옵션을 선택한 후 Next를 클릭한다. 필요 없는 단축 아이콘의 경우 체크박스를 클릭하여 해제한다.

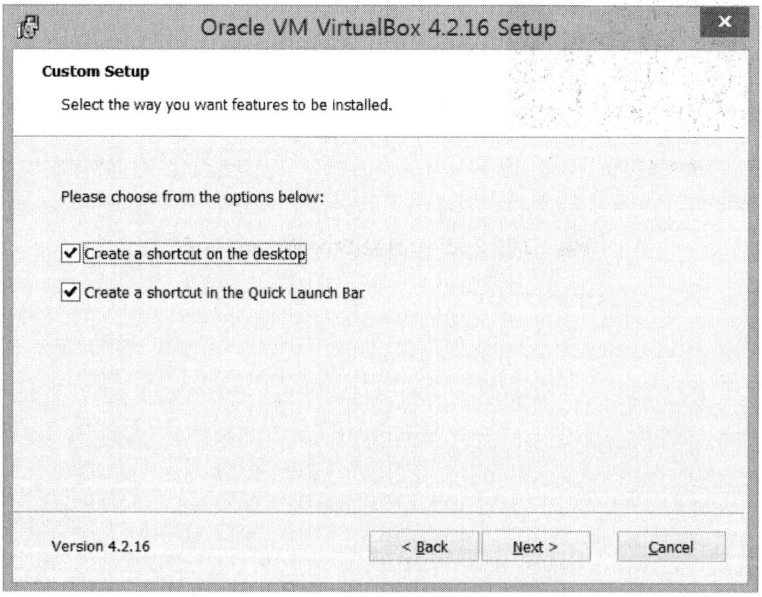

그림 2-8 설치관련 옵션 설정

6 VirtualBox에서 사용하는 다양한 네트워크 인터페이스 기능들을 설치할 것인지 물어보는 화면이다. Yes를 선택하여 설치를 진행한다.

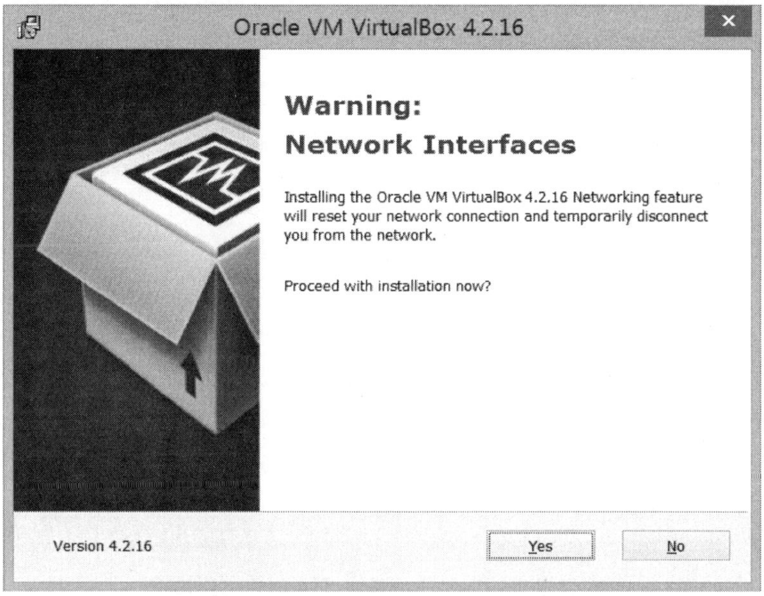

그림 2-9 네트워크 인터페이스 설치

7 설치 옵션 선택이 완료되었고, Install을 클릭하여 프로그램 설치를 시작한다.

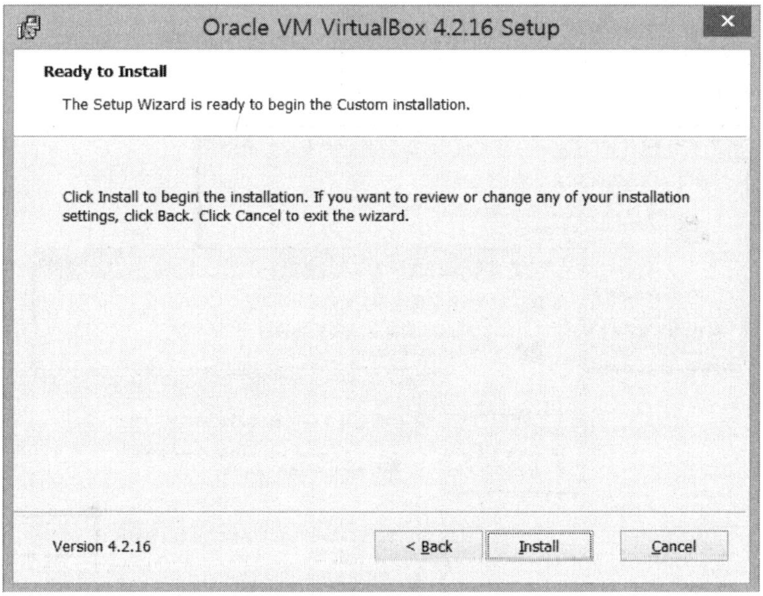

그림 2-10 VirtualBox 프로그램 설치 시작 확인

8 다음은 설치가 진행되는 화면을 보여준다.

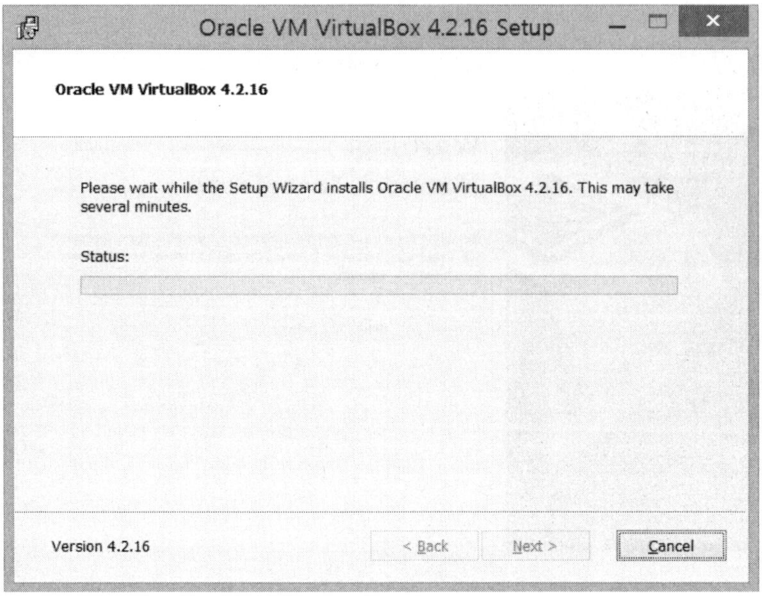

그림 2-11 VirtualBox 프로그램 설치화면

9 설치 도중 범용 직렬 버스 컨트롤러, 네트워크 어댑터 등의 장치 소프트웨어를 설치할 것인가 물어본다. 모두 설치(I)를 선택한다.

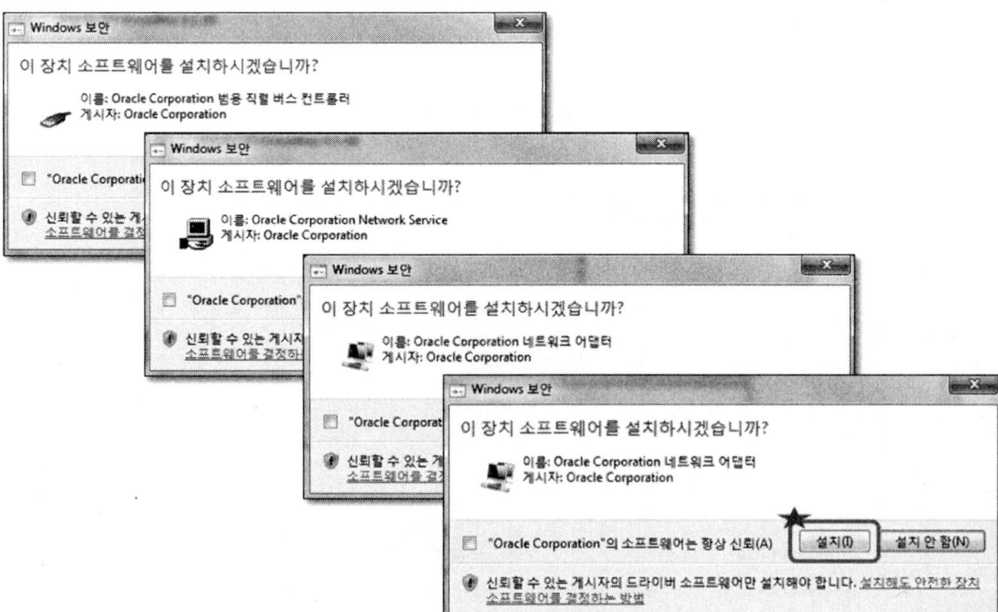

그림 2-12 모든 장치 소프트웨어 설치

10 Finish 버튼을 선택하여 설치를 완료한다.

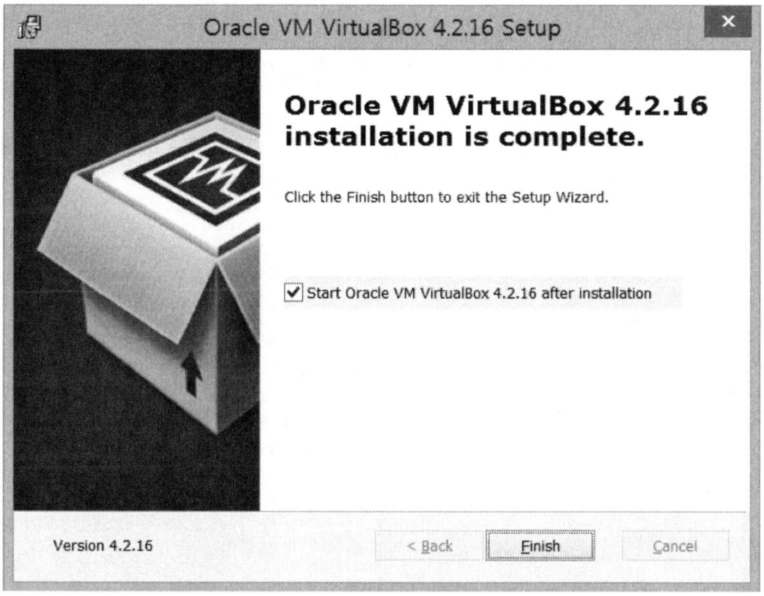

그림 2-13 VirtualBox 프로그램 설치 완료 화면

11 다음은 설치 완료 후 VirtualBox 프로그램 실행 화면으로 VirtualBox 관리자 화면이다. 이 화면에서 가상머신을 생성하거나 제거할 수 있다.

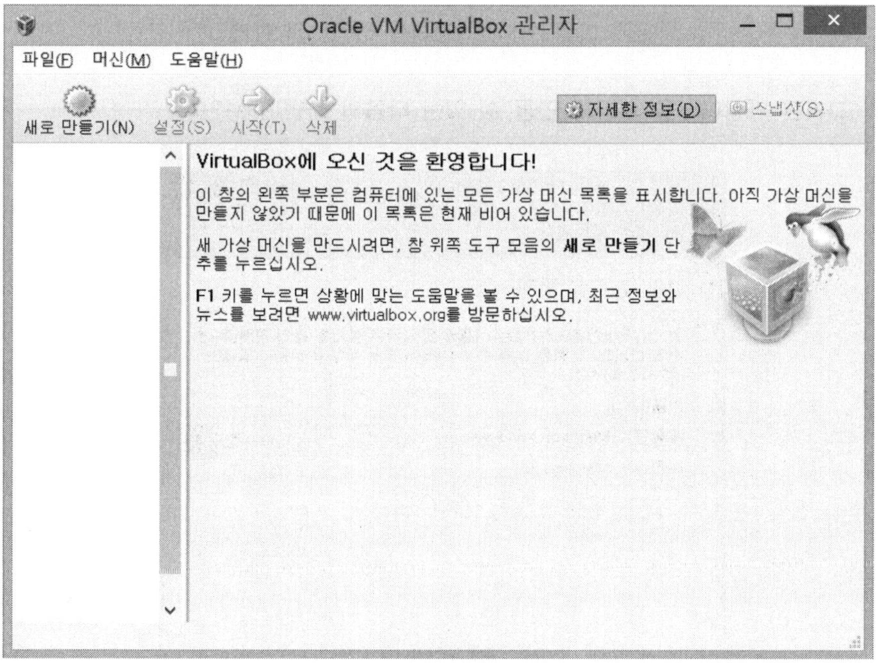

그림 2-14 VirtualBox 관리자

2.3.2 우분투 설치용 가상머신 생성

VirtualBox 관리자 화면을 이용하여 우분투 리눅스용 가상머신을 생성해 본다. 생성될 가상머신에는 우분투 리눅스 10.04 LTS 버전을 설치하는 것으로 한다.

1 VirtualBox 관리자 화면에서 [새로 만들기(N)] 또는 메뉴의 [머신(M)] – [새로 만들기(N)]를 선택하여 가상머신 생성을 도와주는 마법사를 실행한다.

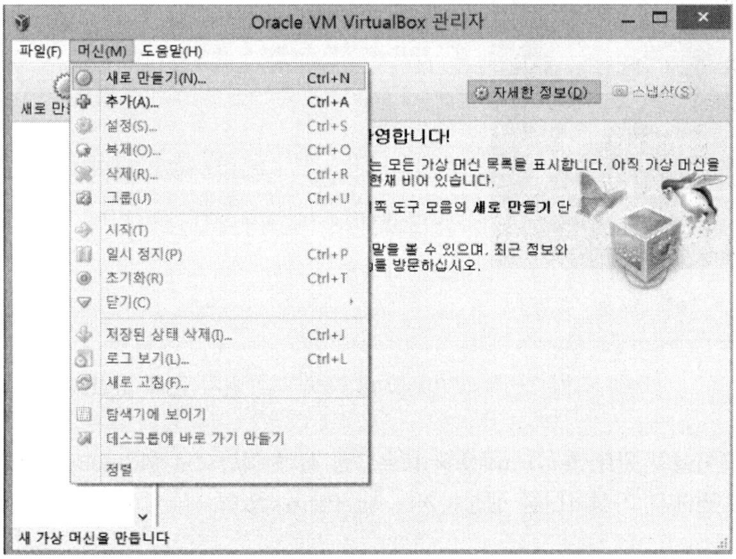

그림 2-15 가상머신 생성 시작하기

2 그러면 가상머신을 손쉽게 만들 수 있는 다음의 화면이 보인다.

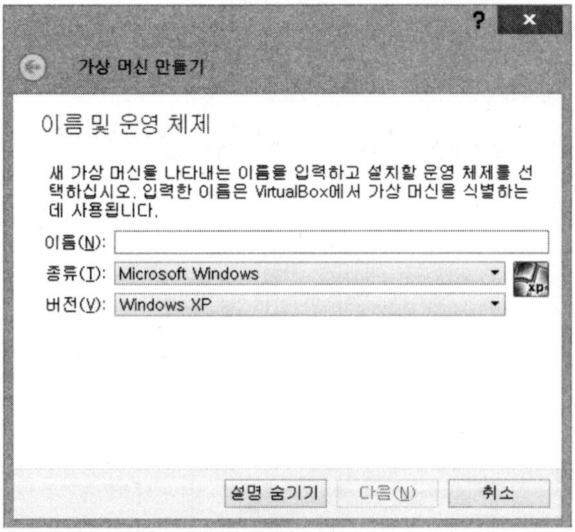

그림 2-16 새로운 가상머신 만들기

3 가상머신 이름을 지정하고, 설치할 운영체제를 선택한다. 여기서는 가상머신에 우분투 리눅스 10.04 LTS 버전 설치 예정이므로 가상머신의 이름을 Ubuntu10_ 04LTS로 지정하였다(다른 이름 지정도 얼마든지 가능함). 다음 장에서는 생성된 가상머신에 우분투 10.04 LTS 버전을 설치한다.

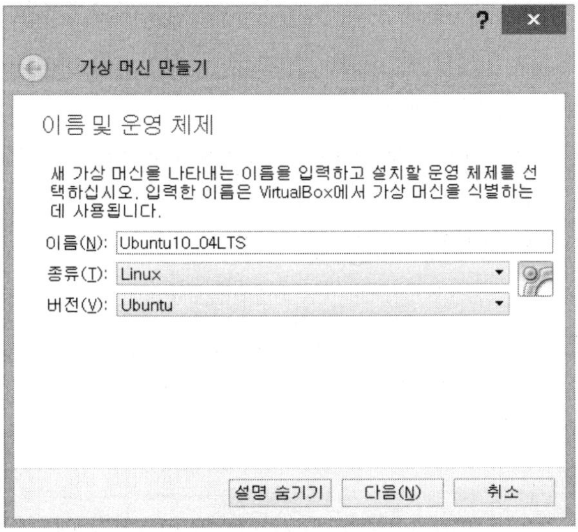

그림 2-17 가상머신 이름과 운영체제 종류 선택

4 가상머신에 할당할 기본 메모리(RAM)의 크기를 지정한다. 여기서 할당하는 램의 크기는 호스트 컴퓨터의 RAM의 크기에 따라 달라질 수 있다. 이 값은 가상머신 생성 후에도 설정을 통해 언제든지 변경할 수 있다. 여기에서는 1 GB를 할당하였다.

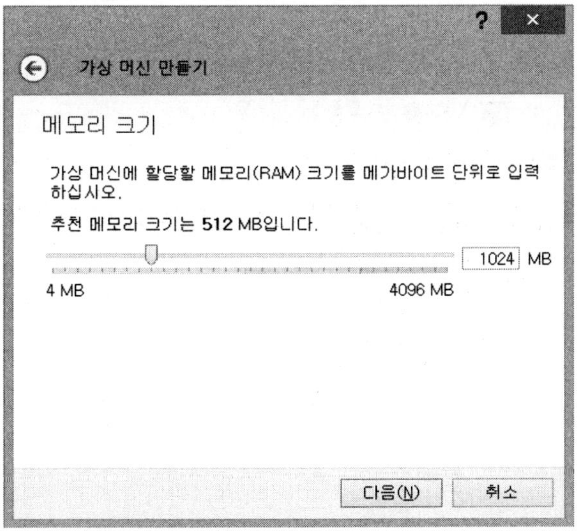

그림 2-18 가상머신에서 사용할 메모리 크기 설정

5 가상머신에서 사용할 하드 디스크를 지정한다. 새로 생성하기를 원할 경우 "지금 가상 하드 드라이브 만들기(C)"를 선택한다. 만일 기존에 생성된 하드 디스크를 사용하고자 한다면 "기존 하드 디라이브 파일 사용(U)"을 선택한 후 생성된 디스크 파일을 선택한다. 여기에서는 "지금 가상 하드 드라이브 만들기(C)"를 선택한다.

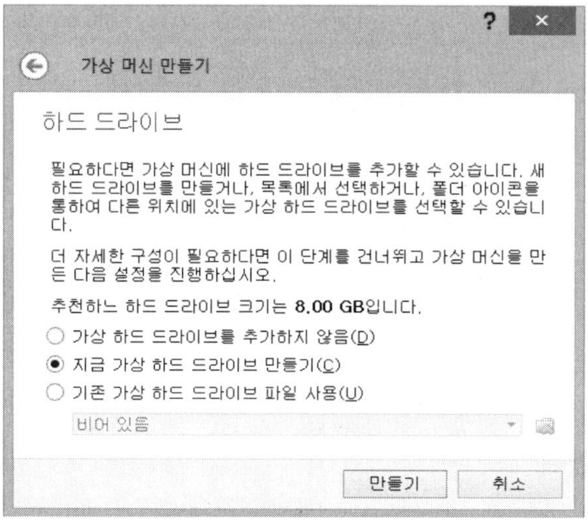

그림 2-19 새 가상 디스크 만들기 선택

6 다음 단계에서는 새 가상 하드 디스크의 파일 형식을 선택한다. VirtualBox에서 디스크 이미지로 사용하는 기본 파일 형식은 vdi이며, vmware에서 사용하는 디스크 이미지 형식은 vmdk, 마이크로소프트 Virtual PC에서는 vhd의 디스크 파일 형식을 사용한다. 생성하는 디스크 이미지를 다른 가상화 소프트에서 사용하지 않을 경우 기본으로 선택되어 있는 vdi를 사용하면 된다. 여기서는 VDI를 선택하여 다음 단계로 넘어가는 것으로 한다.

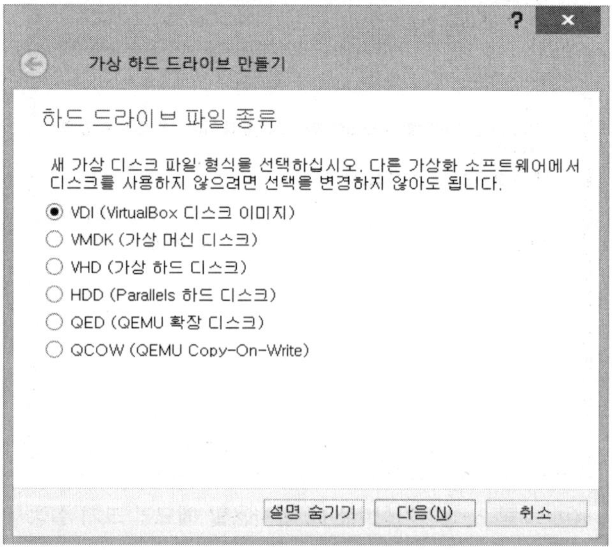

그림 2-20 가상 하드 디스크 파일 형식 선택

7 가상 디스크 파일을 처음부터 고정된 크기(여기에서는 40 GB로 할 것임)로 할 것인지, 아니면 필요시마다 동적으로 할당할 것인지를 선택하는 화면이다. 고정 크기로 할당할 경우 속도 면에서는 유리하겠지만, 디스크 파일을 다른 컴퓨터로 이동하거나 백업 등의 복사를 원할 경우 크기가 매우 커서 불편하다. 여기서는 하드 디스크의 효율성 및 휴대성을 높이기 위해 동적 할당하는 것으로 한다. 동적으로 할당할 경우 가상머신에서 실제로 사용하는 디스크 사용량만큼씩 증가한다.

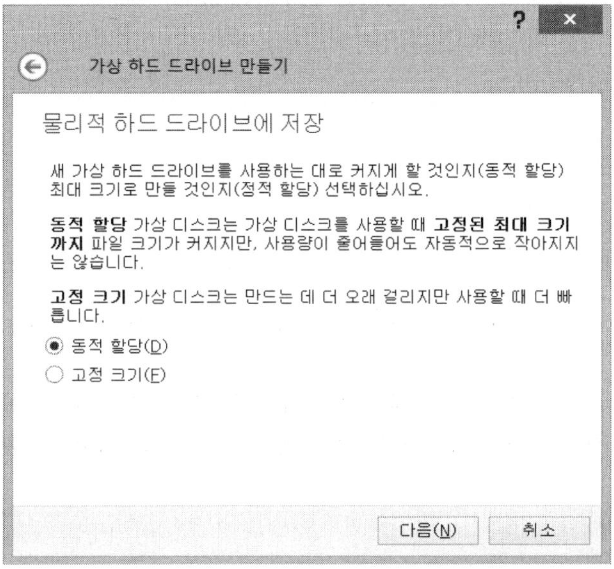

그림 2-21 가상 하드 디스크의 크기 할당 방식 설정

8 가상 디스크 파일을 저장할 위치를 선택하는 화면이다. 여기서는 E 드라이브에 VPC 디렉토리에 파일을 생성하는 것으로 하였다. 위치 변경은 아래 화면에서 위치 지정하는 부분의 디렉토리 아이콘을 누르면 폴더를 선택할 수 있는 창이 뜬다. 그리고 가상 하드 디스크의 크기는 20 GB 이상으로 지정하면 무난하며, 여기에서는 40 GB로 지정하는 것으로 한다.

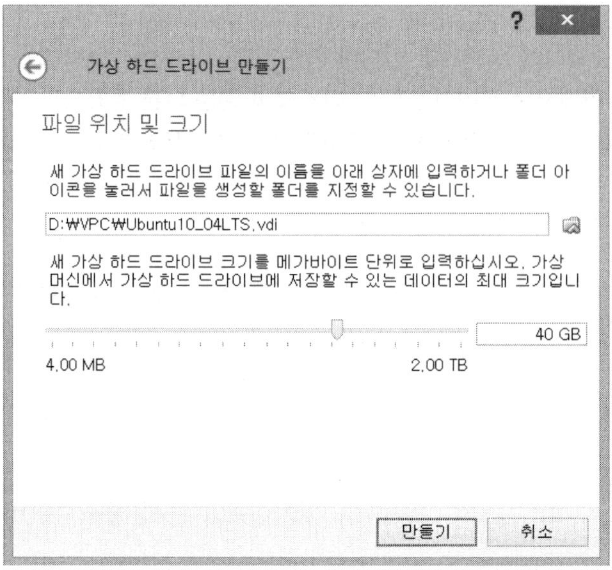

그림 2-22 가상 하드 디스크 위치와 이미지 파일 크기 설정

9 가상 디스크 파일 위치와 크기를 지정한 후 "만들기"를 선택하면, 가상머신이 그림 2-23에 보여진 것과 같이 지금까지 설정된 가상 하드 디스크 정보와 RAM 정보로 생성된다.

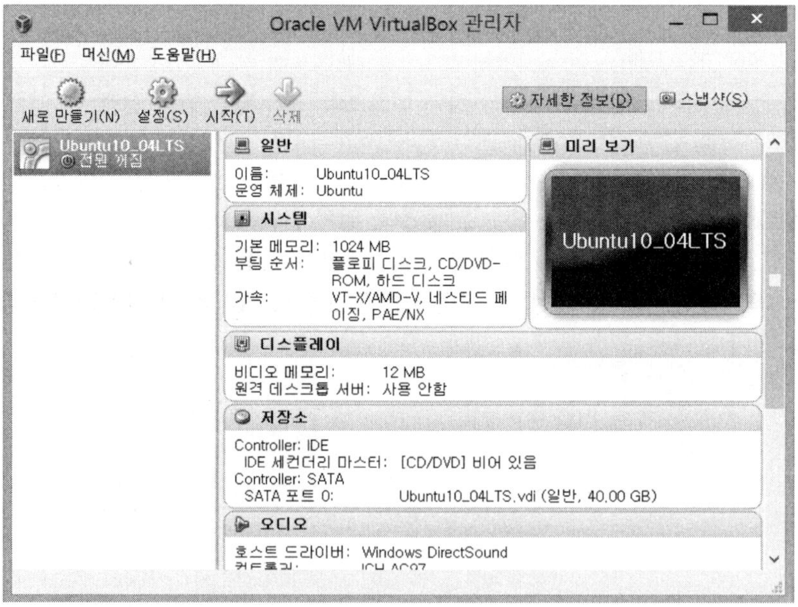

그림 2-23 생성된 가상머신(Ubuntu10_04LTS)

이제 가상머신이 생성되었고, 그림 2-23처럼 VirtualBox 관리자 화면에서 Ubuntu10_04LTS 이름으로 생성된 가상머신을 볼 수 있다. 지금 상태는 기본 메모리 1024 MB, 비디오 메모리 12 MB, 사타(SATA) 컨트롤러에 연결된 40 GB 디스크 등의 사양을 갖는 가상머신이

생성된 상태로, 이러한 물리적인 사양을 갖는 PC가 생성되었다고 보면 된다. 이제 이 가상머신에 우분투를 설치하고자 할 경우, 우분투 홈페이지에서 리눅스 이미지를 다운로드 받아 설치하면 된다.

2.3.3 우분투 리눅스 설치

설치하고자 하는 우분투는 본서에서 실습용으로 사용하는 임베디드 시스템 Achro-210T 보드의 툴체인 실행에 적합한 우분투 10.04 LTS 버전이다. 프로그램은 우분투 홈페이지(www.ubuntu.com)나 웹 검색을 통해 다운로드 받을 수 있으며, 데스크톱용으로 다운로드 받은 디스크 이미지 파일명은 ubuntu-10.04.4-desktop-i386.iso이다.

1 생성된 우분투용 가상머신(Ubuntu10_04LTS)을 더블클릭하여 리눅스 설치를 시작한다. 가상머신을 더블클릭하면 호스트 키 정보를 알려준다. 호스트 키는 오른쪽 컨트롤키로 기본 설정되어 있으며, 호스트 컴퓨터와 가상 컴퓨터 간에 키보드와 마우스를 공유할 수 있도록 해 준다. 예를 들어 현재 가상 컴퓨터에서 키보드와 마우스가 사용되고 있는 상태라면, 호스트 키를 누르면 키보드와 마우스는 호스트 컴퓨터에서 사용될 수 있는 모드로 전환된다. 호스트 키 조합은 가상머신 설정 창에서 추후 변경할 수 있다. 호스트 키 정보 화면에서 확인을 눌러 리눅스 설치 준비를 위한 다음 단계로 이동한 후 시동 디스크를 선택한다.

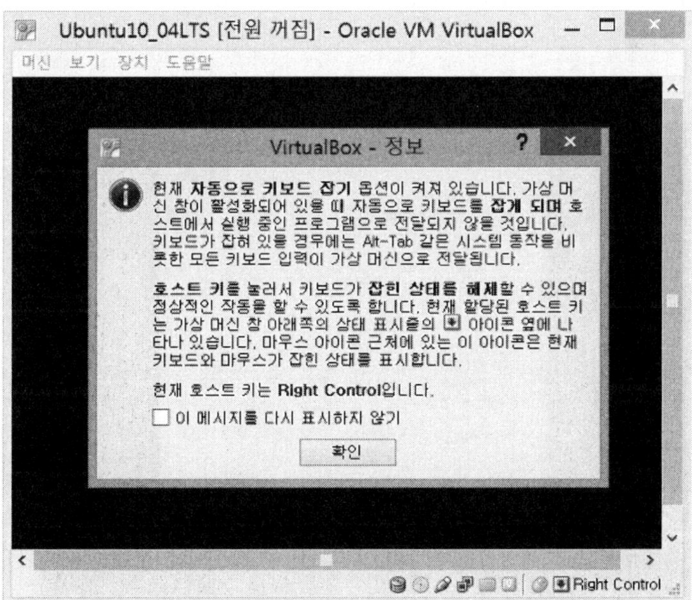

그림 2-24 호스트 키 정보

2 파일 탐색기 모양의 아이콘을 클릭하여 다운로드 받은 우분투 CD 이미지 파일을 선택한다.

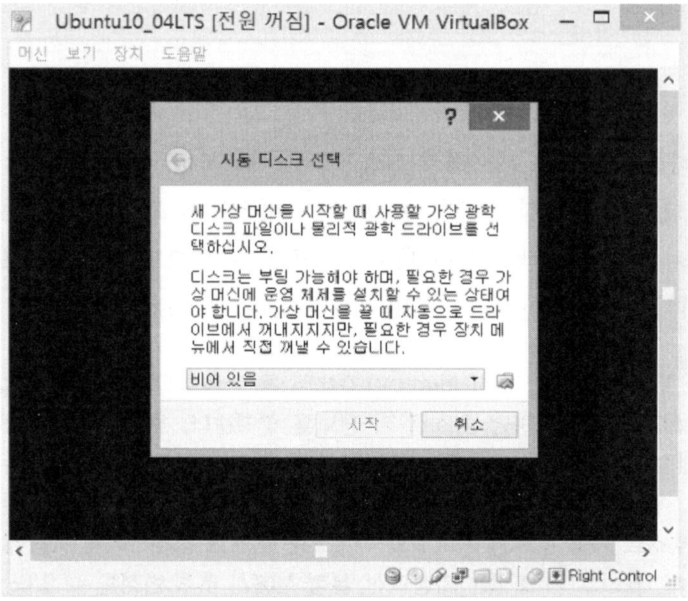

그림 2-25 우분투 CD 이미지 선택

3 설치 미디어 선택이 완료되었으면, "다음"을 클릭한다.

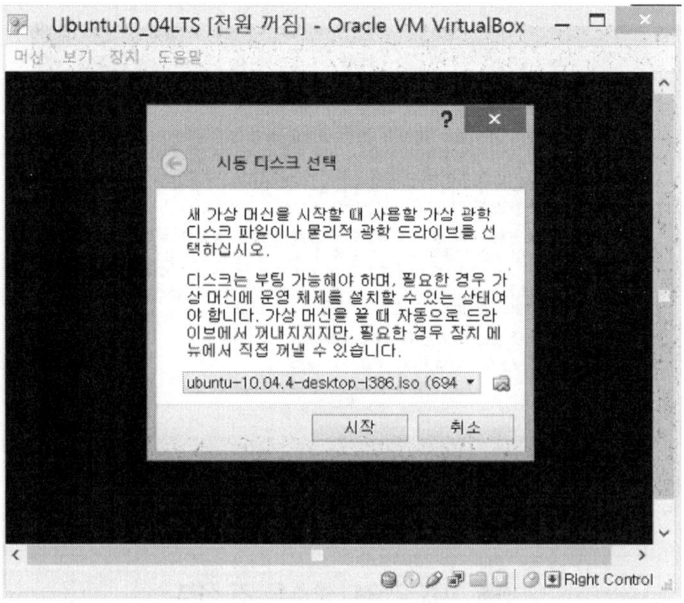

그림 2-26 설치할 미디어 선택 확인

4 설치를 위한 준비는 완료되었고, "시작"을 눌러 설치를 시작한다. 그러면 설치 도중에 가상머신 창에 대한 색상 정보와 마우스 통합 모드 지원에 대한 안내 문구가 표시되며, "확인"을 누른다. 가상머신 창에 대한 디스플레이 설정은 운영체제 설치 후에도 가상화면 설정 창에서 변경할 수 있다.

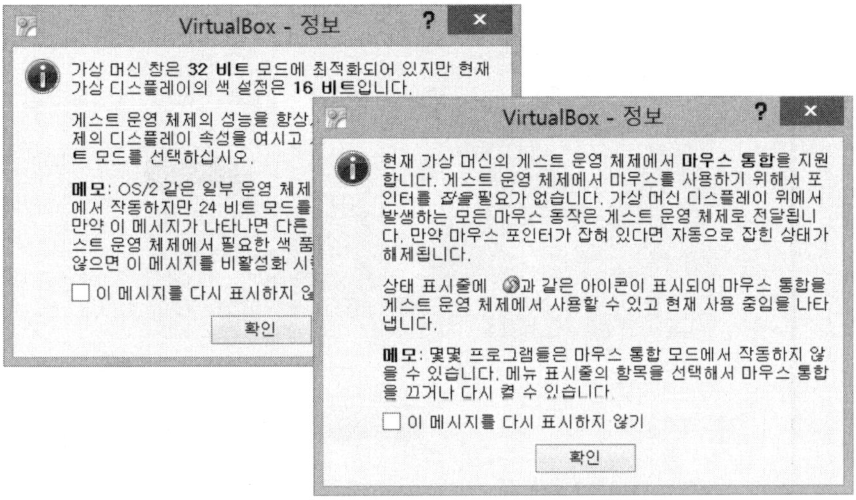

그림 2-27 색상정보와 마우스 통합모드 지원 정보

5 설치 시작 후 첫 화면에서는 설치 언어를 선택한다. 한국어로 선택한 후 "Ubuntu 10.04.4 LTS 설치"를 클릭하여 우분투 패키지를 설치한다.

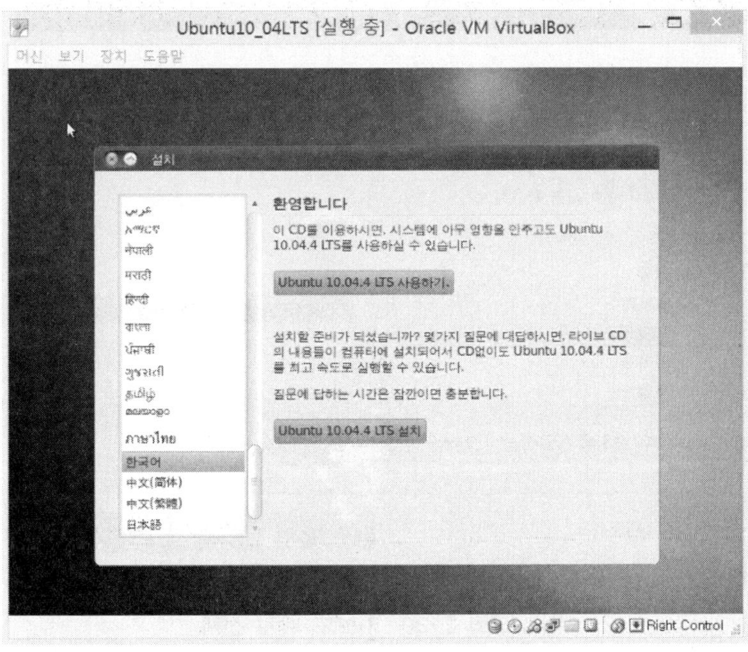

그림 2-28 설치 언어 선택

6 지역과 시간대를 선택한 후 "앞으로(F)"를 클릭한다.

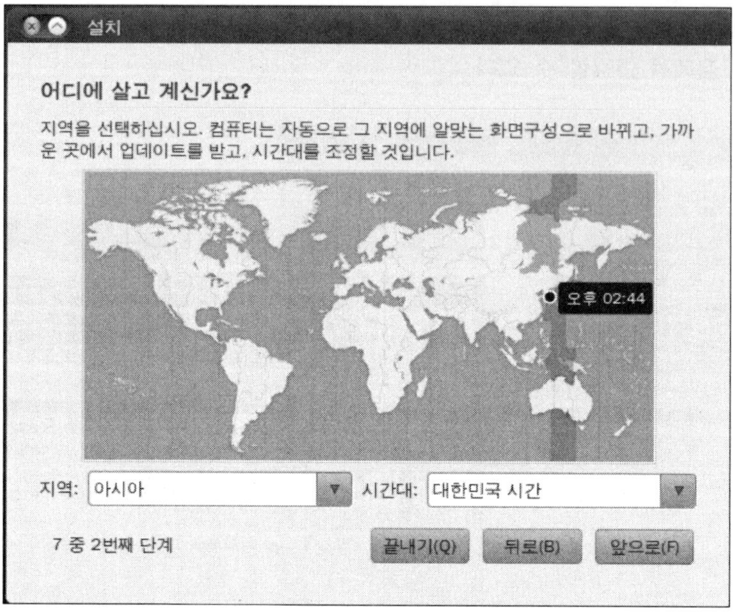

그림 2-29 사용자 지역 및 시간대 선택

7 키보드 타입을 선택한다. 여기서는 "대한민국 - 101/104키 호환"을 선택한 후 "앞으로(F)"를 클릭한다.

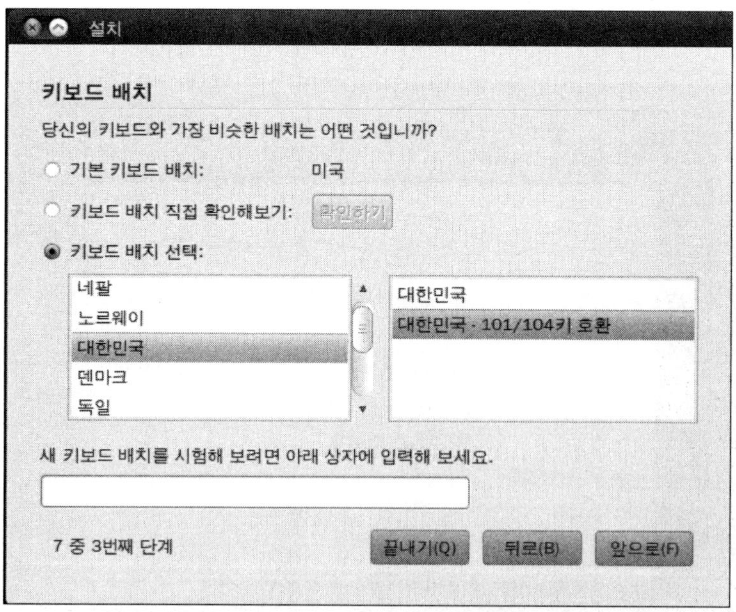

그림 2-30 키보드 배치 선택

8 운영체제를 선택할 디스크를 선택하는 단계이다. 자동으로 이전 파티션을 삭제하고 디스크 전체를 사용하는 옵션으로 설치하는 것으로 한다. “앞으로(F)”를 클릭하여 다음 단계로 진행한다.

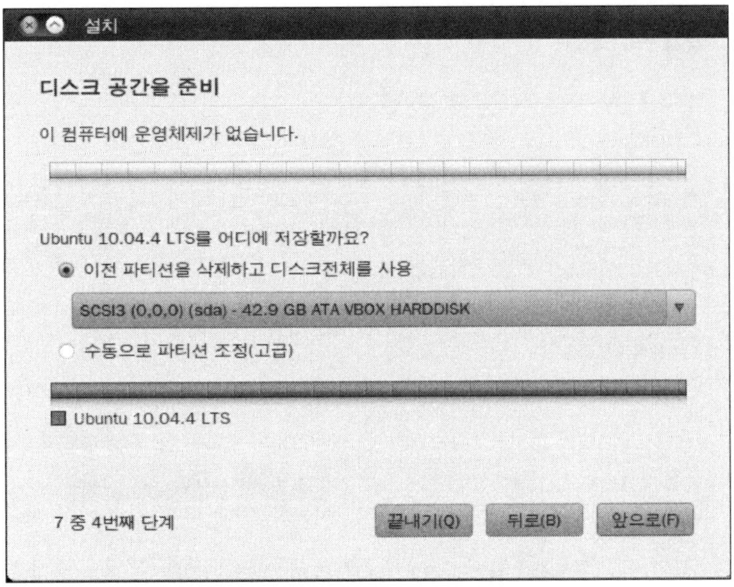

그림 2-31 설치할 디스크 공간 지정

9 사용자 정보를 입력하는 단계이다. 사용자 이름, 로그인 계정 이름, 비밀번호를 입력한 다음 “앞으로(F)”를 누른다.

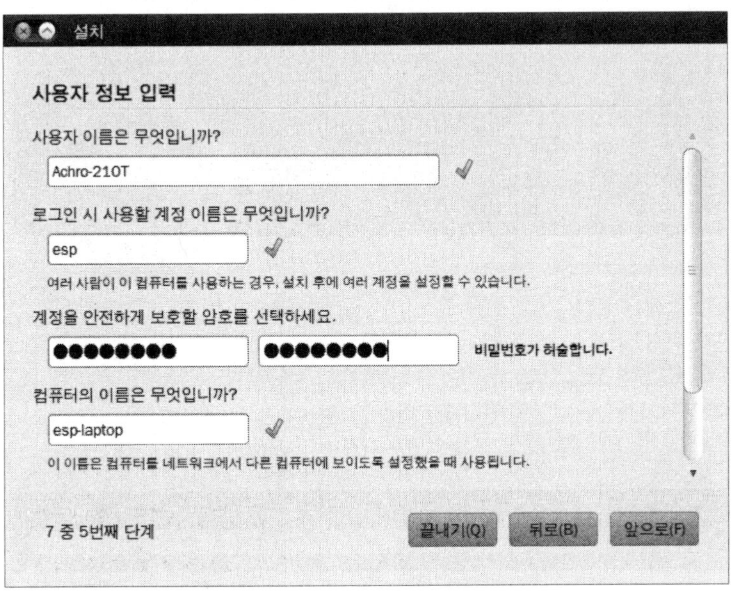

그림 2-32 사용자 정보 입력

10 우분투 리눅스 설치를 위한 설치 옵션 지정을 다 마쳤고, 이제 "설치"를 눌러 리눅스 설치를 시작한다.

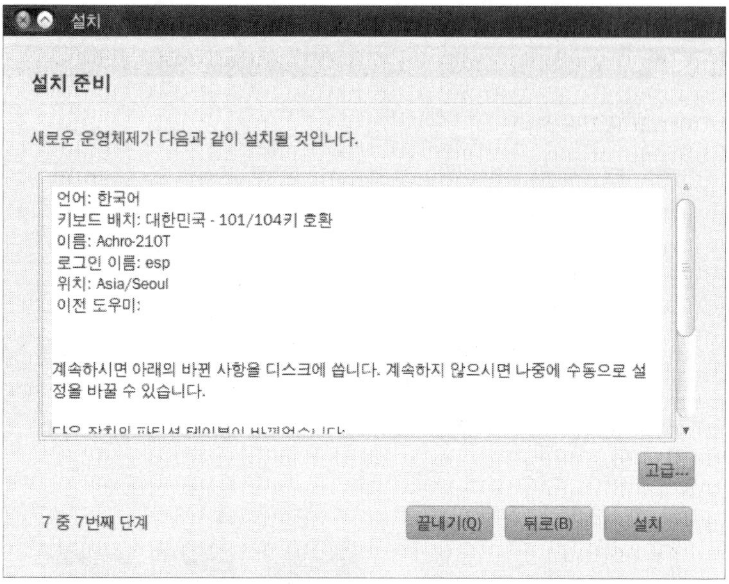

그림 2-33 설치 준비 완료 화면

11 우분투 리눅스가 설치되는 과정을 보여준다. 이제부터 컴퓨터 사양에 따라 설치 속도가 달라지지만 보통 수십 분 정도 소요된다.

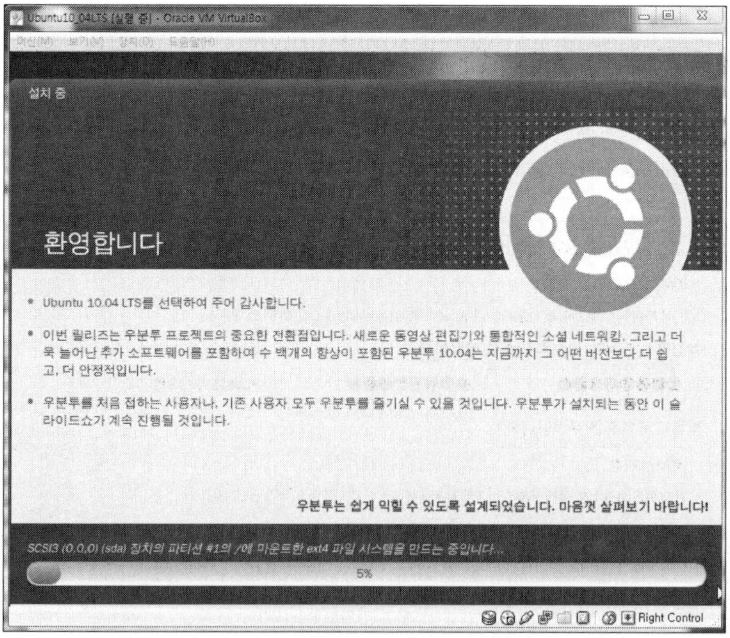

그림 2-34 설치 진행 화면

12 설치 완료되면 다음의 화면이 보인다. "지금 다시 시작"을 누르면 가상머신이 재부팅된다. 여기서 컴퓨터 재시작은 호스트 컴퓨터의 재시작이 아니라 가상머신의 재시작을 의미한다.

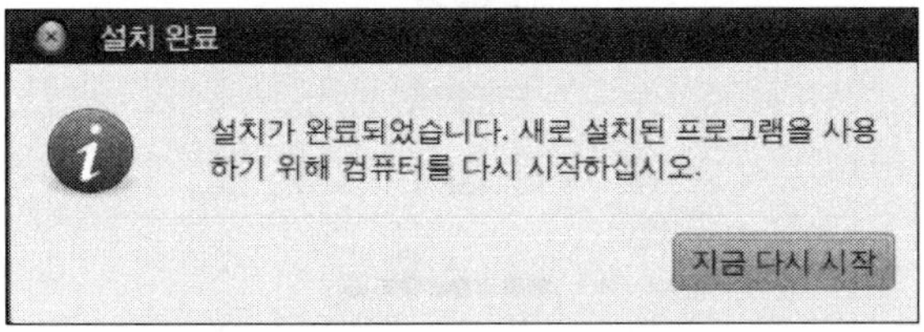

그림 2-35 설치 완료 메시지

13 시스템이 재부팅되면 다음과 같이 로그인 창이 뜬다.

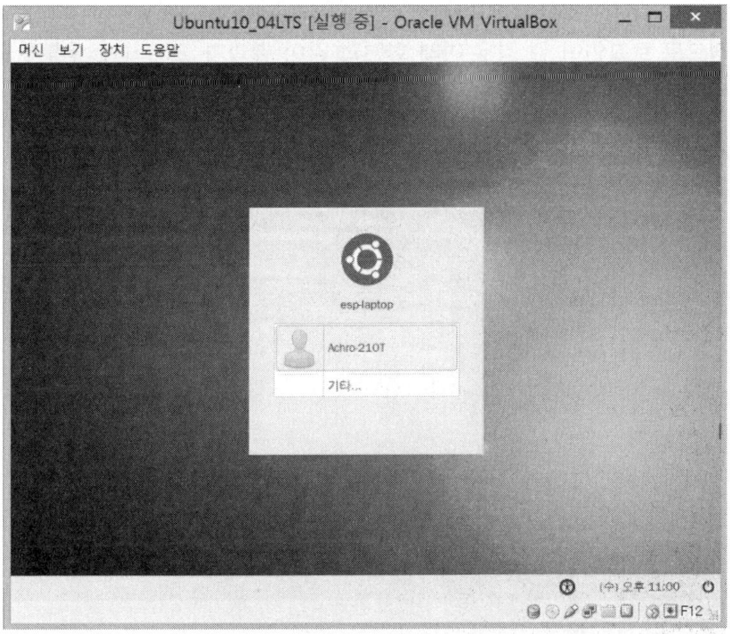

그림 2-36 로그인 화면

14 계정을 선택한 후 암호를 입력하여 로그인을 한다.

그림 2-37 사용자 로그인

15 정상적으로 로그인이 된 경우 아래 화면과 같이 결과가 표시되며, 우분투 리눅스 설치가 완료된 상태이다.

그림 2-38 로그인 완료 화면

16 설치 도중 언어와 관련하여 패키지가 정상적으로 다 설치되지 않아서 로그인 후 아래와 같은 화면이 보인다면 "Run this action now"를 선택하여 추가 파일들을 설치한다.

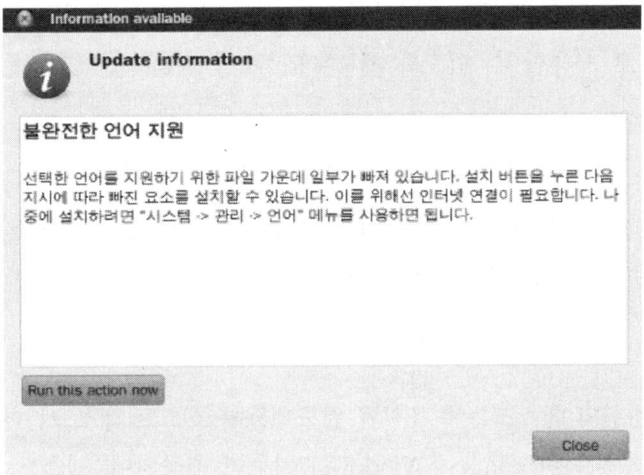

그림 2-39 언어 관련 추가 파일 설치

2.3.4 버추얼박스 게스트 확장(Guest Additions) 설치

버추얼박스 게스트 확장(Guest Additions)은 게스트 운영체제가 설치된 가상머신에 설치되어 추가 확장 기능을 제공한다. 게스트 확장에는 게스트 운영체제의 성능과 사용 편이성을 높이기 위해 최적화된 디바이스 드라이버와 시스템 응용 기능 등이 제공된다.

(1) VirtualBox Guest Additions

VirtualBox에서 지원하는 게스트 확장 기능은 VirtualBox 설치 디렉토리 내에 CD-ROM 이미지 파일인 VBoxGuestAdditions.iso를 사용하여 설치할 수 있다. 게스트 확장 패키지에서 제공하는 주요 기능들은 다음과 같다.

① 마우스 통합 기능

일반적으로 호스트 운영체제와 가상머신에 설치된 게스트 운영체제는 마우스를 물리적으로 공유해서 사용한다. 따라서 이 마우스가 게스트 운영체제에서 사용되고 있을 때 호스트 운영체제에서 사용하도록 하기 위해서는 호스트 키(디폴트 호스트 키는 오른쪽 컨트롤 키임)를 누르고 게스트 운영체제 화면 밖으로 빠져나와 호스트 운영체제를 선택한다. 그러나 마우스 통합 기능이 제공되면 더 이상 호스트 키를 사용하지 않아도 게스트 운영체제 화면과 호스트 운영체제 화면을 마우스만으로 쉽게 넘나들 수 있게 된다. 이는 게스트 가상머신에 특별한 마우스 드라이버가 설치되어 호스트에 있는 실제 마우스 드라이버와 통신하면서 게스트 마우스 포인터를 화면 밖으로 빠져 나오게 해 준다.

② 폴더 공유 기능

폴더 공유 기능은 호스트와 게스트 운영체제 간의 파일을 손쉽게 교환할 수 있도록 해 준다. VirtualBox에서 공유 폴더를 지정하면, VirtualBox는 공유 폴더를 게스트 운영체제에서 네트워크 공유로 사용할 수 있도록 해 준다.

③ 향상된 비디오 기능

VirtualBox에서 게스트 운영체제를 위해 에뮬레이션 하는 가상의 그래픽 카드는 기본적인 기능들을 모두 제공하지만, 게스트 확장 기능을 설치하면 전용 비디오 드라이버가 설치되면서 가속화된 비디어 성능뿐만 아니라 고해상도의 비표준 비디오 모드도 사용할 수 있게 된다.

이외에도 가상머신의 데스크톱에 표시된 윈도우들이 호스트 데스크톱에 매핑시킬 수 있게 해 주는 심리스 윈도우(Seamless Windows) 기능이 제공되며, 게스트 운영체제의 시스템 시간을 호스트와 동기화시켜주는 시간 동기화 기능, 클립보드 공유 등이 게스트 확장에서 제공된다.

버추얼박스에서 공유 폴더를 사용하는 방법의 예를 통해 게스트 확장의 필요성을 살펴보자. 공유 폴더 사용은 먼저 실행되고 있는 가상머신의 메뉴행에서 [장치(D)] - [공유 폴더(S)]를 선택하여 공유 폴더를 지정하는 창을 실행시킨다.

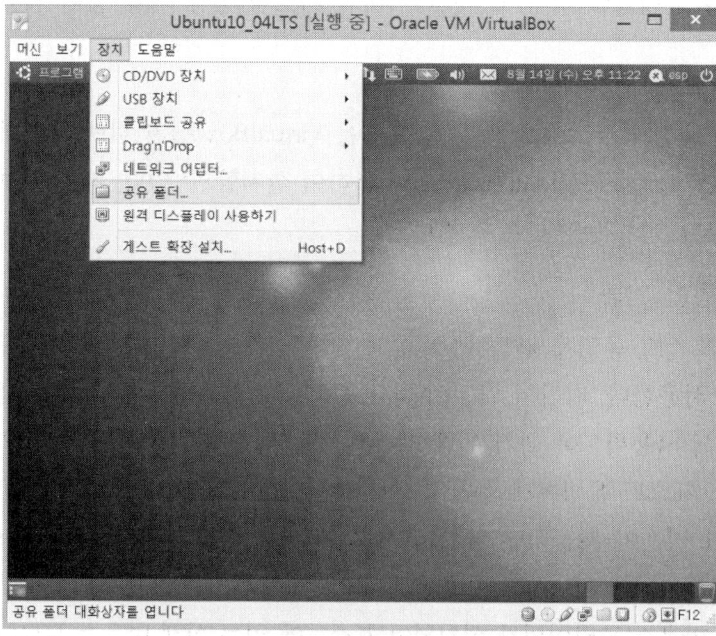

그림 2-40 공유 폴더 지정하기

공유 폴더 기능은 게스트 확장 기능이 설치되어야 사용할 수 있는데, 아직 확장 기능이 설치되지 않아서 다음과 같은 경고 문구가 출력이 된다. 일단 여기서는 게스트 확장 기능의 필요성과 유용성에 대해서 알아보는 것이기에 일단 "확인"을 눌러 설치하지 않고 공유 폴더 단계로 넘어가도록 한다.

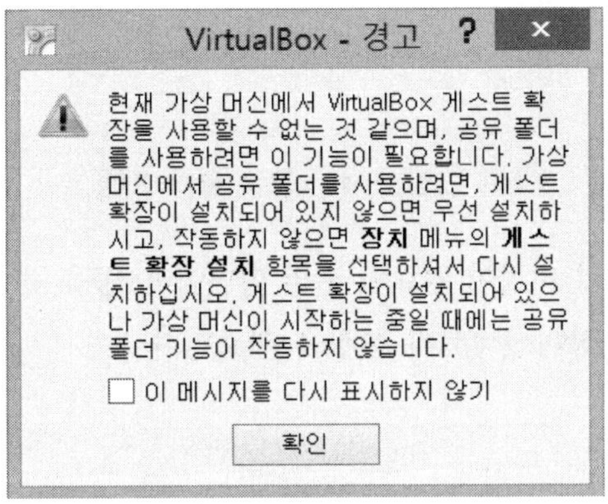

그림 2-41 게스트 확장 기능 설치 안내 문구

그러면 다음 화면과 같이 공유 폴더를 지정할 수 있는 창이 실행된다. 화면의 오른쪽 부분에 보이는 +기호가 포함된 폴더 아이콘을 누르면 공유 폴더를 선택할 수 있는 창이 뜬다.

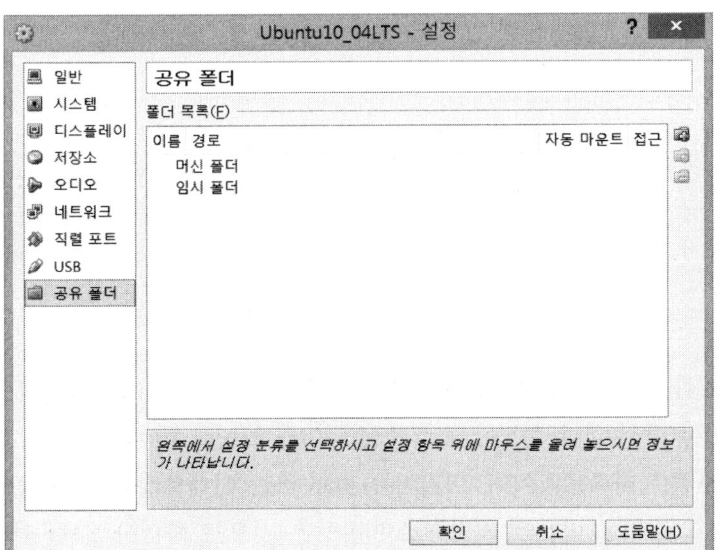

그림 2-42 공유 폴더 지정 하면

호스트 운영체제에서 공유하고자 하는 폴더를 지정한다. 여기서는 호스트 컴퓨터의 D 드라이브에 존재하는 win_share 폴더로 지정하였다. 지정한 후 확인 버튼을 눌러 공유 폴더 지정을 완료한다.

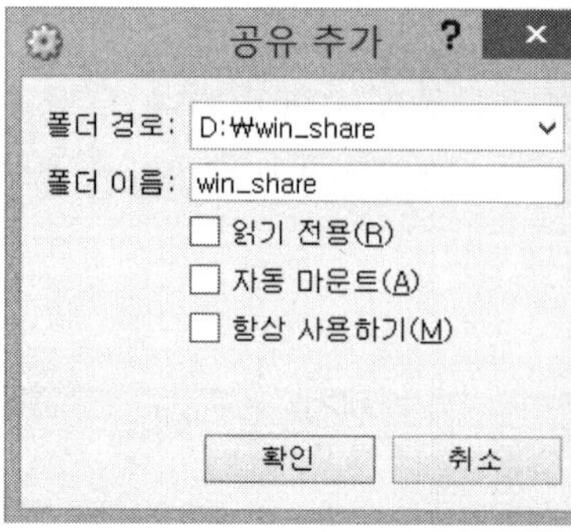

그림 2-43 공유 폴더 지정

다음의 화면은 공유 폴더 지정이 완료된 후의 화면이며, 공유 폴더 경로와 이름을 보여준다. 확인 버튼을 눌러 가상머신에서의 설정을 완료한다.

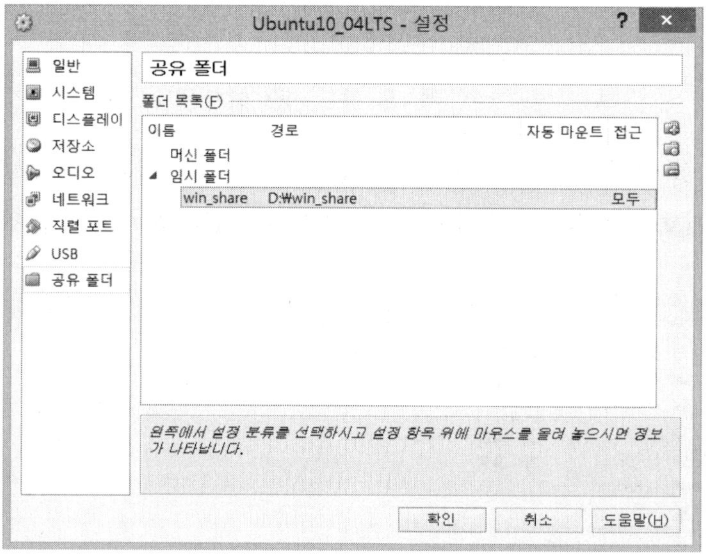

그림 2-44 공유 폴더 설정 확인

이제 우분투 리눅스에서 공유 폴더를 마운트 해 보자. 마운트(mount) 명령어는 마운트 하고자 하는 원본 폴더(방금 설정한 호스트 컴퓨터의 win_share)를 마운트 지점에 연결해 준다. 마운트 지점은 디렉토리이며, 여기서는 share라는 디렉토리를 이미 생성하였다고 가정하였고, 그 디렉토리를 마운트 지점으로 사용하는 것으로 하였다. 그런 다음, 다음과 같이 명령어를 입력하면 가상머신에서 지정된 공유 폴더(win_share)를 마운트하게 된다. 버추얼박스에서 지정된 공유 폴더는 vboxsf라는 파일시스템으로 지정하여 마운트한다. 명령어 입력은 터미널 창에서 하며, 터미널은 우분투 메뉴행의 [프로그램] - [보조프로그램] - [터미널]을 선택하면 터미널 창이 실행된다. 또는 Ctrl+Alt+t 조합의 핫키를 눌러도 터미널 창이 실행된다.

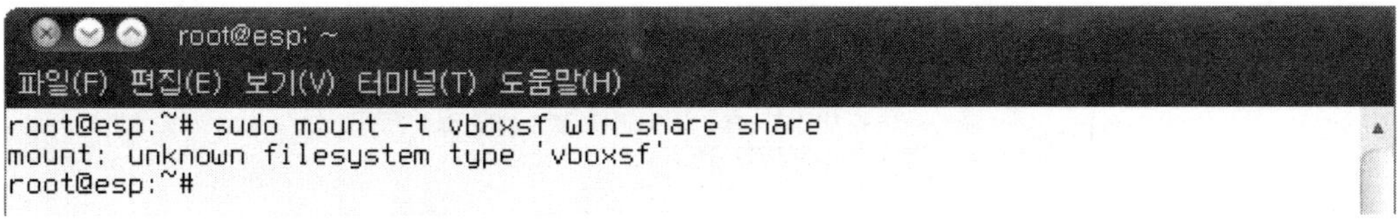

그림 2-45 윈도우 시스템의 공유 폴더를 우분투에서 마운트하기

그림 2-45의 화면에서 보듯이 vboxsf라는 파일시스템 유형을 알 수 없다는 시스템 메시지가 출력되면서 공유 폴더 마운트가 되지 않는다. 이는 아직 가상머신에 게스트 확장 기능을 설치하지 않은 상태이기 때문이다. 다음 절에서 게스트 확장 기능을 설치한 후 다시 공유 폴더를 마운트 해 봄으로써 게스트 확장 기능의 유용성을 알아본다.

(2) 버추얼박스 게스트 확장 설치

리눅스에서 사용되는 버추얼박스 게스트 확장은 게스트 운영 시스템에 설치되는 디바이스 드라이버들과 시스템 응용프로그램들로 구성되어 있다. 설치를 위해 실행중인 우분투 가상머신에서 메뉴행에 보여지는 [장치] - [게스트 확장 설치]를 선택한다.

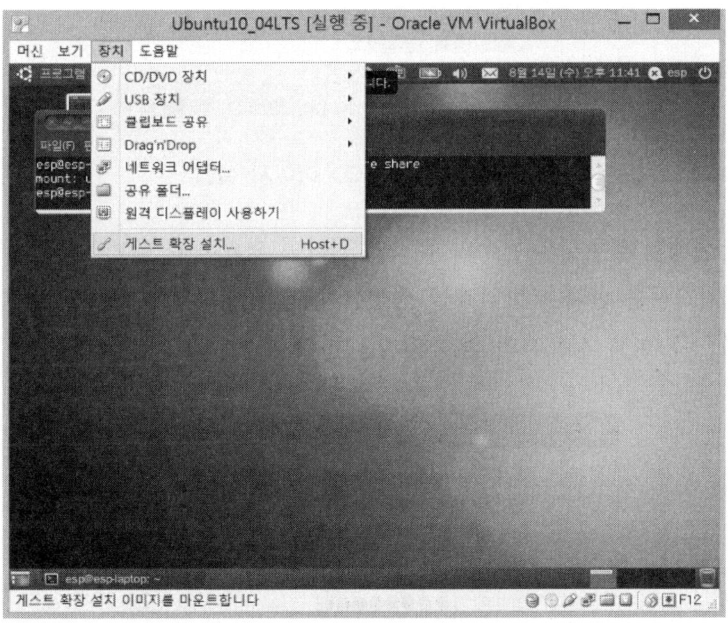

그림 2-46 게스트 확장 기능 설치하기

VirtualBox에서 지원하는 게스트 확장 설치에 필요한 CD 이미지는 프로그램이 설치되어 있는 디렉토리에 복사되어 있고, 이전 단계에서 "게스트 확장 설치"를 누르면 CD를 실행하는 방법을 물어보는데, "자동시작 확인 열기" 상태에서 확인을 누른다.

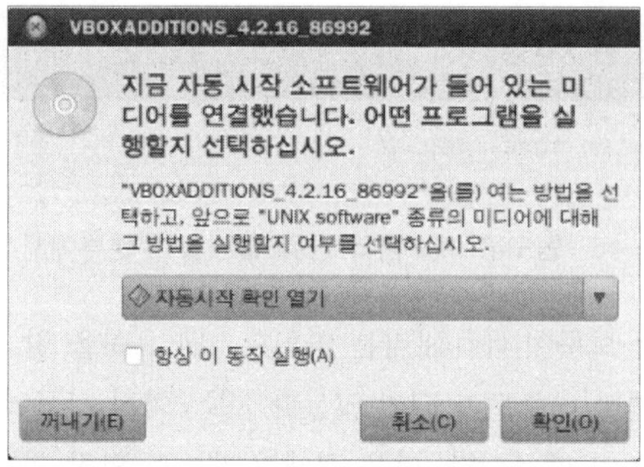

그림 2-47 CD 이미지 실행방법 선택

자동 시작 소프트웨어가 실행될 수 있도록 확인을 누른다.

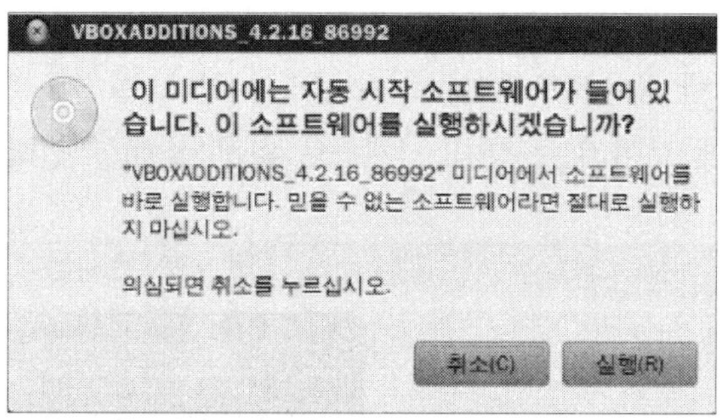

그림 2-48 CD 이미지 실행

프로그램이 실행되기 위해서는 수퍼 유저의 권한이 필요한데, 일반적으로 루트암호를 입력해야 한다. 여기서는 현재 루트암호를 생성한 상태가 아니므로 프로그램 설치시 생성한 사용자의 암호, 즉 현재 사용자의 암호를 입력한다.

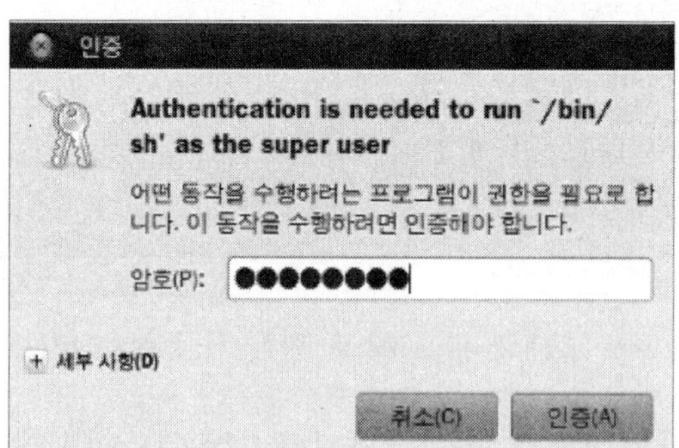

그림 2-49 실행 권한 부여

그림 2-50은 게스트 확장 기능이 설치되는 과정을 보여준다. 설치를 다 마치면 리턴을 입력하여 화면을 닫는다.

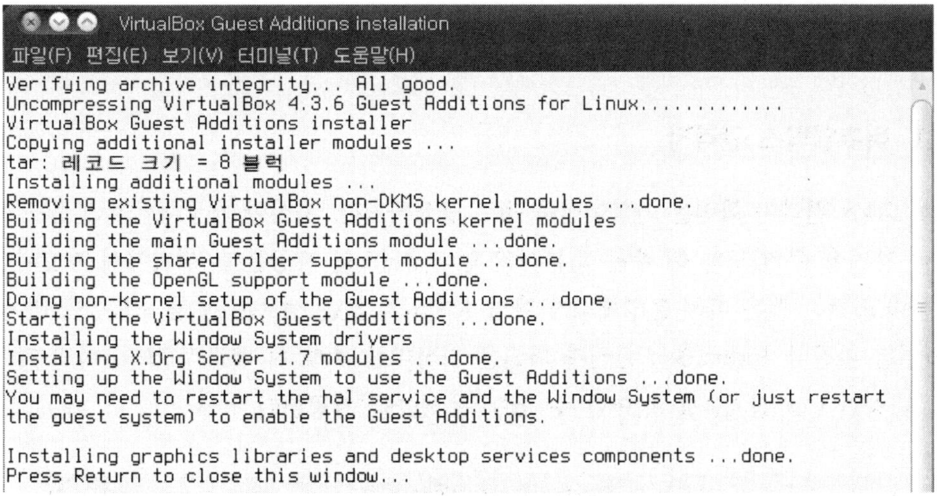

그림 2-50 게스트 확장 기능 설치 과정

이제 설치는 완료되었고, 우분투에서 공유 폴더를 마운트하면 된다. 공유 폴더 마운트는 이전 절 마지막 부분에서 기술했던 것과 동일하게 명령어를 입력하면 된다.

```
# sudo mount -t vboxsf win_share share
```

다음 화면은 공유 폴더를 마운트한 다음, df 명령어를 사용하여 마운트된 파일시스템을 확인하는 과정을 보여주고 있으며, win_share 디렉토리가 정상적으로 마운트되었음을 확인할 수 있다. 이제 우분투에서는 홈 디렉토리 밑에 생성한 share 디렉토리에 파일이나 디렉토리 등을 추가하면, 그 자료들은 실제로 호스트 운영체제에 있는 win_share 디렉토리에 저장된다.

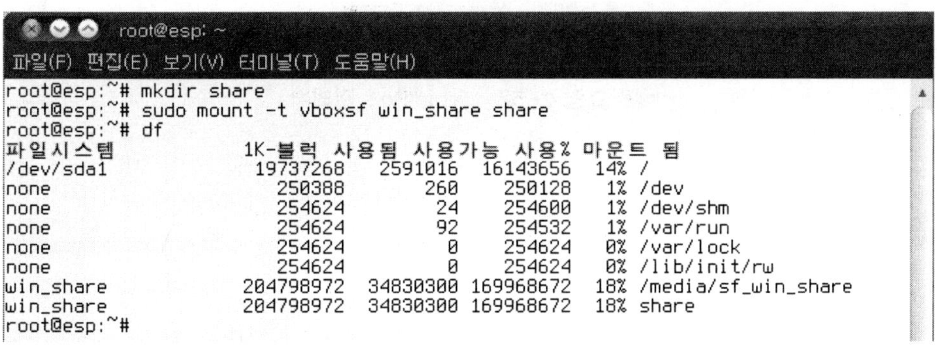

그림 2-51 마운트된 공유 디렉토리 정보 확인

2.4 VirtualBox 설정

2.4.1 버추얼박스 관리자

VirtualBox 관리자 화면은 가상머신을 새로 생성하거나, 생성한 가상머신의 설정을 변경하거나 제거할 수 있도록 해 주는 기본적인 인터페이스를 제공한다. 여기에서 가상머신을 생성한다고 하는 것은 마치 운영체제가 아직 설치되지 않은 새로운 PC를 구입한 것과 동일한 의미를 가진다. VirtualBox 관리자 화면은 가상머신 추가 시 메모리 크기, 하드 디스크 크기, 다양한 I/O 장치들을 선택할 수 있는 옵션들을 제공한다.

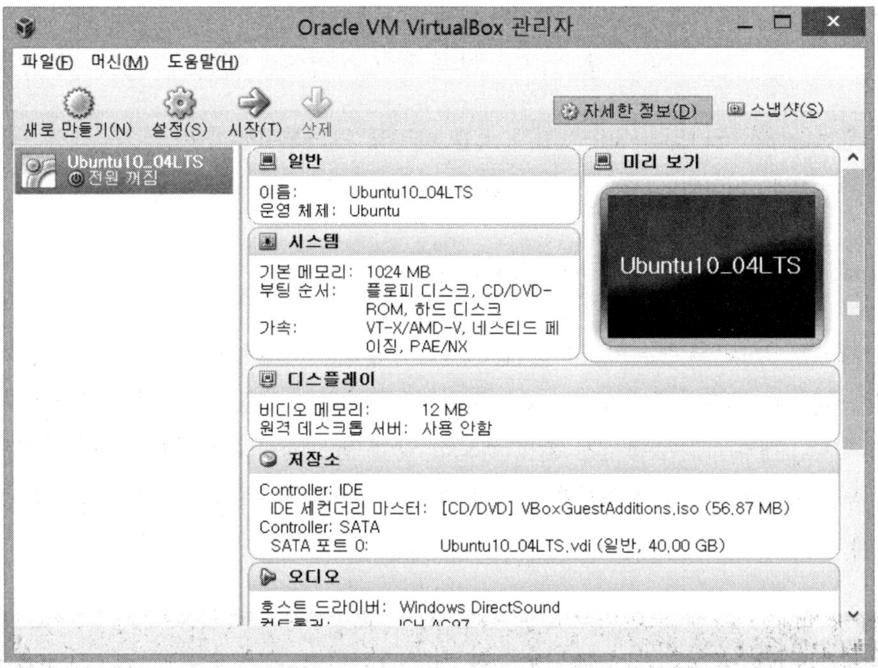

그림 2-52 VirtualBox 관리자

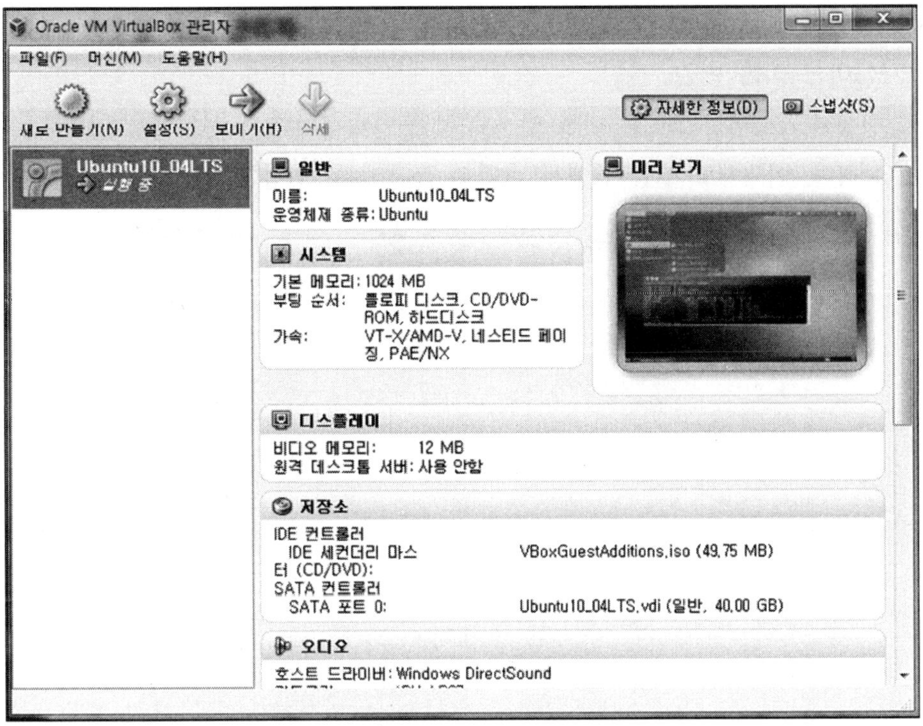

그림 2-53 VirtualBox 관리자

버추얼박스 관리자 메뉴행 아래에 있는 "새로 만들기(N)" 아이콘은 새로운 가상머신을 생성하고자 할 때 사용되며, 이 기능은 메뉴행의 [머신(M)] - [새로 만들기]와 동일하다.

"설정(S)" 아이콘은 선택된 가상머신의 설정을 변경하고자 할 때 사용한다. 예를 들어 저장소를 변경하거나 추가하는 것이 가능하고 이외에도 네트워크 변경, 직렬 포트 추가, 공유 폴더 설정 등이 가능하다. 가상머신 설정은 아이콘 말고 가상머신을 선택한 상태에서 오른쪽 마우스 버튼을 눌러 설정 기능을 선택할 수도 있다. 일부 설정은 가상머신이 실행되고 있는 상태에서도 변경할 수 있지만, 일부는 그렇지 않다. 예를 들어 네트워크의 일부 기능은 가상머신이 실행되고 있는 상황에서도 변경이 가능하지만, 저장소에서 가상 하드 디스크를 추가하거나 직렬 포트 등을 추가하는 것은 가상머신을 종료해야 설정이 가능하다.

2.4.2 가상머신 설정 및 옵션

① 가상머신 이름 변경

이미 생성된 가상머신의 이름 변경 및 설치할 운영체제 변경은 설정에서 "일반"을 클릭하면 가능하다. 이외에도 고급 탭에서 스냅숏 폴더 등을 변경할 수 있다.

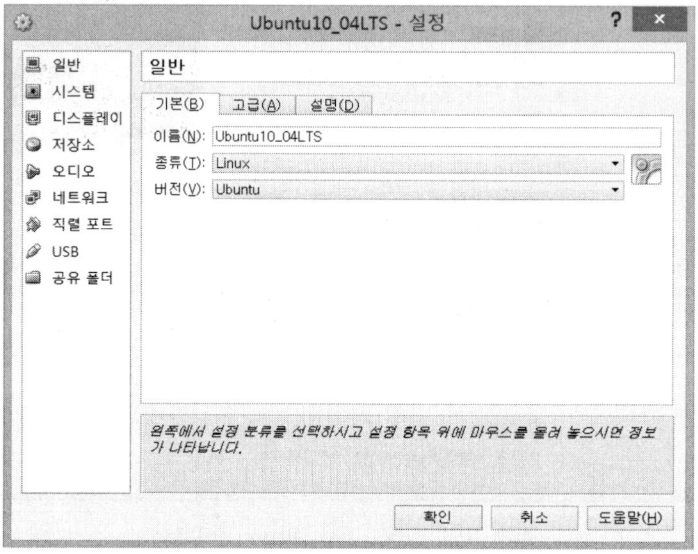

그림 2-54 가상머신의 일반 정보 변경 화면

② 시스템 메모리 크기 변경

시스템 메모리(RAM) 크기는 설정 창의 "시스템"을 클릭하면 변경할 수 있다. 여기에서 기본 메모리 크기뿐만 아니라 부팅순서, 프로세스 개수, 가속 설정 등의 변경이 가능하다.

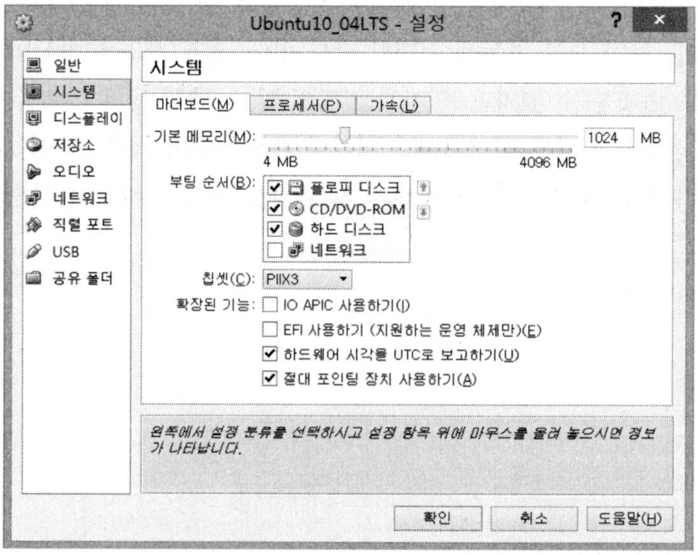

그림 2-55 시스템의 메모리 크기 등의 설정 변경

③ 디스플레이 설정

설정의 디스플레이 부분에서는 비디오 메모리의 크기, 모니터 개수, 원격 디스플레이 사용 시 포트 번호지정 등이 가능하다.

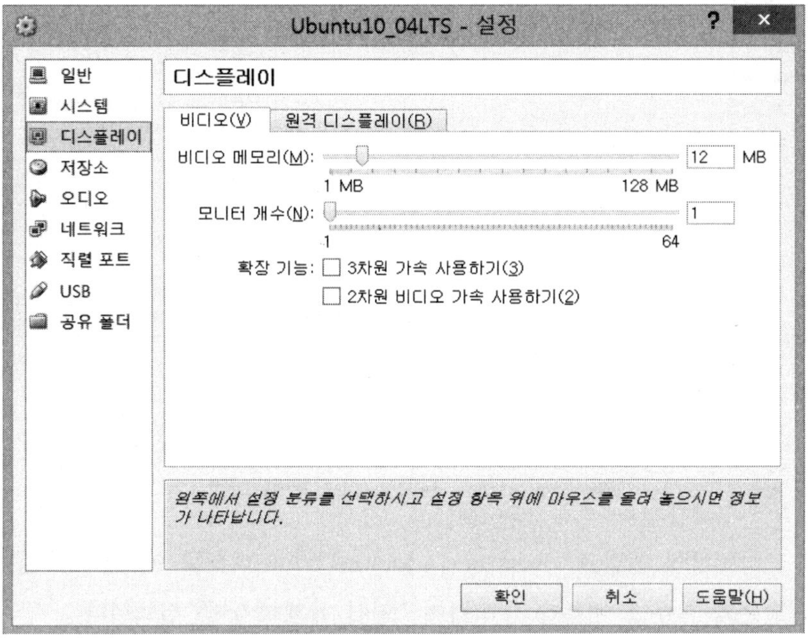

그림 2-56 디스플레이 설정

④ 저장소 변경

설정의 저장소에서는 IDE 컨트롤러나 SATA 컨트롤러에 저장소를 추가하거나 삭제 등을 할 수 있다. 지금 화면에 보이는 예시는 CD 이미지 파일이 IDE 컨트롤러에 연결되어 있고, SATA 컨트롤러에는 가상의 하드 디스크(.vdi)가 연결되어 있는 경우이다. IDE 컨트롤러 옆에 + 기호가 있는 아이콘을 클릭하면 추가할 수 있는 창이 실행되며, 디스크 이미지에서 오른쪽 마우스 버튼을 클릭하면 연결되어 있는 이미지를 제거할 수도 있다. 만일 SATA 컨트롤러에 추가하고자 할 경우, 마우스로 SATA 컨트롤러를 선택하면 IDE 컨트롤러 옆에 표기된 것처럼 동일한 아이콘이 보이며, 그 아이콘을 클릭하여 추가한다.

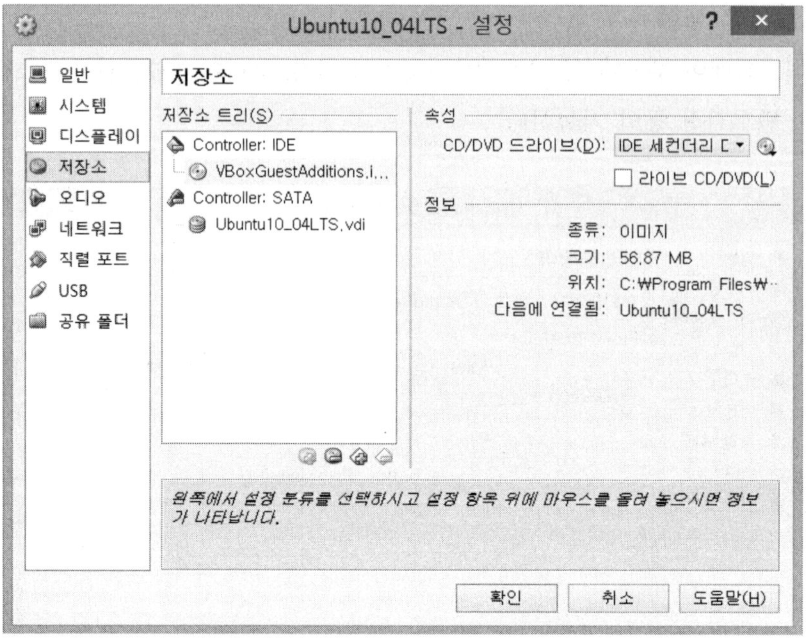

그림 2-57 저장소 정보 변경 화면

현재 CD 드라이브에 연결된 VBoxGuestAdditions.iso 이미지를 언마운트하려면 디스크 이미지에서 오른쪽 마우스 버튼을 클릭하여 "연결 삭제하기"를 선택한다.

그림 2-58 CD 드라이브용 이미지 연결 삭제하기

⑤ 네트워크 설정

네트워크 설정은 여기서는 간단히 NAT를 사용하여 자동으로 네트워크 주소가 할당되도록 한다. NAT를 사용할 경우 자체적으로 하위 사설 네트워크를 구성하게 되며, 게스트 운영체제가 호스트 운영체제의 네트워크를 사용할 수 있는 상태가 된다.

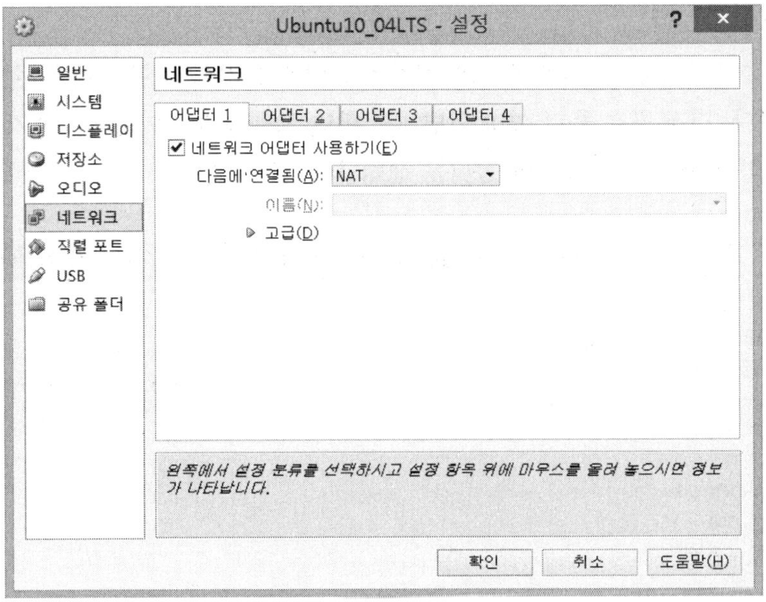

그림 2-59 네트워크 설정

⑥ 직렬포트 추가

직렬 포트 설정 화면에서는 직렬 포트를 추가할 수 있도록 해 준다. 나중에 임베디드 시스템 개발 시 임베디드 시스템의 모든 기록들은 직렬 포트를 통해 개발용 호스트 컴퓨터에서 확인하게 되는데, 그럴 경우 일반적으로 직렬 포트를 사용하게 된다. 추가하고자 할 경우 오른쪽 화면에서 "직렬 포트 사용하기(E)"를 선택하면 된다.

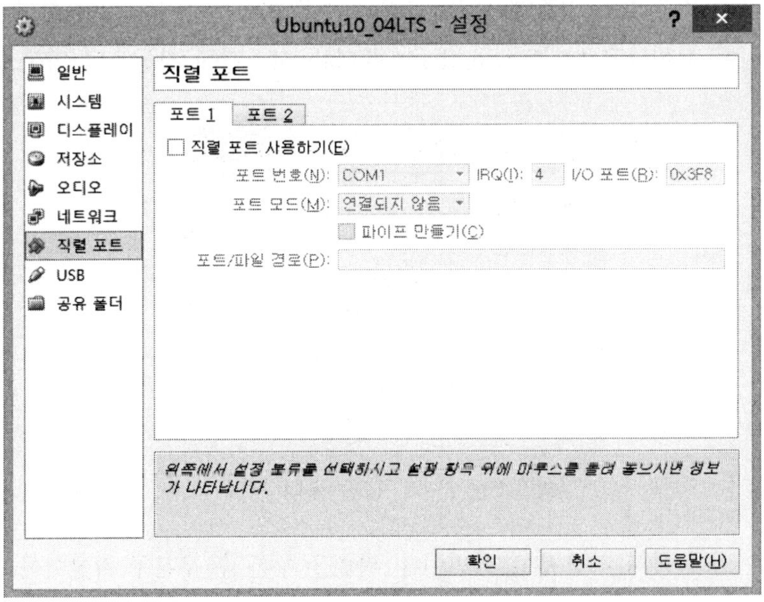

그림 2-60 직렬 포트 설정 화면

⑦ 공유 폴더 설정

공유 폴더 기능은 호스트 운영체제와 게스트 운영체제 간의 파일 공유를 손쉽게 할 수 있도록 해 준다. 먼저 공유 폴더 설정 화면에서 화면 오른쪽에 보이는 + 기호가 포함된 아이콘을 클릭하면 호스트 컴퓨터의 폴더를 선택할 수 있게 된다.

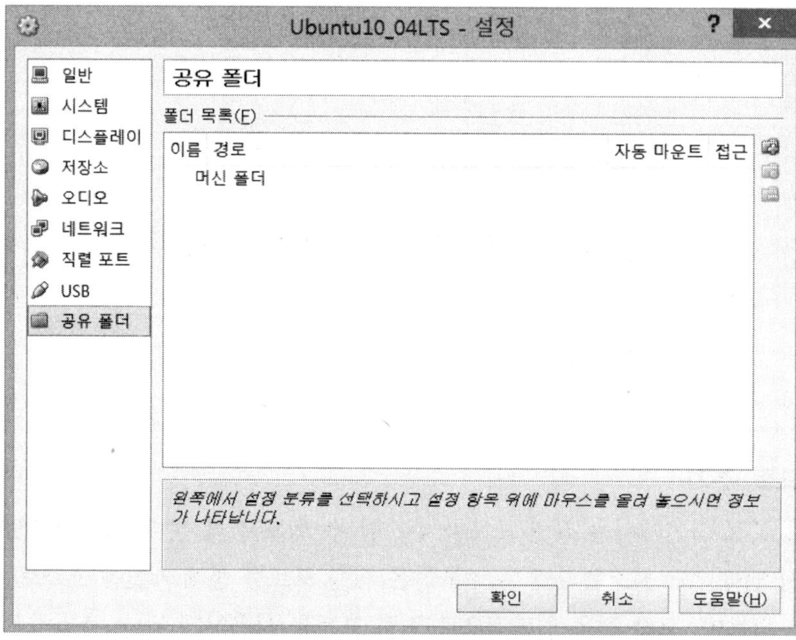

그림 2-61 공유 폴더 지정 화면

공유 폴더를 다음과 같이 지정해 보자. 그리고 자동 마운트 옵션을 선택한다. 그러면 우분투 가상머신이 실행되고 난 후 win_share 폴더는 시스템에 자동으로 마운트된다.

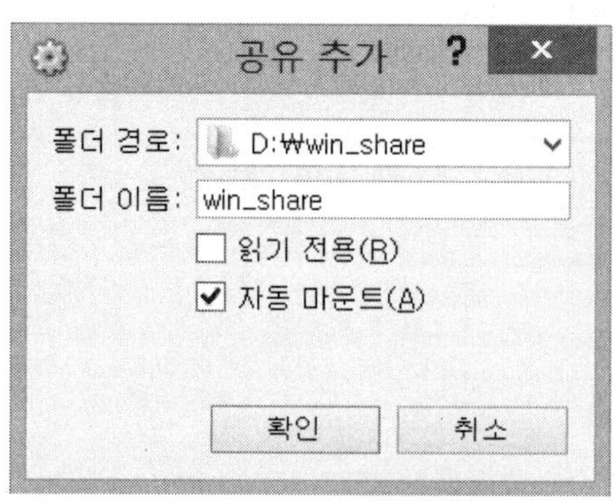

그림 2-62 공유 폴더 지정

다음 화면은 공유 폴더 지정 완료 화면이다. 확인을 누른 후 우분투 가상머신을 더블클릭하여 우분투 리눅스를 시작한다.

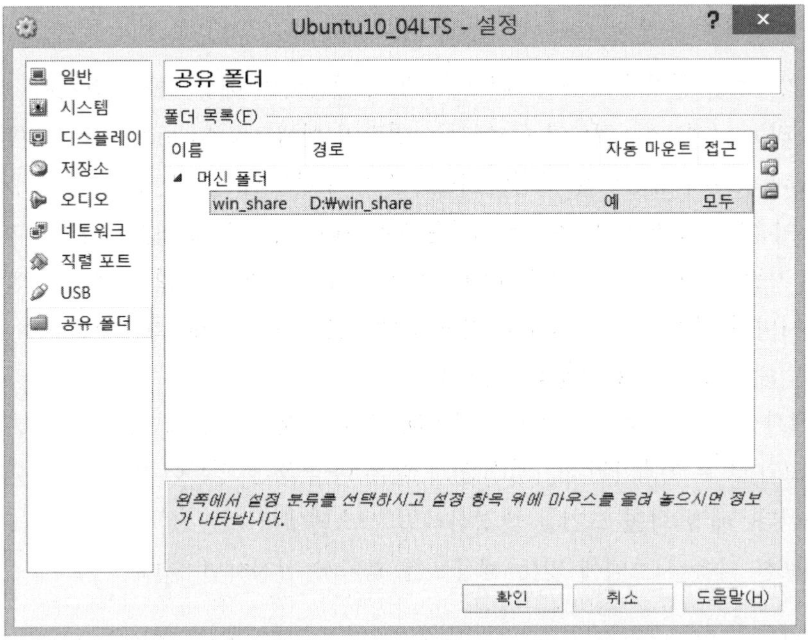

그림 2-63 공유 폴더 지정 완료 화면

우분투에서 터미널 창을 실행시킨 후, df 명령어를 사용하여 마운트된 디렉토리 목록을 확인해 본다. 아래 화면에서 보이듯이 win_share 디렉토리가 /media/sf_win_share로 마운트되었음을 알 수 있다.

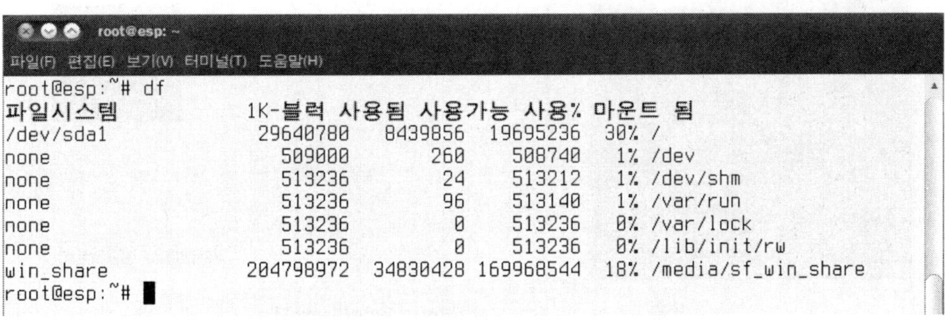

그림 2-64 마운트된 파일시스템 확인

2.4.3 우분투 관련 설정

우분투의 경우에 Xwindow에서 모든 내용을 설정해야 한다. 물론, 기본적인 사항 이외에는 환경설정 파일들을 수정하는 것이 일반적이지만, 기본적인 부분 예를 들면 화면 크기나 네트워크 설정 부분의 경우에 환경파일을 수정하더라도 Xwindow에서 설정한 정보값이 우선시 된다.

□ 우분투 해상도 조정

우분투 리눅스를 설치하고 화면 해상도가 맞지 않는다면 해상도를 조정할 수 있다. 레드햇 계열의 리눅스(레드햇, 페도라 등)에서는 명령어 실행으로 Xwindow를 설정할 수도 있고 Xwindow 상에서 해상도를 조정할 수도 있다. 우분투의 경우는 Xwindow에서 설정이 가능하다. 이유는 기존의 대부분의 리눅스는 Xwindow 없이도 운영체제를 사용할 수 있도록 환경을 지원하지만, 우분투의 경우에는 데스크톱 운영체제로 많은 부분이 변경되었다. 그러므로 서버의 개념을 가진 형태의 리눅스 배포본과는 다르게, 기본적으로 Xwindow의 사용자 인터페이스를 통해 설정을 해야 한다.

우분투에서 화면을 조정하는 방법을 확인해 보자. 우분투 상단에 있는 패널 부분에 보면 우분투 로고와 [프로그램], [위치], [시스템]과 같은 한글 혹은 영문이 있는데, 이것은 우분투의 주메뉴이다. 배경 화면 크기를 변경하려면 시스템에서 기본 설정을 선택하고, 모니터 메뉴를 선택한 다음 시스템에 맞는 해상도를 찾아서 설정하면 된다.

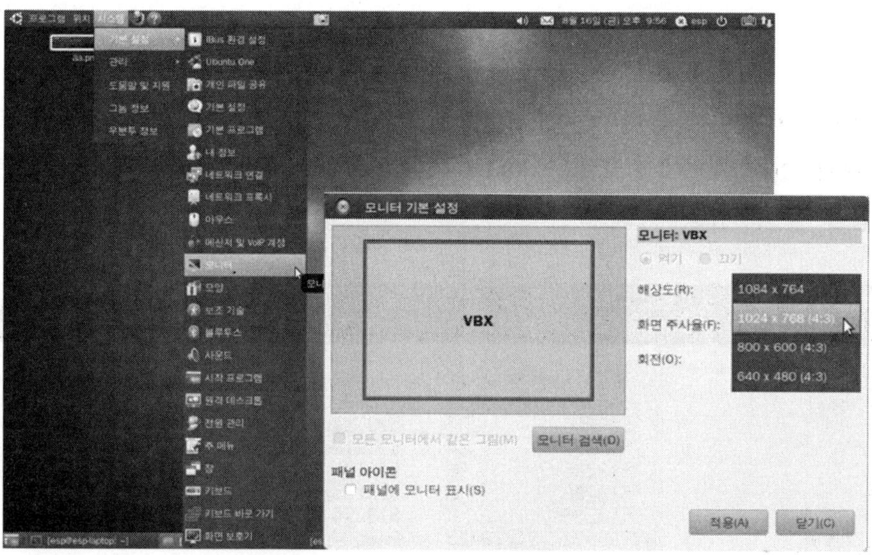

그림 2-65 Xwindow 해상도 설정

□ 우분투 테마 변경

대부분의 사용자들은 리눅스의 Xwindow보다 마이크로소프트 윈도우에 익숙하다. 리눅스를 처음 접하는 사람들은 터미널에 적응하는데도 많은 시간이 걸리지만, Xwindow에 적응하는데도 많은 시간이 소요된다. 우분투에서는 기존 Window와 같은 형태의 윈도우 테마와 같은 기능을 제공한다. 바탕화면에서 마우스 우측 클릭 후 "바탕화면 배경 바꾸기"를 선택하고, 모양 기본 설정에서 테마 탭을 선택한 다음 "깨끗한 모양"을 선택하면 프로그램 메뉴 위치가 마이크로소프트의 윈도우 배열과 동일한 형태로 사용할 수 있다.

그림 2-66 테마 변경하기

다음은 패널을 사용하기 편한 형태로 수정하는 방법이다. 우선 상단 패널의 각 아이콘에서 마우스 우측 클릭을 하면 아이콘을 편집할 수 있는 메뉴가 보인다. 예를 들어 파이어폭스 아이콘 위에서 오른쪽 마우스를 클릭하면 "패널에 잠그기"가 설정되어 있다. "패널에 잠그기"를 클릭하여 해제한 후 아이콘을 오른쪽 하단 패널로 이동해 본다. 그러면 아이콘이 아래의 패널로 이동된다. 패널 자체를 추가하고자 하는 경우 현재 보이는 패널창의 빈공간에서 마우스 우클릭을 하여 "새 패널(N)"을 선택하면 된다.

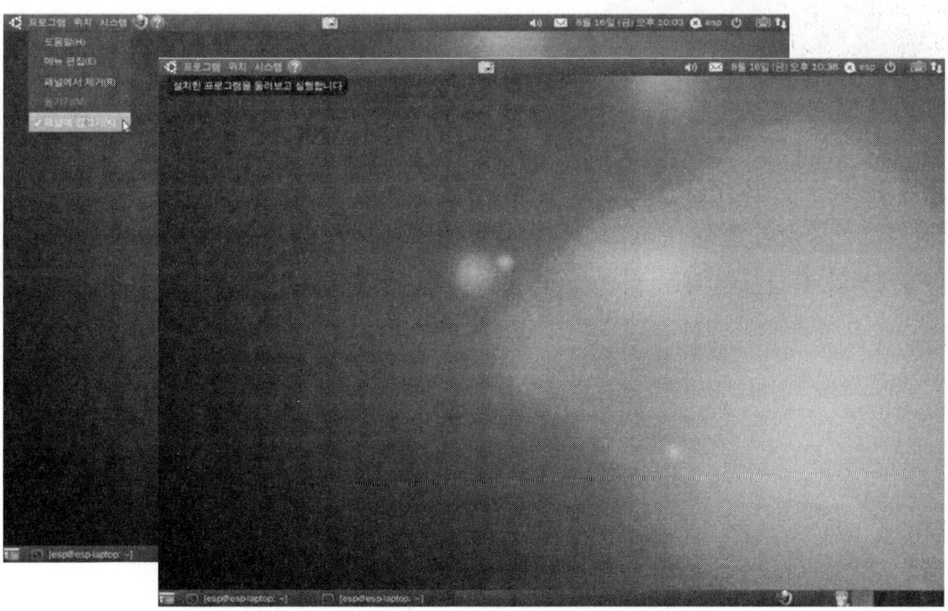

그림 2-67 패널 잠그기 설정 및 패널 아이콘 이동하기

패널 내에서 아이콘을 이동하는 경우에도 "패널에 잠그기" 체크가 해제되어 있어야 한다. 또한 패널에 메뉴를 추가하고 싶으면, 빈 패널에서 마우스 우측 클릭 후 "패널에 추가"를 선택하여 선택 화면에서 필요한 항목을 넣으면 된다. 반대로 패널에서 해당 아이콘이나 인디케이터를 사용하고 싶지 않은 경우라고 하면, 해당 아이콘에서 마우스 우측 클릭 후 "이 패널에서 제거"를 누르게 되면, 패널에서 삭제가 된다.

패널 요소 중 특정 기능을 하는 아이콘들은 마우스 우측 클릭을 했을 때, 해당 패널이 가지고 있는 부가적인 기능을 선택해 줄 수 있다. 예를 들면, 시계의 경우 시계 정보의 표시 방식을 변경할 수 있고, 작업공간 바꾸기에서는 작업공간의 개수 등을 변경할 수 있다.

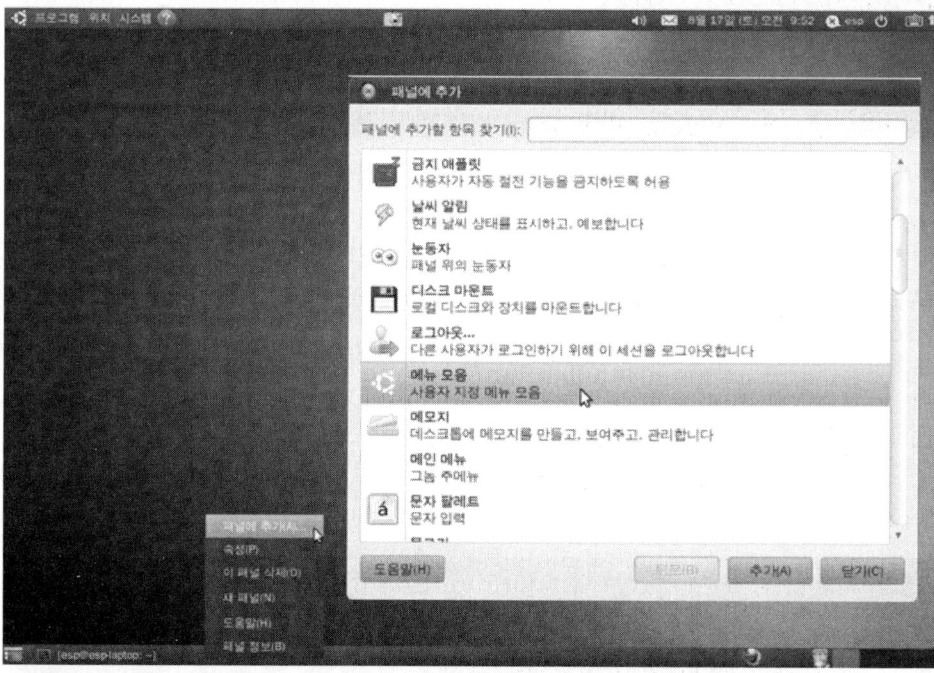

그림 2-68 패널에 실행 아이콘 추가하기

사용자가 사용하기 편한 형태로 윈도우 화면을 꾸며서 사용할 수 있다. 그림 2-69는 윈도우 운영체제와 유사한 형태로 화면을 구성한 예시이다. 사용하기 편리한 형태로 설정하여 이용하면, 운영체제에 대한 적응속도를 높일 수 있다.

그림 2-69 MS 윈도우와 유사한 형태의 UI 구성 예시

□ 루트 계정 활성화 및 로그인

리눅스 및 안드로이드를 이용한 개발을 위해서는 루트(root) 권한을 종종 사용한다. 이런 경우 일반 사용자로 로그인하면 매번마다 sudo 명령어를 추가해야 하고 또한 비밀번호를 입력해야 하는 불편함이 있어서 실제 개발 부분에서는 root 사용자로 로그인하여 작업을 한다. 물론, 다수의 사용자가 이용하는 워크스테이션이나 서버의 경우에는 일반 사용자 계정으로 로그인하는 것이 보편적이며, 필요시 root 계정을 획득하거나 혹은 서버 관리자나 시스템 관리자에게 요청하여 특정 명령의 사용을 허가 받는 형태로 이용해야 한다. 그러나 혼자서 사용하는 기기인 경우 root 사용자로 로그인 하는 것이 개발에 유용하다. 다만 root 사용자로 로그인 한 경우, 파일 처리에 대한 모든 권한을 가짐으로 모든 파일에 대한 접근과 삭제가 가능하며, 따라서 삭제 명령이나 복사 명령 이용시에 주의해야 한다.

1. 우분투에서 root 계정은 root 계정에 비밀번호를 부여하면 활성화된다. 우선 터미널 창을 띄운다. 터미널 창은 우분투 메뉴에서 [프로그램] – [보조프로그램] – [터미널]을 선택하거나 단축키인 Ctrl+Alt+t를 누르면 실행된다

2. 비밀번호 부여는 passwd 명령어를 사용한다. 루트권한으로 실행시켜야 하므로 다음과 같이 입력한다.

```
esp@esp:~$ sudo passwd root
[sudo] password for esp:
새 UNIX 암호 입력:
새 UNIX 암호 재입력:
passwd: 암호를 성공적으로 업데이트했습니다
esp@esp:~$
```

3 로그아웃을 한 다음 로그인 화면에서 root 사용자로 로그인하기 위해 "기타" 항목을 선택하고, 사용자 이름에 root를 입력한 다음, 암호에는 앞서 설정한 root 사용자의 비밀번호를 입력한다.

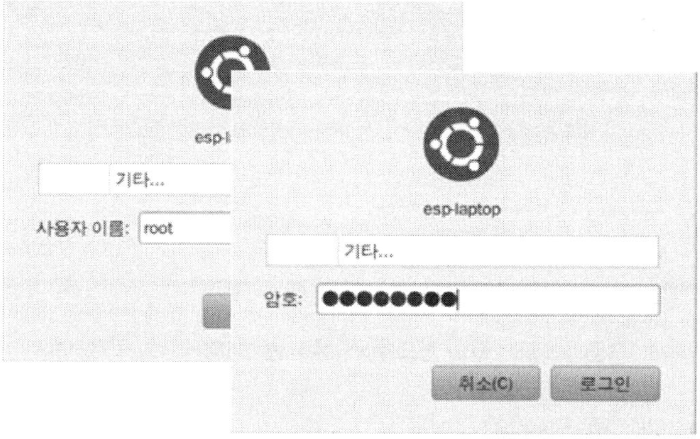

그림 2-70 루트(root) 계정으로 로그인

4 정상적으로 위의 과정을 진행했다면, root 사용자로 로그인되는 것을 확인할 수 있다.

그림 2-71 루트(root) 계정 로그인 확인

□ 우분투 글꼴 변경

우분투 10.04에서 기본으로 제공되는 글꼴은 그림 2-72에 보이는 것처럼 Sans이고 한글 글꼴은 바탕체, 고정폭 글꼴은 Monospace이다. 터미널 창에서 영문을 입력하다보면 종종 폰트끼리 겹쳐 보이는 경우가 있어서 불편한데, 터미널 창에서 사용하는 폰트를 terminus 폰트로 지정하면 이러한 문제를 해결할 수 있다. Terminus 폰트는 터미널 창에서 많이 사용되는 폰트이다.

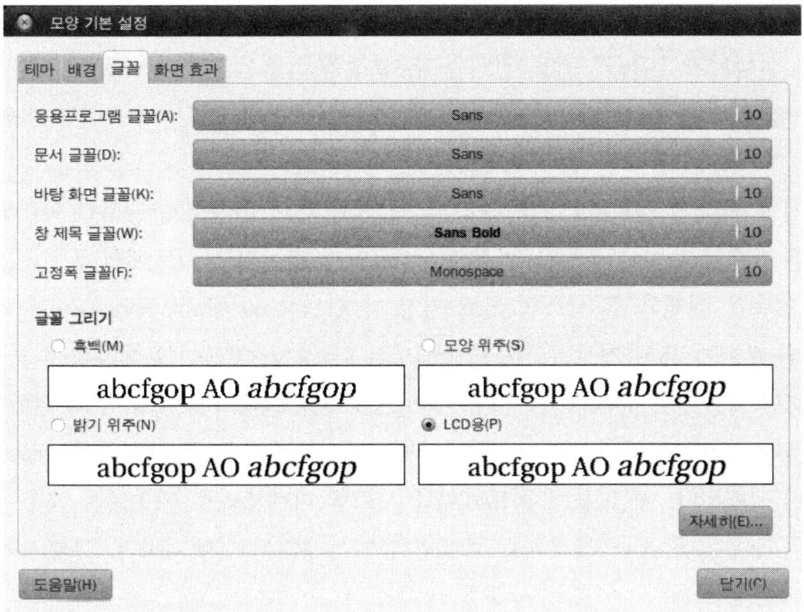

그림 2-72 우분투 기본 글꼴 설정

먼저 terminus 폰트를 다운로드 받아 설치하기 위해 다음의 명령어를 입력한다.

```
# apt-get install xfonts-terminus
```

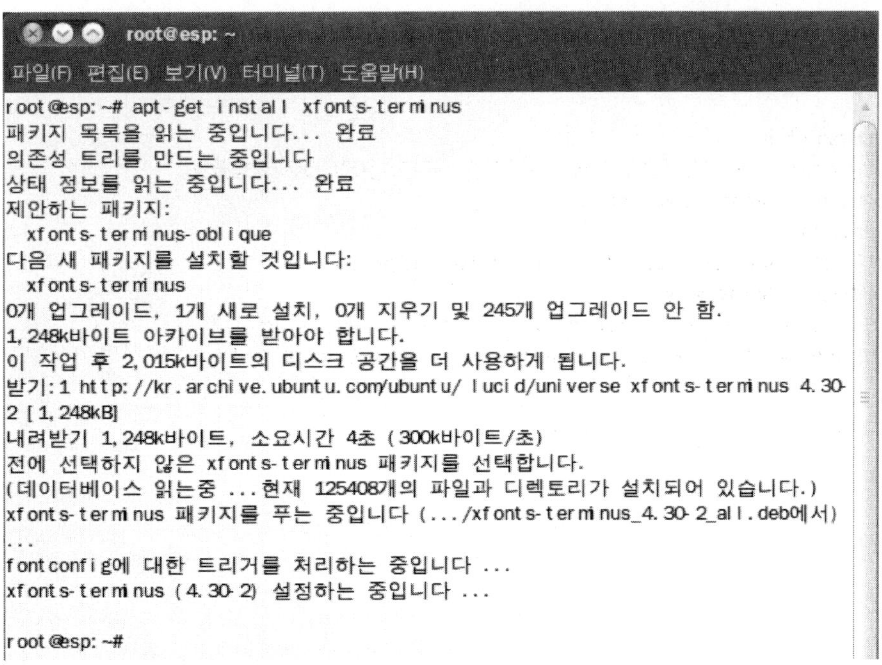

그림 2-73 Terminus 폰트 설치

설치를 마친 후 우분투 메뉴에서 [시스템] – [기본 설정] – [모양]을 선택하면 "모양 기본 설정" 창이 실행되고, "글꼴" 탭을 선택한 후 고정폭 글꼴을 Terminus로 선택한다. "모양 기본 설정" 창은 우분투 바탕화면에서 오른쪽 마우스 버튼을 클릭하면 "바탕 화면 배경 바꾸기(B)"를 클릭해도 동일한 창이 보인다.

고정폭 글꼴 이외에 응용프로그램 글꼴, 문서 글꼴 등의 변경도 가능하다. 이번에는 네이버 사전체를 다운로드 받아 글꼴을 변경해 본다. 먼저 네이버 사이트에서 폰트 파일을 다운로드 받아 압축을 해제한 후 시스템 폰트 저장 디렉토리(/usr/share/fonts/truetype)로 복사한다. 저장된 폰트가 폰트 정보파일에 반영되도록 fc-cache 명령어를 이용하여 폰트 정보파일을 생성하면 글꼴에서 선택할 수 있다. 아래 명령어를 실행하는 도중 루트 권한을 물어보는 경우는 root로 로그인하지 않아 생기는 문제이다. 그런 경우 명령어 앞에 sudo를 추가하면 문제없이 실행된다. 예를 들어 폰트파일을 시스템 디렉토리로 이동하는 경우 루트의 권한이 필요한 경우인데, root 계정으로 로그인하면 문제없이 실행되지만, 그렇지 않은 경우 권한을 물어보게 된다.

```
root@esp:~# wget http://cdn.naver.com/naver/dic/naverdic.tgz
--2012-09-17 15:37:13--  http://cdn.naver.com/naver/dic/naverdic.tgz
Resolving cdn.naver.com... 1.226.51.108, 183.111.25.74, 183.111.26.5
접속 cdn.naver.com|1.226.51.108|:80... 접속됨.
HTTP request sent, awaiting response... 200 OK
Length: 16057420 (15M) [text/plain]
Saving to: `naverdic.tgz'

100%[=========================================>] 16,057,420  15.7M/s  in 1.0s

2012-09-17 15:37:15 (15.7 MB/s) - `naverdic.tgz' saved [16057420/16057420]

root@esp:~# ls
naverdic.tgz  공개  다운로드  문서  바탕화면  비디오  사진  음악  템플릿
root@esp:~# tar xvfz naverdic.tgz
naverdic.ttf
root@esp:~# mv naverdic.ttf /usr/share/fonts/truetype
root@esp:~# fc-cache -v
/usr/share/fonts: skipping, existing cache is valid: 0 fonts, 3 dirs
/usr/share/fonts/X11: skipping, existing cache is valid: 0 fonts, 6 dirs
```

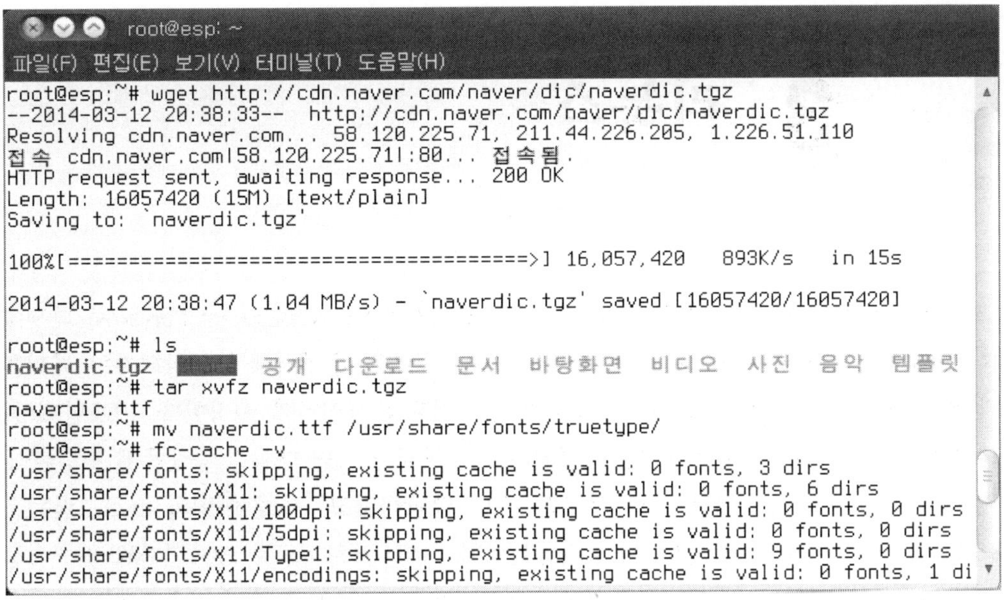

그림 2-74

다음의 화면은 고정폭 글꼴은 Terminus로 설정하고 나머지 글꼴은 네이버 사전체로 설정한 경우이다.

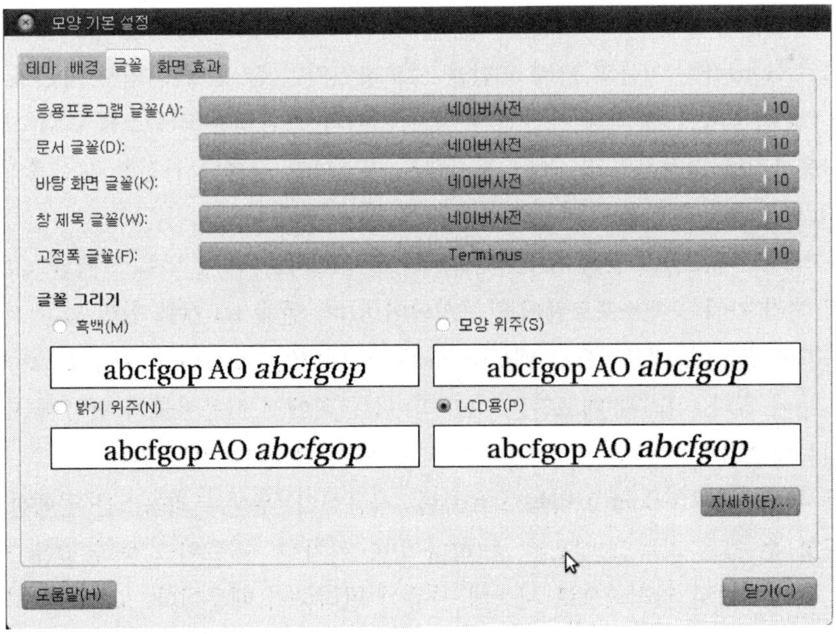

그림 2-75 글꼴 변경

Chapter

03 리눅스

리눅스는 1991년 핀란드 헬싱키 대학의 리누스 토발즈(Linux Benedict Torvalds) 학생에 의해 개발이 시작되었다. 당시 유닉스와 호환되는 공개된 운영체제를 개발하자는 계획을 모임에 발표하고, i386에서 실행되는 유닉스 운영체제를 개발하기 시작한다. 1995년에 들어서면서 리눅스는 i386 계열에서만 실행되는 운영체제가 아닌 다양한 플랫폼에 포팅된다. 개발자 리누스는 리눅스에서 커널 부분만 주로 담당하였고, 커널 이외의 프로그램들은 GNU(GNU is Not Unix) 프로젝트의 결과물들이다. GNU 프로젝트는 1984년 MIT 인공지능 연구소의 연구원이였던 리차드 스톨먼(Richard Stollman)에 의해 당시 기술을 상업화하려는 흐름과 소스를 공개하지 않는 분위기에 반감을 가지면서 시작되었다. 1985년 스톨먼은 GNU 프로젝트 운영을 위해 자유소프트웨어 재단(free software foundation, FSF)을 설립하였고, 이후 GNU 프로젝트는 FSF 중심으로 진행되었다. 1990년에 이르면서 GNU 프로젝트는 거의 완성단계에 이르러 컴파일러를 포함한 운영체제 대부분과 다양한 유틸리티들이 개발되었으나, 운영체제의 핵심기능인 커널은 개발이 되지 않은 상태였다. 스톨먼은 Mach를 기반으로 Hurd라는 이름의 커널 개발을 시도하였지만 잘 진행이 되지 않았다. 1992년 스톨먼과 FSF는 리누스에 의해 제안된 유닉스 커널과 호환되는 리눅스를 GNU 시스템의 커널로 사용하기로 결정하였고, GNU 시스템은 커널까지 구현된 완전한 시스템의 모습을 갖추게 된다.

지금의 리눅스 배포판은 종종 GNU/리눅스라고 부르기도 하며, 리눅스 커널, GNU 소프트웨어 및 여러 가지 공개소프트웨어로 구성되어 있다. 현재 100개를 훨씬 넘는 다양한 리눅스 배포판이 있으며, 대표적으로 페도라(Fedora), 데비안(Devian), 우분투(Ubuntu), 젠투(Gentoo) 등이 있다. 이러한 배포판은 GPL 라이선스하에서 사용자들이 편하게 사용할 수 있도록 나름대로의 기능들을 보강하고 추가기능을 넣어 만든 것들이다.

이 책에서는 우분투(Ubuntu) 리눅스 10.04를 사용한다. 우분투 리눅스를 선택한 이유는, 손쉽게 구할 수 있는 리눅스 배포본 중 하나이며, 설치 후 네트워크 등과 같은 기본적인 설정부분 등이 GUI로 관리되므로 시스템 사용이 편리하기 때문이다. 또한, 이 책 후반의 안드로이드 플랫폼 개발에 있어서 가장 많이 사용되고, 우분투에서 제공되는 몇몇 기능을 통해서 개발 패키지 혹은 관련 툴 설치가 쉽기 때문이다.

가상 PC에 리눅스를 설치하는 방법과 호스트 컴퓨터에 리눅스를 설치하는 방법은 유사하다. 가상 PC에 설치하는 경우에는 하나의 가상 하드 디스크에 설치하므로 특별한 파티션(하드 디스크를 사용자가 원하는 크기로 영역을 나누는 것) 설정 없이 가상 시스템에서 제공하는 가상하드 디스크를 모두 이용하여 자동 설치하는 것이 일반적이며, 가상머신을 사용하지 않는 경우에는 하드 디스크 전체를 이용할 수도 있고, 특정 크기만큼 파티션을 만들어서 해당 영역에 리눅스를 설치하여 하나 이상의 운영체제를 선택적으로 시작 시킬 수 있다.

3.1 리눅스 명령어

이 절에서는 이 책에서 주로 사용하는 기본 명령어와 시스템 관리 명령어, 그리고 디바이스 드라이버 관련 명령어를 간략히 살펴본다.

표 3-1 리눅스 주요 명령어 목록

명령어	기능
ls	디렉토리 내에서 파일 목록 보기
cd	지정된 디렉토리로 이동하기
mkdir	디렉토리 만들기
rmdir	디렉토리 삭제하기
cp	파일 또는 디렉토리 복사하기
rm	파일 또는 디렉토리 삭제하기
mv	파일 또는 디렉토리의 이름을 변경하거나 경로 변경하기
chmod	파일 접근 권한 변경하기
cat	텍스트로 작성된 파일 내용을 화면에 출력하기
more	텍스트로 작성된 파일 내용을 페이지 단위로 한 화면씩 출력하기
pwd	현재 작업하고 있는 디렉토리 이름 화면에 출력하기
tail	파일의 마지막 일정 부분 화면에 출력하기
grep	특정 패턴 찾기
tar	아카이브 파일을 생성하거나 풀기
df	마운트된 디스크 파일시스템 보여주기
mount	파일시스템 마운트 하기
umount	마운트한 파일시스템 해제하기
ifconfig	네트워크 카드의 IP 주소 등 설정 변경하기
insmod	디바이스 드라이버를 커널에 삽입하기
rmmod	디바이스 드라이버를 커널로부터 삭제하기
lsmod	커널에 모듈로 올라가 있는 모듈 목록보기
mknod	디바이스 관련 특수 파일인 디바이스 파일 만들기
apt-get	데비안 계열의 패키지 관리자

파일 또는 디렉토리의 위치를 지정하는 경로는 절대경로와 상대경로로 표현될 수 있다. 절대경로는 항상 리눅스 파일시스템의 최상위 디렉토리를 의미하는 '/'로 시작하는 경로이다. 상대경로는 현재 디렉토리를 중심으로 파일 경로를 지정한다. 이때 디렉토리를 지칭하는 특별한 의미로 사용되는 것들로서는 현재 디렉토리를 의미하는 '.'(점)과 상위 디렉토리를 의미하는 '..' 그리고 사용자 계정 단위로 디렉토리를 이동할 수 있는 '~' 등이 있다.

명령어 ls의 주요 옵션으로는 -a(모든 파일보기), -l(자세한 정보 보기), -s(파일 크기 보여주기), -R(하위 디렉토리의 파일목록까지 보여주기), -F(파일형식을 알리는 문자를 각 파일 뒤에 추가하기) 등이 있다.

명령어 cp의 주요 옵션으로는 -i(복사대상 파일이 있을 경우 확인하기), -a(원본파일의 속성, 링크 정보들을 그대로 유지하면서 복사하기), -r(경로를 복사할 경우 그 안에 포함된 모든 하위경로와 파일들을 복사하기) 등이 있다. 명령어 rm의 주요 옵션으로는 -i(파일 삭제 시 확인하기), -f(강제로 삭제하기), -r(디렉토리 삭제 시 하위 디렉토리와 파일들 모두 삭제하기) 등이 있다.

명령어 tar의 주요 옵션으로는 c(아카이브 파일 생성), t(아카이브 파일 목록보기), x(아카이브 파일추출), f(아카이브 파일 이름지정), v(작업 중 자세한 정보 보여주기), j(bunzip으로 압축되어 있는 파일풀기), z(gzip으로 압축되어 있는 파일 풀기) 등이 있다. 다음에 간단한 예를 보였다.

```
# tar xvfz uboot-111007.tar.gz
# tar xvfj rm-2009q3-67-arm-none-linux-gnueabi-i686-pc-linux-gnu.tar.bz2
```

마운트(mount)는 시스템과 관련된 명령어로서 블록 파일시스템을 디렉토리로 마운트 시켜주는 기능을 제공하며, 이를 통해 사용자는 파일시스템에 접근할 수 있다. 이 명령어는 기본적으로 root와 같은 관리자만 가능하도록 되어 있으며 설정에 따라 일반 사용자도 가능하다. 부팅 시 마운트되는 정보를 담고 있는 설정파일은 /etc/fstab이다. /etc/fstab에는 필드 영역별로 장치명, 마운트 포인트, 파일시스템 타입, 옵션, 마운트 여부, 부팅할 때 파일시스템 점검순서로 구성되며, 리눅스에서 기본적으로 사용할 마운트에 관련된 정보를 제공한다. 명령어 mount는 부팅 후 블록 파일시스템을 마운트 하고자 할 때 사용한다. 기본 사용법은 다음과 같다.

```
% mount -t [파일타입] [마운트 할 블록 파일시스템] [마운트 지점]
```

부팅 후 블록 파일시스템을 마운트 하려면 제일 먼저 마운트지점(디렉토리)을 생성한다. 만일 /etc/fstab 파일에 /dev/cdrom /cd iso9660 ro, user, noauto, unhide라고 적혀있다면 사용자는 mount /dev/cdrom라고 입력하거나 mount /cd라고 함으로써 시디롬을 마운트

할 수 있다. /etc/fstab에 들어있는 정보를 사용하지 않고 CD를 마운트 하고자 한다면, CD 파일포맷은 iso9660이므로 파일타입 부분에 iso9660을 다음과 같이 명시해주면 마운트가 된다.

```
% mount -t iso9660 /dev/cdrom /mnt/cdrom
```

리눅스는 리눅스에서 사용하는 파일시스템인 ext2, ext3 이외에도 다양한 파일시스템을 지원한다. 예를 들어 CD 이미지의 경우 파일시스템 유형은 iso9660 또는 udf이며, 네트워크 파일시스템(NFS)의 경우 파일시스템 유형은 nfs, 삼바 파일시스템의 경우는 smb 등이다. 이러한 파일시스템들은 mount 명령어를 이용하여 마운트하면 시스템 내에서 사용할 수 있다

리눅스에서는 해당 리눅스 배포본에 따른 패키지 관리자가 존재한다. 레드햇 계열에서는 yum이라는 패키지 관리자를 이용하며, 우분투 계열에서는 apt-get이라는 패키지 관리자를 이용한다. Achro-210T에서는 우분투를 호스트 리눅스로 채택하고 있어, apt-get을 이용하여 패키지를 다운로드 받거나 삭제하거나 업데이트를 할 수 있다. 설치된 패키지를 업데이트 할 경우에는 update 커맨드, 설치할 때는 install 커맨드를 이용하고 제거할 때에는 remove 커맨드를 이용하면 된다. 옵션으로는 –h, -d, -u 등이 있는데, 옵션 –h는 도움말을 볼 때 사용하며, 옵션 –d는 설치하지 않고 인터넷에서 다운로드만 한다. 옵션 –u는 업그레이드 패키지 리스트를 보여준다. 일반적으로 패키지를 다운로드하여 설치하려면, 다음과 같이 apt-get 명령어를 사용하여 install 커맨드와 패키지명을 입력하면, 우분투 서버에서 해당 패키지를 다운로드 받아 시스템에 설치한다.

```
# apt-get install nfs-kernel-server
```

3.2 vi 에디터

vi(visual editor)는 emacs와 함께 유닉스 환경에서 가장 많이 쓰이는 문서 편집기로, BSD의 C 쉘을 개발한 빌조이가 1976년 ex(extended editor)의 기능을 확장시켜서 만들었다. vi는 한 줄씩 편집하는 줄 단위 편집기가 아니라 한 화면을 편집하는 비주얼 편집기라는 의미를 가지고 있다. 리눅스에 포함되어있는 vi는 오리지널 vi의 기능을 확장한 vim이 포함되어 있으며, vim은 윈도우용 버전도 있다.

vi 편집기의 장점으로는 프로그램이 가벼우면서도 매우 강력한 기능을 가지고 있다는 점이다. 그리고 키보드만으로 편집을 간편하게 할 수 있어서 사용할수록 매력을 느끼게 된다. 단점으로는 단축키가 매우 많아 처음 사용자들은 사용하기가 다소 어렵다는 점이다. 그러나 앞으로 기술할 vi 모드에 대한 정확한 이해를 하고, 편집하고자 하는 동작을 영어단어로 익히면서 적용하게 되면 빠른 시간 내에 vi를 편하게 사용할 수 있을 것으로 기대한다.

vi의 경우 2가지 종류로 제공이 되는데, 예전부터 리눅스의 배포본으로 기본 제공되는 vi와 확장된 기능을 가지고 있는 vim이 있다. 차이점이 여러 가지 있지만, 가장 큰 차이점은 키보드이다. vi는 86키를 기본으로 개발되었고, vim은 101키를 기준으로 개발되었다. 순수한 vi를 이용하게 되는 경우에는 기능키와 방향키 등을 이용할 수 없으며, 이를 이용하기 위해서는 vim을 별도로 설치해야 한다. 우분투에서는 vim이 기본 vi로 제공된다. 그리고 vim에서 몇몇 기능을 더 이용하기 위해서는 vim runtime 패키지를 추가로 설치해야 한다. root 권한으로 로그인 했다면 sudo 명령을 사용하지 않아도 된다. 일반 사용자로 로그인한 경우 설치를 위해서 sudo를 이용한다.

```
# sudo apt-get install vim
```

root 사용자로 로그인 했다면, 아래와 같이 바로 설치할 수 있다.

```
# apt-get install vim
```

3.2.1 시작과 종료

vi 편집기에는 명령모드(또는 편집모드), 입력모드, 라인모드(또는 ex모드)의 세 가지 모드가 있다. 가장 많이 사용하는 모드는 명령모드와 입력모드로 이 두 가지 모드를 선택적으로 변경하면서 문서를 편집하게 된다. 같은 키 입력이라도 어떤 모드인가에 따라 동작이 다르다. 명령모드에서는 입력되는 키가 문서에 입력되는 것이 아니라 커서이동, 수정, 삭제, 복사 등의 기능을 수행하며, 입력모드에서는 현재 입력되고 있는 키가 그대로 문서에 입력된다. 라인모드는 ':'(콜론) 또는 '/'로 시작되며 문서를 저장하거나 불러오거나 검색하거나 찾아보기, 바꾸기 등의 기능을 사용할 수 있다. 라인모드에서 '.'은 현재 행을 의미하며, '%'는 전체 행(1,$의 의미와 동일)을 의미한다.

가장 기본적인 모드는 명령모드로 ESC 키만 누르면 자동으로 이 모드로 돌아온다. 현재 모드가 어떤 상태인지 잘 모를 경우는 ESC를 눌러서 명령모드로 돌아온 다음 다시 시작하면 된다.

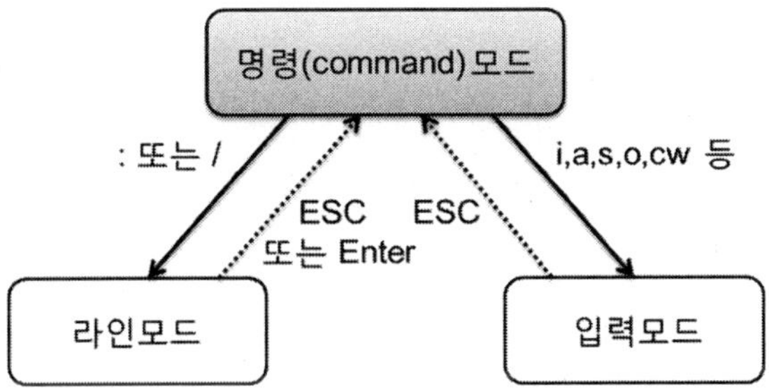

그림 3-1 vi 편집기의 세 가지 모드

□ vi 시작하기

표 3-2 vi 시작 방법

명령어	설명
vi	vi 편집기 시작하기
vi aa.txt	aa.txt 파일을 vi로 편집 시삭. aa.txt 파일이 있으면 기존 파일을 불러오고, 새 파일인 경우는 비어 있는 파일로 새로 생성함
vi +10 aa.txt	10번행으로 aa.txt 파일 열기
vi -R aa.txt	aa.txt 파일을 읽기 전용으로 열기
vi -r aa.txt	손상된 aa.txt 파일 복구하기

□ 저장 및 종료하기

표 3-3 저장 및 종료 명령

명령어	설명
ZZ	명령 모드에서 ZZ를 누르면 현재 지정된 파일이름으로 저장되면서 종료됨
:wq!	변경된 내용 저장한 후 종료됨(ZZ와 동일한 역할)
:w	현재까지 수정된 내용을 파일에 저장하기
:w bb.txt	현재 내용을 bb.txt 파일에 저장하기
:1,5w tt.txt	1번부터 5번행까지 내용을 tt.txt 파일에 저장하기
:q!	수정한 내용을 파일에 저장하기 않고 vi 종료하기
:e!	현재까지 수정한 내용을 다 무시하고, 현재 파일을 다시 열기
:e bb.txt	bb.txt 파일 열기
:r cc.txt	현재 행 아래에 cc.txt의 내용 삽입하기
:5 r cc.txt	5번행 다음에 cc.txt의 내용 삽입

3.2.2 vi 명령어

다음의 명령어들은 기본적으로 명령모드에서 시작한다. 명령어들을 입력한 다음 그대로 명령모드 상태에 남아있는 경우도 있고 입력모드로 들어가는 경우도 있는데, 입력모드에서 명령모드로 빠져 나오려면 ESC를 누른다. 그리고 명령어 앞에 대부분 숫자를 겸하여 사용할 수 있는데, 대부분의 경우 명령어를 반복하는 의미를 가진다. 예를 들어 w를 누르면 한 단어 오른쪽으로 커서가 이동되는데, 3w를 입력하면 커서가 한 번에 세 단어 오른쪽으로 이동한다. 표 3-4에 커서 이동명령을 요약하여 보였다.

□ 커서 이동

표 3-4 커서 이동명령

명령어	설명
h(←)	왼쪽으로 한 칸 이동
j(↓)	아래쪽으로 한 칸 이동
k(↑)	위쪽으로 한 칸 이동
l(→, Space)	오른쪽으로 한 칸 이동
w	커서를 한 단어 앞(오른쪽)으로 이동
W	공백으로 구분된 다음 단어로 이동
b	한 단어 뒤(왼쪽)로 이동
B	공백으로 구분된 이전 단어로 이동
e	다음 단어(오른쪽)의 마지막으로 이동
E	공백으로 구분된 다음 단어의 마지막으로 이동
0(Home)	행의 맨 앞으로 이동
$(End)	행의 맨 뒤로 이동
Enter	다음 행 시작으로 이동
-	이전 행의 시작으로 이동
H	현재 화면 맨 처음으로 이동
M	현재 화면 중간으로 이동
L	현재 화면 맨 아래로 이동
G(:$)	커서를 현재 편집 문서 맨 마지막 행으로 이동
[n]G(:n, n은 숫자)	n번째 행으로 커서 이동(예: 13G - 13번행으로 이동)
Ctrl+f(Page Down)	다음 화면(아래 방향)으로 이동
Ctrl+b(Page Up)	이전 화면(위 방향)으로 이동
Ctrl+d	화면의 반만 아래 방향으로 이동
Ctrl+u	화면이 반만 위 방향으로 이동

□ 삽입 명령

표 3-5의 명령어를 사용하면 명령모드에서 입력모드로 들어가게 되며, 이후 입력되는 키들은 그대로 문서에 삽입이 된다. 문서 내용 삽입을 마치고 명령모드로 돌아오려면 ESC 키를 누른다.

표 3-5 입력 명령

명령어	설명
i	커서 위치(커서 왼쪽)부터 문자 입력
I	행의 맨 앞인 시작 부분에 문자 입력
a	커서 위치 다음(커서 오른쪽)부터 문자 입력
A	행의 맨 뒷부분에 문자 입력
o	커서 아래 새로운 행을 삽입하고 문자 입력
O	커서 위에 새로운 행을 삽입하고 문자 입력

□ 삭제 명령

표 3-6 삭제 명령

명령어	설명
x	커서가 위치한 곳의 문자 삭제
[n]x	커서가 위치한 곳부터 n만큼의 문자 삭제(예: 3x- 3개 문자 삭제)
dw	커서 위치부터 한 단어 삭제(delete word)
[n]dw	커서 위치부터 n개 단어 삭제
dd	현재 행 삭제(예: dd - 1행 삭제)
[n]dd	현재 행부터 n개 행 삭제(예: 3dd - 3개의 행 삭제)
:[n1],[n2]d	n1~n2까지의 행 삭제(예: :3,7d - 3번행부터 7번행까지 삭제)
db	커서 위치에서 거꾸로 한 단어(delete backward)
[n]db	커서 위치에서 거꾸로 n개 단어 삭제
dW	커서 위치부터 공백으로 구분된 뒷 단어 삭제
dB	커서 위치부터 공백으로 구분된 앞 단어 삭제
D(d$)	커서 기준으로 오른쪽 행 끝까지 삭제
dG(:.,$d)	현재 행부터 문서 마지막까지 삭제
dH	커서 기준으로 화면 시작 부분까지 삭제
dL	거시 기준으로 화면 바시박 부분까지 삭제
df[패턴]	커서 기준으로 오른쪽으로 지정된 패턴까지 삭제(예: df5 - 커서가 위치한 곳의 문자부터 오른쪽으로 첫 번째 5가 위치한 곳까지 삭제)

□ 수정 명령

수정과 관련된 대부분의 명령어들은 입력된 다음 입력모드로 전환되며, 따라서 문자 수정을 다 마친 후에는 ESC를 눌러 명령모드로 돌아온다.

표 3-7 수정 명령

명령어	설명
cw	커서 기준으로 한 단어 변경(change word)
[n]cw	커서 기준으로 n개의 단어 변경
cf패턴	커서 기준으로 오른쪽으로 지정된 패턴까지 변경
C	커서 기준으로 오른쪽 행 끝까지 변경
s	커서 위치한 곳을 원하는 문자열로 변경
[n]s	커서 위치한 곳부터 n개의 문자를 원하는 문자열로 변경
S	커서가 위치한 행을 원하는 문자열로 변경
r	커서가 위치한 문자를 다른 문자로 변경
R	커서가 위치한 곳부터 겹치기 모드로 문자 변경
J	현재 행과 다음 행 합치기(join)
xp	커서가 위치한 곳의 문자와 오른쪽 문자 교환
~	문자형 변경(대문자는 소문자로, 소문자는 대문자로 변경)
u	이전의 명령 취소
U	현재 줄의 변경 사항 취소
.	마지막 명령 반복
[n].	마지막 명령 n번 반복
>>	현재 행 맨 앞에 탭 삽입
[n]>>	n개의 행 앞에 탭 삽입(예: 3>> - 3개행 앞에 탭 삽입)
<<	현재 행 맨 앞에 탭 제거
[n]<<	n개의 행 앞에 탭 제거(예: 3<< - 3개행 앞에 있는 탭 제거)

□ 자르기, 복사하기, 붙여넣기

vi 편집기에는 named buffer 기능이 있다. 이 기능은 알파벳(a~z)의 이름을 갖는 버퍼에 원하는 내용을 복사하는 것으로, 바로 이전에 복사했던 문자열뿐만 아니라 다른 추가 행까지 버퍼에 넣어두고 원할 때 버퍼 명을 지정하여 쉽게 갖다 쓸 수 있게 해준다. 명령모드에서 버퍼에 저장된 내용을 사용하려면 버퍼 명 앞에 "를 붙이면 된다. 예를 들어 yy를 누르면 현재행이 기본버퍼에 저장되지만, 'ayy'라 입력하면 현재행이 버퍼 a에 복사된다. 버퍼 a에 복사된 내용을 붙이기 하려면 'ap'를 입력한다. 참고로 vim에서는 named buffer를 레지스터라는 이름으로 제공하며, 사용법은 동일하다.

표 3-8 편집 명령

명령어	설명
yy	행 복사
[n]yy	n개의 행 복사
p(소문자 p)	현재 커서가 있는 곳에 복사되거나 삭제된 내용 붙여넣기
P(대문자 p)	현재 커서 위쪽이나 왼쪽 위치로 복사되거나 삭제된 내용 붙여넣기
"[x][n]yy	버퍼 x에 n개행 복사. x는 알파벳(a~z)이고 n은 숫자임(예: "a3yy – 버퍼 a에 3줄 복사)
"[x]yf패턴	버퍼 x에 현재 커서 기준으로 패턴까지 내용을 복사함
"[x]p	버퍼 x의 내용을 붙여넣기
:reg	버퍼명과 버퍼에 저장된 내용 보기
yw	커서 기준으로 단어 복사
yf패턴	커서 기준으로 오른쪽으로 지정된 패턴까지 복사(예: yf; - 현재 커서부터 ;까지 복사)
ddp	현재 행과 다음 행을 서로 바꿈(한줄 지우기 dd와 붙여넣기 p의 효과임)

□ 문자열 찾기 및 치환하기

표 3-9 문자열 찾기 및 치환 명령

명령어	설명
/[패턴]	아래 방향으로 지정된 패턴을 찾음
?[패턴]	위 방향으로 지정된 패턴을 찾음
n	다음 패턴으로 이동
N	이전 패턴으로 이동
:%s/[old]/[new]g	문서 전체(%)에서 old 패턴을 new로 변경
:%s/[old]/[new]gc	문서 전체에서 old 패턴을 new로 확인(confirm) 후 변경
:.,$s/[old]/new]	현재 행부터 끝 행($)까지 old 패턴을 new로 변경(행에서 old 패턴이 여러 번 반복 시 첫 번째 것만 변경)

□ 블록 사용

블록은 현재 커서 위치부터 특정 영역을 선택하는 것으로, 선택된 블록을 삭제할 수도 있고, 복사하여 다른 곳에 붙이기를 할 수도 있다.

표 3-10 블록 편집 명령

명령어	설명
v	커서 위치부터 커서 이동 명령어를 이용하여 블록 선택
y	선택된 블록 복사
d	선택된 블록 삭제
〉	선택된 블록 행들 앞에 탭 삽입
〈	선택된 블록 행들 앞에 탭 제거
c	선택된 블록 바꾸기
J	선택된 블록의 행 합침
u	선택된 블록의 문자들을 모두 소문자로 변경
U	선택된 블록의 문자들을 모두 대문자로 변경

□ 마크 사용

마크는 책갈피와 같은 기능을 하는 것으로 자주 참조할 행에 마크를 해놓고 필요시 사용하거나, 특정 부분을 복사하거나 이동하고자 할 때 편하게 사용될 수 있다.

표 3-11 마크 사용 명령

명령어	설명
m[x]	현재 위치를 x로 마크함. 여기서 x는 알파벳임(예: ma, mA)
`[x]	x로 마크한 위치로 이동(예: `a)
‘[x]	x로 마크한 줄로 이동
``	이전에 마크한 위치로 이동
‘’	이전에 마크한 줄로 이동
:’a,’b co .	a로 마크된 줄부터 b로 마크된 줄까지 현재 행 다음으로 복사
:’a,’b m .	a로 마크된 줄부터 b로 마크된 줄까지 현재 행 다음으로 이동

3.3 리눅스 파일시스템

리눅스 파일시스템은 리눅스가 부팅되었을 때 최상위 디렉토리인 루트(/)로 마운트되는 파일시스템을 의미한다. 뒤에서 언급할 커널 소스파일 구조와 리눅스 파일시스템은 다르다. 커널 소스파일은 리눅스 커널의 기능을 담고 있으며, 리눅스 파일시스템은 커널뿐만 아니라 운영체제 및 응용프로그램까지 모든 것을 포함한다. 커널에 대해서는 뒤에서 다루기로하고 여기서는 리눅스 파일시스템에 대해서만 간략히 살펴본다.

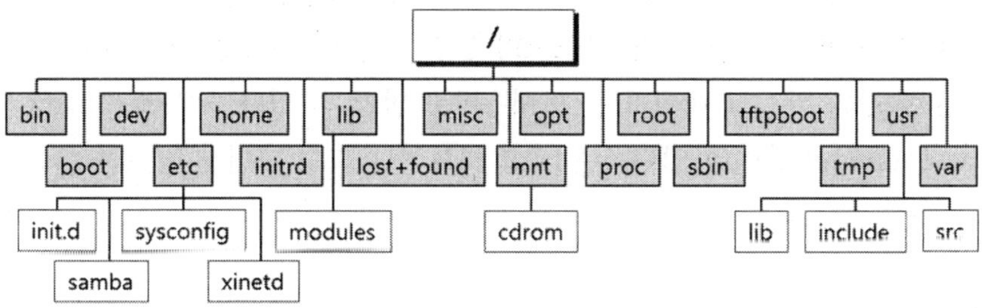

그림 3-2 리눅스 파일시스템의 개략도

□ /

루트 디렉토리(/)는 리눅스 파일시스템의 최상위 디렉토리이며, 모든 디렉토리는 '/'를 기준으로 생성된다. 루트 디렉토리는 모든 디렉토리의 출발점이자 다른 파티션과의 연결점으로, 일반적으로 데이터를 저장하지 않는다. 예를 들면 CD-ROM과 같은 장치의 경우 윈도우에서는 R드라이브와 같이 드라이브 이름이 할당되지만, 리눅스에서 CD-ROM을 사용하려면 마운트라는 절차를 통해 루트 디렉토리의 하부 디렉토리에 붙여서 사용하게 된다. 일반적으로 외부기기를 마운트하는 경우 /mnt 디렉토리 밑에 마운트 되지만, 우분투 리눅스에서는 /media 디렉토리에 마운트된다.

□ /root

시스템 관리자인 root 사용자의 홈 디렉토리이다. 일반 사용자와 구별하기 위해 /root 디렉토리가 존재하며 일반 사용자는 /root의 내용을 볼 수 없다. 주의할 점은 루트 디렉토리는 /를 가리키며, 루트 사용자에 대한 홈 디렉토리는 /root(또는 ~root)라는 점이다.

□ /bin

/bin 디렉토리에는 시스템을 사용하기 위한 기본적인 명령어들이 존재한다. 그리고 싱글 모드로 부팅할 때 사용하는 명령어와 시스템을 복구할 때 사용하는 명령어와 필수 명령어 등이 존재한다.

□ /boot

/boot 디렉토리에는 부팅에 필요한 커널과 부팅할 때 필요한 핵심파일들이 들어있다. 부팅할 때 부트로더가 커널의 위치를 참조하고 해당 커널은 /boot 디렉토리에 존재한다. 과거 8 GB 이하의 하드 디스크(실린더개수가 1024개 이하로 형성됨)는 문제가 없으나 8 GB 이상의 하드 디스크는 실린더 개수가 1024개를 넘어서며, 리눅스 커널이 실린더 1024 이상을 넘어서는 곳에 위치할 경우 부트로더가 해당 커널을 불러들이지 못하는 문제가 발생하였다. 이러한 문제를 해결하기 위해 제일 먼저 생성한 최소한의 파일시스템을 /boot로 연결하여 커널이 항상 실린더 1024 안쪽에 위치하게 함으로 생성된 문제를 해결하고자 생성된 디렉토리이다. 실린더라는 것은 각 디스크의 동일 선상에 놓인 트랙을 의미하는 것으로, 실린더 수는 한 장의 디스크 내에 있는 트랙수라고 말할 수 있다. 리눅스 명령어 입력라인에서 "fdisk -l /dev/hda1"이라 입력하면 hda1 하드 디스크의 파티션 정보와 실린더 정보를 보여준다.

□ /dev

리눅스에서 모든 디바이스(device)들은 파일로 간주된다. 이러한 파일들을 디바이스 파일(device file)이라 하며 /dev 디렉토리 밑에 위치해 있다. 이 디렉토리에는 일반 파일들은 저장하지 않는다. 디바이스 파일은 특별한 경우가 아니면 스스로 생성되지 않으므로 해당 디렉토리의 내용은 거의 변경되지 않는다. 뒤에서 다룰 디바이스 드라이버 프로그래밍에서는 특정 디바이스에 대한 구동 소프트웨어를 설계하는 것이므로 이를 시스템에 올리기 위해서는 mknod라는 명령어를 이용하여 /dev 디렉토리 밑에 디바이스 파일을 생성한다.

□ /etc

/etc 디렉토리에는 시스템 환경설정 파일들과 응용프로그램 및 서버프로그램 등의 환경설정에 필요한 설정파일들이 존재한다. 예를 들어 부팅 시 런(run)레벨에 따른 다양한 스크립트들, 네트워크 설정, 하드 디스크 마운트 정보, NFS 및 삼바(samba) 설정파일들이 /etc 디렉토리 밑에 존재한다. 따라서 시스템 관리를 위해서는 /etc 밑에 있는 다양한 파일들에 대해 어느 정도 익숙해져야 한다.

□ /usr

/usr 디렉토리는 프로그램을 설치할 때 패키지에 포함된 대부분의 파일이 설치되는 공간이다. X 윈도우 관련 프로그램, 사용자 명령어, 프로그램 관련문서, 게임, C프로그램의 헤더파일, GNU info 파일, 라이브러리, 매뉴얼, 시스템 명령어, 커널과 패키지 소스 등이 이곳에 설치된다.

□ /lib

/lib 디렉토리에는 시스템 운영 및 프로그램 구동할 때 필요한 공유 라이브러리와 부팅할 때 사용되는 커널 모듈들이 포함되어 있다. /lib 내부의 파일들은 시스템 파일이므로 함부로 삭제하거나 변경하면 안 된다.

□ /lost+found

파일시스템의 진단 및 오류수정은 리눅스 명령어 fsck(file system check)를 이용한다. 이 명령어 수행 시 발생하는 모든 결과들은 lost+found 디렉토리에 저장되며, 개별 파일시스템의 최상위 디렉토리마다 존재한다. 만약 파일시스템을 점검할 때 파일이 손상되었다면, 해당 데이터를 해당 파일시스템에 존재하는 lost+found 디렉토리를 이용하여 복구 과정을 진행한다. 만약 손상된 데이터를 복구하지 못했다면, 문제가 발생된 파일시스템에 존재하는 lost+found 디렉토리에 복구하지 못한 데이터 파일이 복사된다. 정상적인 상황에서는 이 디렉토리에 파일이 존재하지 않는다.

□ /mnt

외부 장치들을 시스템에 사용하고자 한다면 먼저 시스템에 마운트 해야 한다. 명령어 mount는 외부장치를 시스템의 특정 지점(디렉토리)으로 마운트 해 준다. 마운트 지점은 비어 있는 디렉토리로 가급적 /mnt 밑에 모아둔다. 마운트 명령어 사용 시 마운트 하고자 하는 장치의 파일시스템 유형, 장치파일명, 마운트 지점을 반드시 지정해야한다. 그러나 리눅스에서는 CD-ROM에 대한 기본적인 마운트 지점을 제공하기 때문에 CD-ROM의 경우는 "% mount /mnt/cdrom"만 입력해도 마운트된다. 마운트에 대한 상세정보는 /etc/fstab에 명시되어 있다.

□ /opt

/opt 디렉토리(option directory)는 add-on 패키지가 설치되는 디렉토리로서 리눅스 배포판에 존재하지 않는 패키지들은 이 디렉토리에 설치된다.

□ /proc

/proc 디렉토리는 프로세스와 관련된 시스템 정보를 제공하기 위한 곳으로 커널, 파일시스템, 메모리, 프로세스 등의 정보가 저장되는 곳이다. /proc 디렉토리 밑에 숫자(PID 번호임)로 구성된 디렉토리는 현재 실행되고 있는 프로세스의 정보를 담고 있다. /proc 밑에 있는 대부분의 파일은 텍스트로 cat 또는 more 명령어로 읽을 수 있다.

□ /tmp

/tmp 디렉토리는 프로세스 생성 과정에서 발생되는 임시 파일을 저장하는 곳이다. 시스템이 부팅되면서 이 디렉토리에 존재하는 파일들은 모두 삭제될 수 있으므로 파일을 저장하는 용도로는 사용하지 않는 것이 좋다.

□ /sbin

/sbin 디렉토리에는 시스템 운영에 필요한 관리자용 명령어들이 들어있다. 예를 들어 리눅스 파일시스템으로 포맷하는 명령어 mkfs.ext3, 네트워크 인터페이스 카드를 설정하기 위한 ifconfig, 시스템을 리부팅하기 위한 명령어 reboot 등이 들어있다.

□ /var

/var 디렉토리에는 시스템 운영 시 발생되는 다양한 로그(log)들이 저장된다. 이외에도 메일운영에 필요한 스풀(spool)공간, 프린터용 스풀 등의 자료들도 저장된다.

□ /home

/home 디렉토리에는 일반 사용자의 홈 디렉토리들이 만들어진다. 루트(root) 계정의 홈 디렉토리는 /root를 일반적으로 사용하지만, 일반 사용자의 계정 디렉토리는 /home 디렉토리에 만든다.

3.4 리눅스 커널

3.4.1 커널 개요

리눅스 커널(Kernel)은 운영체제에서 가장 기초적이고 핵심적인 기능을 담당하는 부분으로 프로그램들과 하드웨어 사이에서 조정자 역할을 한다. 커널은 메모리, 파일, 주변장치 등 시스템을 구성하는 중요한 자원들을 관리하며, 또한 시간관리, 프로세스 관리, CPU 스케줄링, 입출력 제어 등 컴퓨터 운영에 필요한 핵심사항들을 처리한다. 운영체제는 이러한 커널과 최소한의 필요한 도구들을 묶은 시스템 소프트웨어이다. 커널은 접근방식에 따라 모놀리식(monolithic) 커널과 마이크로 커널로 나뉜다.

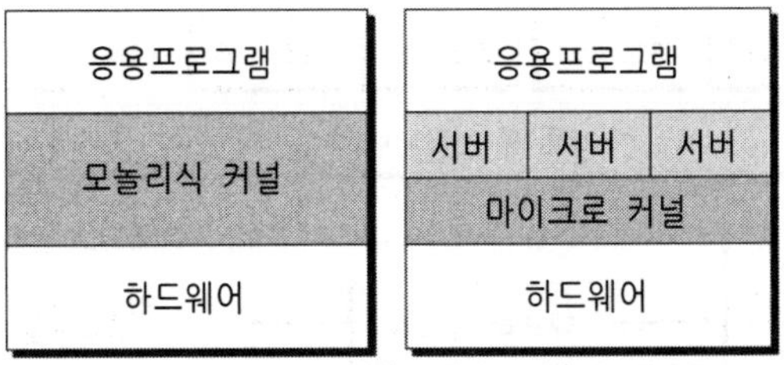

그림 3-3 모놀리식 커널과 마이크로 커널

모놀리식 커널은 하나의 커널에 필요한 모든 기능이 통합되어 있고 같은 메모리 공간 안에 필요한 기능들이 존재하고 있기 때문에 함수호출(function call) 방식으로 커널에서 제공하는 기능에 접근한다. 장점으로는 구현이 간편하며 효율적으로 시스템 자원을 사용할 수 있다. 단점으로는 구현된 커널을 다양한 하드웨어 환경이나 상이한 다른 시스템에 포팅하기 어렵고, 기능이 확장되는 경우 커널의 크기가 커지고 관리가 어려워질 수 있다. 대표적인 운영체제로는 Unixware, 솔라리스(Solaris), AIX, IRIX, 리눅스 등이 있다.

마이크로 커널은 필요한 기능들을 작은 서버 모듈로 나누어 설계하고, 이들 서버를 관리할 수 있는 최소한의 기능만을 커널 핵심부분으로 구현한다. 장점으로는 하드웨어 환경에 따라 기능의 확장과 기능 재구성이 용이하고 다른 시스템에서 재사용이 용이하다. 단점으로는 서비스를 사용하는 과정에서 여러 번의 메시지 전송과 컨텍스트 스위칭(context switching)이 발생하기 때문에 실용적인 면에서는 속도가 다소 느려질 수 있다. 대표적 운영체제로는 Cray UNICOS/mk, CMU Mach OS, Digital UNIX, Linux Mk 등이 있다.

초기 리눅스 커널 개발 당시 리누스 토발즈는 마이크로 커널에 관심이 많았지만, 유닉스(Unix)시스템과 호환되도록 모놀리식 방식을 선택했다고 한다. 그러나 오늘날 리눅스는 모놀리식 커널의 단점을 보완하기 위해 모듈이라는 제한적인 마이크로 커널의 일부 개념을 도입하였고, 이를 통해 모놀리식 커널의 확장성과 재사용성의 한계를 극복할 수 있게 되었다. 뒤에서 다룰 디바이스 드라이버 프로그래밍 부분에서는 개발된 드라이버를 시스템에 올리기 위해 커널을 다시 컴파일할 필요 없이 리눅스 명령어 insmod를 이용하여 모듈을 커널에 올릴 수도 있고, rmmod 명령어를 이용하여 드라이버를 커널에서 삭제할 수도 있다.

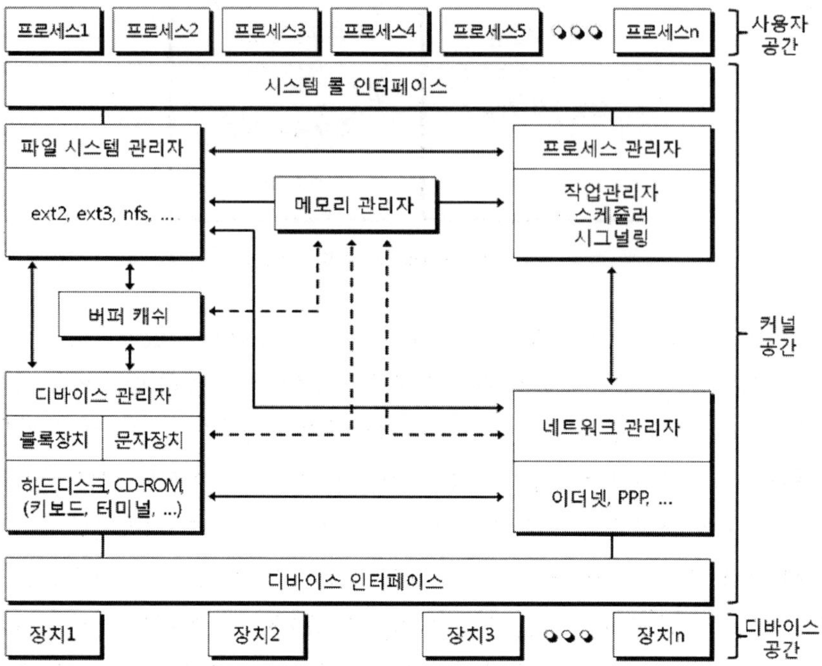

그림 3-4 리눅스 커널의 구조

커널의 주요기능은 다음과 같다.

① **프로세스 관리(Process Management)**

프로세스의 생성 및 소멸, 프로세스 간의 통신, CPU 스케줄링 동기화, 제한된 자원에 대해 다중 프로세스들을 효율적으로 관리해 준다.

② **메모리 관리(Memory Management)**

가상 메모리와 하드웨어 메모리를 효율적으로 관리한다.

③ **네트워크 관리(Network Management)**

통신 프로토콜을 구현해 주며, 네트워크 라우팅 및 주소지정, 네트워크 제어기를 관리한다.

④ **파일시스템 관리(File System Management)**

가상 파일시스템에 의한 여러 파일시스템 타입을 지원하며, 디스크의 물리적 구조를 논리적 구조로 표현해 준다. 또한, 파일(정규파일, 장치파일, 파이프) 및 디렉토리를 관리해주며 블록 입출력을 위한 버퍼캐시 관리 기법을 제공한다.

⑤ **디바이스 관리(Device Management)**

입출력 요청에 대한 권한 등을 검증해주며, 입출력 요청 작업을 스케줄링 해준다. 요청된 작업에 따라 주변장치와 메모리 간에 자료전송을 담당하며, 입출력 제어기 관리 및 인터럽트 요청에 따른 처리를 해준다.

3.4.2 커널 소스파일 구조

커널 소스에는 시스템에서 사용되는 물리적 장치에 대한 정보 및 실행되는 프로그램에 대한 핵심적인 코드가 들어있다. 리눅스는 다양한 아키텍처를 지원하며, 해당 아키텍처 별로 사용되는 물리적 장치에 대한 정보가 커널 소스에 모두 들어있다. 추가로 사용하고자 하는 장치들이 있다면 커널 설정에서 필요한 장치들을 선택한 후 커널 컴파일하여 사용할 수 있다.

커널 소스파일은 일반적으로 linux-2.6.32.tar.gz와 같은 형태로 표시된다. 커널 소스 버전은 파일명 linux-x.y.z.tar.gz에 세 개의 숫자로 명시하며, ftp.kernel.org에서 소스를 구할 수 있다. 버전에서 x부분은 major version이며, 커널 자체에 획기적인 변화가 있을 때 값이 변한다. 버전에서 y부분의 값이 홀수이면 새로운 기능이 추가되어 개발중인 베타버전이며, 안정화되면 숫자를 증가시켜 짝수로 표시한다. 따라서 linux-2.6.32.tar.gz는 안정화된 버전이다. 버전에서 z부분은 기능상 추가된 내용은 없지만 버그를 수정하여 릴리즈 할 때마다 숫자가 늘어나며, 숫자가 높을수록 많은 버그들이 수정되었음을 의미한다. 커널 소스파일 구조는 다음과 같다.

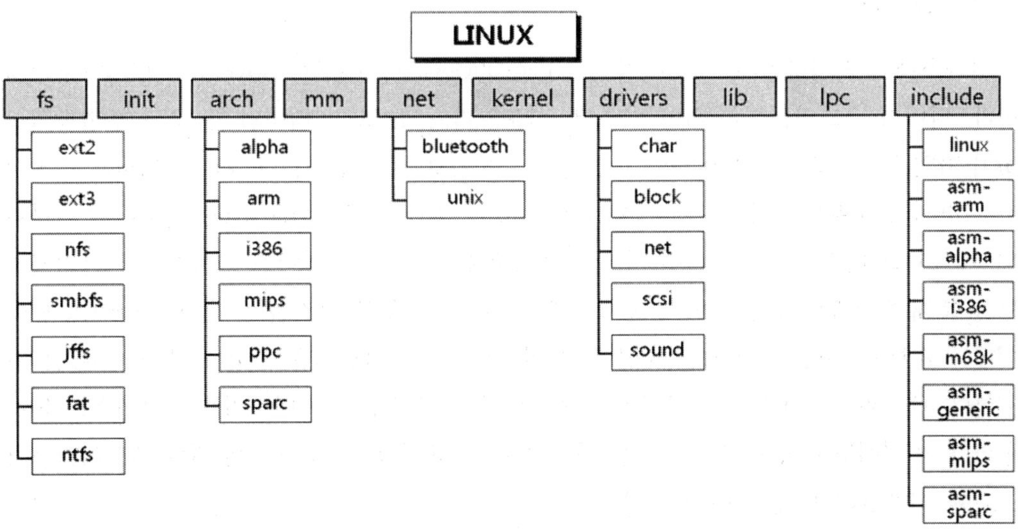

그림 3-5 커널 소스파일 구조

□ kernel/

kernel 디렉토리에는 커널 기능 중 프로세스(또는 태스크) 관리를 위한 프로세스의 생성과 소멸, 프로그램 실행, 스케줄링, 시그널 처리기능 등이 구현되어 있다. 문맥교환(context switching)과 같은 하드웨어 종속적인 부분은 arch/$(ARCH)/kernel 디렉토리에 구현되어 있다. 여기서 $(ARCH)는 CPU 아키텍처 명을 의미한다.

□ fs/

fs 디렉토리에는 리눅스에서 지원하는 다양한 파일시스템들이 구현되어 있고, 또한 파일 시스템에 액세스하기 위한 표준 API인 open(), read(), write(), ioctl() 등의 시스템 콜들이 구현되어 있다. 그리고 가상 파일시스템(VFS, virtual file system)을 통해 시스템 콜과 각 파일시스템 사이에 표준화된 인터페이스를 제공한다. fs 디렉토리에 구현된 대표적인 파일 시스템으로 ext2, ext3, nfs, smb, udf, isofs, proc, fat, ntfs, coda 등이 있다.

□ init/

init 디렉토리에는 커널 초기화 부분에 대한 코드와 커널의 메인함수가 구현되어 있다. arch/$(ARCH)/kernel/에 있는 head.S, misc.c에 기술되어진 코드들에 의해 하드웨어 초기화를 수행한 후, init 디렉토리에 있는 start_kernel() 함수가 실행되면서 디바이스 드라이버 초기화, 커널 내부 자료구조 할당 및 초기화 등이 이루어진다. 초기화 과정이 완료되면 init 태스크가 나머지 초기화 부분을 담당하며, 각종 시스템 데몬 생성 및 파일시스템 마운트 및 초기화, 터미널 초기화, 네트워크 초기화 등을 실행하면서 리눅스 전체 시스템을 초기화한다.

□ drivers/

리눅스에서 지원하는 모든 디바이스 드라이버(device driver)는 drivers 디렉토리에 존재한다. 디바이스 드라이버는 하드 디스크, 사운드카드, 키보드, 터미널 등 모든 주변장치를 장치 파일로 추상화시켜 논리적인 소프트웨어 장치로 보이게 해준다. 리눅스에서는 디바이스 드라이버 유형을 크게 블록(block) 디바이스 드라이버, 문자(character) 디바이스 드라이버, 네트워크 디바이스 드라이버 세 종류로 구분한다. 블록 디바이스 드라이버는 파일시스템을 통해 블록 단위로 데이터 전송이 필요한 디바이스들을 지원한다. 문자 디바이스 드라이버는 키보드, 마우스, 시리얼 통신 등 문자 단위로 데이터 전송을 하는 디바이스들을 지원한다. 네트워크 디바이스 드라이버는 TCP/IP를 통해 접근되는 네트워크 디바이스들을 지원한다. 이외에도 PCI, SCSI, SBUS 등 다양한 버스 구조 및 통신 규약에 대한 드라이버들이 drivers 디렉토리 밑에 구현되어 있다.

```
[root@esp drivers]# pwd
/usr/src/linux-2.4/drivers
[root@esp drivers]# ls
Makefile  bluetooth  gsc       input      misc      pci     sensors    video
acorn     cdrom      hil       isdn       mtd       pcmcia  sgi        Zorro
acpi      char       hotplug   macintosh  net       pnp     Sound
addon     srypto     i2c       md         nubus     s390    tc
atm       dio        ide       media      oprofile  sbus    Telephony
block     fc4        ieee1394  message    parport   scsi    usb
```

□ include/

리눅스 커널에서 사용하는 헤더(header)파일들이 정의되어 있으며 커널 프로그래밍에서 중요하게 사용된다. 헤더파일 중에서 하드웨어에 독립적인 헤더들은 include/linux 하위 디렉토리에 있고, 하드웨어 종속적인 헤더들은 include 하위에 아키텍처명 디렉토리 아래에 있다. 예를 들어 arm 아키텍처의 경우 하드웨어 종속 헤더파일들은 include/asm-arm 디렉토리 밑에 있다.

```
[root@esp include]# pwd
/usr/src/linux-2.4/include
[root@esp include]# ls
asm         asm-generic  asm-mips     asm-ppc64  asm-sparc    math-emu  scsi
asm-alpha   asm-i386     asm-mips64   asm-s390   asm-sparc64  net       video
asm-arm     asm-ia64     asm-parisc   asm-s390x  asm-x86_64   pcmcia
asm-cris    asm-m68k     asm-ppc      asm-sh     linux        rxrpc
[root@esp include]#
```

주의할 점은 일반 C 프로그램에서 사용하는 헤더파일과 커널 프로그램에서 사용하는 헤더파일 위치가 다르다는 것이다. 일반 C 프로그램용 헤더파일은 /usr/include에 정의되어 있고, 커널 프로그래밍 및 디바이스 드라이버 컴파일 시 사용하는 헤더파일은 /usr/src/linux/include에 정의되어 있다. C 컴파일러 실행 시 헤더파일을 찾는 기본 위치는 /usr/include이므로, 디바이스 드라이버용 프로그램 컴파일 시에는 컴파일러 옵션 -I를 사용하여 커널용 헤더파일 디렉토리를 지정해 주어야 한다. 캡처된 화면에는 /usr/src/linux-2.4 디렉토리로 표시되어 있는데, 커널 업그레이드 등을 수행하면서 여러 가지 버전의 커널 소스가 존재할 수 있으므로, 소프트링크(ln)를 사용하여 현재 사용하고 있는 리눅스 커널 디렉토리를 linux로 링크시켜 주는 것이 좋다.

□ arch/

arch 디렉토리에는 CPU에 의존적인 코드들이 구현되어 있다. CPU마다 부팅과정, 메모리 관리방법, 프로세스 처리 부분들이 모두 다르므로 아키텍처별로 코드들이 필요하다. 여기에서 지원되는 코드들로 인하여 리눅스 커널이 다양한 CPU에 포팅될 수 있다. 또한, 시스템의 구성에 따른 하드웨어 의존적인 코드들이 있는데, 이러한 코드들은 arch 디렉토리 밑에 있다. 커널 2.4에서는 arm, mips, alpha, sparc, ppc, i386 등의 CPU들을 지원한다. 이 책에서 다루는 임베디드 시스템의 CPU는 StrongARM 계열이므로 arch/arm 밑에 하드웨어 지원 코드들이 들어있다.

arch/arm/boot 디렉토리에는 시스템 초기화 시 사용하는 커널이미지 vmlinuz 파일을 생성하는데 필요한 코드들이 구현되어 있다. arch/arm/kernel에는 문맥교환(context switching)

과 thread 관리를 위한 코드들이 구현되어 있다. arch/arm/lib에는 커널에서 사용하는 라이브러리 함수들이 구현되어 있으며, 하드웨어 종속적인 부분이기 때문에 일반 라이브러리보다는 실행이 빠르다.

arch/arm/mm에는 메모리 관리자 기능 중에서 페이지 부재결함(page fault)과 같은 부분들을 처리하는 코드들이 구현되어 있다.

Chapter

04 네트워크 설정

이 장에서는 리눅스 기반의 임베디드 시스템 개발 시 필요한 네트워크 설정에 대해 다룬다. 시스템 개발환경은 호스트 컴퓨터에 윈도우 계열의 운영체제가 설치되어 있고, 가상 PC에는 리눅스, 타겟 시스템에는 ARM 기반의 리눅스를 탑재하는 것으로 가정한다. 호스트 컴퓨터에는 유선 인터넷과 무선 인터넷이 가능하고, 가상 PC에서는 호스트를 통해 외부 네트워크와 연결될 뿐만 아니라 필요에 따라 타겟 시스템과도 동시에 네트워크 구성이 되도록 한다. 또한, 가상 PC와 호스트 컴퓨터 간에 파일공유가 가능하도록 삼바(samba)를 이용하여 설정하는 방법도 알아보고, 가상 PC와 타겟 시스템 간에는 tftp를 이용하여 파일전송을 할뿐만 아니라 NFS(network file system)를 통해서도 파일 공유가 가능하도록 설정해본다.

4.1 IP 주소

IP(Internet Protocol) 주소는 인터넷 상에서 컴퓨터 간 통신을 위해 컴퓨터와 통신장비에 부여하는 고유주소로, TCP/IP 인터넷 프로토콜을 사용하여 인터넷을 접속하는데 필요하다. IP 주소는 주소를 표현하는데 사용되는 비트 수에 따라 IPv4와 IPv6로 나뉜다. 일반적으로 IP 주소라 하면 32비트로 표현하는 IPv4를 말한다. IP 주소는 공인(public) IP와 사설(private) IP로 나뉜다. 공인 IP 주소는 인터넷에 연결된 컴퓨터들을 구분하기 위한 주소로, 각 컴퓨터의 고유주소로 사용된다. 공인 IP는 각 나라의 관할기관에서 할당 받아 사용한다. 사설 IP 주소는 내부 네트워크에서만 사용 가능한 주소로 외부 인터넷망에서는 인식하지 못한다. 전체 IP 주소를 관리하는 IANA(Internet Assigned Names Authority)는 공인 IP를 보다 효율적으로 사용하기 위해 사설 IP 주소를 제공한다. 국내 IP 주소는 한국인터넷진흥원에서 관리하고 있으며 해당 웹사이트는 http://ip.kisa.or.kr이다.

인터넷 주소자원은 미국 상무부가 1980년대 중반 도메인 루트 서버 관리를 IANA에 위임한 뒤, 1998년 캘리포니아주 비영리 재단법인으로 설립된 ICANN(Internet Corporation for Assigned Names and Numbers)에 관리 업무가 이관되어 관리되고 있다. ICANN은 인터넷 IP 주소 자원 관리뿐만 아니라 인터넷의 보편적인 접속유지를 위한 기술적 조정, 그리고 최상위 도메인(TLD) 환경에 대한 정책 등의 업무를 수행하고 있다.

도메인 이름은 국제적으로 개방된 일반 최상위 도메인(gTLD)과 국가별로 등록 및 관리되는 국가 최상위 도메인(ccTLD)으로 구분 및 관리되는데, ICANN에서는 도메인 이름체계의 루트 서버관리와 일반 최상위 도메인 관련 정책을 마련하고, 국가 최상위 도메인은 각국 주소관리 기관이 맡고 있다.

한국은 1982년 서울대와 한국과학기술원 간에 TCP/IP로 SDN(System Development Network)을 구축한 이래 1987년 국가전산망 조정위원회에서 국가기관 전산망 표준화 관리방안을 확정하고, 1994년 학술 연구중심의 인터넷 주소 관리를 한국전산원(NCA)로 이전 및 관리토록 했으며, 1999년에 인터넷 주소 관리기관으로 한국인터넷정보센터(KRNIC)를 설립하였다. 이후 정부공공기관 선진화 계획에 따라 기존 한국정보보호진흥원, 한국인터넷진흥원, 정보통신국제협력진흥원이 2009년 7월부로 한국인터넷진흥원(KISA)으로 통합되었다.

그림 4-1은 각 나라의 인터넷 주소자원을 관리하는 기관을 보여준다. 전세계 IP 주소는 전세계 인터넷 주소자원의 총괄 관리기관인 ICANN에서 관리하며, ICANN에서는 각각의 대륙별 인터넷 주소 자원관리 기관인 RIR(Regional Internet Registry)에 주소를 분배한다. RIR은 자신이 관할하는 대륙의 국가 인터넷 주소자원 관리기관인 NIR(National Internet Registry) 또는 인터넷 접속서비스 제공자인 ISP(Internet Service Provider)에 주소를 분배한다. 국내에서는 1996년부터 한국인터넷정보센터(한국인터넷진흥원의 전신)가 국내 인터넷 주소 자원관리 기관으로 아·태평양 지역의 대륙별 관리기관인 APNIC으로부터 IP 주소를 확보하여 국내 IP 주소 관리대행자(인터넷 접속 서비스 제공자) 또는 독자적인 네트워크를 운영하는 일반기관에 할당하고 있다.

IP 주소는 인터넷 주소 자원관리 기관에서 부여한 네트워크 주소와 네트워크 상의 개별 호스트를 식별하기 위하여 네트워크 관리자가 부여한 호스트 주소로 구성된다. IP 주소는

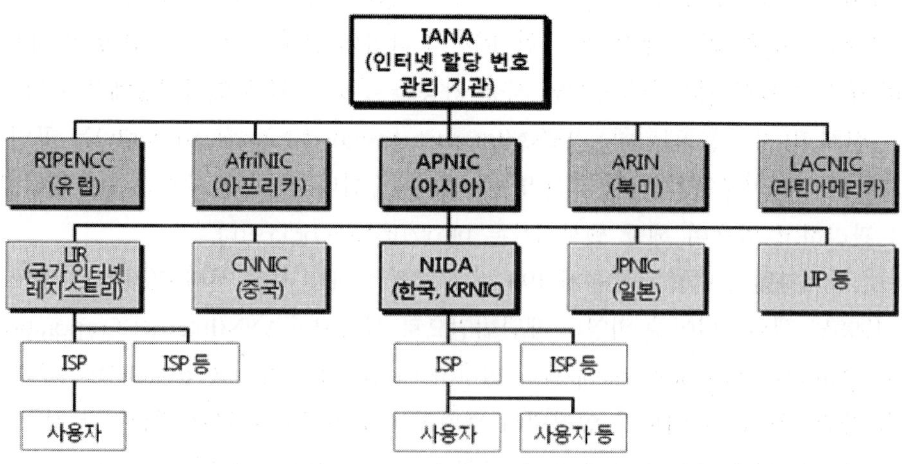

그림 4-1 세계 각국의 인터넷 주소 자원 관리기관

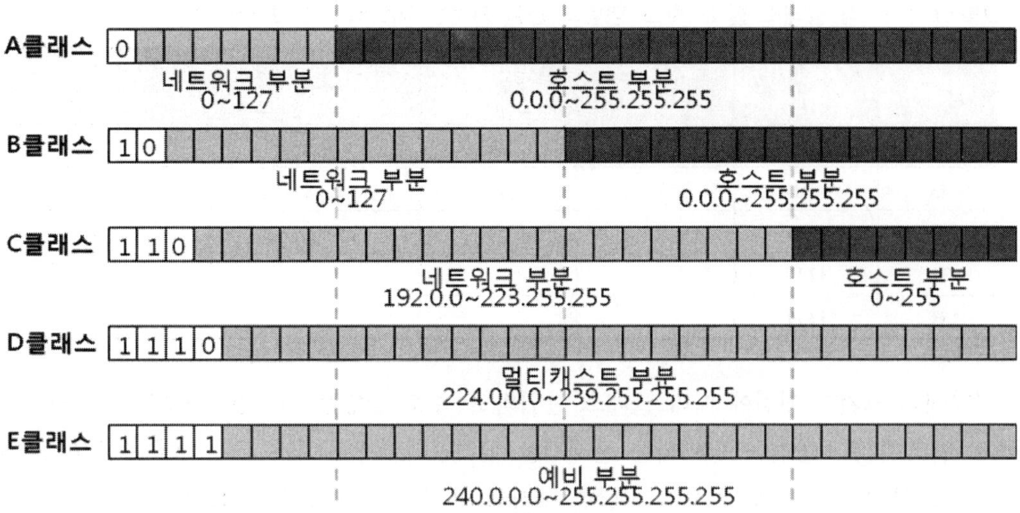

그림 4-2 클래스에 따른 IP 주소의 구조

네트워크의 크기나 호스트의 수에 따라 5개의 클래스(A, B, C, D, E)로 나뉜다. 그림 4-2는 IP 주소가 클래스에 따라 어떻게 구성되는지를 보여준다. A, B, C 클래스는 일반 사용자에게 부여하는 네트워크 구성용으로 쓰이며, D 클래스는 IP 멀티 캐스팅용으로, E 클래스는 실험용 및 향후 사용을 위하여 예약된 주소이다.

A 클래스(class)는 32비트 주소 중 처음 1비트가 0이며, 그다음 8비트가 네트워크 부분이고, 24비트가 호스트 부분으로 사용된다. 따라서 A 클래스의 주소 범위는 1.0.0.0 ~ 126.255.255.255이며, 사용 가능한 A 클래스 네트워크 개수는 126개이다. 그리고 한 개의 A 클래스 네트워크 내에 연결 가능한 호스트의 수는 16,777,214(256×256×256−2)개이다. 여기서 2를 빼는 이유는 호스트 부분의 전체 비트가 모두 0이거나 1인 경우는 각각 네트워크 자체와 브로드캐스팅을 의미하므로 일반적인 주소로 사용될 수 없기 때문이다.

B 클래스는 32비트 중 처음 2비트가 10이며, 16비트가 네트워크 부분이고, 16비트가 호스트 부분으로 사용된다. 범위는 128.1.0.0 ~ 191.254.255.255로 B 클래스 네트워크 개수는 16,382개이다. 그리고 한 개의 B 클래스 네트워크 내에 연결 가능한 호스트의 수는 65,534(256×256−2)개이다.

C 클래스는 32비트 중 처음 3비트가 110이며, 24비트가 네트워크 부분이고, 8비트가 호스트 부분으로 사용된다. C 클래스 주소범위는 192.0.1.0. ~ 223.255.254.255로 총 개수는 2,097,152개이다. 한 개의 C 클래스 네트워크 내에서 연결 가능한 네트워크 당 주소 수는 254(256−2)게이다.

D 클래스는 멀티캐스트용 IP 주소로서 32비트 중 처음 4비트가 1110이며, 범위는 224.0.0.0 ~ 239.255.255.255이다.

표 4-1 각 클래스 별 IP 주소 영역과 연결 가능한 네트워크와 호스트 수

클래스	최상위 비트	네트워크 영역비트수	나머지 영역비트수	가능한 네트워크수	네트워크당 주소수
A	0	7	24	126	16,777,214
B	10	14	16	16,384	65,534
C	110	21	8	2,097,152	254
D	1110				
E	1111				

인터넷의 크기가 커짐에 따라 클래스 단위의 IP 주소 할당은 라우팅 테이블을 복잡하게 하고, 인터넷 주소공간을 낭비하는 문제점을 야기한다. 이에 따라 클래스의 제한을 두지 않고 필요한 호스트의 수에 따라 적당한 크기의 IP 주소를 할당하는 CIDR(Classless Inter-Domain Routing) 방식이 사용된다. CIDR은 기존의 클래스기반 할당 방법 대신 다양한 길이의 전치부를 이용한 할당 방법을 사용한다. 클래스기반 주소방식에서는 8, 16, 24로 한정된 전치부를 갖는 반면, CIDR에서는 13~27개에 이르는 다양한 전치부의 길이를 지원한다. 이에 따라 작게는 32개의 호스트를 갖는 네트워크부터 50,000여개의 호스트를 갖는 다양한 네트워크를 할당할 수 있다.

IPv4 주소 중 일부는 특수한 목적으로 예약되어 있으며, 주소규정에 의하여 사용이 제한적이다. 표 4-2는 IPv4 주소들의 유형에 따라 어떠한 의미를 갖는지를 보여준다.

표 4-2 IPv4 주소 유형에 따른 사용용도

네트워크주소	호스트주소	주소유형	목적
모두 0	모두 0	컴퓨터자신	부트스트랩용
모두 0	호스트	해당 네트워크의 호스트	연결된 내부 네트워크에 있는 특정 호스트 식별
네트워크	모두 0	네트워크	네트워크 식별
네트워크	모두 1	방향적 방송	지정 네트워크 방송
모두 1	모두 1	제한된 방송	지역 네트워크 방송
127	임의의 값	루프백(Loopback)	테스트용
10	호스트	A 클래스용 사설주소	사설망 내부에서 사용
172.16 ~ 172.31	호스트	B 클래스용 사설주소	사설망 내부에서 사용
192.168.0~ 192.168.255	호스트	C 클래스용 사설주소	사설망 내부에서 사용

그림 4-3은 C 클래스 IP 주소 구성의 예이다. 상위 24비트가 네트워크 부분이고, 하위 8비트가 호스트 부분이다.

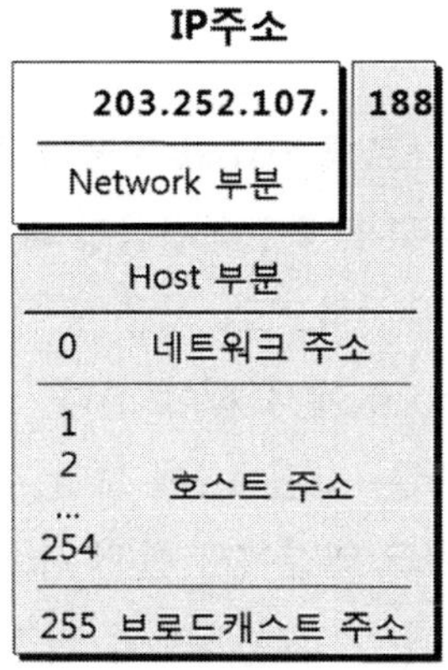

그림 4-3 C 클래스 IP 주소의 예

사설 IP 주소는 인터넷 상에서 확인할 수 없고, 내부 네트워크에서만 사용 가능한 주소이다. 사설 IP 주소는 한정된 공인 IP 주소공간을 절약할 수 있게 하며, 개별적으로 넉넉한 주소공간을 사용할 수 있으므로 인해 네트워크 설계에 많은 융통성이 생긴다. IP 공유기는 사설 IP를 사용하는 대표적인 사례로, 내부 네트워크로는 사설 IP 주소공간을 사용하고 외부적으로는 외부공인 IP 주소를 사용한다. 임베디드 시스템 개발 시 호스트 컴퓨터와 타겟 시스템 간에는 일반적으로 사설 IP 주소를 사용하여 네트워크를 연결한다. ICANN에서 정한 사설 IP 주소 공간은 표 4-3과 같다.

표 4-3 사설 IP 주소 공간

클래스	사설 IP 주소공간	사용개수
A 클래스	10.0.0.0 ~ 10.255.255.255.255	1개
B 클래스	172.16.0.0 ~ 172.31.255.255	16개
C 클래스	192.168.0.0 ~ 192.168.255.255	256개

4.2 IP 주소 및 게이트웨이 설정

인터넷 상에서의 컴퓨터 간 통신은 먼저 동일 네트워크 상의 IP 주소인지 확인한다. 동일 네트워크 상의 IP이면 그 안에서 통신이 이루어지고, 다른 네트워크에 있으면 게이트웨이(gateway)로 연결한다. 이러한 통신이 이루어지기 위해서는 기본적으로 각 컴퓨터에 IP 주소를 할당해 주어야 하며, 동일 네트워크가 아닌 네트워크 패킷들을 처리하기 위해 상위 네트워크로 연결되기 위한 라우팅 설정, 즉 게이트웨이를 지정해야 한다. 먼저 우분투에서 네트워크 설정하는 방법에 대해 알아보고 난 다음, 환경설정 파일과 명령어를 통한 네트워크 설정 부분을 알아본다.

4.2.1 우분투 네트워크 설정

우분투에서는 기존 배포판과는 다르게 Xwindow에서 설정한 정보가 환경설정 정보보다 우선시 된다고 앞서 언급하였다. 우분투에서 환경설정 파일에 네트워크 정보를 변경하더라도 Xwindow에 설정된 IP 정보를 우선하므로, 사용 중이라도 Xwindow에 설정된 IP로 변경된다. 그러므로 IP 설정은 Xwindow에서 해야 한다.

네트워크 정보를 변경하기 위해서는 그림 4-4에 보인 것처럼 시스템의 기본 설정에서 네트워크 연결을 선택한 다음, 네트워크 연결에서 현재 시스템에 설정되어 있는 이더넷 장치를 선택하고, 변경하기 버튼을 눌러서 상세 정보를 변경한다.

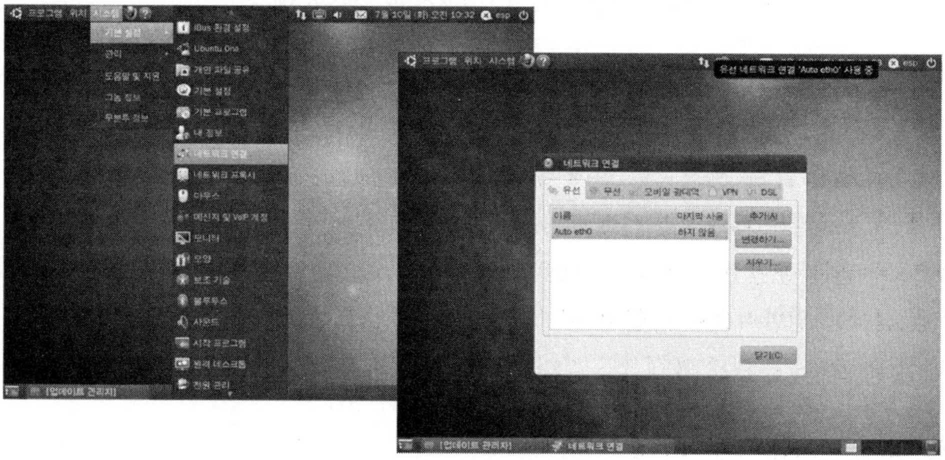

그림 4-4 네트워크 장치 선택

장치가 선택되고 변경하기 버튼을 누른 다음에는 해당 장치의 현재 설정값이 출력되는데, 이때 자신의 네트워크 환경에 맞도록 설정해야 한다.

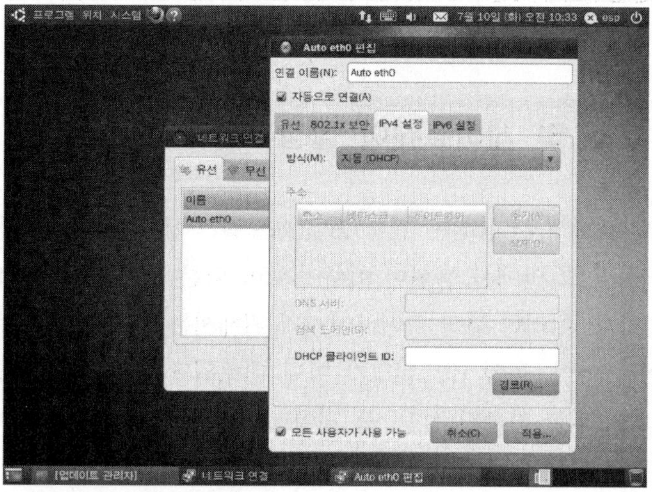

그림 4-5 이더넷 기본 설정

이더넷의 기본 설정은 그림 4-5와 같이 DHCP로 되어 있다. 설정을 변경하려면 IPv4를 선택하고 방식을 수동 설정으로 바꾼다. 그리고 주소 부분에서 그림 4-6과 같이 설정할 IP 주소를 입력하고 해당 설정에 맞는 넷마스크와 해당 장치가 사용할 게이트웨이의 정보를 입력한 다음 마지막으로 DNS 서버의 IP 주소를 입력하면 된다.

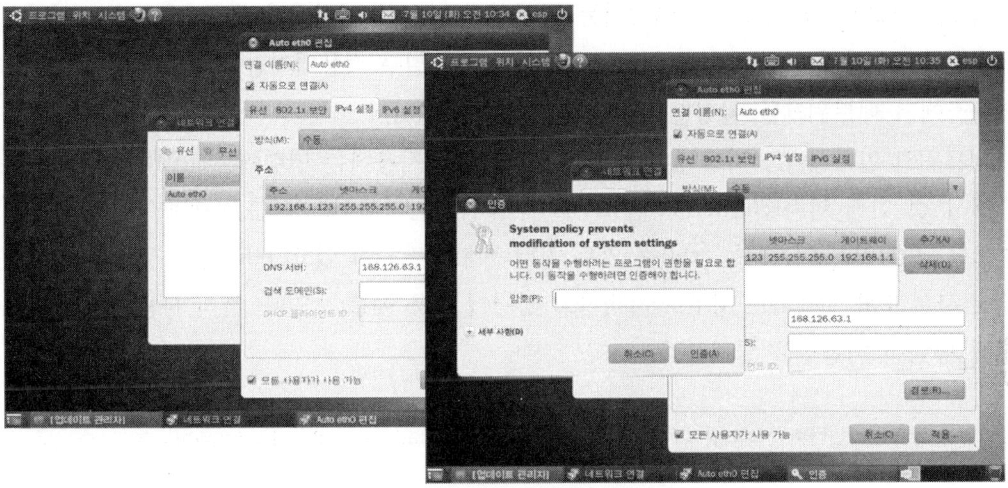

그림 4-6 설정 변경 확인

설정이 완료되면 적용 버튼을 누른다. 수퍼 유저로 로그인한 경우가 아니라면 인증 절차를 거치게 된다. 인증관련 암호 항목에는 현재 사용자 계정의 암호를 넣어준다. 설정이 완료되면 그림 4-7에서처럼 네트워크 연결이 끊어진 상태가 되고, 해당 네트워크 아이콘에서 마우스 우측 클릭을 하여 세부 메뉴에서 "Auto eth0"를 선택하게 되면 설정된 IP를 통해 네트워크가 활성화된다.

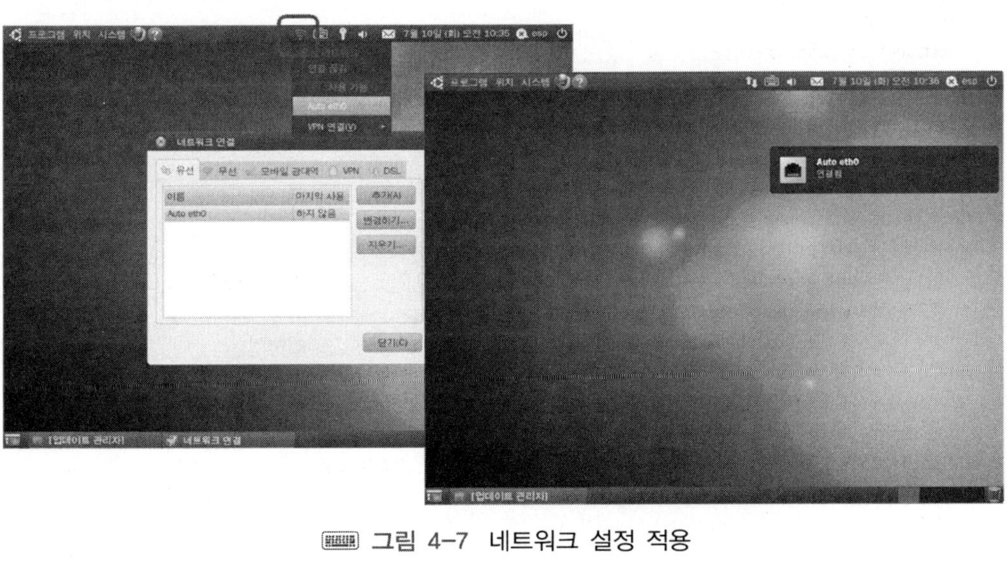

그림 4-7 네트워크 설정 적용

4.2.2 명령어와 환경설정 파일을 통한 네트워크 설정

우분투에서는 환경설정 파일 등으로 갱신된 네트워크 정보보다 Xwindow에서 설정한 정보가 우선시 된다. 그러므로 환경설정 파일 부분에 설정된 네트워크 정보는 갱신 스크립트 없이 바로 적용되지 않는 것이 일반적이다. 그러나 특정 경우의 우분투 혹은 레드햇 계열의 리눅스, 임베디드 리눅스 시스템에서는 환경설정 파일과 명령어를 통한 네트워크 설정을 이용한다. 이 절에서 언급되는 부분은 우분투에서도 일부 적용되지만 일반적으로 임베디드 리눅스에서 네트워크를 설정할 경우 더 많이 이용된다.

네트워크 인터페이스 카드에 IP 주소 지정을 위해 사용하는 명령어는 ifconfig이다. 리눅스에서 첫 번째 이더넷(ethernet) 카드에 부여되는 인터페이스 이름은 eth0이며, 두 번째 카드는 eth1이다. 여기서는 eth0는 외부 인터넷에 연결되어 있고, eth1은 타겟보드에 연결되어 사설 IP로 설정되는 경우로 가정하고 명령어 사용 예를 보인다. 흔히 사용하는 예제를 통해 명령어 사용법을 알아본다.

```
# ifconfig  [인터페이스이름] [IP 주소 [netmask주소] [broadcast 주소]  [up/down]]
```

표 4-4 명령어 ifconfig 사용 예제

명령어 사용예제	설명
# ifconfig -a	시스템의 모든 네트워크 인터페이스에 대한 정보를 표시한다.
# ifconfig eth1	eth1로 지정된 네트워크 장치의 IP 주소, 넷마스크(netmask), 브로드캐스트 등의 정보를 출력한다.
# ifconfig eth1 192.168.10.100	eth1 장치의 IP 주소를 192.168.10.100으로 할당한다. 주소 지정 시 사용하는 가장 간편한 방법으로 넷마스크 등의 값은 기본값으로 설정된다.
# ifconfig eth1 203.252.107.188 netmask 255.255.255.0 broadcast 203.252.107.255 up	넷마스크와 브로드캐스팅의 기본 설정값 변경 시 해당 매개변수명을 입력하고 값을 지정한다.

```
root@esp:~# ifconfig eth1 192.168.10.100
root@esp:~# ifconfig eth1
eth1      Link encap:Ethernet  HWaddr 08:00:27:6a:84:b7
          inet addr:192.168.10.100  Bcast:192.168.10.255  Mask:255.255.255.0
          inet6 addr: fe80::a00:27ff:fe6a:84b7/64 Scope:Link
          UP BROADCAST RUNNING MULTICAST  MTU:1500  Metric:1
          RX packets:540 errors:0 dropped:0 overruns:0 frame:0
          TX packets:387 errors:0 dropped:0 overruns:0 carrier:0
          collisions:0 txqueuelen:1000
          RX bytes:64287 (64.2 KB)  TX bytes:87323 (87.3 KB)
root@esp:~#
```

외부 인터넷에 연결되기 위해서는 게이트웨이(gateway)를 지정해야 하고, 이러한 과정이 라우팅(routing)을 설정하는 것이다. 라우팅을 설정하기 위한 명령어는 route이다. 이 명령어를 옵션 없이 사용하면 IP 라우팅 테이블의 내용을 볼 수 있으며, 옵션 add와 del을 사용하여 테이블의 값들을 변경할 수 있다. 표 4-5에서는 간단한 사용 예시만 제시하며, 자세한 내용은 매뉴얼(% man route)을 참조한다.

표 4-5 라우팅 설정 방법

명령어 사용 예	설명
# route	시스템의 라우팅 테이블을 표시해 준다.
# route add default gw 192.168.10.1	기본 설정으로 사용되는 게이트웨이를 192.168.10.1로 지정한다. 다른 네트워크 단으로 전송되는 패킷들은 게이트웨이로 전송되어 외부 네트워크에 접속하게 한다.
# route del default	라우팅 테이블에서 default로 설정된 네트워크 부분을 삭제한다.

route 명령어를 사용하여 라우팅 테이블을 조회한 결과는 다음과 같다.

```
root@esp:~# route    ← 라우팅 테이블 조회
Kernel IP routing table
Destination     Gateway     Genmask         Flags   Metric  Ref   Use   Iface
192.168.10.0    *           255.255.255.0   U       0       0     0     eth1
root@esp:~# route add default gw 192.168.10.1    ← 게이트웨이 추가
root@esp:~# route    ← 라우팅 테이블 조회
Kernel IP routing table
Destination     Gateway         Genmask         Flags   Metric  Ref   Use   Iface
192.168.10.0    *               255.255.255.0   U       0       0     0     eth1
default         192.168.10.1    0.0.0.0         UG      0       0     0     eth1
root@esp:~#
```

우분투의 네트워크 설정은 Xwindow에서는 메뉴에서 [시스템] - [기본 설정] - [네트워크 연결]을 선택해야 하고, 터미널 상에서는 ifconfig 명령어를 이용한다. 리눅스에서 네트워크 주소를 관리하는 설정파일은 /etc/network/interfaces이며, 고정된 IP 주소를 할당하고자 하는 경우 이용한다. 예를 들어 eth1 네트워크 카드에 192.168.10.100의 주소를 고정적으로 할당하는 경우라면, 다음의 형식으로 해당 파일을 수정한다. 참고로 우분투에서 인터페이스명(예: eth0, eth1) 변경은 /etc/udev/rules.d 디렉토리에 있는 70-persistent-net.rules 파일 수정을 통해 가능하다.

```
root@esp:~# vi /etc/network/interfaces
auto lo
iface lo inet loopback
```

```
auto eth1
iface eth1 inet static
    address 192.168.10.100
    netmask 255.255.255.0
    network 192.168.10.0
    broadcast 192.168.10.255
    gateway 192.168.10.1
```

만일 dhcp를 이용하여 IP 주소를 자동으로 할당하려면, 주소 지정 대신 아래의 내용을 입력한다.

```
root@esp:~# vi /etc/network/interfaces
auto eth1
iface eth1 inet dhcp
```

위에서 iface 다음 이더넷 장치명 그리고 static은 고정 IP를 사용하겠다는 의미이며, dhcp는 DHCP를 통해 IP 주소를 자동 할당받는 경우이다. address는 사용하고자 할 IP 주소이며, netmask는 해당 네트워크의 서브넷 마스크에 맞추어 지정한다. network는 해당 구성 네트워크의 정보를, broadcast는 해당 네트워크의 브로드캐스트 IP 주소로 지정한다. 상위 네트워크 혹은 외부 네트워크에 연결하기 위해 gateway의 IP 주소를 지정한다.

설정된 내용이 시스템에 반영되려면 다시 로그인을 하거나, 다음의 명령을 통해 갱신할 수 있다.

```
root@esp:~# /etc/init.d/networking restart
```

4.3 DNS 설정

URL(Uniform Resource Locator)은 인터넷을 통해 접근 가능한 자원(resource)의 주소를 일관되게 표현할 수 있는 형식을 말한다. 자원의 형태는 인터넷 응용 프로토콜에 따라 다를 수 있다. 예를 들어 웹 프로토콜인 http를 사용하는 경우의 자원은 html 페이지, 이미지 파일, 자바 애플릿 등이 될 수 있다. URL은 자원에 접근하는데 필요한 프로토콜의 이름, 인터넷에서 특정한 컴퓨터를 식별하기 위한 도메인 이름(domain name), 그리고 컴퓨터 파일의 위치를 계층적으로 나타낸 경로명 등으로 구성된다. 예를 들어 http://www.metro.seoul.kr/kor의 URL은 www.metro.seoul.kr이라는 이름의 컴퓨터를 http 응용프로그램, 즉 브라우저로 읽을 수 있는 웹 페이지임을 의미한다. /kor은 컴퓨터 내의 디렉토리를 의미하며, 파일 이름을 기입하지 않으면 기본페이지(index.html)를 보여준다. ftp 프로토콜을 이용하는 URL

의 예는 ftp://ftp.kernel.org/pub/linux/kernel을 들 수 있다.

ifconfig와 route를 이용하여 네트워크 주소 설정 및 라우팅 설정을 하면 인터넷 접속이 가능하다. 그러나 그것만으로는 URL을 구성하고 있는 도메인 이름(예: ftp.kernel.org)을 사용할 수 없고 IP 주소(예: 218.137.145.18)만 사용이 가능하다. 도메인 이름은 숫자로 구성된 IP 주소가 아니라 사람들이 기억하기 쉬운 문자열로 구성된 인터넷 주소로 네트워크를 편리하게 사용할 수 있도록 해준다.

DNS(Domain Name System) 서버는 전세계에서 사용하는 도메인 이름과 대응하는 IP 주소에 관한 데이터베이스를 관리하며, 사용자가 도메인 이름을 DNS 서버에 제공하면 해당 IP 주소를 알려준다. 예를 들어 "www.handong.edu"라는 도메인 이름을 DNS 서버에 제공하면 DNS 서버는 203.252.97.12라는 IP 주소를 반환해 준다. DNS 서버는 유일하게 한 곳에 존재하는 것이 아니라 기관별 체계에 따라 여러 DNS 서버들이 운영되고 있다. 따라서 사용자는 각자의 인터넷 서비스공급자에게 문의를 하면 쉽게 DNS 서버에 대한 주소를 얻을 수 있다.

URL을 입력하고 난 후 호스트 이름을 검색하는 과정은 다음과 같다. 먼저 주소창에 URL로 입력하면 /etc/hosts 파일을 조회한다. /etc/hosts 파일 내에 입력한 호스트 이름에 대한 해당 IP 주소가 존재하면 IP 주소를 가지고 오고 검색을 마친다. /etc/hosts에 해당 호스트 이름이 존재하지 않으면 /etc/resolv.conf 파일을 참조한다. /etc/resolv.conf에 DNS 설정이 없으면 호스트 이름 알 수 없음이라는 메시지를 출력한다. /etc/resolv.conf에 DNS 설정이 존재하면 DNS 서버에 질의하고 응답된 결과를 출력해 준다.

리눅스에서의 DNS 서버 설정파일은 /etc/resolv.conf이다. 이 파일은 로컬 시스템이 어느 DNS 서버에 접속하여 접속하고자 하는 도메인 이름에 대한 IP 주소를 물어볼 것인가에 대한 정보를 담고 있다. 다음은 DNS 설정파일의 내용을 보여준다.

```
root@esp:/etc# cat /etc/resolv.conf
nameserver 219.250.36.130
nameserver 203.252.96.77
search handong.edu
root@esp:/etc#
```

설정파일 내에서 nameserver 항목은 DNS 서버로 사용할 호스트 컴퓨터의 IP 주소를 지정하는 항목으로 여러 개의 DNS 서버를 지정할 수 있다. 첫 번째로 지정되는 것이 주 DNS 서버가 되며 주 DNS 서버에서 장애가 발생되면 다음 두 번째 DNS 서버 순으로 접속한다. search 항목은 자동으로 찾을 도메인 주소를 지정한다. 이 항목은 반드시 필요한 것은 아니지만, 로컬 네트워크에 존재하는 호스트의 경우 자주 접근하는 도메인 주소는 생략하고 호스트명만 입력하여 접속 가능하게 해 준다. 이 옵션으로 지정한 도메인에 대해서는 호스트명만 입력하면 자동으로 FQDN(Fully Qualified Domain Name)으로 인식하여 해당 사이트를 찾는다. 예를 들어 설정이 위와 같은 경우 www만 입력하여도 handong.edu라는 도메인을 붙여 www.handong.edu에 대한 IP 주소를 검색할 수 있으므로 편리하게 이용할 수 있다.

4.4 NFS

NFS(Network File System)란 TCP/IP 네트워크 상에서 다른 컴퓨터에 있는 파일시스템을 마운트(연결)하여 서로 자료를 공유할 수 있게 해 주는 기능으로, 네트워크로 연결된 컴퓨터를 사용하는 여러 사용자들 사이에서 파일 및 디렉토리를 공유하는데 유용하게 사용된다. 윈도우의 경우 컴퓨터 간의 네트워크 드라이브 연결을 통해 서로 파일 및 디렉토리를 공유해서 사용하듯이 네트워크 파일시스템(NFS)은 리눅스 계열에서 네트워크에 연결된 컴퓨터 간에 TCP/IP를 이용하여 자료를 공유하게 해 준다. 예를 들어, 여러명의 사용자가 한 프로젝트에 참여하고 있는 경우, NFS 파일시스템의 공유 디렉토리를 사용하여 마운트된 디렉토리(예: /myproject) 안에 프로젝트에 사용되는 파일들을 저장하여 함께 사용할 수 있다. 공유 디렉토리는 암호를 입력하거나 특별한 명령어를 기억할 필요 없이 마치 로컬 컴퓨터 상에 위치하는 디렉토리처럼 사용하면 된다. NFS를 사용하려면 다음 두 가지 기본 구성요소가 준비되어 있어야 한다. 첫 번째는 클라이언트와 서버가 TCP/IP 네트워크를 통하여 연결이 가능해야 하며, 두 번째는 서버는 클라이언트에 의해서 마운트 될 수 있도록 해당 데몬 등이 준비되어야 한다.

4.4.1 네트워크 확인

NFS를 사용하려면 클라이언트 컴퓨터와 서버 컴퓨터가 서로 TCP/IP 네트워크 상에서 통신이 가능한지 확인해야 한다. 확인하는 방법으로는 기본적으로 라우팅 정보(ifconfig, netstat -r, route 등의 명령어를 통해 확인할 수 있음)를 보고 같은 네트워크에 존재하면 같은 네트워크에서 통신이 가능하도록 IP 주소가 제대로 할당되어 있는지, 서로 다른 네트워크에 존재하면 게이트웨이 지정이 제대로 되어 있어서 해당 컴퓨터로 접속이 가능한지(예를 들어 서버에서 ping이 제공된다면 클라이언트에서 ping을 통해 네트워크 설정이 되어 있는지 확인) 등을 확인하는 것이다. 뒤에서 소개하는 임베디드 시스템 개발환경에서는 호스트 컴퓨터와 임베디드 시스템은 같은 네트워크에 존재하는 형태로 사용한다. 이 경우 같은 네트워크에 연결되도록 IP의 주소를 할당해야 하는데, 여기서는 호스트 컴퓨터에는 192.168.10.100, 임베디드 시스템 또는 타겟 시스템에는 192.168.10.110을 할당하는 것으로 한다.

4.4.2 서버 준비사항

NFS를 제공하는 서버 컴퓨터에서는 NFS를 구동하기 위한 데몬들이 실행되고 있어야 한다. 우분투에서는 NFS를 기본으로 포함하고 있지 않기 때문에 NFS 서버용 패키지를 다운로드 해야 한다. 아래의 실행과정들은 루트 사용자로 로그인하여 작업을 수행하는 것으로 가정하고 설명한다. 일반 사용자로 로그인한 경우라면 모든 명령어 앞에 sudo를 붙이면 된다.

```
root@esp:~# apt-get install nfs-kernel-server
패키지 목록을 읽는 중입니다... 완료
의존성 트리를 만드는 중입니다
상태 정보를 읽는 중입니다... 완료
다음 새 패키지가 전에 자동으로 설치되었지만 더 이상 필요하지 않습니다:
    linux-headers-2.6.32-38 linux-headers-2.6.32-38-generic
이들을 지우기 위해서는 'apt-get autoremove'를 사용하십시오.
다음 패키지를 더 설치할 것입니다:
    libgssglue1 libnfsidmap2 librpcsecgss3 nfs-common portmap
다음 새 패키지를 설치할 것입니다:
    libgssglue1 libnfsidmap2 librpcsecgss3 nfs-common nfs-kernel-server portmap
0개 업그레이드, 6개 새로 설치, 0개 지우기 및 0개 업그레이드 안 함.
494k바이트 아카이브를 받아야 합니다.
이 작업 후 1,532k바이트의 디스크 공간을 더 사용하게 됩니다.
계속 하시겠습니까 [Y/n]?
```

설치가 완료되면 데몬을 실행한다. 데몬을 실행하기 위해서는 다음과 같이 service 명령을 통해서 실행이 가능하다.

```
root@esp:~# service nfs-kernel-server start
 * Exporting directories for NFS kernel daemon..                    [ OK ]
 * Starting NFS kernel daemon                                       [ OK ]
root@esp:~#
```

만약 NFS 서비스를 중단하고 싶다면, 다음과 같은 명령으로 서비스를 중단시킬 수 있다.

```
root@esp:~# service nfs-kernel-server stop
 * Stopping NFS kernel daemon                                       [ OK ]
 * Unexporting directories for NFS kernel daemon...                 [ OK ]
root@esp:~#
```

NFS가 실행되기 위해서는 서버에서 portmap, rpc.mountd와 rpc.nfsd 등의 데몬이 구동되고 있어야 있다. NFS 데몬의 구동여부를 확인하기 위해 “service nfs-kernel-server status” 라고 입력한다.

```
root@esp:~# service nfs-kernel-server status
nfsd running
```

NFS를 사용하면서 포트매퍼에 연결할 수 없다는 오류 메시지가 나타나는 경우는 다음의 명령어를 이용하여 포트매퍼를 실행시킨다.

```
root@esp:~# /etc/init.d/portmap start
```

포트매퍼 실행 여부는 "rpcinfo -p" 또는 "service portmap status" 명령어를 이용하여 확인할 수 있다. 포트맵(portmap) 프로그램은 NFS를 사용하기 위해 필수적으로 필요하며, 포트 요청이 있을 때 새로운 포트를 할당해 주고 매핑해 주는 역할을 한다. 이렇게 매핑해 주는 이유는 NFS가 웹 서버나 ftp 서버와는 다르게 데몬 프로세스가 특정 네트워크 포트를 할당하여 접속을 대기하는 것이 아니라 포트매퍼라는 프로그램을 이용하여 포트를 할당받기 때문이다. 포트매퍼는 111번 포트를 할당받고 데몬 상태로 대기하다가 NFS 서비스 요청이 있으면 nfsd에게 포트 번호를 바꾸어 접속을 연결해 준다.

클라이언트에서 서버 디렉토리를 NFS로 마운트하기 위해서는 먼저 서버에서 공유할 디렉토리를 설정해 주어야 한다. 서버에서 NFS로 공유할 디렉토리들에 대한 설정은 /etc/exports 파일에 지정한다. NFS 설정파일(/etc/exports)의 기본형식은 다음과 같다.

```
[공유할 디렉토리명]  [클라이언트 주소]  [NFS 옵션]
```

① 공유할 디렉토리명

서버에서 공유하고자 하는 디렉토리 이름을 지정한다.

② 클라이언트 주소

공유된 디렉토리에 접근을 허용하는 클라이언트의 주소를 지정한다. 예를 들어 "*"인 경우는 모든 사용자의 접근을 허용함을 의미하며, "203.252.106.*"의 경우는 203.252.106 네트워크 단의 IP 주소 사용자의 접근을 허용한다. "192.168.10.71"의 경우는 192.168.10.71의 IP 주소를 가진 사용자만 접근을 허용한다.

③ NFS 옵션

옵션 부분에서는 NFS로 마운트 시 클라이언트에 부여할 권한을 지정한다. 옵션에 아무것도 지정하지 않았을 때 사용하는 기본옵션으로는 (ro, wdelay, root_squash)로 클라이언트에서는 읽기 전용으로 마운트되고 클라이언트의 root 사용자는 서버에서 nobody 사용자로 매핑되어 서버의 루트권한은 갖지 못한다.

표 4-6은 NFS 서버 설정 시 사용하는 몇 가지 옵션을 소개하고 있다. 자세한 내용은 매뉴얼 페이지(% man exports)를 참고한다.

표 4-6 NFS 설정파일 옵션

옵션	기능
root_squash	Client에서 root 사용자를 서버 상에서 nobody 사용자로 매핑
no_root_squash	서버와 client 모두 같은 root 사용자로 매핑
ro	파일시스템을 읽기 전용으로 마운트
rw	파일시스템을 읽기/쓰기로 마운트
async	사용하는 공간의 안정적인 상태 이전에 응답을 수신하는 형태
sync	사용하는 공간의 안정적인 상태 이후에 응답을 수신하는 형태
no_subtree_check	하위 디렉토리 검사 확인 옵션
insecure	인증되지 않은 액세스도 가능

4.4.3 NFS를 이용한 디렉토리 공유

이제 서버에서 디렉토리를 NFS로 내보내고, 이를 클라이언트에서 NFS로 마운트해 본다. 서버는 우분투가 설치되어 있는 호스트 컴퓨터로 하고, 클라이언트는 Achro-210T 타겟보드로 한다. 먼저 서버에서 /root 디렉토리를 NFS로 내보내고, 이를 클라이언트에서 nfs 디렉토리로 마운트하여 사용해 보자. NFS 서버 컴퓨터의 주소는 192.168.10.100을 할당하는 것으로 하고, 타겟보드의 주소는 192.168.10.110을 할당하는 것으로 한다. 서버 컴퓨터와 타겟보드 간의 네트워크 연결은 크로스 이더넷 케이블을 사용하여 직접 연결한 다음 IP 주소를 할당하여도 되고, 공유기를 사용해도 된다. 단, 공유기를 사용하는 경우 공유기의 사설 IP 주소 할당이 192.168.10 대역의 네트워크라면 아래처럼 그대로 수행하면 되고, IP 주소 할당 네트워크가 다를 경우에는 해당 사설 네트워크 하의 IP 주소를 할당하면 된다.

우선 호스트 컴퓨터의 우분투 상에서 컴퓨터의 IP 주소를 192.168.10.100으로 지정한 후, vi 명령어를 이용하여 NFS 설정파일인 /etc/exports에 /root 디렉토리를 입력한다.

```
root@esp:~# ifconfig eth1 192.168.10.100
root@esp:~# vi /etc/exports
/root  *(rw,sync,no_root_squash,no_subtree_check)
```

위의 /root *(rw,sync,root_squash,no_subtree_check)는 서버의 /root 디렉토리에 네트워크로 연결되는 모든 IP 주소로부터의 접근을 허용하며, 클라이언트에 읽기/쓰기 마운트를 허용하고, 클라이언트의 접속자가 루트 사용자인 경우 서버에서는 nobody 사용자로 매핑함을 의미한다. NFS 설정파일에 내용을 기술함에 있어서 주의할 점은 IP 주소를 지정하는 부분과 NFS 옵션을 지정하는 부분 사이에는 빈공간이 없어야 한다.

/etc/exports에 NFS로 내보낼 디렉토리 지정을 마쳤으면, NFS를 다시 시작해야 한다. 만약 현재 NFS가 정지 상태이면, NFS 스크립트 명령어 실행 시 start 옵션을 사용한다. NFS가 실행중이라면 stop 옵션으로 정지한 다음 다시 시작하거나, restart 옵션을 사용한다.

```
root@esp:~# service nfs-kernel-server start ← NFS 시작하기
root@esp:~# service nfs-kernel-servernfs restart ← NFS 다시 시작하기
```

현재 NFS로 내보낸 디렉토리는 exportfs 명령어를 사용하여 확인할 수 있다.

```
root@esp:~# exportfs -v
/root                <world>(rw,wdelay,no_root_squash,no_subtree_check)
```

이상의 과정은 NFS 서버에서 수행해야 할 내용이다. 그림 4-8은 호스트 컴퓨터에서 수행한 일련의 과정을 요약한 것이다.

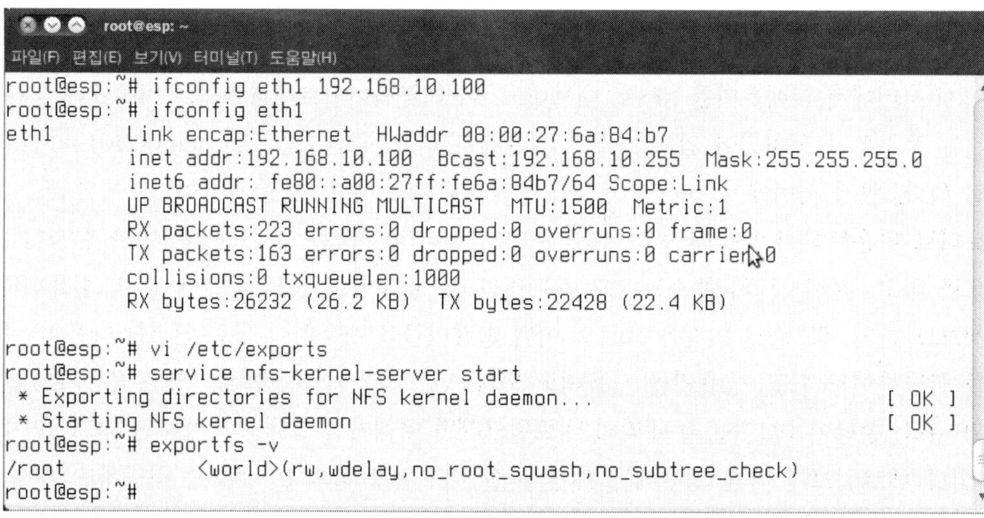

그림 4-8 호스트 컴퓨터에서의 NFS 설정

이제 호스트 컴퓨터에서 내보내기 한 NFS용 디렉토리를 Achro-210T 타겟보드에 마운트하여 사용해 보자. 마운트를 하기 위해서는 mount 명령어를 사용해야 하는데, 그 형식은 다음과 같다.

```
mount [옵션] [파일시스템 유형] [다른 옵션] [서버IP:디렉토리] [마운트 위치]
```

마운트 명령어에서의 옵션 -t는 파일시스템 유형을 지정하는데 사용된다. 리눅스에서 지원하는 모든 파일시스템들은 마운트 명령어를 사용하여 마운트 할 수 있다. 파일시스템 유형의 몇 가지 예를 들면 nfs(NFS 파일시스템), ext2, ext3, ext4(리눅스 파일시스템), vfat

(Windows FAT), smb(삼바 파일시스템), iso9660(CD ISO 이미지), udf(DVD 이미지) 등이 있다. 서버 위치 지정은 192.168.10.100:/root로 하면 되고, 마운트 위치는 비어있는 디렉토리이다. 여기서는 타겟보드 상에 /root/nfs 디렉토리로 하는 것으로 한다. 이제 타겟보드에서 수행해야 할 일련의 명령어들을 요약하면 다음과 같다.

```
root@Achro210T:~# mkdir /root/nfs    ← 마운트 지점 만들기
root@Achro210T:~# ifconfig eth0 192.168.10.110    ← 타겟보드 IP 주소 지정하기
root@Achro210T:~# mount -t nfs -o nolock 192.168.10.100:/root /root/nfs    ← 마운트 하기
```

그림 4-9는 타겟보드 상에서 호스트 컴퓨터에서 NFS로 내보내기한 디렉토리(/root)를 마운트한 결과 화면이다.

```
root@esp: ~
파일(F) 편집(E) 보기(V) 터미널(T) 도움말(H)
root@Achro210T:~# mkdir /root/nfs
root@Achro210T:~# ifconfig eth0 192.168.10.110
root@Achro210T:~# ifconfig eth0
eth0      Link encap:Ethernet  HWaddr BA:B0:BE:AD:00:00
          inet addr:192.168.10.110  Bcast:192.168.10.255  Mask:255.255.255.0
          inet6 addr: fe80::b8b0:beff:fead:0/64 Scope:Link
          UP BROADCAST RUNNING MULTICAST  MTU:1500  Metric:1
          RX packets:1365 errors:0 dropped:0 overruns:0 frame:0
          TX packets:127 errors:0 dropped:0 overruns:0 carrier:0
          collisions:0 txqueuelen:1000
          RX bytes:111654 (109.0 KiB)  TX bytes:11522 (11.2 KiB)
          Interrupt:33

root@Achro210T:~# mount -t nfs -o nolock 192.168.10.100:/root /root/nfs
root@Achro210T:~# df
Filesystem                Size      Used Available Use% Mounted on
/dev/root               250.4M     17.6M    219.8M   7% /
tmpfs                   192.5M         0    192.5M   0% /dev/shm
tmpfs                   192.5M      8.0K    192.5M   0% /tmp
192.168.10.100:/root     28.3G     10.7G     16.2G  40% /root/nfs
root@Achro210T:~#
```

그림 4-9 타겟보드(NFS 클라이언트)에서 NFS 마운트

NFS 연결 테스트를 진행하는 경우 별도의 서버와 클라이언트를 가지고 있지 못한 경우라고 하면 localhost(현재 사용하고 있는 호스트의 IP)로 마운트를 시도하면 된다. 그런 경우 자신의 IP 혹은 "localhost"를 넣어주고 마운트를 진행한다.

4.5 Xinetd

데몬이란 유닉스 또는 리눅스 기반에서 돌아가는 서버프로그램으로, 커널 상에서 백그라운드 모드로 작동되며 활성화 요청이 있을 때에만 동작하는 프로세스이다. 부팅과정에서 커널에 적재되는 데몬들은 백그라운드 모드로 실행되어 클라이언트의 요청이 없을 때는 활

동을 하지 않는 상태에 있다가 클라이언트의 요청이 있을 때 반응하여 작동한다. 리눅스에서 데몬들은 standalone 모드나 inetd 모드로 구동된다. standalone 모드는 시스템 부팅과 동시에 바로 실행되어 프로세스가 항상 떠 있어야 하는 데몬들로 자체제어 메커니즘을 가지고 있다. 그에 비해, inetd 모드에서는 클라이언트의 요청이 있을 때만 inetd 데몬에 의해서 해당 서비스 데몬을 구동시키는데, inetd 데몬이 클라이언트로부터 들어오는 요청에 대해 /etc/inetd.conf 파일의 구성 설정과 /etc/services 파일의 정의된 포트를 이용하여 서비스를 구분하고 해당서비스의 서버 데몬을 구동시켜준다.

Xinetd(eXtended Internet Service Daemon)는 리눅스 시스템이 부팅될 때 적재되는 서비스 데몬들을 관장하는 슈퍼데몬이다. Xinetd는 기존의 inetd의 비효율적인 리소스 관리와 보안성 문제를 극복하기 위해서 나온 대체 슈퍼데몬으로 TCP wrapper의 기능을 포함하고 있어 보안이 강화되었다. TCP wrapper는 네트워크 서비스에 관련한 트래픽을 제어하고 모니터링할 수 있는 유닉스 기반의 방화벽 툴로서, 임의의 호스트가 서비스를 요청해 오면 실제 데몬을 구동하기 전에 접속을 허용한 시스템인지 여부를 확인하여 호스트명 및 서비스명을 로그에 남긴 다음, 허가된 시스템에게는 서비스를 제공하고 허가되지 않은 경우에는 접속을 차단해 준다. Xinetd의 주요 특징들로는 TCP, UDP, RPC 서비스 접근 제어조절 기능과 서비스거부(Denial of Service) 공격방지 기능 등이 있다. 이 외에도 각종 서비스에 대해 syslog 로그레벨을 설정하여 철저한 로깅(logging) 기능을 제공하며, 원격 호스트로의 서비스 리다이렉션 기능 등을 제공한다.

4.5.1 Xinetd 설치

Xinetd 데몬을 사용하기 위해서는 먼저 xinetd를 설치해야 한다. 기존 리눅스에서는 xinetd를 통해서 인터넷 관련된 대부분의 기능들을 관리했었지만, 우분투에서는 자체 제어 기능을 가지고 있는 서비스 데몬들을 제공하고 있다. 하지만, 특정 동작에서 문제가 발생하는 경우가 있어, 정상동작 하지 않는 경우(특정 가상머신 이용에 따라 발생할 수 있음) 예를 들면 우분투에서 사용하는 tftp(trivial ftp) 데몬인 tftpd-hpa가 정상 구동되지 않는 경우 설치한 tftpd-hpa를 제거하고 xinetd를 설치한 다음 tftpd를 설치하여 사용할 수 있지만, 우분투에서 추천하는 방식이 아니다. 그러나 기본적으로 요구되는 일반적인 환경에서는 tftpd-hpa보다 기존의 tftpd가 원활한 동작을 하기 때문에 이후 tftp 설치 부분에서 xinetd와 tftpd를 설치한다. apt-get 명령어를 사용하여 xinetd 패키지를 설치한다. 그림 4-10은 설치화면 결과를 보여준다.

```
root@esp:~# apt-get install xinetd
```

```
root@esp: ~
파일(F) 편집(E) 보기(V) 터미널(T) 도움말(H)
root@esp:~# apt-get install xinetd
패키지 목록을 읽는 중입니다... 완료
의존성 트리를 만드는 중입니다
상태 정보를 읽는 중입니다... 완료
다음 새 패키지를 설치할 것입니다:
  xinetd
0개 업그레이드, 1개 새로 설치, 0개 지우기 및 223개 업그레이드 안 함.
146k바이트 아카이브를 받아야 합니다.
이 작업 후 397k바이트의 디스크 공간을 더 사용하게 됩니다.
받기:1 http://kr.archive.ubuntu.com/ubuntu/ lucid/main xinetd 1:2.3.14-7ubuntu3
[146kB]
내려받기 146k바이트, 소요시간 0초 (243k바이트/초)
전에 선택하지 않은 xinetd 패키지를 선택합니다.
(데이터베이스 읽는중 ...현재 136624개의 파일과 디렉토리가 설치되어 있습니다.)
xinetd 패키지를 푸는 중입니다 (.../xinetd_1%3a2.3.14-7ubuntu3_i386.deb에서) ...
ureadahead에 대한 트리거를 처리하는 중입니다 ...
ureadahead will be reprofiled on next reboot
man-db에 대한 트리거를 처리하는 중입니다 ...
xinetd (1:2.3.14-7ubuntu3) 설정하는 중입니다 ...
 * Stopping internet superserver xinetd                                  [ OK ]
 * Starting internet superserver xinetd                                  [ OK ]
```

그림 4-10 xinetd 설치

4.5.2 Xinetd 설정파일

Xinetd 설정파일은 /etc/xinetd.conf로, xinetd 데몬에서 다루는 모든 서비스에 적용되는 속성과 해당값을 지정해 줄 수 있다. Xinetd.conf 설정파일은 default section과 service section으로 구성되어 있다.

```
defaults
{
    <속성>  <연산자> <값> <값>…
}

service  서비스명 (ex: telnet or ftp)
{
    <속성>  <연산자> <값> <값>…
}
```

설정파일은 defaults 섹션으로 시작하며, 이 섹션은 xinetd 슈퍼 데몬에서 다루는 모든 서비스에 적용되는 속성과 속성값들을 지정해 주는 부분으로, 여러 유용한 속성들을 설정해 줌으로써 DoS 공격과 같은 외부로의 불법적인 공격 및 침입 등을 예방할 수 있다.

service 섹션은 하나의 xinetd.conf 파일 내에 서비스하고자 하는 모든 서비스 데몬들이 defaults 섹션과 같은 형식으로 "service 서비스명"을 선언하고 설정할 수 있게 해 준다. 또는 includedir 속성을 사용하여 /etc/xinetd.d 디렉토리에 실행하고자 하는 서비스마다 설정 파일을 만들어 서비스 할 수도 있다. 이 섹션은 해당 서비스별로 디폴트 옵션에서 지정한 값을 해당 서비스에 대해서만 변경하거나 특정 옵션을 재정의하는데 사용된다.

Xinetd가 설치된 리눅스 호스트에서는 includedir 속성을 기본으로 사용하며, 따라서 /etc/xinetd.d 디렉토리 밑에 서비스마다 해당 설정파일이 있다. 다음에 나오는 임베디드 개발환경에서 필요한 tftp 서비스를 사용하려면 해당 패키지를 설치한 후 xinetd의 서비스 섹션 내의 설정파일을 변경하여야 한다.

(1) defaults 섹션 설정

그림 4-11은 xinetd 설정파일(/etc/xinetd.conf)의 내용을 보여준다. defaults 정보만 들어 있고, 서비스별 섹션은 /etc/xinetd.d 디렉토리 밑에 서비스 별로 해당 설정파일이 있다. 예를 들어 telnet, ftp, tftp 등의 서비스 설정은 /etc/xinetd.d 디렉토리 밑에 있는 telnet, ftp, tftp 파일 등에서 상세 설정을 한다.

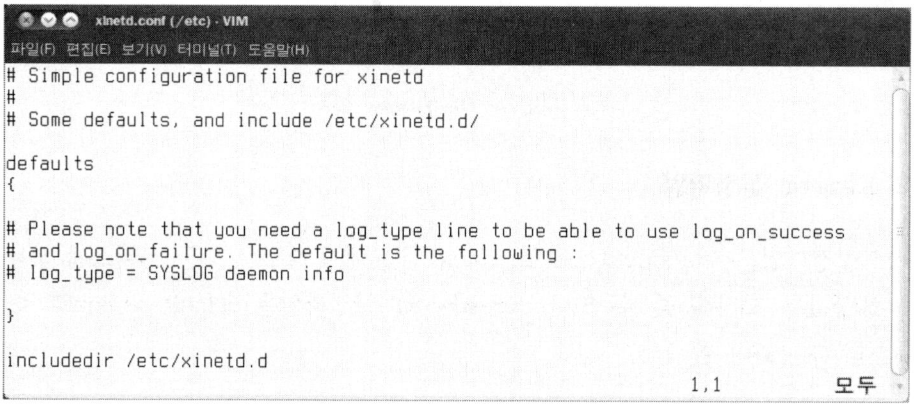

그림 4-11 xinetd 설정파일(/etc/xinetd.conf)

defaults 섹션에 사용되는 주요 속성은 다음과 같다.

① instances

동시에 서비스를 실행할 수 있는 서버의 최대 개수를 지정한다. 이 속성값을 설정함으로써 DoS 공격을 막을 수 있다.

② log_type

어떠한 포맷으로 로그 기록을 저장할 것인가를 지정한다. SYSLOG와 FILE 두 포맷을 사용할 수 있다.

③ log_on_success

서버가 시작될 때와 끝날 때 기록될 것들을 지정한다.

- HOST: 원격호스트의 IP
- PID: xinetd 프로세스 ID
- USERID: 원격사용자의 ID

- EXIT: 서비스에서 빠져나갈 때의 상태
- DURATION: 서버 세션 지속상태

④ Log_on_failure

서버가 리소스 부족으로 시작될 수 없거나 설정파일 내의 규칙에 의한 접근이 거부되었을 때 기록될 값들을 지정한다.

- HOST와 USERID의 의미는 ③에서의 의미와 동일
- ATTEMPT: 실패한 시도가 있을 경우
- RECORD: 클라이언트에 대한 가능한 정보

Xinetd에서 제공하는 다양한 service들에 대한 상세 설정은 /etc/xinetd.conf 파일 내에 지정하지 않고 보통 하나의 파일로 지정한다. 이 경우 includedir 속성으로 서비스 파일이 위치할 디렉토리를 지정해준다. 이 속성을 사용하면 xinetd.conf 파일 내에서는 service 섹션을 설정할 수 없다. 여기에서는 "includedir /etc/xinetd.d"로 설정되어 있으므로 xinetd의 다양한 설정파일들은 /etc/xinetd.d에 존재한다.

(2) service 섹션 설정

Xinetd에서 제공하는 다양한 서비스들에 대한 설정파일은 /etc/xinetd.d 디렉토리 밑에 있다. 기본으로 들어있는 설정파일들로는 daytime, echo, time 등이 있다. 나중에 telnet 또는 ftp 등의 패키지를 설치하면 해당 패키지와 관련된 서비스 관련 설정파일을 /etc/xinetd.d 디렉토리 밑에 추가한다.

```
root@esp:~# cd /etc/xinetd.d
root@esp:/etc/xinetd.d# ls
합계 20
4 chargen   4 daytime   4 discard   4 echo   4 time
root@esp:/etc/xinetd.d# cat daytime
# default: off
# description: An internal xinetd service which gets the current system time
# then prints it out in a format like this: "Wed Nov 13 22:30:27 EST 2002".
# This is the tcp version.
service daytime
{
    disable         = yes
    type            = INTERNAL
    id              = daytime-stream
    socket_type     = stream
    protocol        = tcp
    user            = root
    wait            = no
}
```

service 섹션에 사용되는 주요 속성들은 다음과 같다.

① service daytime

설정하고자 하는 서비스의 이름을 지정한다. 여기서 지정해 주는 서비스들은 /etc/services 파일 리스트에 있어야 한다.

② disable

해당 서비스가 실행되지 못하도록 설정하는데 사용한다.

- yes: 해당 서비스를 띄우지 않거나, httpd와 같이 독자 상태로 데몬이 작동하는 경우
- no: 타임 서버 서비스를 작동시킴

③ socket_type

이 속성에는 stream, dgram, raw, seqpacket으로 지정할 수 있다.

- stream: stream 기반의 서비스
- dgram: datagram 기반의 서비스
- raw: IP에 직접 접근을 요구하는 서비스
- seqpacket: 신뢰성 있는 연속적인 데이터그램 전송을 요구하는 서비스

④ wait

서비스가 단일 스레드인지 다중 스레드인지를 결정하는 플래그이다.

- yes: 단일 스레드로 실행되어 하나의 서비스만 작동
- no: 다중 스레드로 서버가 새로운 서비스 요청을 받아들인다.

⑤ user

서버 프로세스를 실행할 수 있는 사용자의 ID를 나타낸다.

⑥ server

해당 서비스를 실행할 데몬 프로그램을 지정한다.

⑦ access time

지정된 시간에만 서비스를 이용할 수 있게 해 준다. 시는 0~23, 분은 0~59 사이의 값을 가진다.

⑧ protocol

서비스가 사용할 프로토콜을 설정한다. 프로토콜은 /etc/protocols 내에 있어야 한다.

⑨ redirect

TCP 서비스를 다른 호스트에게 이양하고자 할 때 사용한다. 매개변수 포함 "redirect 192.168.10.10 23"으로 지정했다면, 23번 포트로 들어오는 데이터들은 192.168.10.10으로

보내준다. 따라서 사설망 192.168.10의 네트워크에서 192.168.10.1을 게이트웨이로 지정한 경우, 외부에서 192.168.10.1로 들어오는 ftp 서비스는 192.168.10.10 호스트에서 서비스하겠다는 의미이다.

⑩ port

서비스 포트를 명시하는 것으로 /etc/services 파일목록 내의 서비스 포트와 일치해야 한다.

⑪ nice

서버의 예약 우선권을 나타내는 속성으로 -20~19까지의 범위를 가진다. -20은 가장 빠른 우선권을 가지고 19는 가장 느린 우선권을 가진다.

다음은 xinetd.conf 파일에 defaults 섹션과 service 섹션을 동시에 넣은 경우이다. 아래의 service 예시는 텔넷 서비스(/etc/xinetd.conf)이다.

```
defaults
{
        instances                       = 60
        log_type                        = SYSLOG authpriv
        log_on_success                  = HOST PID
        log_on_failure                  = HOST
        cpu                             = 25 30
}
service telnet
{
        disable                         = no
        flags                           = REUSE
        socket_type                     = stream
        wait                            = no
        user                            = root
        server                          = /usr/sbin/in.telnetd
        log_on_success                  = HOST PID
        log_on_failure                  = HOST RECORD
        no_access                       = 0.0.0.0/0
        only_from                       = 203.252.107.144/128
        redirect                        = 203.252.107.188 8080
        port                            = 2323
}
```

4.5.3 Xinetd 실행하기

Xinetd 데몬을 시작하거나 중단하는 기본 명령어 형식은 다음과 같다.

```
# /etc/init.d/xinetd [start | stop | restart] 또는 # service xinetd [start | stop | restart]
```

예를 들어 xinetd 데몬이 실행되고 있지 않은 상태에서 데몬을 실행하려면 다음의 명령어를 입력한다.

```
# /etc/init.d/xinetd start 또는 # service xinetd start
```

4.6 TFTP

TFTP(Trivial FTP)는 TCP를 사용하여 신뢰성 있는 파일 전송을 제공하는 ftp와 달리 UDP를 사용하여 파일을 전송하는 프로토콜이다. TFTP는 파일을 전송하고자 하는 컴퓨터 간에 연결을 만들지 않고 전송하기 때문에 프로그램의 크기가 ftp에 비해 매우 작으며, 데이터 전송 중에 오류가 발생할 확률이 극히 적은 근거리에서 빠르고 간편하게 파일을 전송받고자 할 경우에 사용한다. 임베디드 시스템 개발 시 개발한 커널이미지(kernel image)나 램 디스크(ramdisk)를 부트로더(bootloader)를 통해 타겟보드로 전송하고자 할 때 많이 사용된다.

시스템 개발 시 임베디드 시스템은 일반적으로 클라이언트로서 호스트 컴퓨터에 tftp 접속을 시도한다. 따라서 호스트 컴퓨터에는 tftp 서버프로그램을 설치해야 한다. 여기서는 호스트 컴퓨터에 서버프로그램과 클라이언트 프로그램을 모두 설치해 본다.

4.6.1 TFTP 설치하기

우분투의 기본 설치 옵션으로는 tftpd 및 tftp가 자동으로 설치되지 않는다. 그러므로 사용을 위해서는 설치를 진행해야 한다. 그리고 tftp 데몬을 설치하려면 우선적으로 xinetd가 설치되어 있어야 하며, 설치 과정은 이전 절에 소개하였다. apt-get 명령어를 이용하여 tftpd와 tftp 패키지를 설치한다.

```
root@esp:/etc/xinetd.d# apt-get install tftpd tftp
패키지 목록을 읽는 중입니다... 완료
의존성 트리를 만드는 중입니다
상태 정보를 읽는 중입니다... 완료
다음 새 패키지를 설치할 것입니다:
    tftp tftpd
0개 업그레이드, 2개 새로 설치, 0개 지우기 및 225개 업그레이드 안 함.
34.2k바이트 아카이브를 받아야 합니다.
이 작업 후 164k바이트의 디스크 공간을 더 사용하게 됩니다.
받기:1 http://kr.archive.ubuntu.com/ubuntu/ lucid/universe tftp 0.17-17ubuntu1 [17.6kB]
받기:2 http://kr.archive.ubuntu.com/ubuntu/ lucid/universe tftpd 0.17-17ubuntu1 [16.5kB]
내려받기 34.2k바이트, 소요시간 0초 (86.2k바이트/초)
전에 선택하지 않은 tftp 패키지를 선택합니다.
```

```
(데이터베이스 읽는중 ...현재 136664개의 파일과 디렉토리가 설치되어 있습니다.)
tftp 패키지를 푸는 중입니다 (.../tftp_0.17-17ubuntu1_i386.deb에서) ...
전에 선택하지 않은 tftpd 패키지를 선택합니다.
tftpd 패키지를 푸는 중입니다 (.../tftpd_0.17-17ubuntu1_i386.deb에서) ...
man-db에 대한 트리거를 처리하는 중입니다 ...
tftp (0.17-17ubuntu1) 설정하는 중입니다 ...
tftpd (0.17-17ubuntu1) 설정하는 중입니다 ...
Note: xinetd currently is not fully supported by update-inetd.
      Please consult /usr/share/doc/xinetd/README.Debian and itox(8).

root@esp:/etc/xinetd.d#
```

4.6.2 TFTP 서버 구동하기

TFTP 서버는 xinetd 데몬에서 관리하며, 이를 설정하기 위한 파일은 /etc/xinetd.d/tftp이다. 우분투에서는 해당 파일이 자동으로 생성되지 않기 때문에 해당 파일을 직접 만들어야 한다. TFTP 서버를 구동시키기 위한 파일을 생성하기 위해 vi를 이용하여 해당 파일을 그림 4-12에 보인 내용으로 작성한다.

```
root@esp:/etc/xinetd.d# vi /etc/xinetd.d/tftp
service tftp
{
    socket_type     = dgram
    protocol        = udp
    wait    = yes
    user    = root
    server      = /usr/sbin/in.tftpd
    server_args     = -s /tftpboot
    disable     = no
    per_source      = 11
    cpu     = 100 2
    flags       = IPV4
}
```

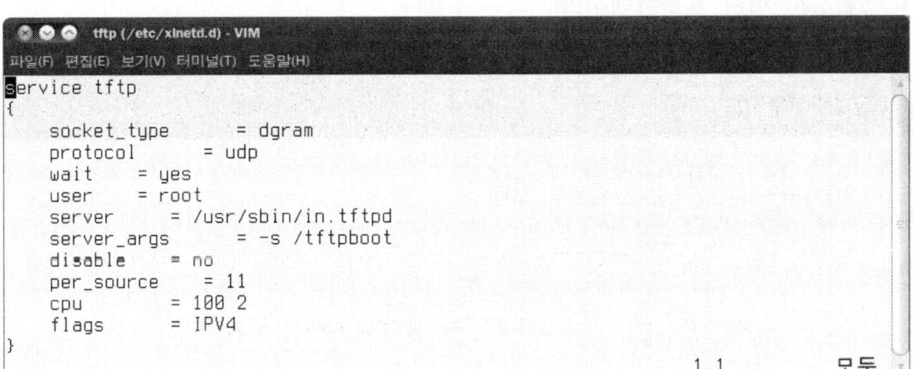

그림 4-12 TFTP 설정하기(/etc/xinetd.d/tftp)

위의 설정 중 중요한 항목으로는 서비스 구동여부는 disable값에 의해 결정되며, 서비스를 사용하려면 disable값을 yes에서 no로 변경해야 한다. 그리고 클라이언트 접속 시 접근하는 디렉토리를 결정하는 server_args의 설정값을 /tftpboot로 설정한다. 이 설정으로 인해 클라이언트에서 tftp로 서버에 접근 시 서버의 /tftpboot 디렉토리에서 클라이언트에서 지정한 파일을 찾으려고 시도한다. TFTP 설정파일에서 클라이언트가 서버에 접속할 때 자동으로 /tftpboot 디렉토리로 접근하도록 설정하였으므로, 파일을 전송할 때 사용될 디렉토리 /tftpboot를 서버에 만든다.

```
root@esp:/etc/xinetd.d# mkdir /tftpboot
```

TFTP 설정파일을 편집한 후에는 xinetd 데몬을 다시 구동해야 tftp 서버가 실행된다. TFTP 설정파일에서 tftp 서버를 구동하도록 설정했으므로 재부팅해도 자동으로 tftp 서버는 동작한다. 명령어 라인 상에서 xinetd 데몬을 재구동하는 명령어는 다음과 같다.

```
root@esp:/etc/xinetd.d# service xinetd restart
```

TFTP가 현재 정상적으로 동작하고 있는지를 확인하고자 할 때는 다음의 명령어를 사용한다.

```
root@esp:/etc/xinetd.d# netstat -a | grep tftp
```

그림 4-13은 xinetd 데몬을 다시 구동하고, tftp 서비스가 정상적으로 실행되고 있는지를 확인한 결과 화면이다. 출력화면에서 tftp가 포함된 행이 보인다면 제대로 동작하고 있는 것이다. 여기서 사용한 netstat 명령은 현재 시스템의 소켓(socket) 상태를 보여주는 것으로, 시스템의 포트들이 외부의 어떤 포트와 연결되어 있는지, 큐(queue)의 상태는 어떠한지 등의 정보를 보여준다. 명령어 grep은 표준입력으로부터 지정된 문자열을 포함하고 있는 행들만을 출력하는 필터 프로그램이다.

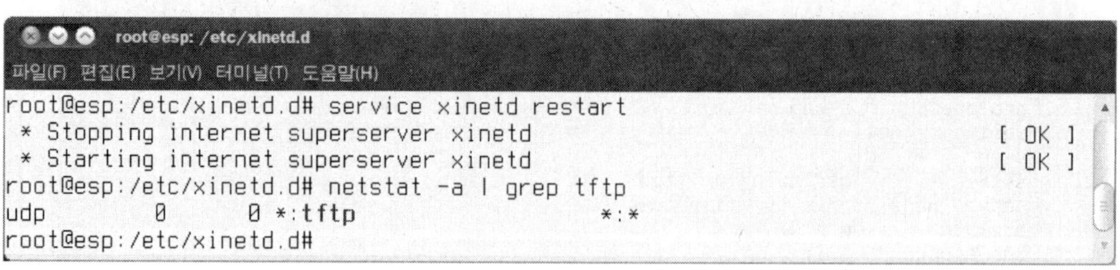

그림 4-13 xinetd 재구동 및 tftp 서비스 구동 확인

4.7 삼바(Samba)

삼바(samba) 서버는 SMB(Server Message Block)와 CIFS(Common Internet File System) 프로토콜을 지원한다. SMB는 윈도우 시스템에서 다른 시스템의 디스크와 프린터 등과 같은 자원을 공유할 수 있도록 MS사와 인텔사가 만든 규약이며, CIFS는 SMB 프로토콜의 확장 버전으로 윈도우와 리눅스 환경을 동시에 지원하는 인터넷의 표준파일 규약이다.

삼바 서버를 설치하면 윈도우의 하드 디스크와 프린터를 리눅스에서도 사용할 수 있고, 반대로 리눅스에 연결된 하드 디스크와 프린터도 윈도우에서 사용할 수 있다. 가상 PC 내의 리눅스에 삼바 서버를 설치하면 호스트 컴퓨터의 윈도우와 가상 PC의 리눅스 간에 파일 공유 등을 사용할 수 있다. 물론 이 책에서 사용하는 VirtualBox에서 제공하는 공유 폴더 기능을 이용해서 손쉽게 할 수도 있지만, 여기서는 삼바로 하는 방법에 대해 기술한다. 참고로 VirtualBox에서 [장치] - [공유 폴더 설정]을 이용하여 공유하는 경우 사용하는 파일시스템 유형은 vboxsf이다.

삼바에서 공유하는 방법은 크게 두 가지로 나눌 수 있다. 첫 번째는 리눅스에서 디렉토리를 삼바 서버의 기능을 이용하여 공유모드로 오픈하고 윈도우에서 "네트워크 드라이브 연결"로 공유하는 방법이다. 두 번째는 윈도우에서 공유하고자 하는 디렉토리를 공유모드로 설정하고 리눅스에서 삼바파일시스템(smbfs)으로 마운트하여 사용하는 방법이다. 먼저 첫 번째 방법을 기술한 후, 두 번째 방법을 기술한다.

4.7.1 삼바 설치

우분투에서는 삼바 서버가 기본적으로 설치되어 있지 않다. 다음의 명령어를 이용하여 삼바 서버를 다운로드하여 설치한다.

```
root@esp:~# apt-get install samba smbfs
```

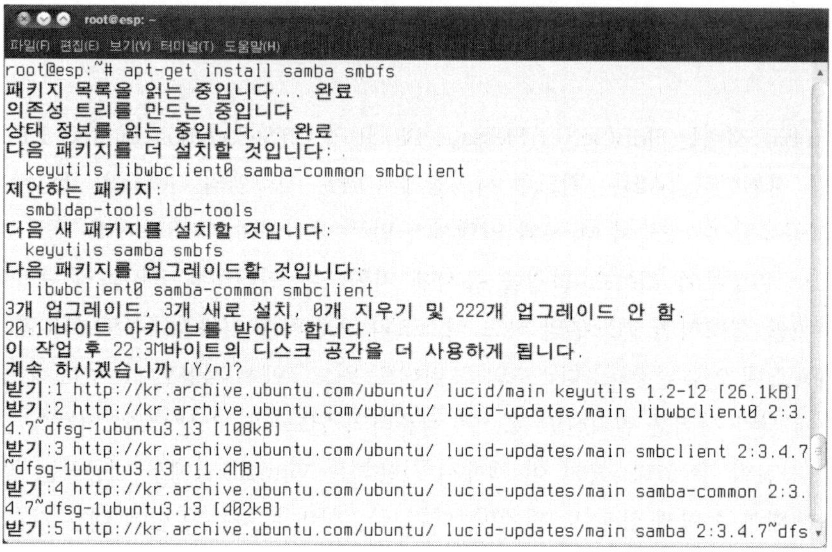

```
root@esp: ~
파일(F) 편집(E) 보기(V) 터미널(T) 도움말(H)
root@esp:~# apt-get install samba smbfs
패키지 목록을 읽는 중입니다... 완료
의존성 트리를 만드는 중입니다
상태 정보를 읽는 중입니다... 완료
다음 패키지를 더 설치할 것입니다:
  keyutils libwbclient0 samba-common smbclient
제안하는 패키지:
  smbldap-tools ldb-tools
다음 새 패키지를 설치할 것입니다:
  keyutils samba smbfs
다음 패키지를 업그레이드할 것입니다:
  libwbclient0 samba-common smbclient
3개 업그레이드, 3개 새로 설치, 0개 지우기 및 222개 업그레이드 안 함.
20.1M바이트 아카이브를 받아야 합니다.
이 작업 후 22.3M바이트의 디스크 공간을 더 사용하게 됩니다.
계속 하시겠습니까 [Y/n]?
받기:1 http://kr.archive.ubuntu.com/ubuntu/ lucid/main keyutils 1.2-12 [26.1kB]
받기:2 http://kr.archive.ubuntu.com/ubuntu/ lucid-updates/main libwbclient0 2:3.
4.7~dfsg-1ubuntu3.13 [108kB]
받기:3 http://kr.archive.ubuntu.com/ubuntu/ lucid-updates/main smbclient 2:3.4.7
~dfsg-1ubuntu3.13 [11.4MB]
받기:4 http://kr.archive.ubuntu.com/ubuntu/ lucid-updates/main samba-common 2:3.
4.7~dfsg-1ubuntu3.13 [402kB]
받기:5 http://kr.archive.ubuntu.com/ubuntu/ lucid-updates/main samba 2:3.4.7~dfs
```

그림 4-14 삼바 설치

리눅스 시스템 상에 삼바 공유 디렉토리를 생성하려면 삼바 설정파일(/etc/samba/smb.conf)을 필요에 맞게 수정한 후 삼바 데몬을 실행시키면 된다. 삼바 설정은 다소 복잡하고 환경에 따라서 다양한 설정 방법 등이 존재하지만, 여기서는 간단히 윈도우와 리눅스 간에 파일을 공유하는 기능을 살펴본다. 리눅스 상에서 공유된 디렉토리는 윈도우에서 "네트워크 드라이브 연결"로 공유하여 사용될 수 있다. 삼바에서 다음의 기능이 제공되도록 설정파일을 변경해 보자.

4.7.2 삼바 사용자 등록

삼바에서 사용하는 사용자는 리눅스 사용자와 분리되어 관리된다. 따라서 삼바를 이용하려면 사용자 등록을 해야 한다. 삼바 사용자 등록은 smbpasswd 명령을 이용한다. 해당 명령어를 사용하는 방법은 다음과 같다.

```
# smbpasswd -a <username>
```

그림 4-15는 삼바에 root 사용자를 추가하는 과정을 보여준다.

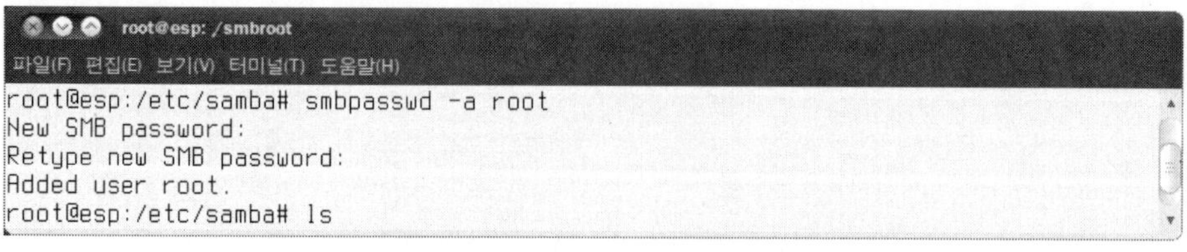

```
root@esp: /smbroot
파일(F) 편집(E) 보기(V) 터미널(T) 도움말(H)
root@esp:/etc/samba# smbpasswd -a root
New SMB password:
Retype new SMB password:
Added user root.
root@esp:/etc/samba# ls
```

그림 4-15 삼바 패스워드 등록

4.7.3 삼바 설정파일

사용자가 등록되었으면 삼바 설정파일(/etc/samba/smb.conf)을 수정한다. 수정하기 이전에 기존에 설정되어 있던 설정파일을 백업한 후 수정하도록 한다.

```
root@esp:/etc/samba# cp smb.conf smb.conf.org
root@esp:/etc/samba# vi smb.conf
```

그런 다음 설정파일을 열고, 파일 공유를 위한 설정내용을 삽입한다. 우선 설정파일에서 디렉토리 관련 옵션을 몇 가지 수정한 다음 설정파일의 Shared Definitions 부분에 공유할 디렉토리를 아래와 같이 기술한다.

```
######## Authentication #######
security = user    # 보안 방법 - 주석 마크(#)를 제거
(생략)
######## Share Definitions#######
[home]  # 주석 마크(;)를 제거한다.
    comment = Home Directories    # 주석 마크(;)를 제거
    browsable = no    # 브라우징 속성 - 주석 마크(;)를 제거
    read only = no    # 주석 마크 제거하고 읽기/쓰기 속성으로 변경
(생략)
    Create mask = 0700,    # 파일 생성시 소유권 설정 부분 - 주석 마크(;)를 제거
(생략)
    direction mask = 0700,    # 디렉토리 생성시 소유권 설정 부분 - 주석 마크(;)를 제거
(생략)
    valid users = %S # 사용자 라인 주석 제거 - 주석 마크(;)를 제거
```

위와 같이 설정파일의 Shared Definitions 부분을 설정한 후 삼바 서버를 구동하면 윈도우 상에서 "\\server\username" 형태로 네트워크 드라이브 연결이 가능하다. 만약 삼바 서버 IP 주소가 192.168.10.100으로 할당되어 있다면, 네트워크 드라이브 연결에서 "\\192.168.10.100\root"라고 입력하면 우분투 리눅스 루트 사용자의 홈 디렉토리가 드라이브로 연결된다. 자세한 결과는 다음 절에서 기술한다.

리눅스에서 특정 디렉토리(예:/smbroot)를 삼바로 공유하고자 한다면, 설정파일의 맨 뒷부분에 다음의 내용을 추가한다. 그림 4-16은 설정파일 화면을 캡처한 결과를 보여준다.

```
[smbroot]
    comment = Samba Shared Directory  # 디렉토리 설명
    path = /smbroot                   # 삼바에서 사용할 디렉투리 설정
    browseable = yes                  # 탐색가능 옵션 : yes
    read only = no                    # 읽기전용 옵션 : no (읽기/쓰기 가능)
    create mask = 0755                # 생성되는 파일 소유권
    directory mask = 0755             # 생성되는 디렉토리 소유권
    valid users = root, esp           # 접근가능 사용자 등록
```

```
smb.conf (/etc/samba) - VIM
파일(F) 편집(E) 보기(V) 터미널(T) 도움말(H)
#
# If you don't want to use auto-mounting/unmounting make sure the CD
#  is mounted on /cdrom
#
;   preexec = /bin/mount /cdrom
;   postexec = /bin/umount /cdrom

[smbroot]
    comment = Samba Shared Directory
    path = /smbroot
    browseable = yes
    read only = no
    create mask = 0755
    directory mask = 0755
    valid users = root, esp
                                                   344,27        바닥
```

그림 4-16 삼바 설정 중 공유할 특정 디렉토리 설정

4.7.4 삼바를 이용한 디렉토리 공유

삼바를 통해 디렉토리를 공유하려면 삼바 서비스가 실행 중이어야 한다. 삼바 서비스 데몬을 시작하거나 중지하거나 재실행 시 사용하는 명령어 형식 및 실행 예는 다음과 같다.

```
# service smbd [status | stop | start | restart] 또는
# /etc/init.d/smbd [status | stop | start | (restart)]
```

삼바 서비스를 시작하기 위해서 앞서 설명한 명령어를 사용하여 서비스를 시작한다.

```
root@esp:/etc/samba# service smbd start
```

이제 윈도우 상에서 리눅스 사용자 홈 디렉토리(예:/root)를 마운트할 수도 있고, 삼바에서 지정한 특정한 디렉토리(/smbroot)를 마운트할 수도 있다. 먼저 리눅스 사용자 홈 디렉토리를 마운트 해 보자. 삼바 서버의 IP 주소는 192.168.10.100으로 지정되었다고 가정한다. 만일 IP 주소가 다르면 "ifconfig eth1 192.168.10.100"으로 IP 주소를 지정한다. 그림 4-17은 설정한 결과 화면을 보여준다.

```
root@esp: ~
파일(F) 편집(E) 보기(V) 터미널(T) 도움말(H)
root@esp:~# ifconfig eth1 192.168.10.100
root@esp:~# ifconfig eth1
eth1      Link encap:Ethernet  HWaddr 08:00:27:6a:84:b7
          inet addr:192.168.10.100  Bcast:192.168.10.255  Mask:255.255.255.0
          inet6 addr: fe80::a00:27ff:fe6a:84b7/64 Scope:Link
          UP BROADCAST RUNNING MULTICAST  MTU:1500  Metric:1
          RX packets:19 errors:0 dropped:0 overruns:0 frame:0
          TX packets:82 errors:0 dropped:0 overruns:0 carrier:0
          collisions:0 txqueuelen:1000
          RX bytes:3139 (3.1 KB)  TX bytes:12631 (12.6 KB)

root@esp:~#
```

그림 4-17 삼바 서버 IP 주소 설정

윈도우에서 해당 삼바 서버에 연결하기 위해 파일 탐색기에서 “네트워크 드라이브 연결”을 선택한 후 그림 4-18에 보인 것처럼 폴더 항목에 삼바 서버의 루트 홈 디렉토리를 입력한 후 마침을 누른다.

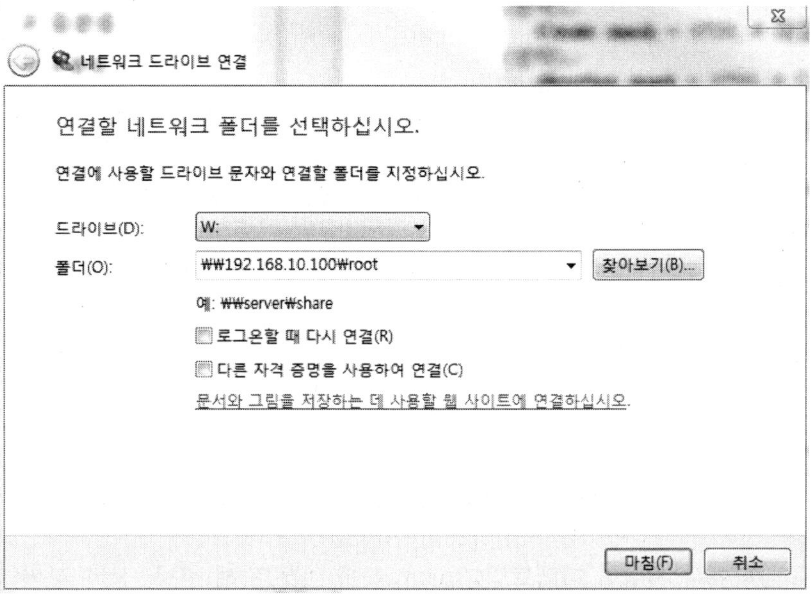

그림 4-18 네트워크 드라이브 연결 창에서 공유할 디렉토리 지정

그림 4-19에 보인 네트워크 암호 입력화면에서는 삼바에 등록한 사용자(root)와 smbpasswd를 이용하여 생성한 삼바 비밀번호를 입력해 준다.

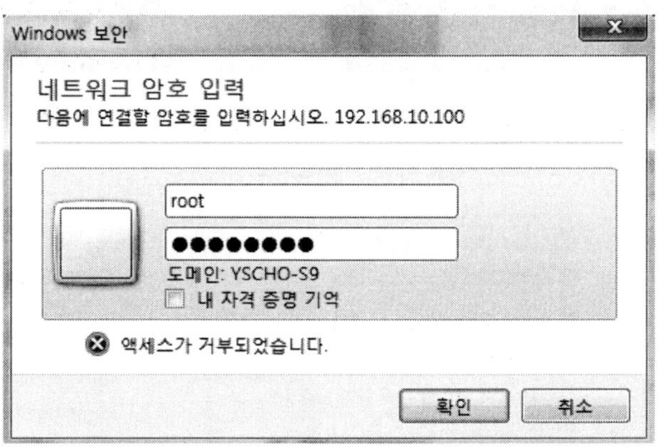

그림 4-19 네트워크 암호 입력 화면

이제 리눅스 루트 사용자의 홈 디렉토리(/root) 내용은 그림 4-20처럼 윈도우에서 볼 수 있으며, /root 디렉토리가 읽기/쓰기 모드로 설정하였기 때문에 윈도우 탐색기에서도 자료들을 추가할 수도 있다.

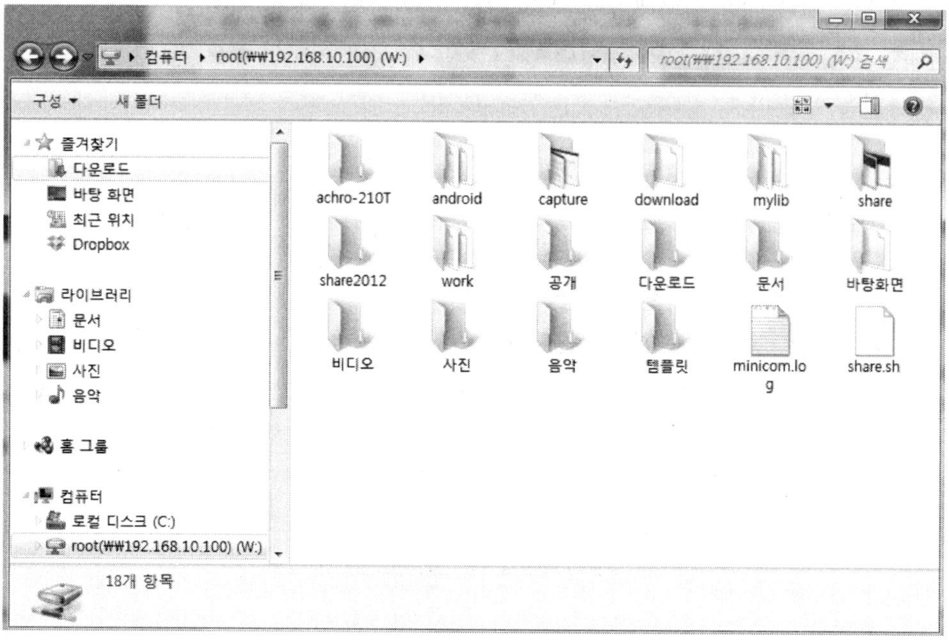

그림 4-20 리눅스 사용자(root) 디렉토리가 윈도우에 연결된 화면

다음으로 삼바에서 지정한 디렉토리(/smbroot)를 마운트 해 보자. 삼바 서버의 IP 주소 지정은 앞과 동일하며, 그림 4-21에 보인 "네트워크 드라이브 연결" 화면에서 폴더 항에 "\\192.168.10.100\smbroot"를 입력한다. 그러면 그림 4-19와 같은 네트워크 암호 입력 화면이 출력되며, 삼바에서 지정한 계정(root)과 비밀번호를 입력한다.

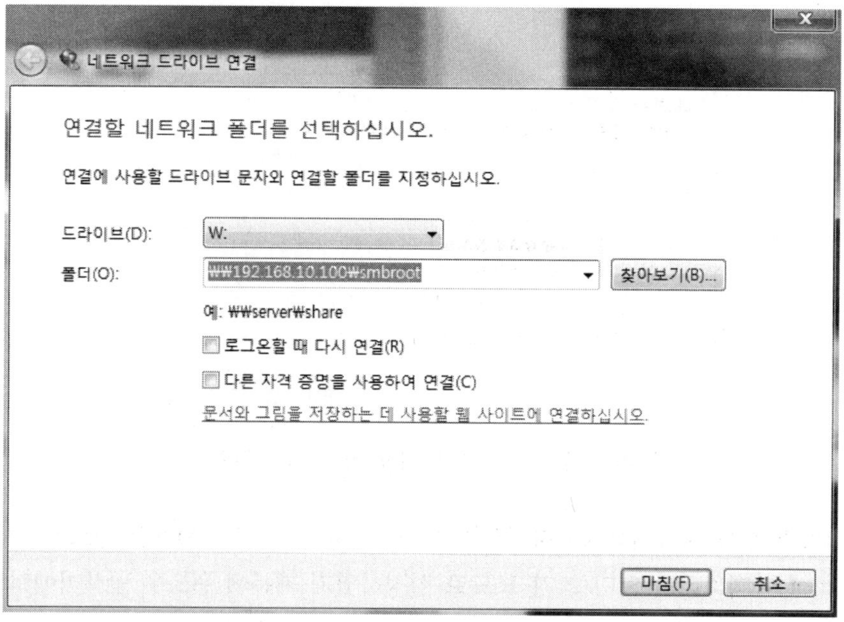

그림 4-21 삼바 서버에서 지정한 디렉토리명 입력

그림 4-22는 삼바에서 지정하여 내보낸 /smbroot 디렉토리가 윈도우에 네트워크 드라이브로 연결되어 마운트된 결과를 보여준다. 삼바에서 /smbroot 디렉토리를 쓰기 가능하도록 설정하였고, 그림에서 보여 주듯이 새폴더를 생성하면 생성이 되는 것을 확인할 수 있다.

그림 4-22 /smbroot 디렉토리가 윈도우에 마운트된 화면

Chapter

05 임베디드 시스템 리눅스 개발환경 구축

타겟보드(Achro-210T) 상에 운영체제 설치 및 프로그램 개발 등을 하려면 컴파일러를 포함 다양한 툴들이 필요하다. 이러한 툴들은 타겟보드 상의 하드웨어적인 제약으로 인하여 타겟보드에 직접 설치하지 않고, 개발이 주로 이루어지는 호스트 컴퓨터에 설치한다. 타겟보드의 입장에서 호스트 컴퓨터는 타겟보드에 필요한 소스 및 툴들이 설치되어 있는 컴퓨터를 의미하며, 여기에서는 가상 컴퓨터의 리눅스가 그 역할을 한다. 앞으로 호스트 컴퓨터 또는 호스트는 윈도우가 구동되는 호스트 컴퓨터와 혼동되지 않는 한 리눅스가 설치된 가상 컴퓨터를 의미하는 것으로 한다.

타겟보드를 위해 가상 컴퓨터의 리눅스에 설치해야 할 기본 개발환경으로는 바이너리 컴파일을 위한 크로스 컴파일러와 타겟보드와의 통신설정이다. 이 장에서는 이러한 개발환경을 구축하기 위해 호스트 컴퓨터에서 작업하는 내용과 타겟보드에서 해야 할 일들에 대해 기술한다.

5.1 툴체인(Toolchain)

리눅스가 설치된 가상 컴퓨터는 i386계열의 CPU를 탑재하고 있고, 타겟보드는 ARM 계열의 CPU를 탑재하고 있다. 타겟보드에 필요한 바이너리 파일 컴파일은 호스트 컴퓨터의 리눅스에서 수행해야 하므로 호스트 컴퓨터에 크로스 컴파일러(cross compiler)를 설치해야 한다. 크로스 컴파일러는 종종 툴체인(toolchain)이라고 부르며 혼용해서 사용하기로 한다.

타겟보드 개발 및 설정에 필요한 모든 파일은 제조회사에서 DVD 디스크로 제공한다. 툴체인 설치는 DVD 디스크를 이용할 수도 있고, DVD 디스크의 이미지를 ISO 파일로 저장한 이미지 파일로도 설치 가능하다. 여기에서는 두 가지 방법 모두를 설명하며, 두 방법 중 하나를 선택하여 툴체인을 설치한다. 어느 정도 익숙해지면 ISO 파일을 이용하는 것이 편리하다.

5.1.1 DVD 디스크를 이용한 툴체인 설치

툴체인 프로그램은 업체에서 제공하는 개발용 DVD에 들어 있다. 여기에서 사용하는 Achro-210T 개발보드의 DVD 이미지 버전은 Achro-210T-S1.3.1.4이며, 앞으로 기술되는 실습과정은 이 버전을 기준으로 설명한다.

가상 컴퓨터에서 물리적인 DVD 장치를 사용하려면 VirtualBox 관리자의 [장치] 메뉴에서 "CD/DVD 장치"를 선택하고, 호스트 드라이브를 선택한다. 드라이브명은 윈도우 파일 탐색기를 열어서 DVD 장치에 할당된 드라이브명을 보고 확인하면 된다. 그림 5-1에 보인 경우는 윈도우에서 G 드라이브로 할당된 경우여서, G 드라이브를 선택하였다.

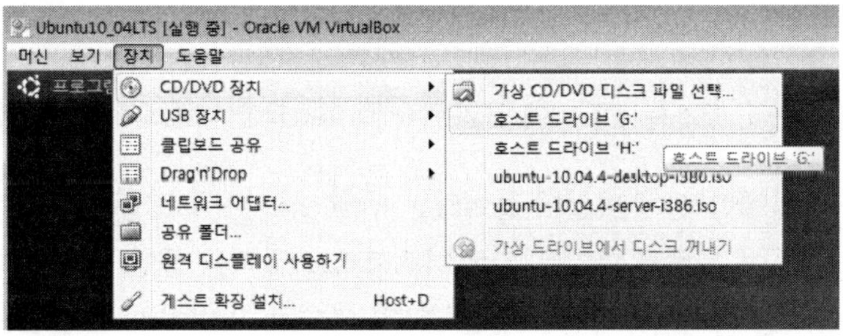

그림 5-1 VirtualBox에 DVD 장치 연결

드라이브를 선택하고 나면, 우분투에서 자동으로 DVD에 있는 내용이 그림 5-2처럼 보인다.

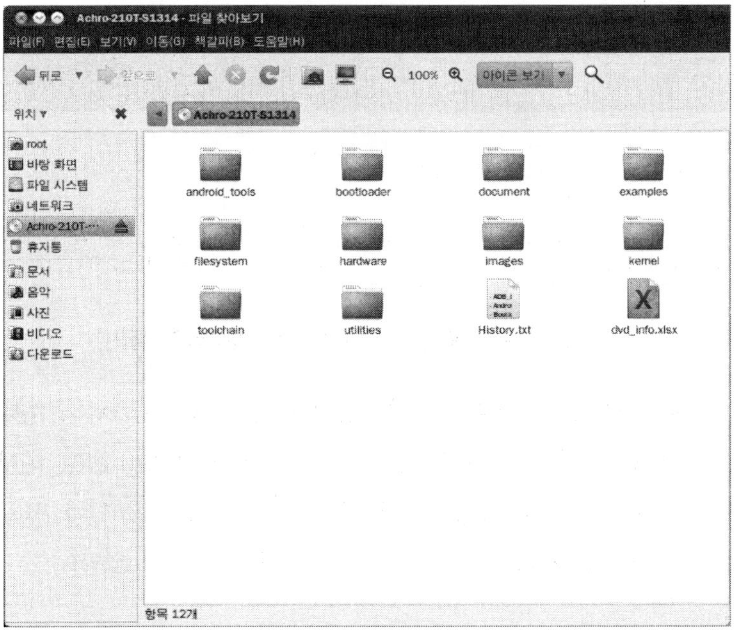

그림 5-2 DVD 디스크에 들어있는 타겟보드용 파일

터미널 창에서 df 명령어를 이용하여 마운트된 파일시스템을 확인해 보면, 그림 5-3과 같이 DVD 장치(/dev/sr0)가 /media/Achro-210T-S1314로 자동으로 마운트 되었음을 확인할 수 있다.

```
root@esp: ~
파일(F) 편집(E) 보기(V) 터미널(T) 도움말(H)
root@esp:~# df
파일시스템           1K-블럭 사용됨 사용가능 사용% 마운트 됨
/dev/sda1            29640780   8439940  19695152  30% /
none                   509000       260    508740   1% /dev
none                   513236        24    513212   1% /dev/shm
none                   513236        96    513140   1% /var/run
none                   513236         0    513236   0% /var/lock
none                   513236         0    513236   0% /lib/init/rw
win_share           204798972  34830180 169968792  18% /media/sf_win_share
/dev/sr0              4003352   4003352         0 100% /media/Achro-210T-S1314
root@esp:~#
```

그림 5-3 호스트 컴퓨터에 삽입된 DVD 디스크가 리눅스에 마운트된 상태

터미널 창에서 툴체인 설치 파일이 들어있는 toolchain 디렉토리로 이동한다. 그런 다음 tar 명령어를 이용하여 툴체인 파일을 /opt 디렉토리로 압축을 풀면 툴체인이 설치된다. 명령어 tar 옵션 중 x는 아카이브화된 파일을 추출하겠다는 의미이며, v 옵션은 명령어 실행 중 자세한 과정을 보여주며, f 옵션은 매개변수로 아카이브 파일 이름을 명시한다. 옵션 중 j는 bunzip으로 압축된 파일(일반적으로 확장자에 bz2를 붙임)을 풀 때 사용한다.

```
# cd /media/Achro-210T-S1314/toolchain
# tar xvfj arm-2009q3-67-arm-none-linux-gnueabi-i686-pc-linux-gnu.tar.bz2 -C /opt
```

```
root@esp: /media/Achro-210T-S1314/toolchain
파일(F) 편집(E) 보기(V) 터미널(T) 도움말(H)
root@esp:~# cd
root@esp:~# cd /media/Achro-210T-S1314/toolchain
root@esp:/media/Achro-210T-S1314/toolchain# ls
합계 82444
    2 README.txt
82442 arm-2009q3-67-arm-none-linux-gnueabi-i686-pc-linux-gnu.tar.bz2
root@esp:/media/Achro-210T-S1314/toolchain# tar xvfj arm-2009q3-67-arm-none-linu
x-gnueabi-i686-pc-linux-gnu.tar.bz2 -C /opt
```

그림 5-4 툴체인 설치를 위해 압축파일 풀기

설치된 툴체인에 대한 주요 실행파일들은 /opt/toolchains/arm-2009q3/bin 디렉토리에 들어있다. 호스트 컴퓨터의 C 컴파일러는 gcc를 사용하는데, Achro-210T 타겟보드에 필요한 C 프로그램을 컴파일하기 위한 크로스 컴파일러는 arm-linux-gcc이다. 크로스 컴파일러 arm-linux-gcc는 arm-none-linux-gnueabi-gcc로 소프트 링크되어 있다.

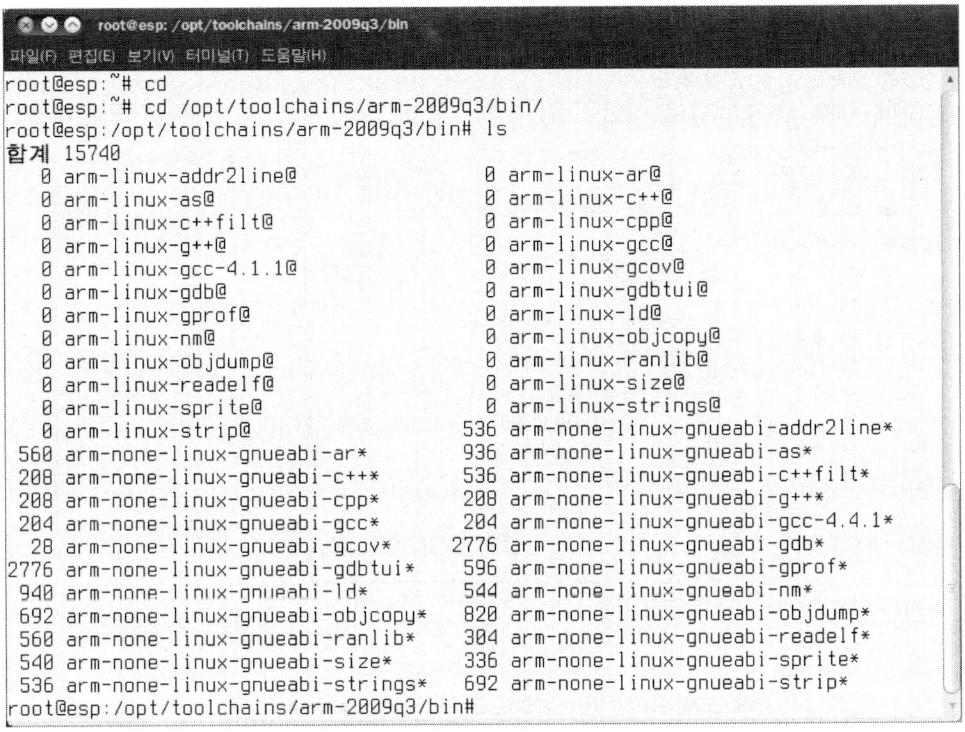

그림 5-5 설치된 툴체인 파일 확인

5.1.2 ISO 파일을 이용한 툴체인 설치

DVD 디스크에 대한 이미지 파일(예: Achro-210T-S1.3.1.4.iso)이 PC 내에 win_share 디렉토리에 저장되어 있다고 가정하자.

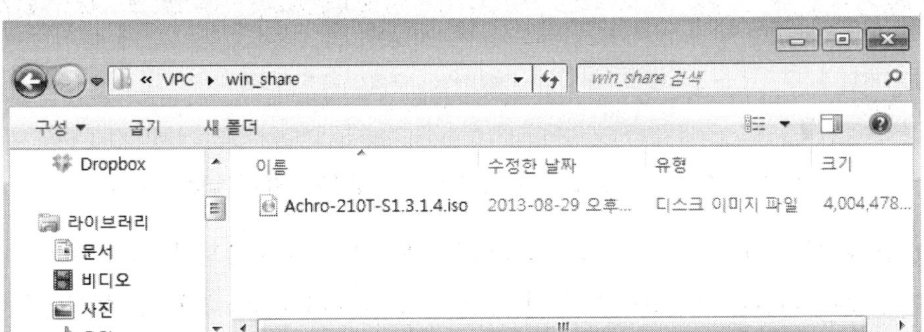

그림 5-6 타겟보드용 DVD 디스크의 변환된 ISO 파일

이 디렉토리는 VirtualBox 관리자에서 공유 폴더로 그림 5-7에 보인 것 같이 설정되어 있다.

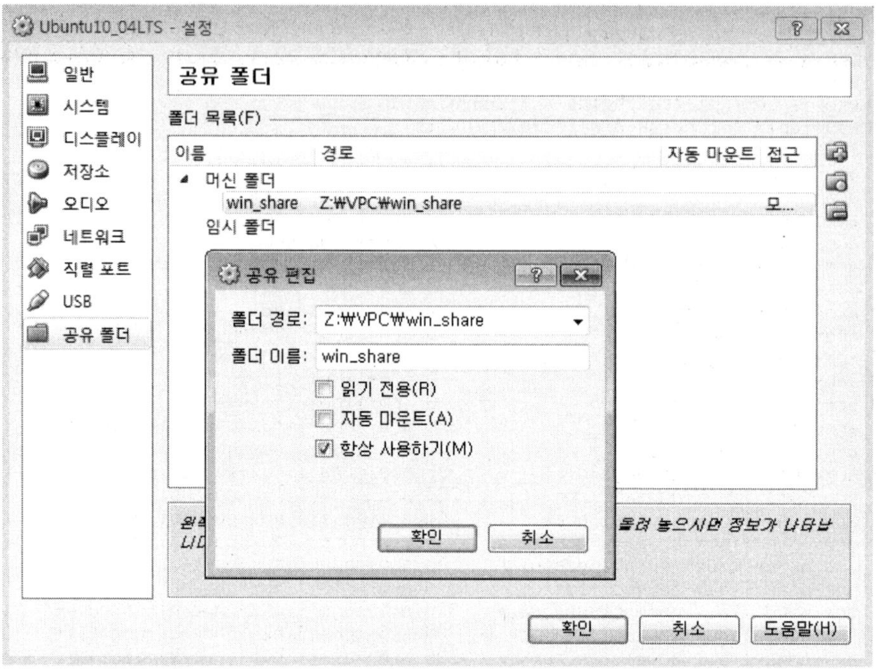

그림 5-7 VirtualBox 관리자에서 공유 폴더 확인

리눅스에서 위의 win_share 디렉토리를 마운트 지점 /root/share로 마운트한다. VirtualBox 관리자를 통해 공유되는 파일은 vboxsf의 파일시스템을 가진다. 그림 5-8은 VirtualBox 관리자를 통해 윈도우 시스템에서 생성된 win_share 디렉토리를 리눅스에서 사용할 수 있도록 /root/share로 마운트된 결과를 보여준다.

```
root@esp:~# mount -t vboxsf win_share /root/share
root@esp:~# df /root/share
파일시스템          1K-블럭 사용됨 사용가능 사용% 마운트 됨
win_share          222597116 137287472  85309644  62% /root/share
root@esp:~#
```

그림 5-8 VirtualBox 관리자를 통해 공유된 폴더 마운트하기

이제 share 디렉토리 밑의 파일을 확인해 보면 윈도우에서 공유되어진 ISO 이미지 파일이 보인다. ISO 파일을 마운트하기 위해 마운트 지점(/root/achro-210T)을 생성한다. 그런 다음 mount 명령어를 이용하여 ISO 파일을 마운트한다.

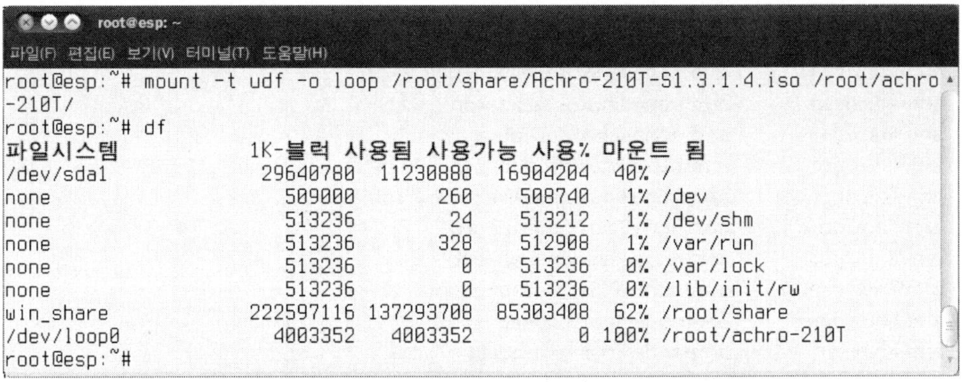

```
root@esp: ~
파일(F) 편집(E) 보기(V) 터미널(T) 도움말(H)
root@esp:~# mount -t udf -o loop /root/share/Achro-210T-S1.3.1.4.iso /root/achro
-210T/
root@esp:~# df
파일시스템            1K-블럭  사용됨  사용가능 사용% 마운트 됨
/dev/sda1            29640780  11230888  16904204  40% /
none                   509000       260    508740   1% /dev
none                   513236        24    513212   1% /dev/shm
none                   513236       328    512908   1% /var/run
none                   513236         0    513236   0% /var/lock
none                   513236         0    513236   0% /lib/init/rw
win_share           222597116 137293708  85303408  62% /root/share
/dev/loop0            4003352   4003352         0 100% /root/achro-210T
root@esp:~#
```

그림 5-9 타겟보드용 ISO 파일 마운트하기

mount 명령에서 -t 옵션으로 지정된 udf는 DVD 디스크로부터 생성된 ISO 이미지의 파일시스템 타입을 의미하며, 블록 파일시스템이 실제 장치가 아닌 파일인 경우 loop라는 옵션을 추가로 지정해 주어야 한다. 이제 마운트 지점(/root/achro-210T)의 내용을 확인해 보면 DVD 디스크에서 보였던 내용과 동일한 내용들이 보인다.

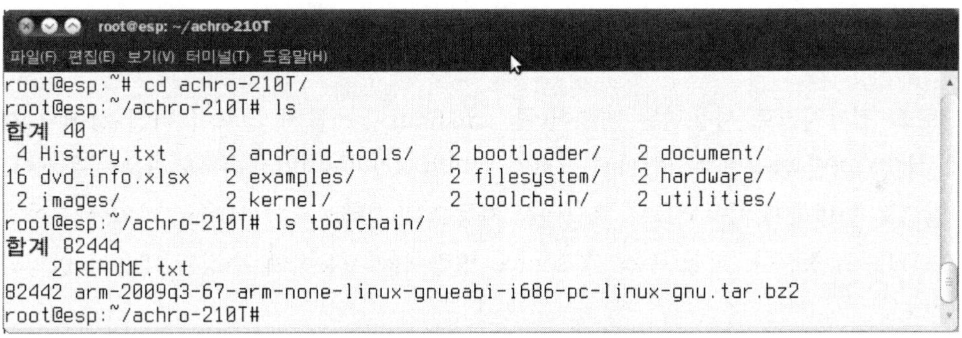

```
root@esp: ~/achro-210T
파일(F) 편집(E) 보기(V) 터미널(T) 도움말(H)
root@esp:~# cd achro-210T/
root@esp:~/achro-210T# ls
합계 40
 4 History.txt     2 android_tools/   2 bootloader/   2 document/
16 dvd_info.xlsx   2 examples/        2 filesystem/   2 hardware/
 2 images/         2 kernel/          2 toolchain/    2 utilities/
root@esp:~/achro-210T# ls toolchain/
합계 82444
    2 README.txt
82442 arm-2009q3-67-arm-none-linux-gnueabi-i686-pc-linux-gnu.tar.bz2
root@esp:~/achro-210T#
```

그림 5-10 툴체인 파일 확인

이후 설치하는 과정은 DVD 디스크로 설치하는 경우와 동일하며, 일련의 명령어를 정리하면 다음과 같다.

```
root@esp:~# cd /root/achro-210T/toolchain/   ← 툴체인 설치 파일이 있는 위치로 이동
root@esp:~/achro-210T/toolchain# ls   ← 파일 목록 확인
README.txt   arm-2009q3-67-arm-none-linux-gnueabi-i686-pc-linux-gnu.tar.bz2
root@esp:~/achro-210T/toolchain# tar xvfj arm-2009q3-67-arm-none-linux-gnueabi-i686-pc-linux-gnu.
tar.bz2 -C /opt ← 압축 풀기
root@esp:~/achro-210T/toolchain# cd /opt/toolchains/arm-2009q3/bin   ← 설치된 툴체인의 실행
파일이 있는 위치로 이동
root@esp:/opt/toolchains/arm-2009q3/bin# ls  ← 설치 파일(크로스 컴파일러: arm-linux-gcc) 확인
arm-linux-addr2line   arm-none-linux-gnueabi-addr2line
arm-linux-ar          arm-none-linux-gnueabi-ar
arm-linux-as          arm-none-linux-gnueabi-as
```

```
arm-linux-c++          arm-none-linux-gnueabi-c++
arm-linux-c++filt      arm-none-linux-gnueabi-c++filt
arm-linux-cpp          arm-none-linux-gnueabi-cpp
arm-linux-g++          arm-none-linux-gnueabi-g++
arm-linux-gcc          arm-none-linux-gnueabi-gcc
arm-linux-gcc-4.1.1    arm-none-linux-gnueabi-gcc-4.4.1
arm-linux-gcov         arm-none-linux-gnueabi-gcov
arm-linux-gdb          arm-none-linux-gnueabi-gdb
arm-linux-gdbtui       arm-none-linux-gnueabi-gdbtui
arm-linux-gprof        arm-none-linux-gnueabi-gprof
arm-linux-ld           arm-none-linux-gnueabi-ld
arm-linux-nm           arm-none-linux-gnueabi-nm
arm-linux-objcopy      arm-none-linux-gnueabi-objcopy
arm-linux-objdump      arm-none-linux-gnueabi-objdump
arm-linux-ranlib       arm-none-linux-gnueabi-ranlib
arm-linux-readelf      arm-none-linux-gnueabi-readelf
arm-linux-size         arm-none-linux-gnueabi-size
arm-linux-sprite       arm-none-linux-gnueabi-sprite
arm-linux-strings      arm-none-linux-gnueabi-strings
arm-linux-strip        arm-none-linux-gnueabi-strip
```

5.1.3 환경변수 설정

크로스 컴파일러로 사용되는 명령어(예: arm-linux-gcc)들이 명령어 라인 상에서 자동으로 실행되려면 환경변수 PATH에 크로스 컴파일러가 들어있는 디렉토리를 등록해야 한다. 앞으로 빈번하게 사용되므로 로그인시 자동으로 실행되도록 .bashrc 파일에서 환경변수 PATH를 수정한다. 파일 수정 후 source 명령어를 사용하여 수정된 내용이 반영되도록 한다.

```
root@esp:~# vi /root/.bashrc    ← 파일을 연 후 G를 눌러 파일의 맨 뒤로 이동한다.

# You may want to put all your additions into a separate file like
# ~/.bash_aliases, instead of adding them here directly.
# See /usr/share/doc/bash-doc/examples in the bash-doc package.

if [ -f ~/.bash_aliases ]; then
    . ~/.bash_aliases
fi

# enable programmable completion features (you don't need to enable
# this, if it's already enabled in /etc/bash.bashrc and /etc/profile
# sources /etc/bash.bashrc).
#if [ -f /etc/bash_completion ] && ! shopt -oq posix; then
#    . /etc/bash_completion
#fi
export PATH=$PATH:/opt/toolchains/arm-2009q3/bin    ← 경로를 추가한다.
```

vi에서 수정 완료한 후(명령어 모드에서 ZZ 입력하거나 또는 :wq 입력), source 명령어를 이용하여 방금 설정한 환경변수가 업데이트 되도록 한다. 그런 다음 명령어 which를 이용하여 arm-linux-gcc를 검색하면 다음과 같이 정상적으로 검색되며, 이후 arm-linux-gcc라는 명령어를 입력하면 크로스 컴파일러가 실행된다.

```
root@esp:~# source /root/.bashrc
root@esp:~# which arm-linux-gcc
/opt/toolchains/arm-2009q3/bin/arm-linux-gcc
root@esp:~#
```

5.1.4 툴체인 설치 확인

툴체인이 제대로 설치되어 있는지 확인하기 위해 호스트 컴퓨터에서 테스트 파일을 생성해 본다. 문서편집기 vi를 이용하여 다음과 같은 파일(hello.c)을 만들어 본다.

```
root@esp:~# vi hello.c
```

```
/* File Name : hello.c */
#include <stdio.h>
int main(int argc, char **argv)
{
        printf("Welcome to the Embedded Class!!!₩n");
        return 0;
}
```

호스트용으로 컴파일을 하려면 gcc 컴파일러를 사용하고, 타겟용으로 컴파일하려면 크로스 컴파일러 arm-linux-gcc를 사용한다. gcc로 컴파일된 것은 호스트에서 실행하는 것이므로 제대로 실행이 되어 프로그램에서 출력하는 문자열을 보여주지만, 크로스 컴파일러로 컴파일된 파일을 실행하면 바이너리 파일을 실행할 수 없다는 에러 메시지를 보여준다. 크로스 컴파일된 파일의 속성을 보기위해 file 명령어를 이용하여 확인해보면 ARM용으로 컴파일된 것임을 재확인할 수 있다. 이 파일을 타겟보드로 전송한 후 실행하면 제대로 실행이 된다. 이 부분은 뒤에서 확인해 본다.

```
root@esp:~# mkdir /root/work  ← 작업 디렉토리 생성
root@esp:~# cd /root/work  ←  작업 디렉토리로 이동
root@esp:~/work# gcc hello.c -o hello.i386  ← 호스트용으로 컴파일
root@esp:~/work# arm-linux-gcc hello.c -o hello.arm  ← 타겟용으로 컴파일
root@esp:~/work# ./hello.i386   ← 호스트(i386 머신)에서 정상적으로 실행됨
Welcome to the Embedded Class!!!
root@esp:~/work# ./hello.arm ← ARM용으로 컴파일된 이미지는 호스트(i386)에서 실행되지 않음
```

```
bash: ./hello.arm: 바이너리 파일을 실행할 수 없음
root@esp:~/work# file hello.i386    ← 파일 속성 알아보기
hello.i386: ELF 32-bit LSB executable, Intel 80386, version 1 (SYSV), dynamically linked (uses shared libs), for GNU/Linux 2.6.15, not stripped
root@esp:~/work# file hello.arm    ← 파일 속성 알아보기
hello.arm: ELF 32-bit LSB executable, ARM, version 1 (SYSV), dynamically linked (uses shared libs), for GNU/Linux 2.6.16, not stripped
```

5.2 타겟보드와의 통신설정

호스트 컴퓨터와 타겟보드 간의 통신은 크게 RS-232C를 이용한 직렬통신과 이더넷을 이용한 통신 두 종류로 나눌 수 있다. 직렬통신은 주로 호스트 컴퓨터에서 타겟보드를 모니터링 하거나 제어하는데 사용되며 이외에도 간단한 파일을 주고받는데 사용된다. 일반적으로 타겟보드는 하드웨어 제약이 많으므로 모니터나 키보드를 사용할 수 없다. 따라서 타겟보드의 콘솔 기능 수행은 직렬 포트로 연결된 호스트 컴퓨터에서 이루어진다. RS-232C로 송수신되는 데이터들은 리눅스의 미니컴(minicom) 프로그램이나 윈도우의 putty 프로그램 등을 통해 볼 수 있다. 여기에서는 미니컴을 사용하는 것으로 한다.

요즘 대부분의 노트북이나 데스크톱 컴퓨터에는 직렬 포트가 없는데, 이런 경우 usb-to-serial 변환 케이블을 사용한다. 임베디드 시스템에서의 직렬통신은 부트로더의 명령 프롬프트를 위한 콘솔과 부팅 후 리눅스의 쉘 프롬프트를 위한 콘솔로 사용된다. 이더넷 통신은 주로 대용량의 파일들을 주고받는데 사용되며, 타겟보드에서 호스트 컴퓨터의 tftp, NFS, SAMBA 서비스 등을 사용하는데 이용된다.

5.2.1 리눅스 기반의 직렬통신 프로그램

미니컴은 호스트 컴퓨터와 Achro-210T 타겟보드 간에 직렬통신을 가능하게 해 주는 가상터미널 소프트웨어이다. 임베디드 시스템의 경우 직렬 장치를 통해서 장치의 상태나 명령을 송수신하기 때문에 미니컴을 이용해서 타켓보드에서 전송되는 데이터를 호스트에서 본다. 미니컴 프로그램은 우분투 리눅스에서 기본으로 설치되지 않는다. apt-get 명령어를 이용하여 프로그램을 설치한다.

```
root@esp:~# apt-get install minicom    ← 미니컴 설치
패키지 목록을 읽는 중입니다... 완료
의존성 트리를 만드는 중입니다
상태 정보를 읽는 중입니다... 완료
다음 패키지를 더 설치할 것입니다:
```

```
  lrzsz
다음 새 패키지를 설치할 것입니다:
  lrzsz minicom
0개 업그레이드, 2개 새로 설치, 0개 지우기 및 243개 업그레이드 안 함.
412k바이트 아카이브를 받아야 합니다.
이 작업 후 1,470k바이트의 디스크 공간을 더 사용하게 됩니다.
계속 하시겠습니까 [Y/n]? y
받기:1 http://kr.archive.ubuntu.com/ubuntu/ lucid/universe lrzsz 0.12.21-5 [99.9kB]
(생략)
```

설치가 완료되면 미니컴에서 사용할 직렬통신 환경설정을 위해 미니컴을 설정 모드로 실행한다. 미니컴 프로그램이 환경설정 모드로 직접 실행되려면 명령어에 -s 옵션을 추가로 지정하면 된다. 프로그램이 옵션없이 실행된 경우 특수키(CTRL+A Z)를 눌러도 환경설정 모드로 들어갈 수 있다.

```
root@esp:~# minicom -s
```

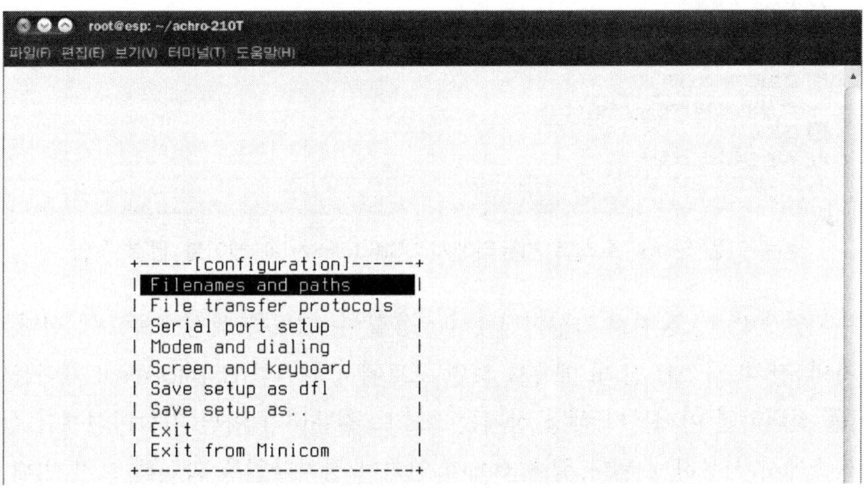

그림 5-11 미니컴 환경설정

그림 5-11의 미니컴 환경설정 선택 창에서 화살표 키를 사용하여 "Serial port setup"을 선택한다.

```
+-----------------------------------------------------------------------+
| A -    Serial Device      : /dev/tty0                                 |
| B - Lockfile Location     : /var/lock                                 |
| C -   Callin Program      :                                           |
| D -  Callout Program      :                                           |
| E -    Bps/Par/Bits       : 115200 8N1                                |
| F - Hardware Flow Control : No                                        |
| G - Software Flow Control : No                                        |
|                                                                       |
|    Change which setting?                                              |
+-----------------------------------------------------------------------+
```

그림 5-12 미니컴에서 직렬통신 설정

리눅스에서 시리얼 포트는 일반적으로 ttyS0, ttyS1 형태로 설정된다. 예를 들어 COM1이면 ttyS0으로, COM2이면 ttyS1로 지정한 후 엔터를 누르면 된다. 요즘 PC나 노트북에는 DB-9 직렬 포트가 일반적으로 제공되지 않으므로 USB-to-serial 케이블을 이용하여 직렬통신을 한다. 이 경우 USB-to-serial 케이블은 리눅스에서 ttyUSB0에서 ttyUSB1 형태의 장치명으로 인식된다. VirtualBox에서 USB-to-serial 케이블을 사용하려면 우선 윈도우에서 해당 케이블 드라이버가 정상적으로 설치되어야 한다. 이에 대한 확인은 그림 5-13에 보이는 것처럼 컴퓨터의 장치관리자 화면에서 "포트(COM & LPT)"를 확인하면 된다.

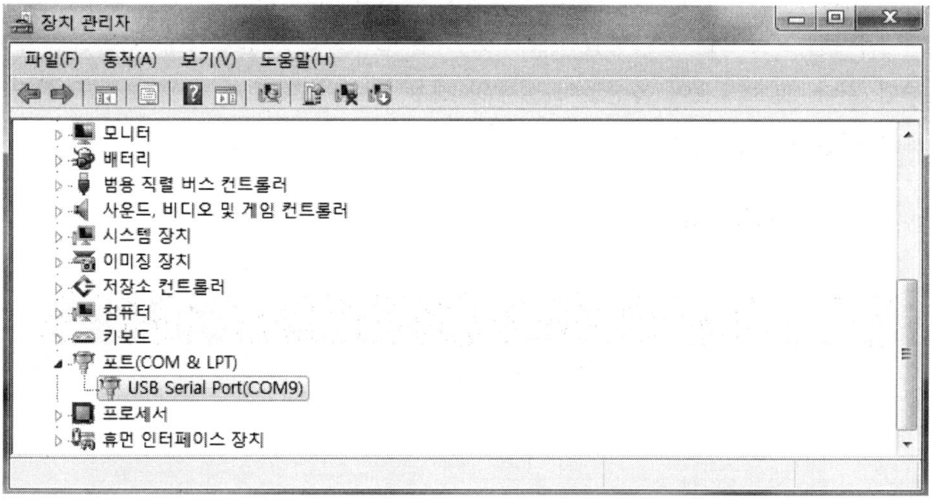

그림 5-13 호스트 컴퓨터에서 USB-to-Serial 케이블 연결 확인

확인이 되었으면, 이 장치를 가상머신에서 사용할 수 있도록 설정해 주어야 한다. 가상머신 관리자의 [장치] – [USB 장치] 메뉴를 보면 포트에서 확인한 USB-to-serial 케이블명이 보이며, 이를 선택하면 이제부터 해당 장치는 호스트 컴퓨터가 아닌 가상머신에서 실행되고 있는 리눅스에서 사용하게 된다. 리눅스에서 인식한 장치파일을 확인해 보기 위해 다음의 명령어를 입력한다.

```
root@esp:~# ls -l /dev/ttyUSB*
0 crw-rw---- 1 root dialout 188, 0 2014-03-15 16:52 /dev/ttyUSB0
```

USB-to-serial 케이블은 ttyUSB0 장치명으로 인지하고 있음을 확인할 수 있고, 그림 5-12의 통신설정 화면에서 A를 눌러 직렬장치명을 입력한 후 엔터키를 누른다. 만일 다른 장치명으로 인지하였을 경우는, 그 장치명을 입력하면 된다.

다음은 통신속도 설정을 진행한다. E 키를 누르면 그림 5-14의 통신속도 설정창이 뜨며, 이 화면에서는 Bps/Par/Bits를 설정할 수 있다. 통신 속도는 115200, Data bit는 8, Stop bit

는 1로, parity는 NO로 설정한다. E를 눌러 통신 속도를 맞추고 L, V, W를 차례로 눌러 나머지 부분을 맞추거나 Q를 눌러서 한 번에 설정할 수 있다.

```
root@esp: ~/achro-210T
파일(F) 편집(E) 보기(V) 터미널(T) 도움말(H)

+-----------------+---------[Comm Parameters]----------+----------------+
| A -     Serial De|                                    |                |
| B - Lockfile Loc|      Current: 115200 8N1           |                |
| C -    Callin Pro| Speed            Parity      Data  |                |
| D -   Callout Pro| A: <next>        L: None     S: 5  |                |
| E -     Bps/Par/B| B: <prev>        M: Even     T: 6  |                |
| F - Hardware Flo| C:    9600       N: Odd      U: 7  |                |
| G - Software Flo| D:   38400       O: Mark     V: 8  |                |
|                 | E: 115200        P: Space          |                |
|    Change which |                                    |                |
+-----------------| Stopbits                           |----------------+
        | Screen a| W: 1             Q: 8-N-1          |
        | Save set| X: 2             R: 7-E-1          |
        | Save set|                                    |
        | Exit    |                                    |
        | Exit fro| Choice, or <Enter> to exit?        |
        +---------+------------------------------------+
```

그림 5-14 미니컴에서 통신 속도 설정

다음은 직렬통신의 Flow Control 설정을 한다. F를 눌러 Hardware Flow Control을 No로 설정하고, G를 눌러 Software Flow Control을 No로 설정한다.

```
+-----------------------------------------------------------------------+
| A -    Serial Device      : /dev/ttyUSB0                              |
| B - Lockfile Location     : /var/lock                                 |
| C -   Callin Program      :                                           |
| D -  Callout Program      :                                           |
| E -    Bps/Par/Bits       : 115200 8N1                                |
| F - Hardware Flow Control : No                                        |
| G - Software Flow Control : No                                        |
|                                                                       |
|    Change which setting?                                              |
+-----------------------------------------------------------------------+
```

그림 5-15 미니컴에서 흐름제어(Flow Control) 설정

설정이 완료되면 엔터키를 눌러 상위메뉴로 이동한다. 그리고 현재의 설정값을 상시 이용할 수 있도록 저장하기 위해서 화살표키를 이용하여 "Save setup as dfl"를 선택한 후 Enter를 눌러 설정된 값을 저장한다. 저장 후 Exit을 선택하여 설정 밖으로 나간다.

호스트 컴퓨터와 타겟보드인 임베디드 시스템을 직렬 케이블로 연결한 후 타겟보드에 전원을 인가하면, 타겟보드가 부팅되면서 직렬 포트로 출력되는 부팅 메시지 등을 미니컴 화면에서 관찰할 수 있다. 미니컴이 실행된 상태에서, 부트로더가 동작하여 카운트를 감소시킬 때 임의의 키보드를 누르면 그림 5-16에 보인 것처럼 부트로더 프롬프트 상태로 진입할 수 있다.

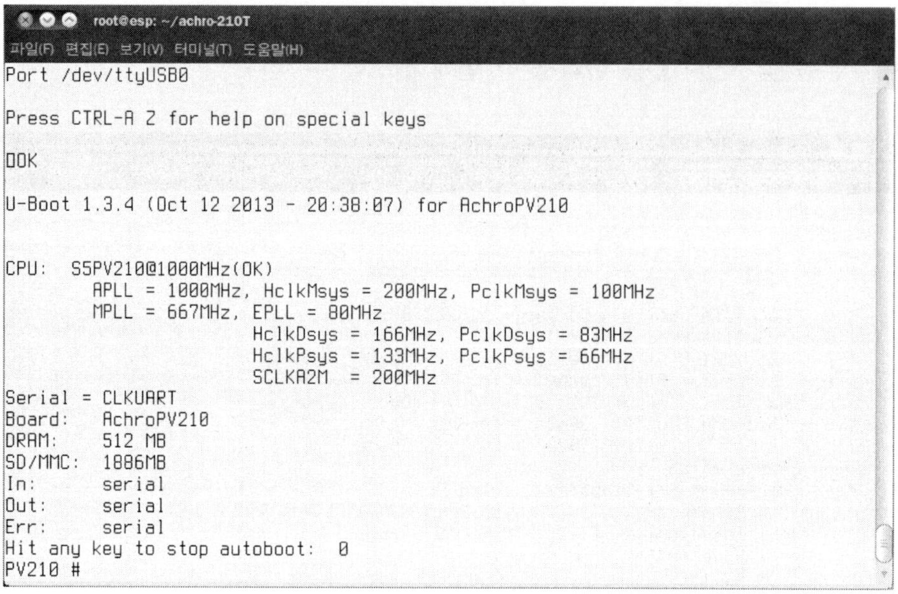

그림 5-16 임베디드 장치 연결 후 전원을 인가하여 미니컴 동작 확인

5.2.2 NFS

NFS는 네트워크상에서 컴퓨터 간의 파일시스템을 공유하는데 사용된다. NFS 설정은 "제 4장 네트워크 설정" 부분에서 상세히 설명하였고, 여기서는 호스트와 타겟 간에 사설 IP로 NFS 설정하는 부분만 요약하여 설명한다. 두 컴퓨터를 NFS로 연결하려면, 먼저 호스트 컴퓨터와 타겟보드를 같은 대역의 사설 IP 주소로 할당한다. 그런 다음 호스트에서 NFS로 공유할 디렉토리를 생성하여 이를 /etc/exports 설정파일에 반영하고, NFS 데몬을 실행 또는 재실행한다. 마지막으로 타겟보드에서 마운트 지점을 생성한 다음 호스트 컴퓨터에서 공유한 디렉토리를 마운트 지점으로 마운트한다.

□ NFS 실습

NFS 구성 실습을 위해 준비해야 할 사항들로는 LAN 크로스케이블과 리눅스가 설치된 호스트 컴퓨터, Achro-210T 실습보드(이하 타겟보드라는 용어와 혼용해서 사용함)이다. 만약 공유기 등을 이용할 경우는 LAN 크로스케이블을 쓰지 않아도 되지만, 호스트와 실습보드 간에 케이블을 직접 연결하기 위해서는 크로스 랜 케이블이 필요하다. 준비한 케이블로 호스트 컴퓨터와 타겟보드 네트워크 단자를 연결한다.

호스트 컴퓨터와 타겟보드를 NFS로 연결하기 위해서는 네트워크 상에서 서로 인지할 수 있는 IP 주소를 할당해야 한다. 여기서는 그림 5-17에 보인 네트워크 단을 사용하는 것으로 하고, 리눅스가 설치된 호스트에는 192.168.10.100의 IP 주소를 할당하고, 타겟보드에는 192.168.10.110 주소를 할당하는 것으로 한다.

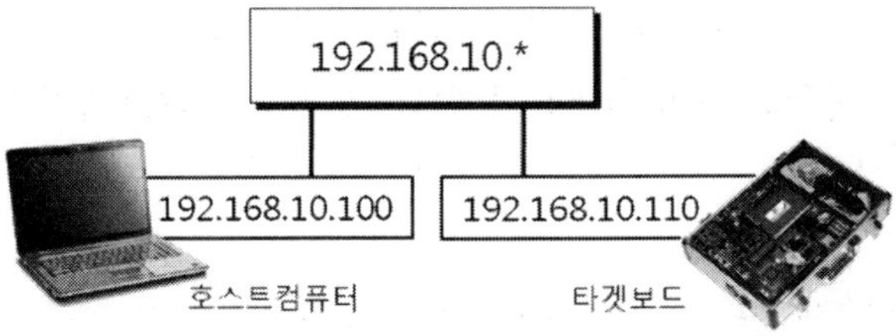

그림 5-17 호스트 컴퓨터와 타겟보드를 NFS로 연결하기

호스트 컴퓨터에서 IP 주소 할당은 ifconfig 명령어를 사용하면 된다. 현재 호스트에서 타겟보드로 연결된 이더넷 포트의 장치명이 eth1일 경우 다음의 명령어를 사용하여 IP 주소를 설정한다.

```
# ifconfig eth1 192.168.10.100
```

위와 같이 IP 주소를 할당한 경우는 시스템이 리부팅되면 다시 설정을 해야 한다. 우분투에서 부팅 시마다 고정 IP 주소를 가지게 하려면 제4장에서 언급했듯이 X윈도우에서 설정해야 한다. X윈도우에서 네트워크 연결 아이콘을 선택하여 각각의 이더넷 장치 eth1의 IP 주소를 다음과 같이 설정한다.

```
DEVICE : eth1
IP : 192.168.10.100
NETMASK : 255.255.255.0
```

타겟보드에 IP 주소를 할당하기 위해 minicom 프로그램을 실행시킨 후 직렬 케이블로 호스트와 타겟보드를 연결한 다음 타겟보드의 전원을 켜서 타겟보드를 부팅시킨다. 부팅이 완료되면 루트 사용자로 로그인하여 ifconfig 명령어를 입력하여 다음과 같이 타겟보드의 IP 주소를 할당한다.

```
[Achro-210T에서 수행]
Achro210T login: root
login[99]: root login on 'ttySAC0'
root@Achro210T:~# ifconfig eth0 192.168.10.110
root@Achro210T:~# ifconfig eth0
eth0      Link encap:Ethernet  HWaddr BA:B0:BE:AD:00:00
          inet addr:192.168.10.110  Bcast:192.168.10.255  Mask:255.255.255.0
          inet6 addr: fe80::b8b0:beff:fead:0/64 Scope:Link
          UP BROADCAST RUNNING MULTICAST  MTU:1500  Metric:1
          RX packets:130 errors:0 dropped:0 overruns:0 frame:0
          TX packets:3 errors:0 dropped:0 overruns:0 carrier:0
          collisions:0 txqueuelen:1000
          RX bytes:10132 (9.8 KiB)  TX bytes:258 (258.0 B)
          Interrupt:33
root@Achro210T:~#
```

다음 단계로는 호스트 컴퓨터에서 NFS로 공유할 디렉토리를 지정한다. 여기서는 /root 디렉토리를 공유하는 것으로 하며, /root 디렉토리를 NFS로 내보내기 위해 NFS 설정파일에 다음의 내용을 추가한다.

```
root@esp:~# vi /etc/exports
```

```
# /etc/exports: the access control list for filesystems which may be exported
#           to NFS clients.  See exports(5).
#
# Example for NFSv4
/root *(rw,sync,no_root_squash,no_subtree_check)
```

설정파일 입력을 마친 후, 설정한 파일이 시스템에 반영되도록 NFS 데몬을 재시작한다.

```
root@esp:~# service nfs-kernel-server restart
```

NFS 데몬을 재실행한 후 공유하고자 하는 디렉토리가 정상적으로 내보내어졌는지, 어떤 디렉토리가 NFS로 공유되고 있는지 확인하고 싶으면 “exportfs –v” 명령어를 통해 확인할 수 있다.

마지막 단계로 타겟보드에서 마운트 지점(여기서는 /root/nfs로 선택)을 생성한 후 호스트의 /root 디렉토리를 타겟보드의 /root/nfs로 마운트한다. 그런 다음 df 명령어를 사용하여 마운트된 결과를 확인한다.

```
root@Achro210T:~# mkdir /root/nfs
root@Achro210T:~# mount -t nfs -o nolock 192.168.10.100:/root /root/nfs
root@Achro210T:~# df
Filesystem             Size      Used      Available   Use%    Mounted on
/dev/root              250.4M    17.6M     219.8M      7%      /
tmpfs                  192.5M    0         192.5M      0%      /dev/shm
tmpfs                  192.5M    .0K       192.5M      0%      /tmp
192.168.10.100:/root   28.3G     8.0G      18.8G       30%     /root/nfs
root@Achro210T:~#
```

이제 호스트의 /root와 타겟의 /root/nfs는 공유된 같은 디렉토리이다. 툴체인 설치 후 검증용으로 생성한 크로스 컴파일된 hello.arm 파일을 타겟보드에서 실행해 보자. 이전 단계에서 hello.arm 파일은 호스트에서 /root/work 디렉토리에서 작업했다. 따라서 타겟보드에서는 /root/nfs/work 디렉토리로 이동하면 해당 파일이 타겟보드에서 실행됨을 확인할 수 있다.

```
root@Achro210T:~# cd /root/nfs/work
root@Achro210T:~/nfs/work# ./hello.arm ← 크로스 컴파일된 파일 실행하기
Welcome to the Embedded Class!!!
```

NFS로 마운트된 디렉토리를 해제하려면 umount 명령을 이용한다. 현재 마운트된 디렉토리 내에서는 해제가 불가능하므로, 상위 디렉토리 혹은 다른 디렉토리에서 마운트를 해제한다.

```
root@Achro210T:~/nfs# cd
root@Achro210T:~# umount /root/nfs
```

□ NFS 오류 상황 대처하기

타겟보드에서 호스트 컴퓨터의 NFS 디스크를 마운트 하고자 할 때 제대로 수행되지 않을 경우 다음의 내용들을 난계별로 확인해 본다.

① 호스트 컴퓨터와 타겟보드가 네트워크 케이블로 잘 연결되어 있는지 확인한다. 호스트 컴퓨터와 타겟보드 간에 네트워크가 정상적으로 연결되면, 호스트 컴퓨터의 네트워크 알림창에 연결되었다는 메시지가 생길 것이다. 또한, 타겟보드에는 물리적 이더넷 장치 부근에 있는 상태 LED가 켜져 있는지 확인한다. 호스트와 타겟보드를 직접 연결하는 경우는 크로스 네트워크 케이블을 사용하고 있는지 확인한다.

② 호스트 컴퓨터와 타겟보드에 네트워크 주소가 같은 네트워크단의 주소로 할당되어 있는지 확인한다. 여기서는 사설 IP를 사용하는 것으로 하였고 호스트 컴퓨터에는 192.168.10.100의 주소를, 타겟보드에는 192.168.10.110의 주소를 할당하는 것으로 하였다.

③ 가상 PC를 사용하는 경우 타겟보드에 물리적으로 연결되는 네트워크 포트가 가상 PC 설정창에서 정상적으로 연결되어 있는지 확인한다.

④ 호스트 컴퓨터에서 NFS 서버가 정상적으로 실행되고 있는지 확인한다. 명령어 “exportfs-v”를 사용하면 구체적으로 NFS 서버에서 공유한 디렉토리 목록까지 볼 수 있다.

⑤ 호스트 컴퓨터의 방화벽(보안수준)을 확인해 본다. 원격 오류가 생기는 대부분의 경우는 호스트 컴퓨터의 방화벽으로 인해 네트워크가 차단된 상태이다.

⑥ NFS 연결 시 RPM timeout의 메시지가 출력되면서 연결되지 않는 경우는 클라이언트 PC의 보안 때문이다.

5.3 기타 시스템 툴 설치

앞서 TFTP, 삼바, NFS 등과 같은 기본적인 유틸리티가 설치되었다면, 이제 타겟보드(Achro-210T) 설정과 시스템 개발에 사용되는 하드웨어 의존적인 드라이버들을 설치한다. 그런 다음 마이크로SD 카드에 Achro-210T 개발 보드를 기동시키기 위한 모든 시스템 이미지들을 설치해 본다.

5.3.1 리눅스 USB 개발 라이브러리 다운로드

호스트 시스템에서 사용하는 USB 드라이버 패키지(libusb-dev)를 우분투 홈페이지에서 다운로드 받는다. 다운로드 받은 패키지를 설치하면, 우분투에서 개발에 필요한 USB 기능을 사용할 수 있다. Achro-210T 개발보드에서는 USB를 통해서 커널과 부트로더 이미지들이 업데이트 된다.

```
root@esp:~# apt-get install libusb-dev
```

```
root@esp: ~
파일(F) 편집(E) 보기(V) 터미널(T) 도움말(H)
root@esp:~# apt-get install libusb-dev
패키지 목록을 읽는 중입니다... 완료
의존성 트리를 만드는 중입니다
상태 정보를 읽는 중입니다... 완료
다음 새 패키지를 설치할 것입니다:
  libusb-dev
0개 업그레이드, 1개 새로 설치, 0개 지우기 및 245개 업그레이드 안 함.
38.4k바이트 아카이브를 받아야 합니다.
이 작업 후 336k바이트의 디스크 공간을 더 사용하게 됩니다.
받기:1 http://kr.archive.ubuntu.com/ubuntu/ lucid-updates/main libusb-dev 2:0.1.
12-14ubuntu0.2 [38.4kB]
내려받기 38.4k바이트, 소요시간 0초 (59.1k바이트/초)
전에 선택하지 않은 libusb-dev 패키지를 선택합니다.
```

그림 5-18 USB 개발용 라이브러리 설치

5.3.2 USB 다운로드 툴 설치

Achro-210T는 USB를 통해서 부트로더, 커널 등의 이미지를 다운로드 받을 수 있다. 뿐만 아니라 이더넷을 통해서도 다운로드가 가능하다. 일반적으로 USB 전송 속도는 이더넷에 비해서 빠르며 사용이 편리하다. USB 다운로드 기능을 이용하려면 이전 절에서 기술한 libusb-dev 패키지를 먼저 설치해야 한다. 설치가 되지 않았다면 앞의 libusb-dev를 먼저 설치하고 다음의 다운로드 툴을 설치한다.

제조사에서 제공하는 DVD 이미지 파일은 /root/achro-210T에 마운트되었다고 가정한다. USB 다운로드 툴은 DVD 이미지의 utilities/linux/smdk-usbdl 디렉토리에 들어 있으며, 이 파일을 download 디렉토리로 복사한 후 압축을 해제한다. 압축이 해제되면 dltools 디렉토리 밑에 USB 다운로드 툴인 smdk-usbdl 파일이 생성되며, 이를 시스템 디렉토리인 /usr/bin에 복사하도록 하여 향후 경로 지정없이 명령어 입력만으로 사용 가능하도록 한다.

```
root@esp:~# mkdir /root/download    ← 이전에 생성했다면 건너뛰기
root@esp:~# cp /root/achro-210T/utilities/linux/smdk-usbdl/smdk-usbdl.tar.gz ~/download
root@esp:~# cd ~/download    ← download 디렉토리로 이동
root@esp:~# tar xvfz smdk-usbdl.tar.gz    ← 압축풀기
root@esp:~# cd dltools    ← USB 개발 툴 설치 디렉토리로 이동
root@esp:~# ls
  dltool.c   Makefile   readme.txt   smdk-usbdl
root@esp:~# cp -a smdk_usbdl /usr/bin    ← 툴을 시스템 디렉토리(/usr/bin)으로 복사
```

5.3.3 bl1 툴 설치

부트로더 중 부팅에 필요한 부트로더1(BL1)을 생성하는 유틸리티를 만든다. 나중에 부트로더에서 다루겠지만 부트로더는 BL0, BL1, BL2의 총 세 단계로 나뉘어진다. BL0는 프로세서 내에 존재하며, BL1은 BL2의 기본적인 정보 등을 가지고 있는 파일이며, 실제 BL2가 이후 우리가 컴파일하는 u-boot라는 부트로더의 이미지가 된다. BL1은 BL1 툴을 이용해서 BL2를 통해 생성된다. 자세한 내용은 이후 부트로더 장에서 알아보도록 하고 여기서는 툴을 설치하도록 한다.

제조사에서 제공하는 DVD 이미지 파일은 /root/achro-210T에 마운트되었다고 가정한다. BL1 툴(makechecksum)을 download 디렉토리로 복사한 후 압축을 해제한다. 그러면 makechecksum이라는 디렉토리 밑에 makechecksum이라는 BL1 툴이 보인다. 이 툴을 /usr/bin 시스템 디렉토리로 복사하도록 한다.

```
root@esp:~# cp ~/achro-210T/utilities/linux/makechecksum/makechecksum.tar.gz ~/download
← 파일복사
root@esp:~# cd /root/download    ← download 디렉토리로 이동
root@esp:~# tar xvfz makechecksum.tar.gz    ← 압축풀기
root@esp:~# cd makechecksum    ← BL1 툴이 들어있는 디렉토리로 이동
root@esp:~# cp -a makechecksum /usr/bin    ← BL1 툴을 시스템 디렉토리로 복사
```

Chapter

06 타겟보드(Achro-210T) 설정

임베디드 시스템을 개발하려면 하드웨어 관점에서는 시스템 보드를 개발해야 하고, 소프트웨어 관점에서는 보드에 사용되는 드라이버를 포함하여 다양한 툴 및 관련 소프트웨어를 개발해야 한다. 개발된 시스템 보드가 구동되려면 부트로더 및 커널을 포함한 운영체제 등의 핵심 소프트웨어가 보드에 설치되어야 하며, 임베디드 시스템에 필요한 소프트웨어를 개발하기 위해 프로그램 개발에 필요한 컴파일러를 포함하여 여러 툴들을 개발해야 한다. 이러한 툴들은 기존에 개발된 툴들을 참조하거나 칩 제조회사에서 제공하는 개발용 툴들을 참조하여 종종 개발한다. 여기서는 임베디드 보드(Achro-210T) 제조회사에서 이미 부팅용 소프트웨어 및 운영체제와 개발용 툴(툴체인)들을 DVD 이미지로 제공하기 때문에 이 DVD에 들어있는 이미지 또는 파일들을 가지고 타겟보드를 설정하거나 재설정하는 내용을 다룬다.

타겟보드는 시스템 운영에 필요한 데이터들을 MicroSD(μSD) 플래시 메모리에 저장한다. 플래시 메모리에 아무 데이터가 없거나 메모리 내용이 변경되어 시스템이 제대로 동작하지 않을 경우, 또는 현재 구성하고 있는 MicroSD 등의 메모리의 공간 조정이 필요하여 메모리의 메모리맵을 바꿀 필요가 있을 때 타겟보드를 재설정해야 한다. 이 장의 내용을 숙지하면 이러한 종류의 문제가 발생하였을 경우 언제든지 타겟보드의 플래시 메모리를 재구성하여 타겟보드를 정상적으로 동작시킬 수 있다.

6.1 타겟보드 하드웨어 사양

휴인스사의 Achro-210T(이하 210T라고 한다)보드는 삼성에서 개발한 ARM Cortex-A8 코어를 이용한 프로세서인 S5PV210(1GHz)을 사용한 임베디드 시스템 개발 및 실습 장비로 임베디드 리눅스와 Android 2.3(Gingerbread)이 포팅되어 있다 [참고: www.huins.com]. 이 책에서 보이는 모든 실험들은 리눅스가 실행되고 있는 Achro-210T 보드 상에서 이루어진다.

그림 6-1은 Achro-210T 제품의 구성을 보여준다. Achro-210T 시스템을 구입하면 박스 안에 7인치 TFT LCD 본체와 USB OTG 케이블, 유선 이더넷 케이블, 직렬통신 케이블, 마이크로 SD 어댑터, 전원 어댑터가 들어있다.

그림 6-1 Achro-210T 제품 구성(출처:www.huins.com)

그림 6-2는 개발용 확장보드 Achro-PC100이며, Achro-210T 7인치 본체와 80 핀의 확장 슬롯으로 연결된다. 개발용 확장보드는 직렬통신을 사용하여 개발용 보드의 상태를 확인하거나 제어하는데 사용되며, USB나 유선 이더넷을 이용하여 시스템 이미지를 변경하는데도 사용된다. 또한, 다양한 I/O 장치들이 있어서 하드웨어를 제어하거나 디바이스 드라이버 작성을 연습하는데도 활용된다.

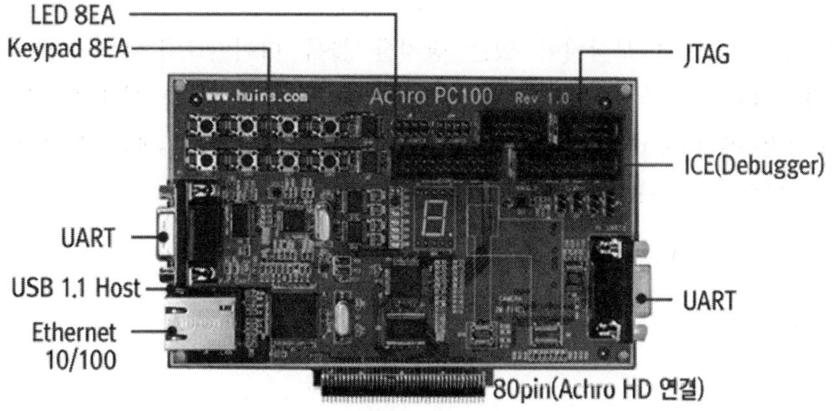

그림 6-2 Achro-210T 개발용 확장 보드(Achro-PC100)

표 6-1은 Achro-210T 보드의 하드웨어 사양을 보여준다. 다양한 I/O 장치들을 지원하므로 교육목적으로 여러 가지 실습을 하는데 적합하다.

표 6-1 Achro-210T 보드의 하드웨어 사양

항목	사양
CPU	Cortex-A8 based Samsung S5PV210
SDRAM	512 MB DDR
SD Socket	MicroSD 2 GB, MicroSD 8 GB
Ethernet	10/100 Mbps Ethernet
WiFi	802.11 b/g/n
Bluetooth	Bluetooth 2.1
UART	Standard UART
CAMERA	300 M Pixel
AC'97 Audio Codec	AC'97 Compatible Stereo Codec, Mic Port, Headphone Port
Display	7" Color TFT LCD(800×480)
Touch Screen	S3C Touch Interface
Output Display	HDMI
Debugging Port	JTAG : CPLD 10-Pin JTAG, 20-Pin Header for Multi-ICE
USB Host	USB 2.0 Host
USB Client	USB OTG
Sensor	Gyroscope, Triaxial Accelerator, Magnetic Field Sensor
Location	GPS
Battery	3.7 V 4,000 mAh
Power	DC 5 V, 3 A

그림 6-3은 시스템에 부착되어 있는 장치를 블록 다이어그램으로 표현한 것이다. Achro-210T는 1 GHz로 동작하는 ARM CPU 이외에 정전식 터치를 이용하는 7인치 TFT LCD, 2 GB와 8 GB의 microSD 메모리, 512 MB의 DDRAM, 100 Mbps 이더넷 포트, USB 단자, AC97 오디오 포트, HDMI 포트 등으로 구성되어 있다.

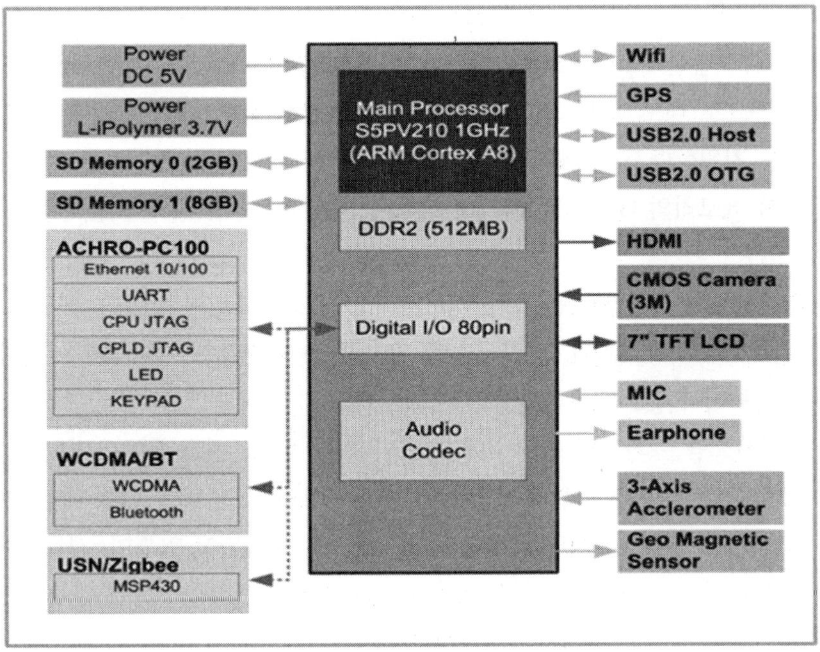

그림 6-3 Achro-210T 시스템 블록 다이어그램(출처:www.huins.com)

6.2 타겟보드 소프트웨어 구성요소

타겟보드를 구동하기 위해 필요한 세 가지 필수 구성요소는 부트로더(bootloader), 커널 이미지(zImage), 리눅스 파일시스템이다. 부트로더는 하드웨어를 초기화하고 커널이미지를 램(RAM)에 올려주어 시스템 부팅을 할 수 있도록 해 주는 프로그램이다. 커널이미지는 프로세스 관리, 메모리 관리, 장치 관리, 네트워크 관리 등의 운영체제의 핵심 기능을 담당한다. 리눅스 파일시스템은 루트파일시스템이라고도 하며, 리눅스 시스템이 정상적으로 부팅되었을 때 루트(/)로 마운트된다. 리눅스 파일시스템은 다양한 리눅스 명령어, 시스템 환경설정 파일, 응용프로그램들로 구성되어 있다. 각각에 대해 좀 더 상세히 알아보면 다음과 같다.

부트로더는 시스템이 부팅될 때 가장 먼저 실행되는 프로그램으로 PC의 바이오스(BIOS) 역할과 운영체제 로더(loader)의 역할을 한다. 여러 종류의 부트로더가 있지만 여기서는 u-boot를 사용한다. 부트로더는 CPU 클럭이나 메모리 타이밍, 인터럽트 벡터, UART 등의 시스템 하드웨어들을 초기화하여 운영체제가 동작할 수 있는 환경을 만든 후, 운영체제의 핵심 프로그램인 커널을 램으로 로딩하고 실행시켜준다. 이외에도 임베디드 시스템에서 사용하는 부트로더는 시스템 개발을 도와주는 부가적인 기능들도 제공한다. 임베디드 시스템에서의 프로그램 개발은 호스트에서 이루어지기 때문에 개발한 프로그램을 타겟보드로 전송할 수 있도록 다양한 직렬 통신용 프로토콜을 지원하며, 이더넷을 통해 UDP를 사용하는 간단한 ftp 프로그램인 tftp나 USB를 통한 데이터 다운로드 프로그램인 dnw와 시스템이 부팅될 때 자동으로 네트워크를 설정하고 서버에 연결하여 부팅할 수 있게 해주는 bootp 프로토콜 등을 지원한다. 이외에도 부트로더는 플래시 메모리를 퓨징하는 기능을 가지고 있어서, 플래시 메모리의 데이터를 읽거나 쓰거나 지울 수 있다. 여기에서 사용하는 부트로더는 uboot이다.

커널은 운영체제의 핵심 기능을 수행하는 프로그램으로 프로세스 관리, 메모리 관리, 장치(device) 관리, 네트워크 관리, 파일시스템 관리 등을 지원한다. 타겟보드의 경우 커널은 zImage라는 커널이미지로 제공된다.

리눅스 파일시스템은 커널이 메모리에 로드되고 난 다음, 시스템을 운영하는데 필요한 모든 것을 포함한다. 리눅스 파일시스템은 기본 라이브러리, 명령어 실행 파일, 사용자 관련 디렉토리, 환경설정 파일, 다양한 응용프로그램으로 구성되어 있으며, 시스템이 정상적으로 부팅되면 루트(/) 디렉토리로 마운트된다. 사용자가 리눅스를 사용한다고 하면 외형적으로는 리눅스 파일시스템 상에서 작업하는 것이다.

6.2.1 타겟보드 구동 이미지

타겟보드 구성에 필요한 부트로더 이미지와 커널이미지는 DVD 디스크에 images/ 디렉토리에 들어있다. 그림 6-4는 DVD 이미지(Achro-210T-S1.3.1.4.iso)를 /root/achro-210T로 마운트한 후, images/ 디렉토리 밑의 파일을 보여준다.

```
root@esp: ~/achro-210T/images
파일(F) 편집(E) 보기(V) 터미널(T) 도움말(H)
root@esp:~/achro-210T/images# pwd
/root/achro-210T/images
root@esp:~/achro-210T/images# ls
합계 4508
 244 u-boot.bin    244 u-boot.bin.crc   4020 zImage
root@esp:~/achro-210T/images#
```

그림 6-4 부트로더와 커널이미지 파일

부트로더 이미지는 u-boot.bin.crc와 u-boot.bin 파일이며, 커널이미지는 zImage이다. 뒤에서 기술되는 "MicroSD 메모리 초기화" 부분에서 설명하겠지만, MicroSD 메모리는 그림 6-5에 보여진 것처럼 RAW 영역과 ext3 파일시스템을 갖는 시스템 영역과 데이터 영역 2개의 파티션으로 구성된다. 부트로더 이미지와 커널이미지는 RAW 영역에 쓰여진다.

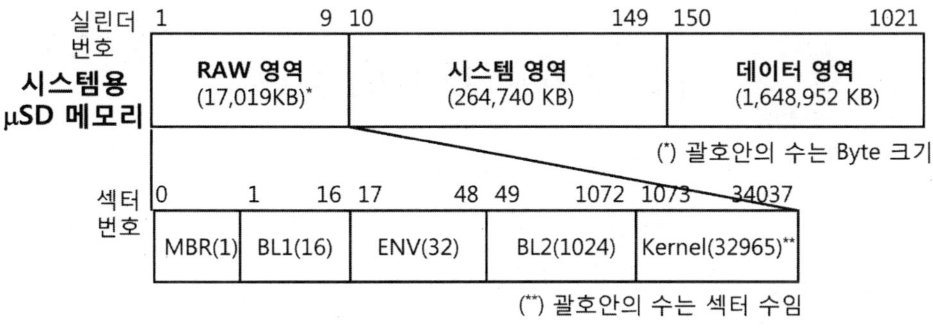

그림 6-5 시스템용 micro-SD 메모리(2 GB)의 메모리 구성

Achro-210T 보드는 안드로이드 파일시스템과 리눅스 파일시스템 두 종류를 지원한다. 이 파일들은 DVD 이미지 내에 filesystem 디렉토리 밑에 있다. 안드로이드 파일시스템을 시스템 영역으로 복사하면 안드로이드 시스템으로 부팅되며, 리눅스 파일시스템을 시스템 영역으로 복사하면 리눅스로 부팅된다. 이 책의 앞 부분에서는 리눅스 상에서 다양한 실험을 하기 때문에 여기서는 리눅스 이미지를 올리기로 한다. 리눅스 루트파일시스템은 DVD 이미지 내에 filesystems/linux_filesystem 디렉토리에 들어있다.

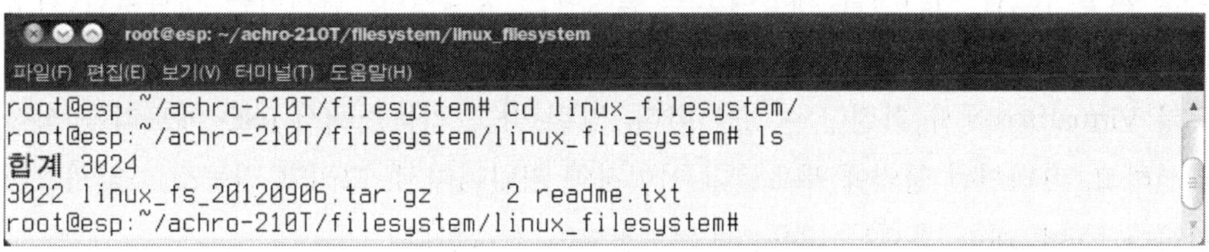

그림 6-6 리눅스 루트파일시스템 이미지

6.2.2 타겟보드 이미지 설치 및 동작 개요

Achro-210T 개발보드가 구동되려면 부트로더와 커널이미지 그리고 리눅스 파일시스템 모두 MicroSD(μSD) 메모리에 저장되어 있어야 한다. 이들 이미지를 기록하는 방법은 시스템 구동용으로 이미 저장된 이미지를 ddwin 툴을 사용하여 μSD 메모리에 한 번에 기록하거나, 각각의 이미지를 개별적으로 저장하는 방법이 있다.

타겟보드 구동용 이미지를 설치하기 위한 첫 번째 방법으로는 ddwin 툴을 사용하는 방법이다. ddwin 툴 설치 프로그램은 DVD 이미지 내에 utilities/windows/ddwin 디렉토리 밑에 있으며 윈도우용이다. 그리고 시스템 이미지는 utilities/system_images/sd_restore_imagc 디렉토리 밑에 있다. 그림 6-7은 윈도우 상에서 ddwin 툴을 설지한 다음 시스템 이미지를 선택하여 μSD로 데이터를 복구(Restore)하는 화면을 보여준다.

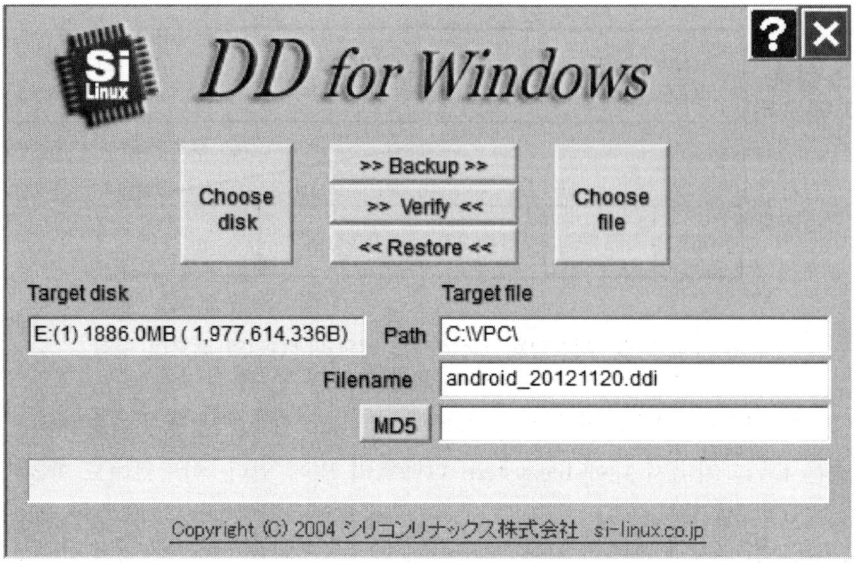

그림 6-7 ddwin을 이용한 데이터 복구

타겟보드 구동용 이미지를 설치하기 위한 두 번째 방법으로는 부트로더와 커널 그리고 리눅스 파일시스템 이미지를 개별적으로 설치하는 방법이다. 설치하는 개략적인 과정은 μSD 메모리를 PC에 삽입한 후, 가상머신에 설치된 리눅스에서 해당 메모리를 사용할 수 있도록 VirtualBox에서 적절한 설정을 한다. 그런 다음 리눅스에서 μSD 메모리를 적절히 파티션하고, 파티션된 영역에 부트로더 이미지와 커널이미지, 그리고 리눅스 파일시스템을 복사한다. 이에 대한 자세한 내용은 다음 절부터 기술한다.

μSD 메모리에 타겟보드용 이미지가 설치되고 나면 μSD 메모리를 Achro-210T 보드의 SYSTEM이라고 표기된 μSD 슬롯에 메모리를 삽입한다. 그런 다음 전원버튼을 누르면 보드가 정상적으로 동작하면서 LCD 화면에 펭귄 그림이 표시된다. 펭귄이 출력된 상태에서 전원을 끄려면 전원버튼을 약 5초 정도 ON 상태를 유지한 다음 릴리즈를 하면 전원이 꺼진다.

구동 과정에 대해 좀 더 살펴보면 다음과 같다. 그림 6-8에 보인 것처럼 타겟보드의 전원을 켜면 μSD RAW 영역 시작지점(시작 위치 + MBR 영역) 번지에 저장되어 있는 부트로더가 실행된다. 부트로더는 하드웨어 초기화 과정 등을 수행한 후 커널이미지를 램으로 전송한 후 커널로 실행권한을 넘겨준다. 커널이 램에 적재되면 기본적인 장치들과 내부변수들을 초기화한 후에 부트로더로부터 넘겨받은 리눅스 파일시스템(루트파일시스템)의 위치에 대한 정보를 이용하여 루트에 마운트한다.

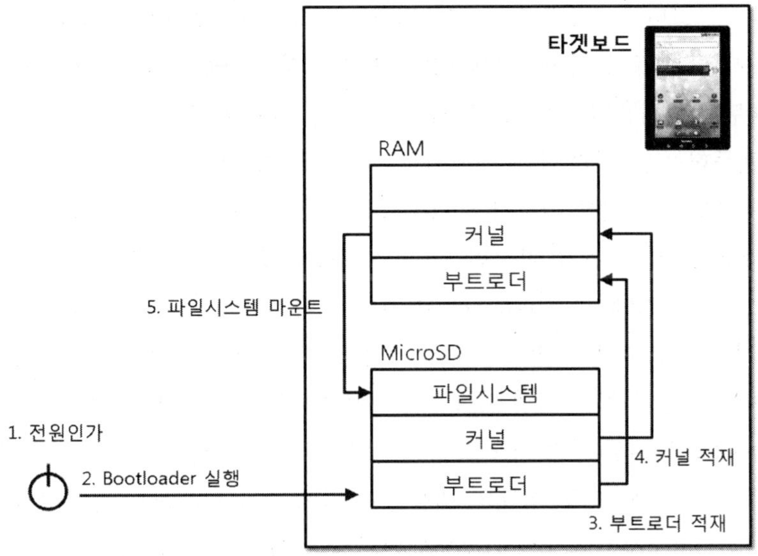

그림 6-8 타겟보드 구동 과정 - 1

그 다음으로 시스템 최상위 프로세스인 /sbin/init이 시작되면서 시스템을 초기화한다(그림 6-9). 그런 다음 파일시스템 점검 및 가상콘솔 접속관리 등의 과정을 거친 후 프롬프트를 출력하여 사용자 접속을 기다린다.

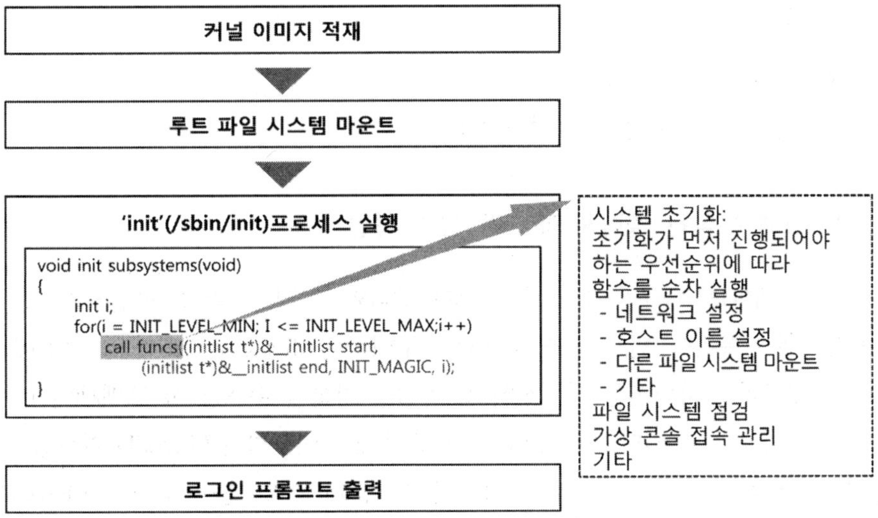

그림 6-9 타겟보드 구동 과정 - 2

부팅 과정 중 오류로 인하여 부팅이 정상적으로 진행되지 않을 수 있다. 예를 들어 시스템 부팅 도중 다음과 같은 메시지가 출력될 수도 있다.

```
Kernel panic - not syncing: VFS: Unable to mount root fs on unknown-block(2,0)
```

이 경우는 부트로더도 정상적으로 실행되고, 커널도 부트로더에 의해 RAM으로 올라간 다음 커널도 기본적으로 동작하는 상태이다. 커널은 시스템에서 기본적으로 사용하는 장치들과 커널 내부에서 사용될 데이터 구조를 초기화한 다음 루트파일시스템을 찾아 루트 디렉토리로 마운트하는데, 위의 에러 메시지는 루트파일시스템을 찾지 못해서 마운트하지 못해 생긴 경우이다. 이와 같은 경우가 Achro-210T에서 발생했을 경우 해결하는 방법은 부트로더에서 참조하는 env 설정을 바꾸면 된다. 참고로 타겟보드가 부팅되면서 플래시 메모리(μSD 메모리)는 리눅스에서 /dev/mmcblk0p1으로 마운트된다. 타겟보드의 화면이 정상적으로 부팅되지 못하고 흰색 화면으로 멈추어 있을 때는 전원버튼으로 보드가 꺼지지 않는다. 이때는 보드 뒷면에 있는 리셋 홀에 핀을 삽입하여 보드를 리셋시키고, 부트로더가 실행되면 autoboot 모드에서 빠져 나오도록 임의의 키를 누른다. 그러면 PV 210#이라는 부트로더 프롬프트가 보이며, 이후 아래의 내용을 입력한 다음 타겟보드를 부팅시키면 정상적으로 리눅스 루트파일시스템까지 마운트되면서 리눅스가 실행된다.

```
PV210 # set bootargs "root=/dev/mmcblk0p1 rootfstype=ext3 init=/init console=ttySAC0,115200
rootdelay=1 androidboot.console=s3c2410_serial0"
PV210 # save
Saving Environment to SMDK bootable device...
done
PV210 #
```

6.3 MicroSD 메모리 초기화

6.3.1 리눅스에 부착된 플래시 메모리 장치 확인

Achro-210T 개발보드 구동에 필요한 부트로더와 커널 그리고 파일시스템은 모두 MicroSD 카드에 기록된다. 만약 최초 시중에서 구매하는 MicroSD 카드를 시스템 메모리로 이용하려면, 메모리의 파티션을 재설정하고, 파일을 기록할 수 있도록 포맷해야 리눅스에서 디바이스로 사용할 수 있다. 구매한 혹은 시스템에서 이용하는 MicroSD 카드를 USB 젠더에 연결하여 리눅스 호스트 시스템에 장착한 다음, dd 명령어를 이용하여 MicroSD 카드를 초기화하는 과정에 대해 알아본다.

6.3.2 리눅스에 부착된 플래시 메모리 장치 확인

우선 MicroSD 카드를 PC에 연결한다. 그리고 이 포트가 가상머신에서 사용할 수 있도록 설정해 준다. 설정은 VirtualBox 메뉴행에서 [USB 장치]를 선택하고, “Generic Mass Storage

Device"를 선택한다. 장치명은 컴퓨터마다 약간씩 다를 수 있으며, USB storage, generic USB storage 등의 이름으로 보인다.

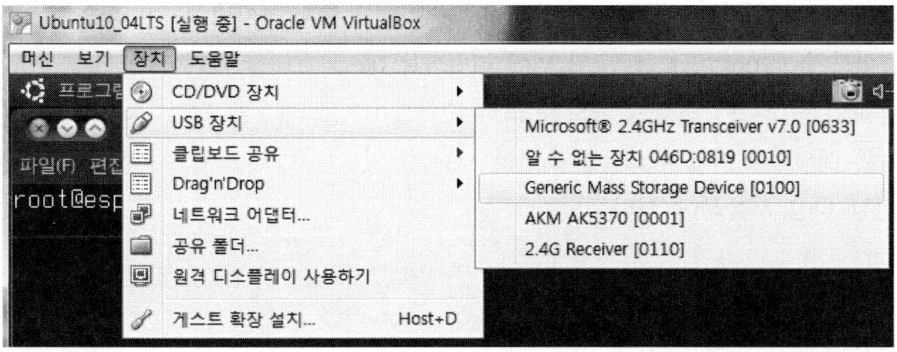

그림 6-10 MicroSD 장치를 가상머신에 연결

MicroSD 장치가 가상머신에 연결되고 나면, 리눅스는 자동으로 디바이스를 감지한다. 시스템에서 인지한 디바이스명을 알아보기 위해 dmesg 명령어를 이용한다.

```
# dmesg
```

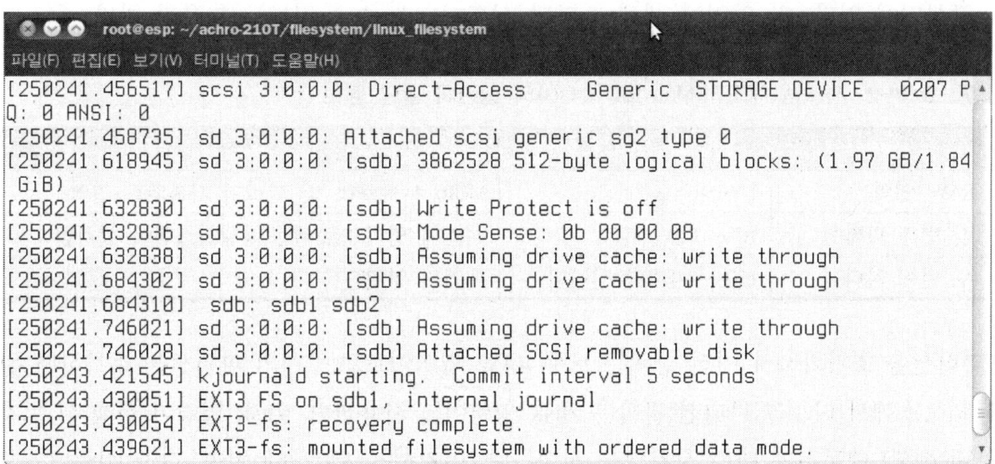

그림 6-11 리눅스에서 MicroSD 메모리에 대한 장치명 확인

그림 6-11에서는 MicroSD 메모리가 sdb로 연결된 상태이다. 이후 MicroSD 메모리에 접근하기 위해서는 /dev/sdb를 이용하면 된다. 여기서 주의할 점은 MicroSD 장치는 시스템에 따라서 연결되는 장치명이 달라지므로(예: sdb, sdc, sdd 등), MicroSD 장치 관련 작업을 할 때는 반드시 dmesg 명령어를 입력하여 연결된 장치명을 확인한 다음 진행한다.

6.3.3 MicroSD 메모리 초기화

리눅스 명령인 dd 명령을 이용하여 메모리 전체를 0으로 초기화한다. 0으로 초기화하려면, /dev/zero라는 디바이스를 이용하면 된다. 아래의 명령에서 if는 입력파일(input file), of는 출력파일(output file), bs는 한 번에 기록하는 block size를 의미한다. 아래의 dd 명령을 이용하면 시스템에 연결된 메모리 크기 전체를 0으로 채우게 된다. dd 명령을 이용할 경우 다른 메모리나 하드 디스크를 초기화 시킬 수 있으므로, 반드시 사용할 하드웨어 장치를 확인한 다음 사용해야 한다.

```
# dd if=/dev/zero of=/dev/sdb bs=64K
dd: `/dev/sdb' 쓰는 중 : No space left on device
30177+0 레코드 들어옴
30176+0 레코드 나감
1977614336바이트 (2.0 GB) 복사됨, 683.012 초, 2.0 M/B/초
#
```

6.3.4 MicroSD 메모리 파티션

Achro-210T 보드의 시스템 메모리(MicroSD 2 GB)는 1개의 RAW 영역과 2개의 파티션으로 구성되어 있다. 각 영역에 대해 할당된 실린더(cylinder) 정보는 다음과 같다.

표 6-2 시스템 메모리(MicroSD 2 GB)의 실린더 할당 정보

영역	할당된 실린더 위치	용도
RAW 영역	1 ~ 9	MBR, 부트로더 및 커널이 기록되는 영역
첫 번째 파티션	10 ~ 149	시스템 영역으로 루트파일시스템이 설치됨
두 번째 파티션	150 ~ 마지막 실린더	데이터 영역

파티션을 초기화하기 이전 상태는 모두 RAW 영역이므로, 2개의 파티션을 추가하면 된다. 리눅스에서 디스크 파티션 관리는 fdisk 명령어를 사용한다. fdisk 명령어 실행 시 인자로 MicroSD 메모리에 대한 장치명을 지정한다. 여기서는 /dev/sdb이며, 각자 컴퓨터에서 인지한 장치명(예: /dev/sdc 또는 /dev/sdd 등)을 입력한다. fdisk 명령어 내에서 p 명령은 파티션 정보를 화면에 출력해 주며, n은 새로운 파티션을 생성하고, w는 파티션 정보를 저장한다.

```
# fdisk /dev/sdb
WARNING: DOS-compatible mode is deprecated. It's strongly recommended to
switch off the mode (command 'c') and change display units to
sectors (command 'u').
```

```
Command (m for help): p    ← ① 파티션 보기
Disk /dev/sdb: 1977 MB, 1977614336 bytes
61 heads, 62 sectors/track, 1021 cylinders
Units = cylinders of 3782 * 512 = 1936384 bytes
Sector size (logical/physical): 512 bytes / 512 bytes
I/O size (minimum/optimal): 512 bytes / 512 bytes
Disk identifier: 0x49791684
Device Boot Start End Blocks Id System

Command (m for help): n    ← ② 새로운 파티션 생성
Command action
e extended
p primary partition (1-4)
p        ← ③ Primary 파티션으로 지정
Partition number (1-4): 1     ← ④ Primary 파티션 내 첫 번째 파티션으로 지정

First cylinder (1-1021, default 1): 10    ← ⑤ 첫 번째 파티션 실린더 시작 위치 설정
Last cylinder, +cylinders or +size{K,M,G} (10-1021, default 1021): 149    ← ⑥ 첫 번째 파티션 실린
더 마지막 위치를 149로 설정
Command (m for help): n    ← ⑦ 새로운 파티션 생성

Command action
e extended
p primary partition (1-4)
p   ← ⑧ 프라이머리 파티션으로 설정

Partition number (1-4): 2    ← ⑨ 두 번째 파티션으로 설정

First cylinder (1-1021, default 1): 150    ← ⑩ 두 번째 파티션의 실린더 시작 위치 설정
Last cylinder, +cylinders or +size{K,M,G} (150-1021, default 1021): 1021
    ← ⑪ 두 번째 파티션의 실린더 마지막 위치를 1021로 설정
        여기서 1021은 메모리카드에 따라서 실린더의 마지막 위치가 바뀌게 되므로 위의 화면에서와
        같이 출력해주는 실린더의 디폴트 사이즈만큼 입력하거나 엔터키를 입력하여 디폴트값인 1021
        을 넣도록 해준다.

Command (m for help): w    ← ⑫ 설정한 파티션 저장
The partition table has been altered!
Calling ioctl() to re-read partition table.
Syncing disks.
```

6.3.5 파일시스템(ext3) 포맷

파티션이 생성되었으면, 해당 파티션을 사용할 수 있도록 초기화(포맷)를 해 주어야 한다. 앞서 나눈 파티션을 다시 확인해보면 RAW 영역, 시스템 영역(첫 번째 파티션), 데이터 영역(두번째 파티션)으로 나뉘었다. RAW 영역에는 커널과 부트로더가 기록되고, 시스템 영역에는 리눅스 파일시스템이 설치된다. 그리고 데이터 영역은 이후 확장 메모리 형태로 사용하게 된다. 부트로더와 커널은 메모리로 재배치되므로 RAW 영역에 위치하게 되고, 일

반적으로 사용자가 접근할 수 없게 된다. 반면, 리눅스 파일시스템은 사용자에 의해서 변경될 수 있으므로, 시스템에서 인식 가능한 파티션에 설치해야 한다. 그러므로 리눅스 파일시스템이 설치되는 시스템 영역은 리눅스에서 주로 사용하는 파일시스템으로 포맷되어야 하며, 여기서는 ext3로 포맷하는 것으로 한다.

MicroSD 메모리의 첫 번째 파티션인 시스템 영역을 ext3 파일시스템으로 포맷한다. 리눅스 명령어 중 mkfs.ext3는 파일시스템을 ext3로 포맷해 준다. 첫 번째 파티션은 장치명이 /dev/sdb1으로 지정되며, 두 번째 파티션은 /dev/sdb2로 지정된다. 시스템 영역의 레이블을 Achro210T_System으로 지정하는 것으로 한다. 만일 이전 단계에서 MicroSD 메모리를 시스템에서 다른 장치명으로 인식하였다면, 예를 들어 sdc인 경우 첫 번째 파티션에 대한 장치명은 /dev/sdc1이 된다.

```
# mkfs.ext3 -L Achro210T_System /dev/sdb1
```

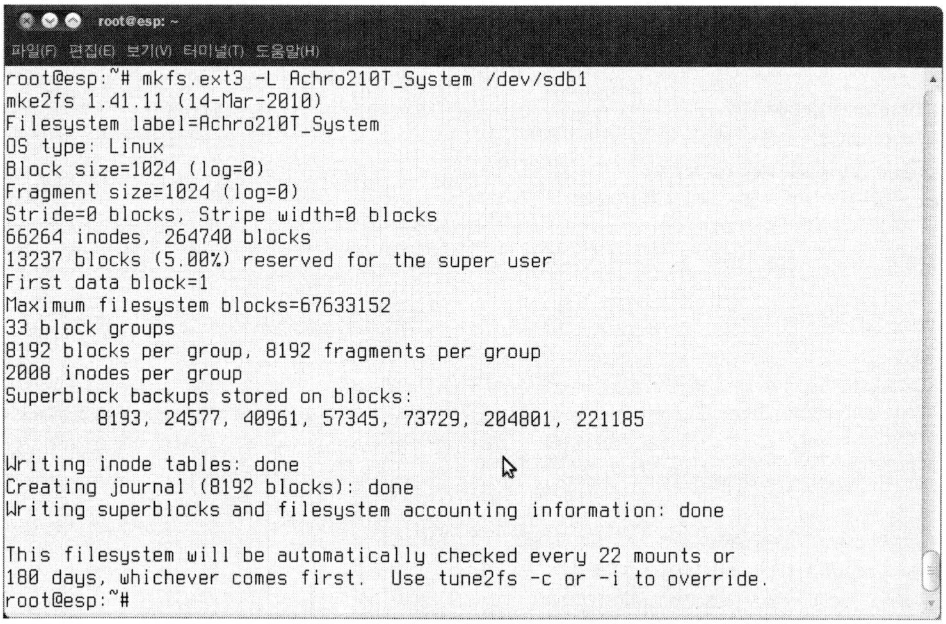

그림 6-12 시스템 영역(첫 번째 파티션)을 ext3로 포맷

MicroSD 메모리의 두 번째 파티션인 데이터 영역도 ext3 파일시스템으로 포맷한다. MicroSD 메모리를 리눅스에서 sdb로 인지한 경우 장치명은 /dev/sdb2가 된다. 데이터 영역의 레이블은 Achro210T_Data로 지정한다.

```
# mkfs.ext3 -L Achro210T_Data /dev/sdb2
```

```
root@esp:~# mkfs.ext3 -L Achro210T_Data /dev/sdb2
mke2fs 1.41.11 (14-Mar-2010)
Filesystem label=Achro210T_Data
OS type: Linux
Block size=4096 (log=2)
Fragment size=4096 (log=2)
Stride=0 blocks, Stripe width=0 blocks
103168 inodes, 412238 blocks
20611 blocks (5.00%) reserved for the super user
First data block=0
Maximum filesystem blocks=423624704
13 block groups
32768 blocks per group, 32768 fragments per group
7936 inodes per group
Superblock backups stored on blocks:
        32768, 98304, 163840, 229376, 294912

Writing inode tables: done
Creating journal (8192 blocks): done
Writing superblocks and filesystem accounting information: done

This filesystem will be automatically checked every 34 mounts or
180 days, whichever comes first.  Use tune2fs -c or -i to override.
root@esp:~#
```

그림 6-13 데이터 영역(두 번째 파티션)을 ext3로 포맷

이제 MicroSD 메모리의 파티션 생성과 초기화 과정을 마쳤고, 이후 부트로더와 커널, 리눅스 파일시스템을 직접 설치해 본다.

6.3.6 MicroSD 메모리 파티션 테이블 정보

Achro-210T 보드에서 제공되는 시스템용 MicroSD 메모리는 2 GB의 용량이며, 메모리 구성은 그림 6-14와 같다.

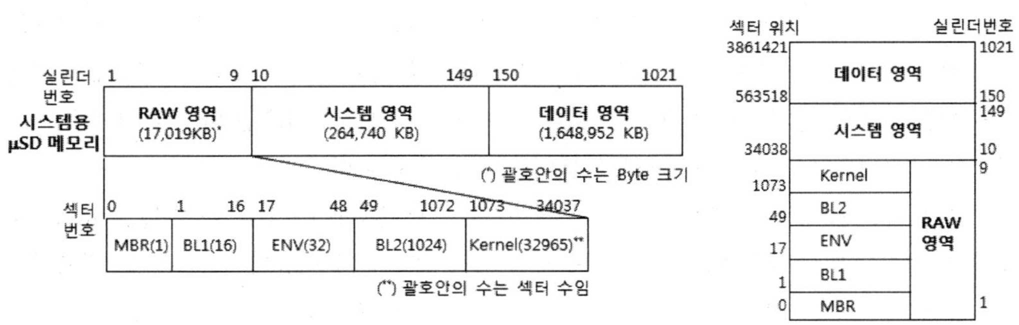

그림 6-14 Achro-210T 시스템 메모리의 메모리맵

이전 절에서 기술한 것처럼 MicroSD 메모리를 초기화하면, 메모리는 1021개의 실린더, 61개의 헤드, 62개의 섹터, 섹터당 512바이트로 구성된다. RAW 영역에는 총 9개의 실린더가 배정되어 있으므로, RAW 영역의 총 섹터수는 "9개 실린더 × 61 헤드 × 62 섹터 =

34038 섹터"가 된다. RAW 영역의 0번 섹터에는 MicroSD 메모리의 파티션 정보를 가지고 있는 MBR(Master Boot Record)이 위치하고 있다. MBR은 fdisk 명령어 수행 시 자동으로 생성된다. MBR 위에 BL1과 Environment 영역, BL2 영역 그리고 Kernel 영역이 할당되어 있다.

BL1 영역에는 u-boot.bin.crc 파일이 쓰여진다. 이 파일은 부트로더 바이너리인 u-boot.bin의 앞부터 8 KB의 정보를 이용하여 makechecksum 프로그램을 통해 만들어진다. 이 파일에는 부트로더의 기본 정보와 해당 파일에 대한 오류 확인을 위한 CRC의 체크섬 정보들이 들어있다. 포함된 정보의 주된 내용은 부팅 시 이용되는 CPU, NOR, NAND 장치와 같은 기본 부팅에 필요한 하드웨들에 대한 정보들과 NAND에서 데이터를 읽어 시스템에 설치된 RAM으로 올리는 작업 등의 초기화 부분이 포함된다. BL2 영역에는 부트로더 실행 파일인 u-boot.bin 이미지가 쓰여지며, 49번 섹터부터 1072번 섹터까지 할당되어 있다. 커널 영역은 섹터번호 1073부터 34047번까지로, 이 영역에는 리눅스 커널이미지(zImage)가 쓰여진다.

타겟보드에 전원이 인가되면, CPU는 BL0의 내용을 읽게 된다. BL0는 iROM 코드라 불리며, CPU의 제조사가 해당 프로세서를 만들 때 프로그램되어 내장된다. 이 BL0는 CPU에서 특정 영역을 읽을 수 있도록 만들어진 부트 코드이다. BL0가 시작되면, BL1의 위치를 확인하여 데이터를 읽게 되는데, BL0에는 현재 사용하는 타겟보드에 대한 내용이 포함되어 있지 않아 하드웨어를 초기화 시킬 수 없으므로, 부트로더 내용을 RAM으로 복사할 수 없다. 그래서 BL0는 CPU가 시스템을 초기화하고 부팅하기 위한 시스템의 하드웨어 정보와 초기화를 할 수 있는 코드가 들어있는 BL1을 CPU가 적은 용량의 내부 램인 iRAM에 올린다음 해당 내용을 토대로 CPU와 그 주변 장치들을 초기화한다. iRAM은 저장할 수 있는 크기가 적기 때문에 BL2를 바로 올리지 못하고 BL1을 올려 BL2를 올릴 수 있는 선행 작업을 하게 되는 것이다. 그 다음 BL2 영역의 내용인 u-boot.bin(부트로더 전체 바이너리)을 RAM으로 복사한다. 이후 CPU는 RAM에 적재된 부트로더 코드를 읽어 앞으로 우리가 사용해야 하는 부트로더인 u-boot를 실행시킨다. 부트로더에서 사용자 입력이 없으면 마지막 단계로 커널 이미지를 RAM으로 적재한 후 커널로 제어권을 넘기게 된다.

지금까지의 부트로더, 커널이미지는 특별한 파일시스템(예: ext3)을 갖지 않는 RAW 영역에 기록된다. 이런 경우 데이터 기록은 리눅스 명령어 dd를 이용하게 된다. dd 명령어는 블록 단위로 파일을 복사하거나 파일 변환을 가능하게 해 준다.

시스템 영역은 실린더 10번부터 149번까지 할당되어 있으며, 섹터 번호로는 34038번부터 위치하게 된다. 이 시스템 영역은 ext3 파일시스템으로 포맷되며, 리눅스 루트파일시스템이 쓰여지는 곳이다. 시스템에 데이터를 기록할 때는 블록 파일시스템 포맷(ext3)을 가지고 있기 때문에 이 영역을 리눅스에서 마운트한 다음 복사 명령어(cp)를 이용하여 리눅스 루트파일시스템을 올린다.

6.4 MicroSD 메모리에 시스템 이미지 올리기

시스템용 MicroSD 메모리에 시스템 이미지를 올려서 Achro-210T 보드가 정상적으로 부팅이 되도록 해 본다. Achro-210T 보드의 DVD 이미지는 /root/achro-210T에 마운트되었다고 가정한다. RAW 영역에 올라갈 부트로더와 커널이미지는 그림 6-4에 보인 것처럼 achro-210T/images 디렉토리 밑에 있다. 이 파일들은 dd 명령어를 이용하여 각각 부트로더 영역과 커널 영역에 복사된다.

타겟보드용 리눅스 파일시스템은 achro-210T/filesystem/linux_file_system 밑에 들어있다. 이 파일들은 실린더 10번부터 시작되는 시스템 영역에 cp 명령어를 이용하여 복사된다.

앞으로의 실습 편의를 위하여 관련 파일들을 홈 디렉토리 밑에 download 디렉토리를 생성하여 그 아래 두는 것으로 한다. RAW 영역에 올라갈 파일들은 download/images 밑에 복사하며, 압축된 형태로 제공되는 시스템 영역에 올라갈 루트파일시스템은 download 밑에 푸는 것으로 한다.

```
root@esp:~# mkdir  ~root/download     ← 시스템 이미지 저장할 디렉토리 생성
root@esp:~# cd ~/achro-210T/images    ← 시스템 이미지 있는 디렉토리로 이동
root@esp:~/achro-210T/images# ls    ← 파일 목록 확인
합계 4508
 244 u-boot.bin    244 u-boot.bin.crc   4020 zImage
root@esp:~/achro-210T/images# cd ..    ← 상위디렉토리로 이동
root@esp:~/achro-210T# cp -r images ~/download    ← 시스템 이미지 복사
root@esp:~/achro-210T# cd ~/achro-210T/filesystem/linux_filesystem/    ← 리눅스 파일시스템 디렉토리로 이동
root@esp:~/achro-210T/filesystem/linux_filesystem# ls
합계 3024
3022 linux_fs_20120906.tar.gz       2 readme.txt
root@esp:~/achro-210T/filesystem/linux_filesystem# tar xvfz linux_fs_20120906.tar.gz -C ~/download
    ← 루트파일시스템을 루트 홈 밑의 download에 풀기
root@esp:~/achro-210T/filesystem/linux_filesystem# cd ~/download ← download 디렉토리로 이동
root@esp:~/download# ls    ← 파일 목록 확인
합계 8
4 images/   4 linux_fs_20120906/
```

6.4.1 부트로더 설치

부트로더를 시스템 μSD에 설치하기 위해 메모리가 연결되었는지 확인한다. 메모리 연결은 (1) 시스템용 μSD 메모리를 컴퓨터에 연결하고, (2) VirtualBox 관리자 화면에서 [장치] - [USB 장치]를 선택한 후, (3) USB 저장소를 지정하는 장치(예: Generic USB storage)로 선택한다. 그러면 우분투 리눅스에서 시스템 μSD를 사용할 수 있는 상태가 되며, 어떤 디바이스 장치로 인식하였는지는 dmesg 명령어를 사용하면 확인할 수 있다.

시스템용 μSD 메모리가 /dev/sdb로 인식되었다고 가정하고, 그림 6-15에 보인 RAW 영역의 BL1, BL2, Kernel 영역에 타겟보드용 이미지 파일들을 설치한다. RAW 영역은 파일시스템으로 구성된 것이 아니므로 dd 명령어를 이용하여 데이터를 기록한다.

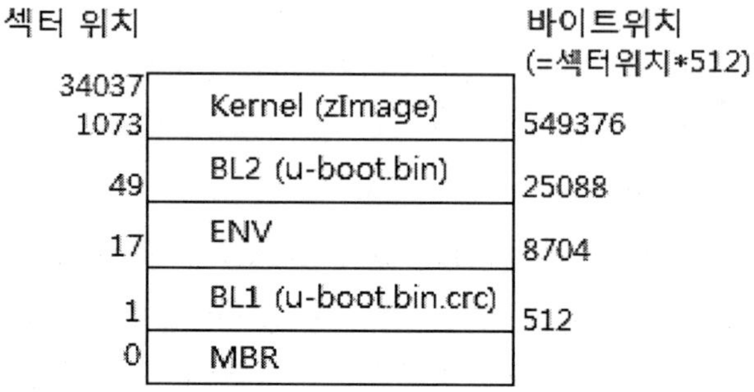

그림 6-15 μSD 메모리의 RAW영역의 바이트 위치 정보

□ BL1 영역

부트로더와 관련된 체크섬 파일인 u-boot.bin.crc 파일은 BL1 영역에 쓰여진다. BL1 영역에 쓰여지는 BL1 코드는 makechecksum 프로그램을 이용하여 만들며, 이 프로그램은 DVD 이미지 디스크에 들어있고, 앞장에서 이미 설치하였다. makechecksum 프로그램은 u-boot.bin 파일의 앞부분 8 KB를 이용하여 BL1 영역에 쓰여질 파일 u-boot.bin.crc를 생성하며, 생성하는 방법은 다음과 같다.

```
root@esp:~/download# cd images    ← 시스템 이미지 파일 있는 곳으로 이동
root@esp:~/download/images# makechecksum u-boot.bin 8192    ← u-boot.bin.crc 파일 생성
checksum : 0xea474
root@esp:~/download/images# ls
u-boot.bin u-boot.bin.crc zImage
```

생성된 체크섬 파일 u-boot.bin.crc를 dd 명령어를 이용하여 BL1 영역에 쓴다. BL1 영역은 메모리맵에서 512번째 바이트부터 할당되어 있으므로 dd 명령어의 bs와 seek 옵션을 이용하여 장치메모리(/dev/sdb)에서 512바이트만큼 건너뛴 다음 u-boot.bin.crc 파일을 쓰도록 한다.

```
root@esp:~/download/images# dd if=u-boot.bin.crc of=/dev/sdb bs=1 seek=512 count=8192
8192+0 레코드 들어옴
8192+0 레코드 나감
8192바이트 (8.2 kB) 복사됨, 0.034187 초, 240 kB/초
```

dd 명령어는 if 옵션을 사용하여 표준 입력장치 대신 데이터를 읽어들일 입력파일을 지정하며, of 옵션을 사용하여 표준 출력장치 대신 데이터를 쓸 출력 파일을 지정한다. dd

명령어의 bs 옵션은 블록 사이즈로 기본 단위는 바이트이다. 여기서 bs의 값이 1이므로 블록 크기는 1바이트이며, 한 바이트씩 if로 지정된 파일로부터 데이터를 읽어들여 of로 지정된 파일로 데이터를 쓴다. seek 옵션은 지정된 숫자만큼의 블록을 건너뛰어 출력장치에 데이터를 쓴다. 여기서는 512로 지정되었으므로, sdb 메모리의 초기위치 기준으로 512바이트를 건너뛰고 데이터를 쓰기 시작한다. dd 명령어의 count 옵션은 몇 개의 블록을 쓸 것인가를 결정한다. 여기서 count값은 8192로 지정되었고, bs의 값은 1이므로 총 8192바이트 만큼의 데이터를 sdb 장치에 쓰게 된다.

□ BL2 영역

BL2 영역에는 부트로더 실행파일인 u-boot.bin을 기록한다. 그림 6-15에서 BL2 영역의 위치는 25088번째 바이트부터 시작함을 알 수 있다. 따라서 μSD 메모리에서 바이트 단위(bs=1)로 25088만큼의 바이트를 건너뛴(seek=25088) 다음, u-boot.bin 파일의 내용을(if=u-boot.bin) μSD 메모리(of=/dev/sdb)에 기록한다. dd 명령어에서 count 옵션이 지정되지 않으면 입력 파일의 끝부분까지 데이터를 출력장치로 쓴다.

```
root@esp:~/download/images# dd if=u-boot.bin of=/dev/sdb bs=1 seek=25088
248472+0 레코드 들어옴
248472+0 레코드 나감
248472바이트 (248 kB) 복사됨, 0.656392 초, 379 kB/초
```

□ ENV 영역

ENV 영역에는 시스템 부팅 시 부트로더(u-boot)에서 필요한 기본적인 정보와 파라미터 값들이 들어있다. 부트로더 빌드 중 사용되는 환경변수들은 setenv()를 통해서 만들어진다. Achro210T 보드에서 사용되는 설정은 부트로더 소스 디렉토리의 board/samsung/ achropv210/ achro210.c 파일에 설정된 내용을 토대로 만들어진다.

```
switch(regs) {
case BOOT_NAND:
    Outp32(0xe02002a4, 0x0);     // LED0 On
    Outp32(0xe02002c4, 0x1);     // LED1 Off

        printf("checking mode for fastboot ...₩n");
    run_command("mtdparts default", 0);

        if((~readl(0xE0200C04)) & 0x6) {
            run_command("fastboot", 0);
            } else
    if(default_boot_mode) {     // using default environment
```

```
            sprintf(boot_cmd, "nand read %08x 600000 500000;nand read %08x B00000 300000; bootm %08x %08x"
                    , MEMORY_BASE_ADDRESS + 0x8000
                    , MEMORY_BASE_ADDRESS + 0x1000000
                    , MEMORY_BASE_ADDRESS + 0x8000
                    , MEMORY_BASE_ADDRESS + 0x1000000);
            setenv("bootcmd", boot_cmd);

        sprintf(boot_cmd, "root=ramfs devfs=mount console=ttySAC1,115200 ubi.mtd=4 ubi.mtd=5");
            setenv("bootargs", boot_cmd)
```

부트로더의 커맨드 모드에서 printenv 명령을 이용하여 해당 내용을 확인할 수 있다. 사용자는 부트로더 명령에서 setenv 명령을 통해서 이러한 환경변수를 등록할 수 있는데, 이렇게 등록된 환경변수는 환경변수 영역을 삭제하지 않는 이상 계속 유지된다. 예를 들어 부트로더에서 tftp를 이용해서 부트로더를 업그레이드하기 위해서는 호스트 시스템의 IP 주소와 타겟보드의 IP 주소를 설정해야 하는데, 사용하는 호스트 시스템이 192.168.10.100이고 타겟보드가 192.168.10.110인 경우 부트로더에서 아래와 같이 IP 주소를 변경해 준다.

```
PV210 # set serverip 192.168.10.100
PV210 # set ipaddr 192.168.10.110
```

그리고 재부팅 이후에도 적용되게 하려면 ENV 영역에 저장을 해야 하는데, 이때에는 다음과 같은 명령을 통해서 저장이 가능하다.

```
PV210 # save
```

부트로더에 설정된 환경변수의 기본값은 다음과 같이 등록되어 있다.

```
Welcome to Achro210T Linux

Achro210T login: OK

U-Boot 1.3.4 (Sep  3 2012 - 16:15:09) for AchroPV210

CPU:  S5PV210@1000MHz(OK)
        APLL = 1000MHz, HclkMsys = 200MHz, PclkMsys = 100MHz
        MPLL = 667MHz, EPLL = 80MHz
                       HclkDsys = 166MHz, PclkDsys = 83MHz
                       HclkPsys = 133MHz, PclkPsys = 66MHz
                       SCLKA2M  = 200MHz
Serial = CLKUART
Board:     AchroPV210
```

```
DRAM:       512 MB
SD/MMC:     1876 MB
In:         serial
Out:        serial
Err:        serial

Hit any key to stop autoboot:  0
PV210 # pri
bootdelay=3
baudrate=115200
ethaddr=00:40:5c:26:0a:5b
ipaddr=192.168.1.121
serverip=192.168.1.2
gatewayip=192.168.1.1
netmask=255.255.255.0
allf=run bootf;run linuxf
loadaddr=0x20008000
boot_ofs=0
boot_size=40000
boot_file=pv210/u-boot.bin
boot_tftp=echo ===> Tftp...; tftp $loadaddr $boot_file
boot_write=echo ===> Write...; movi write u-boot $loadaddr
bootf=run boot_tftp && run boot_write
bootargs_nfs=root=/dev/nfs nfsroot=192.168.1.111:/home/kskim/nfsroot/root,rsf
bootargs_mmc=root=/dev/mmcblk0p1 devfs=mount rootdelay=3
bootargs_mmc2=root=/dev/mmcblk0p2 devfs=mount rootdelay=3
bootcmd_mtd=set bootargs $bootargs $bootargs_mtd; run linux_load && bootm $lr
bootcmd_mmc=set bootargs $bootargs $bootargs_mmc; run linux_tftp && bootm $lr
bootcmd_nfs=set bootargs $bootargs $bootargs_nfs; run linux_load && bootm $lr
linux_addr=50008000
linux_ofs=c0000
linux_size=340000
linux_file=pc100/zImage
linux_load=echo ===> Load...; movi read kernel $loadaddr
linux_tftp=echo ===> Tftp...; tftp $loadaddr $linux_file
linux_write=echo ===> Write...; movi write kernel $loadaddr
linux_test=run linux_tftp && bootm $loadaddr
linuxf=run linux_tftp && run linux_write
unlock=yes
bootcmd=movi read kernel 20008000; bootm 20008000
bootargs=root=/dev/mmcblk0p1 rootfstype=ext3 init=/init console=ttySAC0,11520

Environment size: 1454/16380 bytes
```

환경변수들이 잘못 추가되거나 변경되었을 경우 시스템이 부팅되지 않을 수 있으므로 환경변수를 변경할 때는 주의해야 한다.

6.4.2 커널 설치

커널 영역은 그림 6-15의 μSD 메모리에 대한 섹터와 바이트 위치 정보를 보면 1073번 섹터부터 커널이 시작되며, 이 시작점은 바이트 위치로 환산하면 549376이 된다. dd 명령어를 이용하여 커널이미지 파일(zImage)을 직접 μSD 메모리에 기록한다.

```
root@esp:~/download/images# dd if=zImage of=/dev/sdb bs=1 seek=549376
3915884+0 레코드 들어옴
3915884+0 레코드 나감
3915884바이트 (3.9 MB) 복사됨, 12.0632 초, 325 kB/초
```

일반적으로 부트로더가 시스템 메모리에 정상적으로 기록되면, 그 이후로는 USB 또는 이더넷을 이용하여 부트로더와 커널을 다운로드하여 μSD 메모리에 설치할 수 있다. 특히 커널의 경우는 수정이 빈번하기 때문에 dd 명령으로 기록하는 경우보다 개발 도중 USB를 통해 커널이미지를 다운로드하고 μSD 메모리에 기록하는 경우가 대부분이다. 이 부분에 대해서는 커널 컴파일에 대해 설명하는 부분에서 다시 다룬다.

6.4.3 리눅스 파일시스템 설치

리눅스 파일시스템은 시스템에서 필요로 하는 기본적인 라이브러리(예를 들면, glibc와 같은 시스템 필수 라이브러리)와 리눅스에서 기본적으로 이용하는 명령어에 해당하는 바이너리, 시스템 사용에 필요한 유틸리티 등이 포함된다. 임베디드 시스템에 설치되는 리눅스 파일시스템도 호스트 리눅스에 설치되는 디렉토리와 동일한 구조를 가지며, 필요한 유틸리티나 서버 데몬의 설정도 호스트 리눅스 시스템과 마찬가지로 /etc 디렉토리 밑에서 작업하며, 호스트 리눅스의 파일시스템의 축소판이라 할 수 있다.

기존에 부트로더와 커널은 특별한 파일시스템을 갖지 않는 RAW 영역에 설치되었지만, 리눅스 파일시스템은 운영체제에서 마운트하여 사용되므로 운영체제가 지원하는 파일시스템 영역에 넣어야 한다. Achro-210T 타겟보드의 경우 ext3 파일시스템을 이용하고 있으므로, 파일시스템의 압축을 풀어 μSD 메모리의 시스템 영역에 복사해 주면 파일시스템 준비가 완료된다.

타겟보드의 리눅스 파일시스템은 그림 6-14에 보인 메모리 맵에서 지정된 시스템 영역에 설치된다. 이 영역은 이전 단계에서 이미 ext3 파일시스템으로 포맷한 상태이다. 따라서 여기서는 타겟보드용 리눅스 파일시스템을 호스트 컴퓨터로 복사하고, 호스트 컴퓨터에서 타겟보드의 시스템 영역을 마운트한 다음, 리눅스 파일시스템을 타겟보드용 μSD 메모리의 시스템 영역으로 복사한다. 단계별 과정을 살펴보면, 우선 dmesg 명령어를 이용하여 μSD 메모리가 마운트된 장치명을 확인한다. 마운트된 장치명은 이전 단계와 마찬가지로

/dev/sdb라고 가정한다. 마운트된 μSD 메모리 장치에서 첫 번째 파티션 영역은 /dev/sdb1으로 인식되며, 두 번째 파티션 영역은 /dev/sdb2로 인식된다. 시스템 영역은 그림 6-14에 보인 것처럼 첫 번째 파티션으로 할당되어 있으므로 /dev/sdb1으로 인식되며, ext3 포맷이면 시스템에 자동으로 마운트(예: /media/Achro210T_System)된다.

```
root@esp:~/download/images# df
 파일시스템    1K-블록      사용됨       사용가능      사용%    마운트 됨
 /dev/sda1    29640780    10415000    17720092     38%      /
 none         509000      276         508724       1%       /dev
 none         513236      24          513212       1%       /dev/shm
 none         513236      100         513136       1%       /var/run
 none         513236      0           513236       0%       /var/lock
 none         513236      0           513236       0%       /lib/init/rw
 win_share    222597116   146464432   76132684     66%      /root/share
 /dev/loop0   4003352     4003352     0            100%     /root/achro-210T
 /dev/sdb1    256366      10287       232842       5%       /media/Achro210T_System
 /dev/sdb2    1623008     35228       1505336      3%       /media/Achro210T_Data
root@esp:~/download/images# cd ../linux_fs_20120906
root@esp:~/download/linux_fs_20120906# cp -a * /media/Achro210T_System/
root@esp:~/download/linux_fs_20120906# sync
root@esp:~/download/linux_fs_20120906#
```

복사가 완료되면 μSD 메모리 카드를 제거하여, Achro-210T 보드의 System이라고 표기된 μSD 메모리 슬롯에 해당 메모리를 연결한다. 그 다음 전원을 인가하면, 부트로더, 커널, 파일시스템 마운트 후 로그인 할 수 있는 프롬프트를 출력한다. 상세한 과정은 다음 절에 기술한다.

6.4.4 시스템 구동 확인하기

이제 부트로더와 커널이미지 그리고 리눅스 파일시스템이 μSD 메모리에 정상적으로 설치완료되었다. μSD 메모리를 Achro-210T 보드에 삽입하기 위해 먼저 호스트 시스템에 삽입된 메모리를 제거한다. μSD 메모리를 안전하게 제거하는 순서는 VirtualBox 관리자에서 우선 연결을 해제하고, 그런 다음 PC에서 "하드웨어 안전하게 제거"를 선택하면 된다. 상세한 단계를 살펴보면 VirtualBox 관리자 메뉴에서 [장치] - [USB 장치] - [Generic Mass Storage]를 선택하여 μSD 메모리를 호스트에서 분리한다. 그런 다음 PC 화면의 오른쪽 하단 아이콘 트레이에 있는 하드웨어 안전제거에서 해당 드라이브를 선택한다. PC에서 "하드웨어 안전 제거" 메시지가 보이면, PC에서 μSD 메모리를 뺀다. 이제 μSD 메모리를 Achro-210T 보드 옆면에 있는 System이라 표기된 μSD 메모리용 슬롯에 삽입한다.

210T 보드의 전원을 인가하기 전에 호스트와 210T 보드 간에 직렬 케이블이 정상적으로 연결되었는지 확인한다. 이 케이블은 일반적으로 USB-to-Serial 케이블로 호스트쪽에 USB

단자를 연결하고 DB-9 직렬 커넥터 부분을 210T 확장용 보드에 있는 UART0 단자에 연결한다. 케이블 연결이 확인되었으면, 그 다음으로 가상머신에서 이 케이블을 사용할 수 있도록 가상머신 관리자 메뉴에서 [장치] - [USB 장치]를 클릭한 후 "USB-Serial Controller"를 선택한다.

이제 우분투 리눅스에서 minicom을 실행한 후 시리얼 포트가 /dev/ttyUSB0로 지정되었는지 확인하고 210T 보드의 전원을 켠다. 그러면 아래 화면과 같이 210T 보드가 정상적으로 부팅됨을 확인할 수 있다.

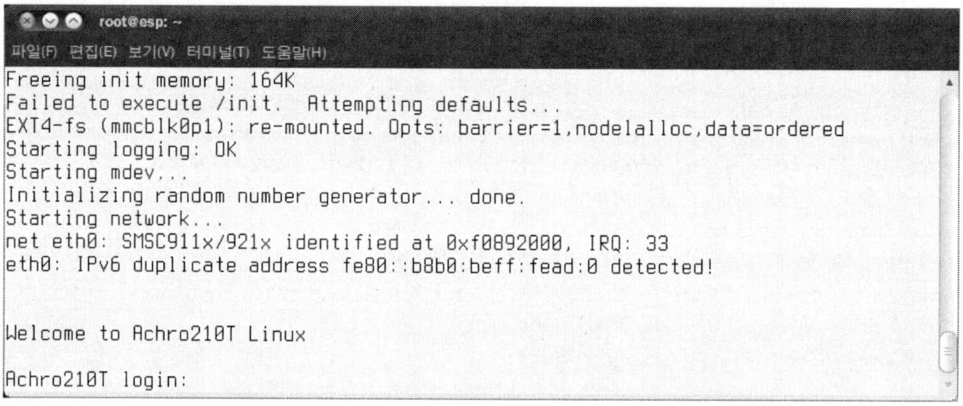

그림 6-16 Achro-210T 정상 부팅 후 화면

Chapter

07 부트로더(Bootloader)

임베디드 시스템에서의 부트로더(bootloader)는 시스템을 켰을 때 가장 먼저 실행되는 프로그램으로, CPU가 리셋되었을 때 접근하는 메모리 주소(일반적으로 주소는 0번이나 메모리의 마지막번지가 됨)부터 시작이 되며, 이 주소에는 플래시 메모리와 같은 비휘발성 메모리가 연결되어 있다. 부트로더의 가장 기본적인 기능은 하드웨어를 초기화하고 커널을 로드하고 몇몇 커널 파라미터들을 커널에 넘겨주는 역할을 한다. 호스트 컴퓨터의 리눅스에서는 GRUB이라는 부트로더를 많이 사용하며, 임베디드 시스템에서는 armboot, blob, ppcboot, redboot, uboot 등이 있으며, Achro-210T에서는 uboot를 사용한다.

7.1 부트로더의 기능

부트로더는 CPU 클럭이나 메모리 타이밍, 인터럽트 벡터, UART 등의 시스템을 구성하고 있는 기본적인 하드웨어 초기화와 레지스터 설정 등을 통하여 시스템을 활성화시켜 운영체제가 시작될 수 있는 기본환경을 만들어준다. 그런 다음 운영체제의 핵심 프로그램인 커널을 메모리에 올리고 실행 권한을 커널로 넘겨주는 역할을 한다. 임베디드 시스템에서 사용하는 부트로더는 이러한 기본 기능 외에도 시스템의 개발을 도와주는 부가적인 기능도 제공한다. 대부분의 임베디드 시스템(또는 타겟보드)은 개발환경을 갖추고 있지 않으므로 개발은 호스트 컴퓨터에서 하게 되는데, 부트로더는 개발한 프로그램을 타겟보드로 전송할 수 있는 다양한 통신채널을 지원한다. 직렬 장치를 통해 데이터를 전송할 수 있도록 xmodem, zmodem, uuencode 등의 기능과 이더넷을 통해 데이터를 전송할 수 있도록 tftp나 bootp 기능들도 제공한다. 이외에도 비휘발성 메모리를 퓨징하는 기능과 직렬통신 프로그램인 미니컴이나 putty 프로그램을 사용하여 타겟보드의 상태를 알아보거나 명령어를 입력할 수도 있다.

7.2 부트로더의 실행 흐름

부트로더가 시작되는 실행 흐름은 아래와 같다.

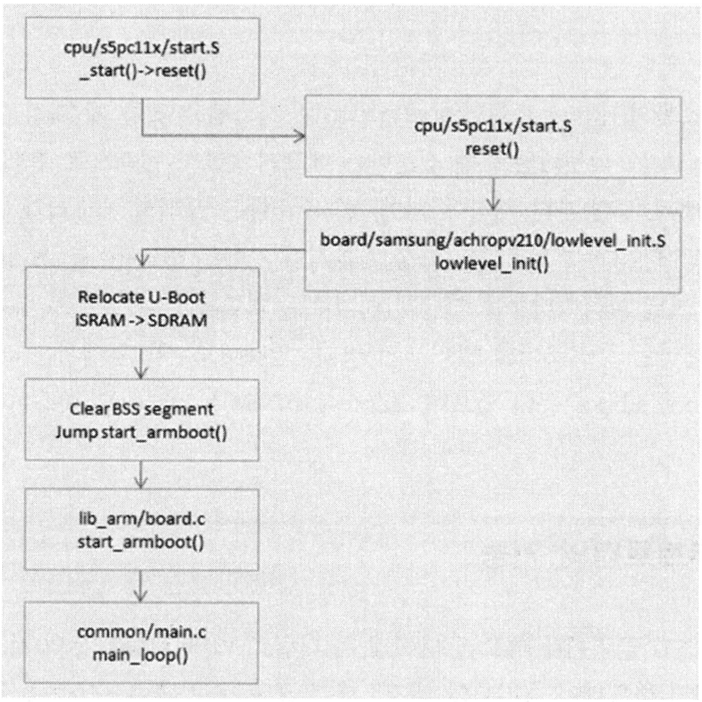

그림 7-1 부트로더의 실행 흐름

위 그림 7-1의 내용은 다음과 같다. 보드가 리셋 상태에서 깨어난 후, start.S의 reset() 루틴이 internal SRAM(Stepping Stone)에서 바로 실행된다. 해당 함수가 실행된 다음 cpu_init_crit() 함수가 호출되고, lowlevel_init.S의 lowlevel_init() 함수를 호출해서 각 보드의 초기화를 수행하고 난 후, 캐쉬를 초기화한다. 이때 SRAM에 저장된 실행 코드를 SDRAM의 TEXT_BASE 번지로 복사하는 relocation을 수행한다. Relocation을 하는 이유는 부트로더가 microSD에서 이용되는 경우, 부트로더를 업데이트 하는데 문제가 발생하기 때문이다. 그래서 RAM에 relocation을 수행하게 되고, 이후 relocation된 곳으로 점프해서 SDRAM에서 실행되게 한다. 그 이후에 0으로 초기화해야 할 영역인 BSS 영역을 초기화한다. BSS까지 초기화가 되었다면 start_armboot()를 이용하여 이전에 relocation된 SDRAM으로 점프를 한다. 해당 메모리로 점프를 하게 되면서부터 부트로더 코드가 실행된다. 그러므로 메모리에 해당 내용이 relocation되기 이전에 기본적으로 CPU와 메모리 등과 같은 하드웨어에 대한 정보가 필요하다. 만약 lowlevel_init() 함수에서 SDRAM이 제대로 초기화 되지 않았다면, 시스템은 다운될 것이다. 다음에서는 현재 사용하고 있는 210T에 대한 하드웨어 설정과 관련된 파일에 대해서 먼저 알아보고 해당루틴이 구동되면서 수행하는 내용에 대해서 알아보도록 한다.

7.3 부트로더의 주요 소스 설명

DVD에서 제공되는 uboot 소스 중에서 하드웨어 설정과 초기화를 위해서 필요한 파일과 주요 내용을 알아보도록 한다.

7.3.1 Makefile

가장 먼저 세팅할 것은 컴파일 스크립트인 Makefile이고 수정되어야 하는 내용은 컴파일러 정보이다. Makefile에서 arm에 대한 CROSS_COMPILE 정보를 추가한다. 아래 내용들은 기본적으로 소스에 적용되어 있다.

```
ifeq ($(ARCH),arm)
CROSS_COMPILE = /자신의 toolchain compile 경로/arm-none-linux-gnueabi-
endif
```

새로운 210T 개발보드에 맞는 설정을 해주는 부분은 아래와 같다. make 스크립트를 구동할 때 achropv210_config라는 글자를 넣어서 해당 하드웨어 설정 부분을 수행하도록 해야 210T에 맞는 소스파일과 헤더를 참조하게 된다.

```
achropv210_config :       unconfig
	@$(MKCONFIG) $(@:_config=) arm s5pc11x achropv210 samsung s5pc110
	@echo "TEXT_BASE =   0x2fd00000" > $(obj)board/samsung/achropv210/config.mk
```

기본 설정을 마치면 make 명령어를 이용하여 컴파일하면 u-boot.bin 파일이 생성된다.

```
# make distclean
(생략)
# make achropv210_config
Configuring for achropv210 board...
# make
(생략)
# ls -l u-boot.bin
-rwxr-xr-x    1 root      root      154568  9월 22 11:10 u-boot.bin
```

컴파일 과정은 make distclean을 이용하여 기존에 컴파일 했었던 오브젝트나 설정(*.bak, *.o, *.a 등)을 모두 삭제한다. 그리고 make achro210_config를 이용해서 앞서 설명한 210T

에서 참조하는 헤더파일 등의 정보를 mkconfig 스크립트를 호출하여 해당 내용이 적용된 "include/config.h", "include/config.mk" 파일을 생성한다. 생성된 헤더의 내용은 아래와 같다. 아래의 include를 통해서 include/configs/achropv210.h 파일에 Achro-210T 개발보드와 관련된 설정사항들을 정하게 되는 것이다.

[include/config.h]
```
/* Automatically generated - do not edit */
#include    <configs/achropv210.h>
```

[include/config.mk]
```
ARCH = arm
CPU = s5pc11x
BOARD = achropv210
VENDOR =   samsung
SOC = s5pc110
```

위에서 생성된 config.mk를 확인하면 다음과 같은 내용을 확인할 수 있다. ARCH, CPU, BOARD, CPU에 대입된 내용은 Makefile 파일에 추가한 내용 중에서 $(MKCONFIG)에 전달한 파라미터임을 알 수 있고, 이들 파라미터의 의미는 다음과 같다.

- ARCH = arm
  - 아키텍처가 무엇인지를 나타낸다.
  - 어떤 크로스 컴파일러를 사용할 것인지 결정된다. (arm-linux-)
  - 어떤 라이브러리를 사용할 것인지 결정된다. (lib_arm/*)
- CPU = s5pc11x
  - CPU가 무엇인지를 나타낸다.(s5pv210은 s5pc110에서 파생되었다.)
  - 어떤 라이브러리를 사용할 것인지 결정된다. (cpu/s5pc11x/*)
- BOARD = achropv210
  - Achro210 개발보드가 무엇인지를 나타낸다.
- VENDOR = samsung
  - 어떤 라이브러리를 사용할 것인지 결정된다. (board/samsung/achropv210/*)
- SOC = s5pc110
  - SOC가 무엇인지를 나타낸다.
  - 어떤 라이브러리를 사용할 것인지 결정된다. (cpu/s5pc11x/s5pc110/*)

7.3.2 board/samsung/achropv210/config.mk

board/samsung/achropv210 디렉토리에는 Achro-210T 개발보드에 관련된 소스들과 컴파일 과정에 필요한 설정파일들이 들어있다.

```
TEXT_BASE    = 0x2fd00000
```

Achro-210T 개발보드에는 512 MB의 SDRAM이 설치되어 있고 [0x2000_0000 ~ 0x5FFF_FFFF] 번지에 놓인다. config.mk 파일에 정의된 TEXT_BASE는 부트로더가 실행되는 베이스 번지를 나타낸다. 이것은 각 소스를 컴파일할 때 "-DTEXT_BASE=0x2fd00000" 인수가 전달되고, 컴파일된 오브젝트 파일 및 라이브러리 파일을 링크해서 u-boot.bin 파일을 만들 때도 인수로 전달된다. 이것은 make 과정에서 생성된 u-boot.map 파일 내용을 살펴보면 ".text" 텍스트 섹션이 0x2fd00000 번지에서 시작됨을 알 수 있다.

7.3.3 board/samsung/achropv210/u-boot.lds

이 파일은 make 과정의 마지막인 링크 과정에서 사용되는 링크 스크립트다. 이 파일에 서술된 대로 각 섹션들을 배열해서 u-boot.bin 이진 파일을 생성한다.

```
OUTPUT_FORMAT("elf32-littlearm", "elf32-littlearm", "elf32-littlearm")
/*OUTPUT_FORMAT("elf32-arm",   "elf32-arm", "elf32-arm")*/
OUTPUT_ARCH(arm)
ENTRY(_start)
SECTIONS
{
        . = 0x00000000;     // 메모리의 시작 주소
        . = ALIGN(4);       // 위치 카운터를 4의 배수로 정렬
        .text       :       // 텍스트 섹션
        {
          cpu/s5pc11x/start.o    (.text)
          cpu/s5pc11x/s5pc110/cpu_init.o          (.text)
          board/samsung/achropv210/lowlevel_init.o        (.text)
          cpu/s5pc11x/nand_cp.o (.text)
          cpu/s5pc11x/movi.o (.text)
          common/secure.o (.text)
          common/ace_sha1.o (.text)
          cpu/s5pc11x/pmic.o (.text)
          *(.text)       }

        . = ALIGN(4);
        .rodata : { *(.rodata) }  // 읽기 전용 데이터 섹션

        . = ALIGN(4);
        .data : { *(.data) }
```

```
        . = ALIGN(4);
        .got : { *(.got) }   // Global Offset Table Section

        __u_boot_cmd_start = .;
        .u_boot_cmd : { *(.u_boot_cmd) }
        __u_boot_cmd_end = .;

        . = ALIGN(4);
        .mmudata : { *(.mmudata) } // MMU Section

        . = ALIGN(4);
        __bss_start = .;
        .bss : { *(.bss) }  // 비초기화 변수들을 저장하는 데이터 세그먼트
        _end = .;
}
```

코드에서 OUTPUT_FORMAT은 elf32의 little endian 형식으로 코드를 생성하겠다는 의미이며, 매개변수가 3개인 것은 링크할 때 옵션으로 -EB를 준 경우, -EL을 준 경우, 아무것도 지정하지 않은 경우에 어떤 형식으로 코드를 생성할 것인가를 알려주기 위함이다. 이 경우에는 모든 경우에 elf32의 little endian 형식으로 코드를 생성한다. 참고로 리눅스에서는 오브젝트 코드와 실행파일 형식으로 ELF(Executable and Linkable Format)를 사용한다.

OUTPUT_ARCH(arm)은 생성될 바이너리 파일은 arm용으로 하겠다는 의미이다. ENTRY(_start)는 uboot의 진입점이며 최초 실행함수를 _start로 지정한 경우이다. _start는 start.S에 글로벌 레이블로 선언되어 있으며 실제 uboot의 시작 위치가 된다.

SECTIONS{}에서는 코드를 목적에 맞게 각 섹션에 분배한다. ELF 형식에서는 소스의 명령어 부분, 데이터 부분을 각 섹션별로 묶어서 관리한다.

① ". = 0x00000000;"은 위치 카운터로, 코드가 오브젝트 코드 내에서 위치할 곳의 주소

② ". = ALIGN(4);"는 위치 카운터를 4바이트 단위로 정렬함을 의미

③ ".text : { *(.text) }"에 의해 지정된 text 섹션에는 소스코드의 명령어 부분이 저장됨

④ ".rodata : { *(.rodata) }"에 의해 지정된 rodata 섹션에는 읽기전용 데이터들이 저장됨

⑤ ".data : { *(.data) }"에 의해 지정된 data 섹션에는 초기화된 전역 변수들이 저장됨

⑥ ".got : { *(.got) }"에 의해 지정된 got 섹션에는 위치와 무관한 코드(position independent code)를 위해 절대주소를 동적으로 매핑시켜 주기 위한 정보들이 저장됨

⑦ ".bss : { *(.bss) }"에 의해 지정된 bss(block started by symbol) 섹션에는 초기화되지 않은 전역변수들이 저장됨

7.3.4 board/samsung/achropv210/achropv210.c

이 파일에는 해당 Achro-210T 개발보드를 위한 초기화 루틴들이 정의되어 있다. 각 함수들의 역할은 다음과 같다.

① int board_init (void)

lib_arm/board.c 소스에서 정의된 void start_armboot() 함수에서 호출된다. start_armboot() 함수는 초기 어셈블리 루틴(cpu/s5pc11x/start.S)의 마지막에서 호출되는 것으로, 어셈블리 루틴에 의해 호출되는 함수 중 처음으로 C 언어로 작성된 함수이다.

② start_armboot()

초기화하기 위한 시퀀스 정보를 가지고 있는 init_fnc_t *init_sequence[]에 등록된 함수들을 차례로 호출하는데, 제일 처음으로 cpu_init() 함수가 호출되고 난 후에 board_init() 함수가 호출된다. 즉, CPU 관련 초기화가 진행된 후에 바로 보드 관련 초기화가 실행된다. gd->bd->bi_arch_number 변수는 리눅스를 부팅할 때 넘겨주는 Machine Number값이며, gd->bd->bi_boot_params 변수는 리눅스를 부팅할 때 넘겨주는 커널 파라미터 문자열에 관련된 정보가 저장된 번지를 나타낸다. 커널 파라미터 문자열은 환경변수 "bootargs"에 저장된다.

③ int board_late_init (void)

lib_arm/board.c 소스에서 정의된 void start_armboot() 함수에서 호출된다. start_armboot() 함수의 마지막 부분에서 main_loop() 함수를 호출하기 전에 board_late_init() 함수를 호출한다. 해당 함수가 호출되려면 보드 설정 헤더(include/configs/achropv210.h) 파일에 BOARD_LATE_INIT를 정의해야 한다.

④ int dram_init (void)

lib_arm/board.c 소스에서 정의된 void start_armboot() 함수에서 호출된다. start_armboot() 함수에서는 init_fnc_t *init_sequence[]에 등록된 함수들을 차례로 호출하는데, 리스트에 dram_init() 함수가 등록되어 있다. 그리고 보드 정보를 저장하고 있는 gd->bd 구조체의 DRAM 관련된 항목을 설정한다.

7.3.5 board/samsung/achropv210/lowlevel_init.S

보드가 리셋 상태에서 깨어난 직후 하드웨어적으로 초기화 되어져야 하는 부분들에 대한 초기화를 진행하게 된다. 리셋 후, cpu/s5pc11x/start.S 소스에 정의된 reset() 루틴이 실행되고, 거기에서 보드에 실장된 각 하드웨어들을 초기화하는 루틴인 lowlevel_init() 함수를 호출하게 되는데, 이 파일에는 보드의 각 하드웨어들을 초기화하는 루틴인 lowlevel_init() 함수가 정의되어 있다. 보드 설정 헤더(/configs/achropv210.h) 파일에서 "CONFIG_SKIP_LOWLEVEL_INIT"를 정의하면 lowlevel_init() 함수는 호출되지 않게 된다. 그러므로 부트로더가 실행되고 있는 210T 개발보드의 램에 전송해서 부트로더의 동작을 테스트 하는 경우에는 하드웨어 초기화 부분의 코드가 들어갈 필요가 없으므로 "CONFIG_SKIP_ LOWLEVEL_INIT"를 정의해야 한다. lowlevel_init() 함수에서 초기화하는 내용은 다음과 같다.

- 전원유지를 위한 PMIC를 초기화(PMIC_init)
- 클럭에 관련된 레지스터를 설정(system_clock_init)
- SDRAM 메모리가 동작하도록 관련된 레지스터를 설정(mem_ctrl_asm_init)
- 부트로더 모니터링을 위한 UART를 초기화(uart_asm_init)

위의 초기화가 실행되면 전원 스위치를 놓아도 전원이 유지되고 SDRAM 메모리는 0x2000_0000 번지에서 액세스 할 수 있고, CPU 클럭은 800 MHz 속도로 동작한다.

7.3.6 include/configs/achropv210.h

이 파일은 210T 보드의 설정에 관련된 헤더파일이다. 보드와 관련된 모든 사항들을 정의해야 하며, S5PV210(S5PC110에서 파생됨) CPU와 관련된 루틴들이 포함되도록 한다. 그러면 컴파일 과정에서 해당 CPU에만 적용되어야 할 루틴들이 컴파일된다.

```
#define CONFIG_S5PC110              1
#define CONFIG_S5PC11X              1
```

보드의 초기화 과정 중에 인터럽트가 발생되지 않도록 설정해야 한다.

```
#undef  CONFIG_USE_IRQ
```

그 다음은 SDRAM 메모리와 관련된 값들이다. MEMORY_BASE_ADDRESS{n}는 SDRAM의 각 뱅크의 시작 번지를 의미하고, CONFIG_NR_DRAM_BANKS는 시스템에서 사용하고 있는 램뱅크의 개수이며, SDRAM_BANK_SIZE는 한 뱅크에 연결하는 메모리의 크기이다. 아래의 내용으로 봤을 때, 210T는 물리적인 메모리는 0x20000000에 뱅크 1이 위치하고, 256 MB의 메모리가 장착되어 있고, 0x40000000에 뱅크 2가 위치하고, 256 MB의 메모리가 장착되어 있어 총 512 MB 램이 설치되어 있는 경우이다.

```
#define MEMORY_BASE_ADDRESS         0x20000000
#define MEMORY_BASE_ADDRESS2        0x40000000
#define CONFIG_NR_DRAM_BANKS        2           /* we have 2 bank of DRAM */
```

```
#define SDRAM_BANK_SIZE             0x10000000    /* 256 MB */
#define PHYS_SDRAM_1                MEMORY_BASE_ADDRESS /* SDRAM Bank #1 */
#define PHYS_SDRAM_1_SIZE           SDRAM_BANK_SIZE
#define PHYS_SDRAM_2                MEMORY_BASE_ADDRESS2 /* SDRAM Bank #2 */
#define PHYS_SDRAM_2_SIZE           SDRAM_BANK_SIZE
```

malloc() 함수에서 사용할 버퍼의 크기를 설정한다. cpu/s5pc11x/start.S, cpu/s5pc11x/cpu.c, lib_arm/board.c 소스에서 참조한다. malloc() 함수에서 사용할 버퍼는 lib_arm/board.c 소스에 정의된 start_armboot() 함수에서 "mem_malloc_init(CFG_UBOOT_ BASE + CFG_UBOOT_SIZE - CFG_MALLOC_LEN – CFG_STACK_SIZE)" 구문에서 설정된다.

```
#define CFG_MALLOC_LEN              (CFG_ENV_SIZE + 1024*1024)
#define CFG_MEMTEST_END             MEMORY_BASE_ADDRESS + 0xFD00000
#define CFG_UBOOT_BASE              CFG_MEMTEST_END
#define CFG_UBOOT_SIZE              (3*1024*1024)
#define CFG_STACK_SIZE              512*1024
```

include/asm-arm/global_data.h 헤더파일에 정의된 gd_t 타입의 변수를 저장할 공간의 크기를 설정한다. 이 값은 gd_t 구조체의 크기보다 크게 하면 된다. gd_t 타입으로 정의된 변수를 액세스하기 위해서는 DECLARE_GLOBAL_DATA_PTR 매크로를 사용하면, gd라는 이름의 포인터로 액세스할 수 있다. ARM의 내부 레지스터인 R8이 항상 gd 변수를 가리키는 포인터로 사용되게끔 컴파일된다. gd_t 타입으로 정의된 변수인 gd는 lib_arm/board.c 소스에 정의된 start_armboot() 함수의 첫 부분에서 설정된다.

```
#define CFG_GBL_DATA_SIZE           128
```

스택의 크기를 설정하는 부분은 다음과 같다.

```
#define CONFIG_STACKSIZE            0x40000
#ifdef CONFIG_USE_IRQ
#define CONFIG_STACKSIZE_IRQ        (4*1024)
#define CONFIG_STACKSIZE_FIQ        (4*1024)
#endif
```

콘솔로 사용할 시리얼 포트는 UART Ch 0으로 지정되어 있고, 속도는 115200으로 설정되어 있다.

```
#define CONFIG_SERIAL1              1
#define CONFIG_BAUDRATE             115200
```

다음은 Achro-210T와 별도로 제공되는 개발보드에 실장되어 있는 SMSC LAN91C111 칩을 액세스하기 위한 설정사항이다. 칩을 액세스하기 위한 번지는 0x98000000이고, 16비트 데이터 버스를 이용한다.

```
#define CONFIG_DRIVER_SMC911X 1
#define CONFIG_DRIVER_SMC911X_16_BIT
#define CONFIG_DRIVER_SMC911X_BASE       0x98000000
```

환경변수는 SD 메모리에 저장되도록 설정되어 있다. 그리고 환경변수는 SD 메모리의 17번째 섹터에 저장되도록 설정한다. 환경변수의 내용은 "printenv" 명령으로 확인할 수 있다.

```
#define CFG_ENV_IS_IN_AUTO
#define CFG_ENV_OFFSET             0x0007C000
#define CFG_ENV_SIZE               0x0004000
```

기본적으로 환경변수에 포함될 내용들을 정의한다. "saveenv" 명령이 실행되면 그때의 환경변수의 내용이 SD에 저장되고, 부팅할 때 저장된 내용이 사용된다.

```
#define CONFIG_EXTRA_ENV_SETTINGS
```

"BOARD_LATE_INIT" 설정은 board/samsung/achropv210/achropv210.c 소스에 정의된 board_late_init() 함수가 lib_arm/board.c 소스에 정의된 start_armboot() 함수에서 호출되도록 설정한다. start_armboot() 함수의 마지막 부분에서 main_loop() 함수를 호출하기 전에 board_late_init() 함수를 호출한다.

```
#define BOARD_LATE_INIT
```

7.4 uboot 명령어

부트로더의 명령어를 실습하려면, 미니컴을 실행하고, 시리얼 포트와 보드의 개발자 포트를 연결한 다음, 보드의 전원을 인가했을 때, 터미널에서 숫자가 카운트 되는데, 그 숫자가 0이 되기 이전에 키보드를 누르게 되면 부트로더 상태로 진입이 가능하다. 부트로더 명령을 실행하기 위해서는 부트로더 상태로 진입 후 다음을 진행해야 한다. u-boot에서 명령어의 사용법을 보기 위해서는 help 명령어를 실행한다.

```
[Achro-210T에서 수행]
PV210 # help
?        - alias for 'help'
autoscr - run script from memory
base      - print or set address offset
bdinfo  - print Board Info structure
boot     - boot default, i.e., run 'bootcmd'
(생략)
tftpboot- boot image via network using TFTP protocol
version - print monitor version
PV210 #
```

7.4.1 Information Command

부트로더에서 등록된 하드웨어의 정보나 도움말을 제공하는 명령어들은 다음과 같다.

① bdinfo

Achro-210T 개발보드 정보를 출력하는 명령이다. 이 명령어를 실행하게 되면 현재 사용하고자 하는 시스템에 부착된 하드웨어 번호, 메모리 뱅크 정보, 네트워크 설정, 시리얼 통신속도 설정 등 최소한의 필수 정보를 출력해 준다.

```
PV210 # bdinfo
arch_number   = 0x00000998
env_t         = 0x00000000
boot_params   = 0x20000100
DRAM bank     = 0x00000000
-> start      = 0x20000000
-> size       = 0x10000000
DRAM bank     = 0x00000001
-> start      = 0x40000000
-> size       = 0x10000000
ethaddr       = 00:40:5C:26:0A:5B
ip_addr       = 192.168.1.121
baudrate      = 115200 bps
```

② help

도움말을 출력해주는 명령이다. help 명령어 뒤에 사용할 명령어를 인자로 주면 해당 명령어의 기능과 형식에 대한 도움말을 출력한다.

```
PV210 # help
```

③ base

수행하고 있는 메모리 명령어의 메모리 위치를 출력하거나 설정하는 명령이다. base 명령의 사용방법에 대한 도움을 얻고자 한다면 help 명령 뒤에 base라고 입력하면, 관련 도움말을 확보할 수 있다.

```
PV210 # help base
base
    - print address offset for memory commands
base off
    - set address offset for memory commands to 'off'

PV210 # base
Base Address: 0x00000000
```

7.4.2 Memory Control

부트로더에서 SDRAM이나 SD 메모리에 접근하기 위한 명령어들을 알아본다. 우선 이더넷이나 혹은 USB를 통해서 커널이나 부트로더 이미지를 다운로드하면, 다운로드 받는 위치는 SDRAM의 일부영역을 이용하게 된다. 호스트에서 전송되어진 해당 바이너리는 microSD(SD) 메모리 제어 명령을 이용하여 SDRAM에서 microSD 메모리로 복사된다. 필요한 데이터 혹은 레지스터에 대해서 부트로더에서 제어할 경우 이용되는 명령어는 부트로더 버전에 따라서 다양하게 존재하며 필요에 의해 명령어를 직접 개발하여 사용하기도 한다. 아래는 삼성에서 배포하는 일반적인 부트로더에 포함된 명령어들이다.

① cp

부트로더 상태에서 메모리를 복사하는 명령이다. 시작 메모리 위치와 복사될 대상의 메모리 위치 그리고 크기를 넣어줌으로써 특정영역의 메모리의 내용을 복사할 수 있다. 아래의 예제에서는 SDRAM 21000000의 위치에서 100바이트를 22000000로 복사하는데 사용되는 예시이다.

```
PV210 # help cp
cp [.b, .w, .l] source target count
    - copy memory

PV210 # cp 21000000 22000000 100
```

② md

부트로더 상태에서 지정한 메모리 영역의 값을 출력해주는 명령이다. 다음의 예제에서는 0x21008000 영역의 데이터를 화면에 출력하는 예제이다.

```
PV210 # help md
md [.b, .w, .l] address [# of objects]
              - memory display

PV210 # md 21008000
21008000: 00002000 00000000 00000000 00000000     . ..............
21008010: ea000013 e59ff014 e59ff014 e59ff014     ................
21008020: e59ff014 e59ff014 e59ff014 e59ff014     ................
21008030: 2fe001e0 2fe00240 2fe002a0 2fe00300     .../@../.../.../
21008040: 2fe00360 2fe003c0 2fe00420 12345678     `../.../ ../xV4.
(이하 생략)
```

③ mm

메모리의 값을 변경하는 명령이다. 본 명령은 리눅스 부팅 전에 특정한 레지스터를 설정해서 리눅스 퓨징 이전에 어느 정도 하드웨어가 정상동작을 하는지를 확인하는 용도로 종종 쓰인다. 주소와 현재의 내용을 표시하고 사용자 입력을 위하여 대기한다. 적당한 헥사값을 입력하면 그 주소에 쓰여지고 다음 주소로 넘어간다. 만일 입력값 없이 ENTER만 누를 경우, 그 주소의 내용은 변함없이 남게 된다. 명령을 헥사값이 아닌 값을 입력하면 멈추게 된다.

```
PV210 # help mm
mm [.b, .w, .l] address
    - memory modify, auto increment address

PV210 # mm 21008000
21008000: 00002000 ? 11112222
21008004: 00000000 ? 33334444
21008008: 00000000 ? q (mm 명령을 종료할 때는 16진수가 아닌 값을 됨)
```

④ mw

mw는 어떤 값으로 메모리를 초기화(의미상 기록)하는 방법이다. 카운트 인자없이 사용될 때, 이 값들은 특정 주소에만 쓰여진다. 카운트를 가지고 사용할 경우, 해당 메모리 영역은 이 값으로 초기화된다.

```
PV210 # help mw
mw [.b, .w, .l] address value [count]
             - write memory

PV210 # mw 21008000 00002000
PV210 # md 21008000 4
21008000: 00002000 33334444 00000000 00000000     . ..DD33........
```

⑤ nm

메모리를 수정하는 명령이다. mm 명령과 유사한 nm 명령어는 데이터를 기록할 때 해당 어드레스가 자동 증가하지 않고 해당 데이터를 반복해서 기록할 수 있는 명령으로서, 디버깅 할 때 특정 레지스터에 값을 바꾸면서 테스트하는 경우 유용하게 사용할 수 있는 명령어로 특히 장치 레지스터에 접근하거나 수정 시에 편리하게 사용된다.

```
PV210 # help nm
nm [.b, .w, .l] address
     - memory modify, read and keep address

PV210 # nm 21008000
21008000: 00002000 ? 1
21008000: 00000001 ? 2
21008000: 00000002 ? 3
21008000: 00000003 ? q
```

⑥ dnw

USB를 통해서 데이터를 수신할 경우 사용되는 명령어이다. dnw 명령과 다운로드 받을 메모리 주소를 넣어준 다음 호스트의 다운로드 툴을 이용해 전송하면, 임베디드 보드에서 해당 데이터를 지정한 메모리로 복사하게 된다. 210T에서는 OTG 케이블을 통해서 데이터를 수신받도록 되어 있다. 케이블이 연결되어 있지 않으면 케이블을 연결하라는 메시지가 나오고, 연결되어 있는 경우라면, 호스트에서 데이터를 보낼 때까지 기다린다.

```
PV210 # help dnw
dnw [download address]

PV210 # dnw  0x21008000
Insert a OTG cable into the connector!
```

⑦ tftp

TFTP 프로토콜을 이용하여 호스트의 tftp 데몬에서 서비스하는 디렉토리에서 부트로더나 커널을 지정한 메모리로 다운로드 받는 명령이다.

```
PV210 # help tftp
tftpboot [loadAddress] [[hostIPaddr:]bootfilename]

PV210 # tftp 0x21008000 u-boot.bin
smc911x: initializing
smc911x: detected LAN9115 controller
smc911x: phy initialized
```

```
smc911x: MAC 00:40:5c:26:0a:5b
TFTP from server 192.168.1.100; our IP address is 192.168.1.121
Filename 'u-boot.bin'.
Load address: 0x21008000
Loading: #####################################
```

7.4.3 SD 관련 Command

210T는 내부에 NOR 혹은 NAND와 같은 메모리를 이용하지 않고, microSD 메모리를 이용하여 시스템을 구동하도록 구성되어 있다. 부트로더와 커널, 파일시스템 등 모든 데이터는 2 GB의 시스템 메모리에 기록된다. 부트로더 모드에서는 USB 혹은 이더넷을 통하여 다운로드 받은 부트로더와 커널이미지 등을 메모리로 받았다가, 메모리에서 microSD로 기록하게 되는데, 이때 사용하는 명령어는 아래와 같다.

```
PV210 # help movi
movi init - Initialize moviNAND and show card info
movi read  {u-boot | kernel} {addr} - Read data from sd/mmc
movi write {fwbl1 | u-boot | kernel} {addr} - Write data to sd/mmc
movi read  rootfs {addr} [bytes(hex)] - Read rootfs data from sd/mmc by size
movi write rootfs {addr} [bytes(hex)] - Write rootfs data to sd/mmc by size
movi read  {sector#} {bytes(hex)} {addr} - instead of this, you can use "mmc read"
movi write {sector#} {bytes(hex)} {addr} - instead of this, you can use "mmc write"
```

① movi init

초기화 명령어로서 장착된 microSD를 인식하고 메모리카드의 정보와 MBR의 정보를 읽어와 출력해준다.

```
PV210 # movi init
Device: S3C_HSMMC0
Manufacturer ID: 1b
RCA: 2
OEM: 534d
Name: 00000
Tran Speed: 50000000
Rd Block Len: 512
SD version 2.0
High Capacity: No
Size: 1910 MB (block: 3911680)
Bus Width: 4-bit
```

② movi read

읽기 명령어로서 microSD로부터 특정 데이터를 읽는 명령이다. 아래와 같이 읽어올 항목과 읽어와서 메모리로 넣을 주소를 설정한다. 아래의 두 명령어는 각각 u-boot, kernel 이미지를 읽어서 0x2100_8000(sdram) 번지로 load하는 예시이다.

```
PV210 # movi read u-boot 21008000
reading bootloader.. 49, 1024
MMC read: dev # 0, block # 49, count 1024 ...1024 blocks read: OK
completed

PV210 # movi read kernel 21008000
reading kernel.. 1073, 8192
MMC read: dev # 0, block # 1073, count 8192 ...8192 blocks read: OK
completed
```

③ movi read rootfs

microSD에서 사용하는 읽기 명령어로서, microSD의 rootfs 이미지를 입력한 크기의 바이트만큼 읽어서 0x2100_8000(sdram) 번지로 load하는 명령이다. Achro-210T에서는 ext3 파티션에 바로 설치하기 때문에 아래 명령어는 사용하지 않는다.

```
PV210 # movi read rootfs 21008000 100000
reading RFS.. 9265, 2048
MMC read: dev # 0, block # 9265, count 2048 ...2048 blocks read: OK
completed
```

④ movi write

메모리에 있는 부트로더 및 커널을 microSD에 기록하기 위한 명령이다. read 명령에서 부트로더와 커널을 읽어온 것과 반대의 기능을 수행한다. 아래의 두 명령은 부트로더와 커널을 SDRAM 0x21008000에서 uboot 또는 kernel의 크기만큼 읽어와서 u-boot 또는 kernel이 설치되어야 하는 microSD의 영역에 복사한다.

```
PV210 # movi write uboot 21008000
Writing BL1 to sector 1 (16 sectors).. checksum : 0xeaa33
writing bootloader.. 49, 1024
MMC write: dev # 0, block # 49, count 1024 ... 1024 blocks written: OK
completed

PV210 # movi write kernel 21008000
writing kernel.. 1073, 8192
MMC write: dev # 0, block # 1073, count 8192 ... 8192 blocks written: OK
completed
```

⑤ movi write rootfs

SDRAM 21008000에 있는 rootfs를 지정한 크기만큼 가져와서 microSD의 rootfs 영역에 기록하는 명령이다.

```
PV210 # movi write rootfs 21008000 100000
writing RFS.. 9265, 2048
MMC write: dev # 0, block # 9265, count 2048 ... 2048 blocks written: OK
completed
```

7.5 부트로더 컴파일

Achro-210T의 부트로더 소스는 제공되는 DVD의 bootloader 디렉토리에 위치하고 있다. 컴파일하기 위해 해당 미디어로부터 파일을 복사한 다음, 압축을 해제하고 컴파일 설정을 기본 환경으로 한 다음 make를 입력하여 컴파일한다. 컴파일이 완료되면 부트로더 소스 디렉토리에 u-boot.bin 파일이 생성된다.

7.5.1 부트로더 소스 준비

부트로더 컴파일 작업은 압축된 부트로더 소스파일을 /root/work에 푸는 것으로 시작한다. DVD 이미지는 /root/achro-210T 디렉토리에 마운트되었다고 가정하고 압축을 푼다.

[호스트에서 수행]

```
root@esp:~# cd /root/achro-210T/bootloader/
root@esp:~/achro-210T/bootloader# ls
합계 11474
11474 uboot-111007.tar.gz
root@esp:~/achro-210T/bootloader# tar xvfz uboot-111007.tar.gz -C /root/work
(생략)
uboot-111007/lib_sparc/time.c
uboot-111007/MAKEALL
uboot-111007/avr32_config.mk
uboot-111007/COPYING
root@esp:~/achro-210T/bootloader# cd ~/work/uboot-111007/
```

압축이 해제되면 /root/work/uboot-111007이라는 디렉토리가 생성된다. 해당 디렉토리로 이동한 다음 Makefile을 수정한다. 수정해야 될 내용은 CROSS_COMPILE 부분으로, 이전 장에서 툴체인 설치한 경로를 입력하면 된다. 입력이 끝나면 저장하고 종료한다.

```
root@esp:~/work/uboot-111007# vi Makefile
CROSS_COMPILE    ?= /opt/toolchains/arm-2009q3/bin/arm-none-linux-gnueabi-
```

7.5.2 부트로더 컴파일

부트로더를 컴파일 하는 순서는 아래와 같다. 우선 make distclean 명령을 통해서 기존 설정해 놓은 환경과 관련된 내용을 모두 지운다. 이렇게 기존 환경설정을 지우는 이유는 공개된 소스인 u-boot 소스를 기존에 다른 사람이 다른 플랫폼으로 컴파일했다면, 해당 플랫폼에 관련된 설정이 다음 컴파일 때도 계속 적용되므로 설정을 초기화하는 것이다. 그 다음은 210T 개발보드의 기본적인 설정(CPU, 플랫폼 등)을 해주기 위해서 make achropv210_config 명령을 수행한다. 해당 내용은 이전에 Makefile 설명 부분을 참조하기 바란다. 그리고 make를 사용하여 컴파일을 시작한다.

[호스트에서 수행]

```
root@esp:~/work/uboot-111007# make distclean
root@esp:~/work/uboot-111007# make achropv210_config
Configuring for achropv210 board...
root@esp:~/work/uboot-111007# make
```

컴파일이 정상적으로 완료되면, u-boot.bin 파일이 생성된다. ls 명령을 이용하여 생성된 파일을 확인해 본다. 그림 7-2는 ls 명령을 입력한 후의 화면을 캡처한 내용이다.

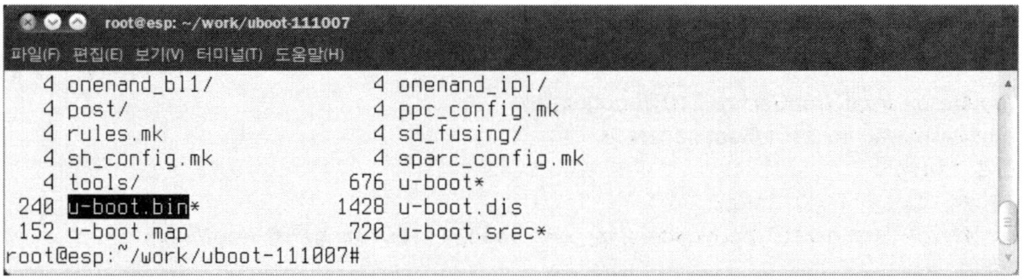

그림 7-2 생성된 부트로더 바이너리

7.5.3 부트로더 업데이트

부트로더를 업데이트하기 위해서 호스트 리눅스에서 미니컴을 실행한다. 이전 개발환경 구성부분에서 미니컴을 설치하고 통신포트와 설정부분을 이미 디폴트 설정으로 구성하였으므로 바로 실행해주면 된다. 만약 통신이 되지 않는다면, 이전에 개발환경 구성 부분을 참고하여 시리얼 통신이 이루어질 수 있도록 해야 한다. 미니컴은 시리얼 통신 터미널로 이용되므로 210T에서 디버그 포트로 시리얼 메시지를 받으려면, 개발 보드가 필요하며 PC

의 시리얼 포트와 210T의 개발 보드의 오른쪽 시리얼 포트(UART0)를 시리얼 케이블로 연결한 상태에서 210T의 전원을 인가하면 미니컴에서 장치가 부팅되는 것을 볼 수 있다.

210T 개발 보드의 전원을 켜면 그림 7-3의 화면이 나타나면서 "Hit any key to stop autoboot : 3"이라고 카운트다운이 시작된다. 0이 되기 전에 엔터를 치면 uboot 명령모드로 진입할 수 있다. 카운터가 0이 되면 리눅스 커널이 시작되므로 카운트가 0이 되기 전에 아무키나 눌러서 부트로더 명령 상태로 진입한다. 만약 리눅스가 부팅되었다면, 전원을 껐다가 켜거나, 210T 후면의 Reset Hole을 핀으로 눌러서 장치를 리셋시켜서 다시 부트로더 모드로 들어와야 한다.

```
root@esp: ~
파일(F) 편집(E) 보기(V) 터미널(T) 도움말(H)

U-Boot 1.3.4 (Oct 14 2013 - 13:41:33) for AchroPV210


CPU:   S5PV210@1000MHz(OK)
        APLL = 1000MHz, HclkMsys = 200MHz, PclkMsys = 100MHz
        MPLL = 667MHz, EPLL = 80MHz
                       HclkDsys = 166MHz, PclkDsys = 83MHz
                       HclkPsys = 133MHz, PclkPsys = 66MHz
                       SCLKA2M  = 200MHz
Serial = CLKUART
Board:   AchroPV210
DRAM:    512 MB
SD/MMC:  1886MB
In:      serial
Out:     serial
Err:     serial
Hit any key to stop autoboot:  0
PV210 #
```

그림 7-3 부트로더(uboot) 시작화면

Achro-210T 개발보드는 2 GB의 microSD에 부트로더와 커널, 리눅스 파일시스템의 내용이 들어 있다. 호스트에서는 부트로더 혹은 커널을 210T 개발보드로 전송하더라도 직접적으로 물리적인 microSD 영역에 기록할 수 없다. 그래서 전송되어진 바이너리는 SDRAM에 받은 다음, 부트로더 명령을 이용해서 microSD의 시스템 영역으로 기록하게 된다. 이때 호스트에서 다운로드 받는 메모리의 주소는 0x21008000이다. 우선 이전에 microSD에 부트로더는 dd 명령을 사용하여 설치하였다. 이후 부트로더의 내용을 수정해서 부트로더를 업데이트 해야 되는 경우에는 기존 부트로더 상태에서 부트로더를 쓰면 된다. 이는 이전에 설명한 relocate 부분을 생각하면 된다. microSD의 부트로더는 부팅되면서 SDRAM에 넣어지고 SDRAM의 부트로더가 동작하게 된 상태에서 부트로더의 명령으로 호스트에서 새로운 부트로더 바이너리를 받은 다음 원래 microSD에 있던 부트로더 영역에 받은 부트로더 바이너리 내용을 기록하게 되는 것이다. 그러므로 부트로더에서는 개발보드에서 새로운 부트로더 이미지를 SDRAM으로 다운로드해야 된다.

다음은 특정 메모리 영역으로 다운로드 받기위한 명령을 이용한 예이다. dnw는 USB를 통해서 다운로드 받기 때문에 210T의 USB OTG와 호스트가 USB 케이블로 연결되어 있어야 한다. OTG 케이블이 연결되어있지 않으면 그림 7-4에서 보이는 것처럼 "Insert a OTG cable into the connector!" 메시지가 출력된다. 이후 OTG 케이블을 연결하면 "OTG cable Connect! Now, Waiting for DNW to transmit data" 메시지가 출력이 되며 호스트에서 데이터를 받기 위해서 블록된다.

```
root@esp: ~
파일(F) 편집(E) 보기(V) 터미널(T) 도움말(H)
CPU:   S5PV210@1000MHz(OK)
        APLL = 1000MHz, HclkMsys = 200MHz, PclkMsys = 100MHz
        MPLL = 667MHz, EPLL = 80MHz
                       HclkDsys = 166MHz, PclkDsys = 83MHz
                       HclkPsys = 133MHz, PclkPsys = 66MHz
                       SCLKA2M  = 200MHz
Serial = CLKUART
Board:   AchroPV210
DRAM:    512 MB
SD/MMC:  1886MB
In:      serial
Out:     serial
Err:     serial
Hit any key to stop autoboot:  0
PV210 # dnw 0x21008000
Insert a OTG cable into the connector!
OTG cable Connected!
Now, Waiting for DNW to transmit data
```

그림 7-4 미니컴을 통해 보드의 부트로더에서 DNW 명령 실행

210T에서 이미지를 받을 준비가 되었으면, 호스트 PC에서는 컴파일된 부트로더 바이너리를 210T 개발보드로 전송한다. 전송을 하기 위해서는 root 권한이 필요하다. 만약 root 사용자로 로그인하지 않았다면, su 명령을 통해 미리 root 권한을 획득해야 한다. 앞서 컴파일해 두었던 부트로더를 퓨징하기 위해 u-boot 소스 디렉토리로 이동한다. 이동한 다음 삼성에서 배포한 smdk-usbdl 명령을 통해서 USB를 통해 210T 개발보드로 데이터를 전송한다.

먼저 u-boot.bin 파일을 타겟보드 SDRAM으로 전송하기 위해 VirtualBox 관리자 메뉴 표시줄에서 [장치] – [USB장치]를 클릭하여 "System MCU SEC S3C6400X Test B/D[0100]"을 선택한다. 이 항목이 활성화되면 호스트 컴퓨터와 타겟보드를 연결한 USB OTG 케이블을 통해 파일을 전송할 수 있다.

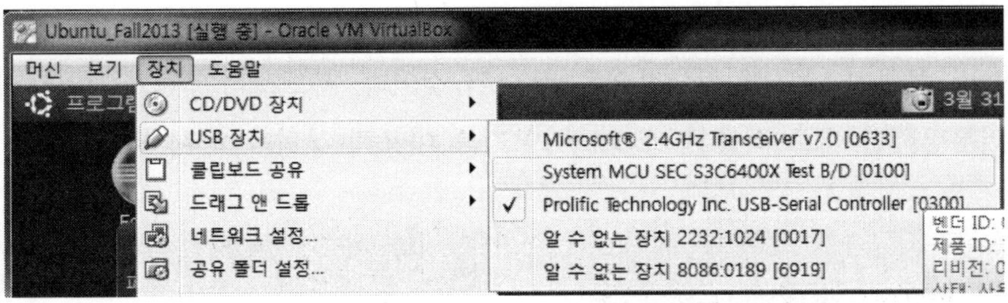

그림 7-5 smdk-usbdl 사용을 위한 USB 장치 선택

그런 다음 smdk-usbdl 명령어와 파일을 전송할 때 사용하는 옵션인 -f를 사용하여 u-boot.bin 파일을 타겟보드의 SDRAM으로 전송시킨다.

그림 7-6 호스트 리눅스에서 smdk-usbdl을 이용 데이터 전송

정상적으로 파일이 전송되었다면 타겟보드에서는 성공적으로 파일을 받았다는 메시지를 보여준다.

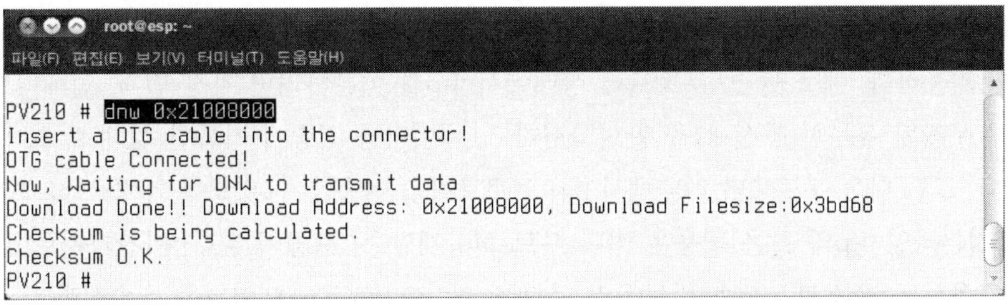

그림 7-7 OTG를 이용한 다운로드 완료

호스트에서 그림 7-6과 같이 smdk-usbdl을 이용하여 데이터를 전송하면, 미니컴 화면 즉 210T 개발보드에서는 해당 데이터를 다운로드한 다음 체크섬 검사를 하고, 정상 석이라는 내용을 화면에 표시해주게 된다. 데이터가 정상적으로 전송되었다면 그림 7-7처럼 "Chechsum O.K." 메시지를 볼 수 있다.

호스트에서 전송된 부트로더의 바이너리는 메모리영역 0x210008000에 다운로드 되었고, 이제는 다운로드 받은 바이너리를 microSD의 부트로더 영역(BL2)에 기록을 해야 한다.

microSD에 데이터를 기록하기 위해서 movi write 명령을 이용한다. 기록이 완료된 다음 "completed" 문구가 나오면 정상적으로 write된 것이다. 부트로더에서 reset 명령을 통해 장치를 리부팅하면 새로 적용된 uboot 이미지를 이용해 부팅을 하게 된다.

```
root@esp: ~
파일(F) 편집(E) 보기(V) 터미널(T) 도움말(H)
PV210 # movi write u-boot 0x21008000
Writing BL1 to sector 1 (16 sectors).. checksum : 0xea474
writing bootloader.. 49, 1024
MMC write: dev # 0, block # 49, count 1024 ... 1024 blocks written: OK
completed
PV210 #
```

그림 7-8 microSD에 부트로더 기록

7.5.4 부트로더 명령 추가

부트로더에서 IP를 설정할 경우에는 set(setenv), 설정값을 볼 때에는 pri(printenv), 데이터를 다운받을 때에는 dnw, microSD에 기록할 때에는 movi write 등과 같은 부트로더에서 제공해주는 명령을 이용하였다. 부트로더 상태에서는 물리적인 메모리에 직접 접근이 가능하므로, 간단한 하드웨어 테스트가 가능하다. 예를 들어 부트로더에서 LED를 켜보고자 한다면, 부트로더에서 데이터를 쓰는 outp32()와 같은 함수를 이용하여 해당 레지스터를 변경하여 LED를 제어할 수 있다.

이 절에서는 부트로더에 명령어를 추가하는 방법에 대해 알아본다. 부트로더는 네트워크를 이용한 tftp, usb를 이용한 OTG 등 여러 가지 전송 방식을 지원한다. 보통 이런 명령들은 uboot를 제작하는 프로젝트에서 개발하기보다 하드웨어 개발업체에서 해당 프로그래밍을 해서 동작하도록 하고 있다. 앞서 언급한 것처럼 부트로더에서는 물리적인 어드레스에 접근이 가능하다. 예를 들면, 부트로더 상태에서 tftp를 이용하려면 가장 먼저, 임베디드 시스템에 부착된 유무선 통신 칩을 활성화시키고, 데이터가 전송이 가능한 상태로 초기화해야 한다. 그런 다음 부트로더 레벨에서 tftp 프로토콜을 이용할 수 있도록 개발을 하게 된다. 물론, 기본적인 tftp와 같은 내용은 이미 부트로더 개발 시 제공이 된다. 마찬가지로 usb를 통해 다운로드 받을 때도 usb 컨트롤러 부분을 초기화한 다음, 데이터를 송수신할 수 있도록 프로그래밍을 해야 된다. 부트로더에서 이더넷이나 usb 등의 하드웨어에 대한 기본적인 설정 예를 들면, 데이터 레지스터나 어드레스 레지스터의 번지, 해당 칩의 전원이나 리셋을 제어하기 위한 IO 등에 대한 설정이 부트로더에 포함된 상태이고, 부트 커맨드에서는 부착되어있는 칩에 대한 정보를 통해서 해당 칩을 사용할 수 있도록 제어해주는 부분과 데이터를 받을 수 있는 메모리 공간 등을 설정해서 전송되어진 데이터를 전송받고, 저장하는 기능들을 구현하게 된다. 이 절에서는 간단하게 hello라는 명령어를 추가하여 해당 명령 실행 시 "Hello World"라는 문자열을 출력해주는 명령을 추가해 본다.

부트로더에 명령을 추가하려면 2개의 파일을 작성 혹은 수정해야 한다. 우선 부트로더에서 명령으로 실행할 소스코드 예제에서는 cmd_hello.c([부트로더소스]/common) 파일과 그리고 컴파일 시 참조되는 Makefile([부트로더소스]/common) 파일을 수정하여 명령을 추가할 수 있다. 우선 부트로더 소스 디렉토리의 서브 디렉토리인 common 디렉토리로 이동한다. 그리고 vi 에디터를 이용하여 다음과 같이 소스코드를 작성한다.

[호스트에서 수행]

```
root@esp:~# cd ~/work/uboot-111007/common
root@esp:~/work/uboot-111007/common# vi cmd_hello.c
```

```
/* Bootloader Test Example - Helloworld */
#include <common.h>
#include <command.h>
#include <net.h>

int do_hello (void) {
    printf("Hello World!₩n");
    return 0;
}

U_BOOT_CMD (
    hello,  1,  1,  do_hello,
    "hello    - Bootloader Command Test₩n",
    "using hello.₩n"
);
```

소스의 가장 아래의 U_BOOT_CMD()는 부트로더에 명령어로 등록하기 위한 매크로이다. uboot에서 사용하는 명령어들은 U_BOOT_CMD() 매크로를 사용하여 등록하며, 이 매크로는 명령어에 대한 도움말뿐만 아니라 부트로더에서 명령어(hello) 입력 시 실행할 함수(do_hello)를 지정하는데 사용된다. 해당 매크로의 원형은 다음과 같다. 해당 매크로로 등록되어 있으면, 부트로더가 컴파일 될 때 Makefile에 등록된 명령어를 토대로 파일을 불러들여 바이너리에서 사용할 수 있도록 한다. 그리고 cmd_tbl_t는 위의 매크로에서 cmd_tbl_t 구조체를 인자로 넘겨진 name을 이용하여 __u_boot_cmd_##name의 이름으로 선언한다. 그래서 구조체 설정값으로 매크로로 넘긴 name,maxargs, rep, cmd, usage, help 등을 등록하는 것을 볼 수 있다.

```
#define Struct_Section  __attribute__ ((unused,section (".u_boot_cmd")))
#define U_BOOT_CMD (name,maxargs,rep,cmd,usage,help) ₩
    cmd_tbl_t __u_boot_cmd_##name Struct_Section = ₩
    {
        #name, maxargs, rep, cmd, usage, help
    }
```

cmd_tbl_t 구조체 요소 중 name은 명령어의 이름으로 uboot가 실행되고 command line에서 명령을 입력받았을 때 입력된 명령과 같은 이름을 가지고 있는 것이 있는지 검색할 때 사용되며, maxargs는 이 명령어를 수행하기 위해 등록된 cmd 핸들러의 argument 수이다. 일반적인 C 프로그램의 main에서 argc의 값이라고 보면 된다. rep는 명령어 repeat 가능 여부이며, 1이면 repeat이 가능한 명령어라는 의미가 된다. command line에서 입력 받은 command의 길이가 0일 때, 이 flag가 1인 명령이 이전에 수행되었다면 이전 명령을 다시 한 번 수행한다. cmd는 해당 명령어의 역할을 수행하기 위한 핸들러 함수의 포인터이다. 즉, 실제 코딩된 명령 실행함수를 포인팅하게 된다. usage는 name의 이름의 명령어 사용법에 대한 정보를 출력할 때 사용되며, help는 부트로더에서 help라는 명령을 이용할 때 좀더 세부적인 이용방법에 대한 설명을 출력하고자 할 때 참조되는 멤버이다.

위와 같이 소스코드 작성이 완료되면, Makefile(bootloader_src/common)을 수정한다. 기존 명령어 아래에 새로 작성한 명령어를 컴파일할 수 있도록 COBJS를 추가하면 된다. 아래와 같이 해당 내용을 추가해 준다.

```
COBJS-y += cmd_pcmcia.o
COBJS-$(CONFIG_CMD_PORTIO) += cmd_portio.o
(생략)
COBJS-$(CONFIG_S3C_USBD) += cmd_usbd.o
COBJS-$(CONFIG_CMD_XIMG) += cmd_ximg.o
COBJS-y += cmd_vfd.o
COBJS-y += cmd_hello.o    ← hello 명령이 추가되도록 컴파일 항목을 추가
```

명령 추가 내용을 확인하려면, 수정한 부트로더 소스코드를 “부트로더 업데이트” 부분에서 기술했던 것과 동일한 방법으로 컴파일하여 u-boot.bin 파일을 생성한다. 생성이 완료되면 Achro-210T를 부팅하여 새로 컴파일된 부트로더를 다운로드 받아서 설치한다. 설치가 완료된 상태에서 기기를 재부팅한 다음 help를 입력하여 명령어 리스트를 출력한다. 명령어 리스트에 hello라는 명령이 추가된 것을 확인한다. 정상적으로 확인이 되었다면 help 명령 뒤에 hello라고 입력하면 hello에 대한 도움말이 출력되고, hello를 입력하면 미니컴에서 해당 명령의 결과인 “Hello World!”라는 문자열이 출력된다.

```
                                        [Achro-210T에서 수행]
PV210 # help hello
hello using hello.

PV210 # hello
Hello World!
PV210 #
```

Chapter 08 시스템 콜

응용프로그램과 같은 사용자 모드의 프로세스들은 커널을 응용프로그램 등으로부터 보호하기 위해 커널 메모리에 직접 접근하거나 커널 함수를 호출할 수 없다. 시스템 콜은 응용프로그램이 커널 영역에 접근하고자 할 때 사용되는 함수들로, 응용프로그램과 커널 간의 인터페이스를 제공한다. 예를 들어 응용프로그램에서 파일에 접근하고자 하거나 직렬 포트 등을 사용하고자 한다면 시스템 콜 인터페이스를 사용하여 프로그래밍해야 하며, 커널은 응용프로그램이 적절한 권한을 가지고 있는지 등을 파악하여 서비스를 거부하거나 허용해 준다. 일반 C 프로그램에서 사용했던 함수 중 fork(), exit(), open(), read(), write() 등의 함수들이 시스템 콜 인터페이스 함수이다. 이 장에서는 시스템 콜을 추가하는 예제를 통해 시스템 콜이 전체적으로 어떻게 동작하는지 알아보고 활용하는 방안을 살펴본다.

8.1 개요

시스템 콜 함수들은 libc 라이브러리에서 제공하는 포장(wrapper) 함수들을 사용한다. 커널 2.6에서 시스템 콜은 버전에 따라서 다르지만 약 300여개의 시스템 콜이 구현되어 있다. 참고로 리눅스 커널 2.4에서는 약 190개의 시스템 콜이 구현되어 있다.

시스템 콜 함수에 대한 도움말은 리눅스 매뉴얼 페이지의 섹션 2번에 기술되어 있다. 예를 들어, 시스템 콜 fork()에 대한 상세한 정보는 리눅스 쉘(shell)상에서 "man 2 fork"를 입력하면 얻을 수 있다. 시스템 콜에 대한 전체적인 개요는 쉘 상에서 "man 2 intro"를 입력하면 시스템 콜 전반에 대한 자료를 볼 수 있다.

시스템 콜은 libc 라이브러리를 통한 포장함수를 호출하는 방법 외에도 syscall() 함수를 사용하여 직접 실행시킬 수도 있다. 각각의 시스템 콜은 <syscall.h> 나 <unistd.h> 에 정의된 고유의 번호를 가지고 있는데, 이 번호를 syscall()에 직접 입력하는 방식으로도 호출된다. 내부적으로 시스템 콜은 커널에 명령을 전달하기 위해 0x80 소프트 인터럽트를 사용한다. 시스템 콜 테이블(sys_call_table)은 커널 디렉토리 밑의 "arch/i386/kernel/entry.S"의 리눅스 커널 소스파일에 정의되어 있다. 다음은 syscall() 함수를 사용하여 시스템 콜을 사용하는 경우와 시스템 콜 함수를 포장하고 있는 libc 라이브러리에 정의된 함수를 사용하여 시스템 콜을 호출하는 예제이다. 시스템 콜을 직접 호출하는 경우는 syscall(SYS_getpid) 형태의 문맥을 사용하며, libc를 통한 포장된 루틴을 사용하는 경우는 getpid() 형태를 가진다.

```
/* filename: mysyscall_test.c */
#include <syscall.h>
#include <unistd.h>
#include <stdio.h>
#include <sys/types.h>
int main(void) {
    long ID1, ID2;
    /* syscall() 함수를 직접 사용한 시스템 콜 */
    ID1 = syscall(SYS_getpid);
    printf("syscall(SYS_getpid)=%ld₩n", ID1);
    /* libc에서 포장된 함수를 사용한 시스템 콜 */
    ID2 = getpid();
    printf("getpid()=%ld₩n", ID2);
    return(0);
}
```

위의 파일을 우분투에서 컴파일하여 실행해 본다. 우분투에서는 ~/work/systemcall 디렉토리에서 작업하는 것으로 한다. 프로그램 컴파일 후 실행하면 다음과 같은 결과가 출력된다.

```
root@esp:~/work/systemcall# gcc -o mysyscall_test mysyscall_test.c
root@esp:~/work/systemcall# ./mysyscall_test
syscall(SYS_getpid) = 1711
getpid() = 1711
root@esp:~/work/systemcall#
```

위의 내용을 타겟보드용으로 컴파일하여 테스트를 하기 위해서는, 호스트에서 크로스 컴파일러를 사용하여 ARM용으로 컴파일한다.

```
root@esp:~/work/systemcall# arm-linux-gcc mysyscall_test.c -o arm_mysyscall_test
```

컴파일된 파일을 타겟보드에서 실행하면 그림 8-1과 같이 정상적으로 테스트되는 결과 화면을 얻을 수 있다.

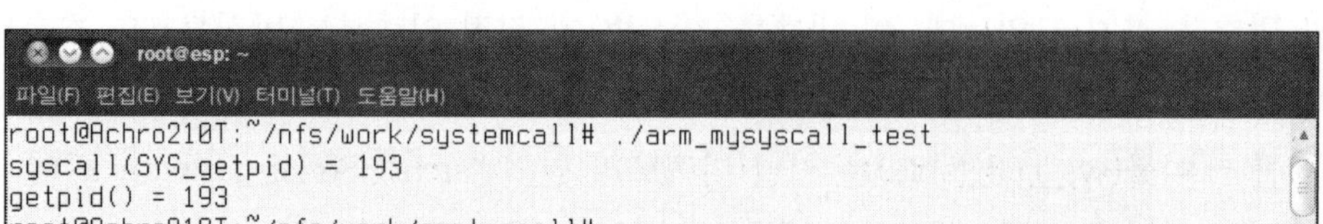

그림 8-1 시스템 콜 테스트

시스템 콜 테스트와 관련하여 헤더파일 지정 옵션(-I)을 사용하지 않으면 기본적으로 /usr/include 밑의 헤더파일을 사용한다. 만일 사용해야 할 헤더파일의 위치가 다를 경우는 컴파일시 -I 옵션을 사용하여 위치를 지정해 준다. 그리고 툴체인이 버전 차이가 많이 나는 경우 컴파일은 되지만 구동되지 않는 경우가 발생할 수 있다. 이런 경우에는 반드시 -I 옵션을 이용하여 커널에서 제공하는 헤더파일을 이용하도록 한다. 만약 호스트 시스템에서 사용하는 커널 버전에 맞춰서 컴파일 하는 경우라면 현재 호스트 리눅스에서 사용 중인 커널 버전을 출력하는 "uname -r"을 이용하여 컴파일 하면 된다. "uname -r"은 현재 사용하고 있는 커널의 빌드 번호를 리턴해 준다.

```
root@esp:~/work/systemcall# gcc -I/usr/src/linux-`uname -r`/include mysyscall_test.c -o mysyscall_test
root@esp:~/work/systemcall# ./mysyscall_test
syscall(SYS_getpid) = 2180
getpid() = 2180
root@esp:~/work/systemcall#
```

8.2 시스템 콜 인터페이스

POSIX API는 유닉스 운영체계에 기반을 두고 있는 표준 운영체계 인터페이스로, 응용프로그램 또는 사용자가 커널 시스템에 서비스를 요청할 때에 사용할 수 있는 표준 인터페이스를 제공한다. 이러한 표준은 유닉스 또는 리눅스 시스템이 각각 다른 시스템에 응용프로그램을 쉽게 이식(porting)할 수 있도록 한다. 리눅스에서의 시스템 콜 인터페이스도 POSIX API(Application Programming Interface)를 따른다. 사용자가 커널 수준에서 이루어지는 작업인 파일시스템 접근 및 프로세스 관리, 하드웨어 제어 등을 하고자 할 때 시스템 콜 인터페이스를 사용한다. 그림 8-2는 POSIX API의 전체 구조도를 보여준다.

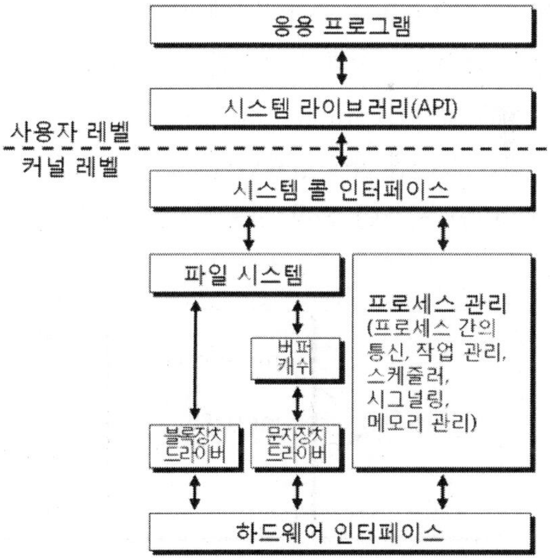

그림 8-2 POSIX API의 전체 구조도

시스템 콜은 응용프로그램 등의 사용자 모드 프로세스와 커널 간의 인터페이스를 제공하며, 소프트웨어 인터럽트를 통해 커널에 서비스를 요청한다. 그림 8-3에 보였듯이 리눅스에서는 POSIX API를 따르는 libc 라이브러리에 구현된 포장함수(wrapper function)를 호출함으로써 시스템 콜을 사용한다. 대표적인 예로 open(), close(), read(), write(), malloc(), free() 등이 있다.

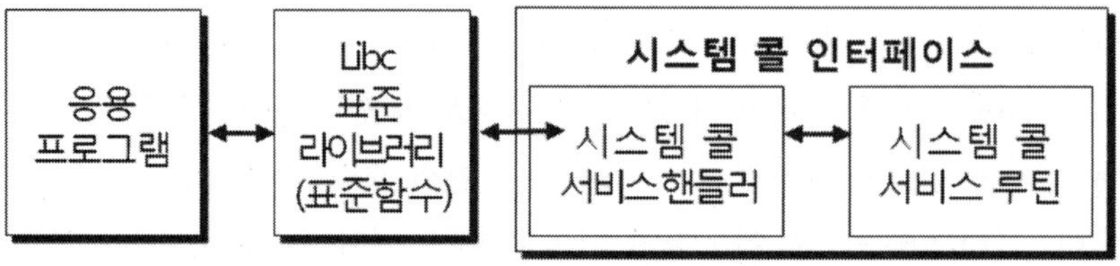

그림 8-3 POSIX API에서 시스템 콜 사용의 개념도

그림 8-4는 응용프로그램에서 시스템 콜이 어떻게 동작하는지를 간략히 보여주는 개념도이다. 응용프로그램에서 호출하고자 하는 시스템 콜 이름은 mysyscall()이라 가정하였고, 이에 대응하는 시스템 콜 서비스 루틴은 커널 내부에서 자동적으로 sys_가 맨 앞에 붙어 sys_mysyscall()이 된다. C 언어를 이용해서 프로그래밍 할 경우 대부분의 시스템 콜은 libc 라이브러리를 통한 포장된 함수를 사용하게 되는데, 아래의 경우 응용프로그램에서 mysyscall()을 호출하면 libc 라이브러리에 있는 포장함수 mysyscall()을 통해 시스템 콜 호출 준비를 하고 시스템 콜 호출에 필요한 값들을 레지스터에 저장한 다음 소프트웨어 인터럽트(또는 트랩이라고도 함) 0x80을 발생시켜 시스템 콜 핸들러 함수를 호출시킨다. 시스템 콜 핸들러 system_call()에서는 시스템 콜 서비스 루틴이라고 하는 시스템 콜에 해당하는 C 함수를 호출하여 시스템 콜 처리를 하며, 서비스 루틴에서의 모든 과정을 마치고 나면 시스템 콜 핸들러로 돌아와서 ret_from_sys_call() 함수를 호출하여 핸들러에서 빠져 나와 요청한 시스템 콜을 종료한다. 모든 시스템 콜은 정수값을 반환하며, 반환된 값이 양수이거나 0이면 시스템 콜이 성공적으로 끝났음을 의미한다.

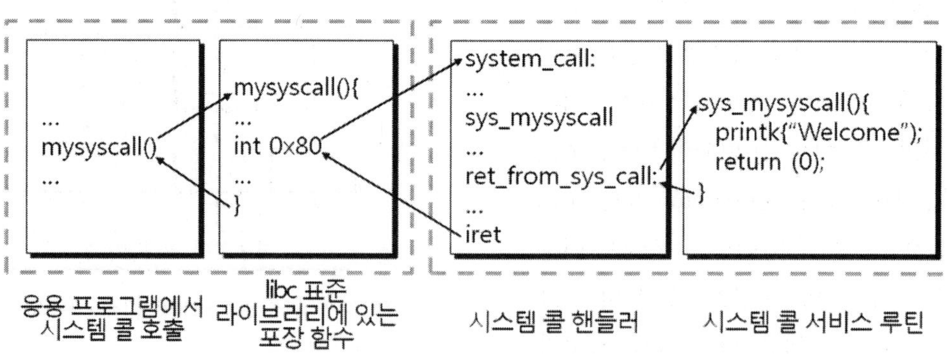

그림 8-4 시스템 콜 호출 시 내부동작 개념도

8.3 커널에 시스템 콜 추가

시스템 콜이 어떻게 동작하는지를 좀 더 자세히 알아보기 위해 기존 커널에 새로운 시스템 콜을 추가하여 본다. 새로운 시스템 콜을 추가한다는 것은 기존 커널에서 제공하지 않는 서비스를 사용자에게 제공함을 의미하며, 그림 8-5는 시스템 콜을 추가하는 전체적인 과정을 보여준다. 기존 커널에 새로운 시스템 콜을 추가하는 과정은 먼저 시스템 콜 번호를 할당하고, 이에 해당하는 시스템 콜 처리함수를 호출 테이블에 등록한다. 그런 다음 시스템 콜 처리함수를 구현하고 커널을 재 컴파일 하는 단계로 이루어진다. 재 컴파일된 커널이미지를 시스템에 반영하고, 추가된 시스템 콜을 사용하는 응용프로그램을 작성하여 검증해 본다.

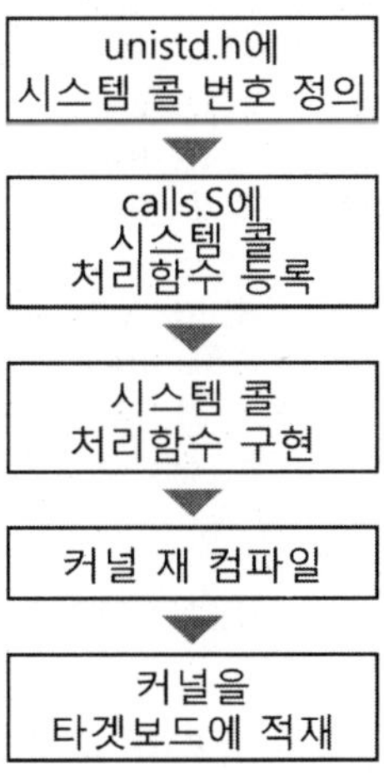

그림 8-5 커널에 시스템 콜을 추가하는 과정

시스템 콜 추가를 위해 커널 소스 위치를 알아야 한다. Achro-210T의 커널 소스코드는 DVD 내 kernel/ 디렉토리에 있으며(DVD 버전마다 위치는 약간씩 다를 수 있음), VPC 내에서는 /root/download/kernel-2.6.35-111202 디렉토리 밑에 있다. VPC 내에서 커널 소스가 보이지 않는다면 DVD에서 복사하여 /root/download 디렉토리에서 압축을 풀도록 한다. 여기서는 타겟보드 중심으로 설명하며, 이후 타겟보드의 커널 소스의 최상위 디렉토리는 [kernel]로 표기하기로 한다.

8.3.1 시스템 콜 번호 할당

리눅스 커널이 제공하는 모든 시스템 호출은 각각 고유번호를 가지고 있으며, 그 번호는 [kernel]/include/asm-arm/unistd.h에 정의되어 있다. 새로 추가할 시스템 콜의 고유번호를 할당하기 위해 [kernel]/arch/arm/include/asm/unistd.h 파일을 vi로 연다.

```
root@esp:~/download# vi /root/download/kernel-2.6.35-111202/arch/arm/include/asm/unistd.h
```

시스템 콜 번호는 unistd.h 파일 내에 __NR_의 접두어와 시스템 콜 명으로 구성된 이름으로 정의되어 있다(예: #define __NR_exit). 타겟보드에서 사용되는 커널 2.6.35의 경우 unistd.h 파일 내용을 보면 기존에 365번까지 정의되어 있는 것을 확인할 수 있다. 그래서 365번 다음 번호인 366번 번호를 지정하고 시스템 콜 명은 mysyscall로 한다.

```
/*
 * This file contains the system call numbers.
 */

#define __NR_restart_syscall      (__NR_SYSCALL_BASE+  0)
#define __NR_exit                         (__NR_SYSCALL_BASE+  1)
#define __NR_fork                 (__NR_SYSCALL_BASE+  2)
#define __NR_read                 (__NR_SYSCALL_BASE+  3)
#define __NR_write                (__NR_SYSCALL_BASE+  4)
#define __NR_open                 (__NR_SYSCALL_BASE+  5)
#define __NR_close                (__NR_SYSCALL_BASE+  6)
(중략)
#define __NR_pwritev                      (__NR_SYSCALL_BASE+362)
#define __NR_rt_tgsigqueueinfo (__NR_SYSCALL_BASE+363)
#define __NR_perf_event_open  (__NR_SYSCALL_BASE+364)
#define __NR_recvmmsg                     (__NR_SYSCALL_BASE+365)

/* added for system call example */
#define __NR_mysyscall                    (__NR_SYSCALL_BASE+366)
```

커널 내에서 사용되는 변수들은 일정한 규칙을 가지고 이름이 정의되는데, 시스템 콜 고유번호는 __NR_의 접두어로 시작된다. 예를 들어 C 프로그램에서 exit()이란 시스템 콜을 호출하면 그에 해당하는 시스템 콜 고유번호는 __NR_exit에 정의되어 있다. 따라서 시스템 콜 번호 이름은 다른 시스템 콜과 동일한 형식으로 __NR_로 시작해야 한다. __NR_은 시스템 콜 고유번호를 나타내는 접두어이다. 그 뒤의 mysyscall이 추가할 시스템 콜 처리함수의 이름이다. 함수 이름의 시작이 sys_mysyscall이 아님을 주의해야 한다.

8.3.2 시스템 콜 관리 테이블에 등록

이전 단계에서는 시스템 콜 고유번호를 할당하였고, 다음 단계는 시스템 콜을 관리하는 테이블인 sys_call_table에 시스템 콜 서비스 루틴 함수를 등록하는 것이다. 시스템 콜 테이블은 [kernel]/arch/arm/kernel/entry-common.S에 sys_call_table이라는 엔트리로 구현되어 있다.

```
root@esp:~/download# vi /root/download/kernel-2.6.35-111202/arch/arm/kernel/entry-common.S
```

```
(생략)
#define CALL(x) .equ NR_syscalls,NR_syscalls+1
#include "calls.S"
#undef CALL
#define CALL(x) .long x

#ifdef CONFIG_FUNCTION_TRACER
#ifdef CONFIG_DYNAMIC_FTRACE
(생략)
```

시스템 콜 테이블에는 시스템 콜 처리함수의 시작 주소들이 들어있고 각 함수들은 [kernel]/arch/arm/include/asm/unistd.h에 정의되어 있는 시스템 콜 번호를 인덱스로 하여 접근된다. 실제적인 sys_call_table 내용 관리는 entry-common.S 파일 내부를 보면 calls.S라는 파일에서 관리하고 있음을 알 수 있다. 파일 entry-common.S를 닫고, calls.S 파일을 연다.

```
root@esp:~/download/kernel-2.6.35-111202# vi /root/download/kernel-2.6.35-111202/arch/arm/
kernel/calls.S
```

```
/* 0 */    CALL(sys_restart_syscall)
      CALL(sys_exit)
      CALL(sys_fork_wrapper)
      CALL(sys_read)
      CALL(sys_write)
/* 5 */  CALL(sys_open)
      CALL(sys_close)
```

시스템 콜 서비스 루틴 이름은 calls.S 파일 내에 시스템 콜 고유번호 순서대로 순차적으로 등록된다. 추가하고자 하는 시스템 콜은 366번이므로 /* 0 */ … /* 5 */ 등으로부터 마크된 번호를 기초로 하여 365를 찾고 그 뒤에 366번을 추가한다. 시스템 콜 서비스 루틴 이름은 시스템 콜 명 앞에 접두어 sys_를 붙인다. 다시 말하면 시스템 콜을 호출하였을 경우 커널 내에서 호출된 시스템 콜을 서비스해주는 함수명은 sys_(시스템 콜명) 형태가 되는 것이다. 여기서 사용된 시스템 콜 명은 mysyscall이므로, 이에 해당하는 시스템 콜 서비스 루틴 명은 sys_mysyscall이 된다.

```
/* 360 */  CALL(sys_inotify_init1)
        CALL(sys_preadv)
        CALL(sys_pwritev)
```

```
        CALL(sys_rt_tgsigqueueinfo)
        CALL(sys_perf_event_open)
/* 365 */  CALL(sys_recvmmsg)
/* added for system call example */
/* 366 */  CALL(sys_mysyscall)
```

여기서 추가하고자 하는 366번은 앞 단계에서 unistd.h에 정의한 번호와 동일해야 한다. 만약 unistd.h에 367번을 할당하였고, 이에 대한 시스템 콜 처리함수를 등록하고자 한다면 "__syscall_start:" 이후 366번째 행에 long SYMBOL_NAME(sys_mysyscall)을 써 주고 그 다음 줄에 367번을 등록시켜야 한다. 시스템 콜 처리함수 목록을 관리하는 테이블은 calls.S 파일 내의 "__syscall_start:"에 지정된 심볼 이름들을 순서대로 등록시키며, 시스템 콜 호출 시 호출된 시스템 콜 번호를 인덱스로 하여 시스템 콜 처리함수명을 알아낸다.

8.3.3 시스템 콜 처리함수 구현

이제 사용자 프로그램에서 요청한 시스템 콜을 실제로 처리해 주는 함수를 구현해야 한다. 시스템 콜을 처리해 주는 함수들은 커널 최상위 디렉토리 밑의 kernel 디렉토리, 즉 [kernel]/kernel/에 모아져 있다. 추가한 시스템 콜 mysyscall()에서는 간단히 한 문장을 출력하는 것으로 하고, test_syscall.c 파일로 저장하는 것으로 한다.

```
root@esp:~/download/kernel-2.6.35-111202# vi /root/download/kernel-2.6.35-111202/kernel/test_
syscall.c
```

```
#include <linux/linkage.h>
#include <linux/errno.h>
#include <linux/kernel.h>

asmlinkage long sys_mysyscall(void);

asmlinkage long sys_mysyscall(void)
{
    printk("Welcome to the embedded system.₩n");
    return -ENOSYS;
}
```

asmlinkage 키워드는 어셈블리 언어로 구현된 함수에서 C로 구현된 함수를 호출할 때 사용한다. sys_mysyscall( )함수는 calls.S에 등록한 이름과 동일한 이름으로 함수명을 지정해야 한다. 그리고 C로 작성된 일반 응용프로그램에서는 화면 출력을 위해 printf() 함수를 사용하지만, 커널에서 화면 출력을 하려면 printk() 함수를 사용해야 한다.

8.3.4 커널 컴파일

앞서 구현한 test_syscall.c의 내용이 커널에 반영되도록 커널을 컴파일 해야 한다. 커널에서 시스템 콜 처리 루틴들에 대한 컴파일 규칙은 [kernel]/kernel/Makefile에 지정되어 있다. 이 파일을 열고 오브젝트 생성 규칙을 지정하는 부분에 test_syscall.o를 추가한다.

```
root@esp:~/download/kernel-2.6.35-111202# vi /root/download/kernel-2.6.35-111202/kernel/
Makefile
```

```
#
# Makefile for the linux kernel.
#

obj-y     = sched.o fork.o exec_domain.o panic.o printk.o ₩
        cpu.o exit.o itimer.o time.o softirq.o resource.o ₩
        sysctl.o sysctl_binary.o capability.o ptrace.o timer.o user.o ₩
        signal.o sys.o kmod.o workqueue.o pid.o ₩
        rcupdate.o extable.o params.o posix-timers.o ₩
        kthread.o wait.o kfifo.o sys_ni.o posix-cpu-timers.o mutex.o ₩
        hrtimer.o rwsem.o nsproxy.o srcu.o semaphore.o ₩
        notifier.o ksysfs.o pm_qos_params.o sched_clock.o cred.o ₩
        async.o range.o test_syscall.o
obj-$(CONFIG_HAVE_EARLY_RES) += early_res.o
obj-y += groups.o
```

Makefile을 저장하고 나온 후 커널을 컴파일하면 된다. 커널 컴파일은 커널 소스의 최상위 디렉토리에서 이루어지기 때문에 해당 위치로 이동한다.

```
root@esp:~/download/kernel-2.6.35-111202# cd /root/download/kernel-2.6.35-111202/
```

컴파일은 크게 세 단계로 이루어진다. 첫 번째는 이전 커널 컴파일 과정에서 생성된 파일들을 "make distclean" 명령어를 이용하여 삭제한다. 두 번째는 Achro-210T 보드에 맞는 커널 설정을 해야 하는데, "make achro210t_defconfig" 명령어를 이용한다. 마지막 단계는 "make" 명령어를 이용하여 커널을 컴파일하면 된다. 먼저 이전 커널 컴파일 과정에서 생성된 파일들을 삭제한다.

```
root@esp:~/download/kernel-2.6.35-111202# make distclean
  CLEAN    arch/arm/boot/compressed
  CLEAN    arch/arm/boot
  CLEAN    /root/download/kernel-2.6.35-111202
(생략)
  CLEAN    include/config include/generated
  CLEAN    .config .version include/linux/version.h Module.symvers
root@esp:~/download/kernel-2.6.35-111202#
```

두 번째로 Achro-210T 보드에 맞게 커널 컴파일되도록 make achro210t_defconfig 명령어를 사용하여 커널 설정 정보를 가지고 있는 .config 파일을 생성한다.

```
root@esp:~/download/kernel-2.6.35-111202# make achro210t_defconfig
  HOSTCC  scripts/basic/fixdep
  HOSTCC  scripts/basic/docproc
  HOSTCC  scripts/basic/hash
  HOSTCC  scripts/kconfig/conf.o
scripts/kconfig/conf.c: In function 'conf_askvalue':
scripts/kconfig/conf.c:105: warning: ignoring return value of 'fgets', declared with attribute warn_unused_result
scripts/kconfig/conf.c: In function 'conf_choice':
scripts/kconfig/conf.c:307: warning: ignoring return value of 'fgets', declared with attribute warn_unused_result
  HOSTCC  scripts/kconfig/kxgettext.o
  SHIPPED scripts/kconfig/zconf.tab.c
  SHIPPED scripts/kconfig/lex.zconf.c
  SHIPPED scripts/kconfig/zconf.hash.c
  HOSTCC  scripts/kconfig/zconf.tab.o
  HOSTLD  scripts/kconfig/conf
#
# configuration written to .config
#
```

이제 make 명령어를 사용하여 커널을 컴파일하면 최종적으로 [kernel]/arch/arm/boot 디렉토리 밑에 커널이미지 파일(zImage)이 생성된다.

```
root@esp:~/download/kernel-2.6.35-111202# make
(생략)
  CC      arch/arm/boot/compressed/decompress.o
  SHIPPED arch/arm/boot/compressed/lib1funcs.S
  AS      arch/arm/boot/compressed/lib1funcs.o
  LD      arch/arm/boot/compressed/vmlinux
  OBJCOPY arch/arm/boot/zImage
  Kernel: arch/arm/boot/zImage is ready
  Building modules, stage 2.
  MODPOST 3 modules
(생략)
  LD [M]  drivers/scsi/scsi_wait_scan.ko
root@esp:~/download/kernel-2.6.35-111202#
```

8.3.5 컴파일된 커널이미지를 타겟보드에 적재하기

이제 새로 생성한 시스템 콜인 mysyscall을 사용하려면 추가된 시스템 콜을 담고 있는 커널이미지 zImage를 타겟보드에 있는 MicroSD(µSD) 카드에 써야 한다. 이를 위해서 호스트 컴퓨터와 Achro-210T 타겟보드를 직렬 케이블과 USB OTG 케이블로 연결해 주어야 한다. USB to Serial 케이블은 타겟보드를 콘솔로 사용하기 위해 필요한 것이고, USB OTG 케이블은 zImage 파일을 전송하기 위해서 필요한 것이다.

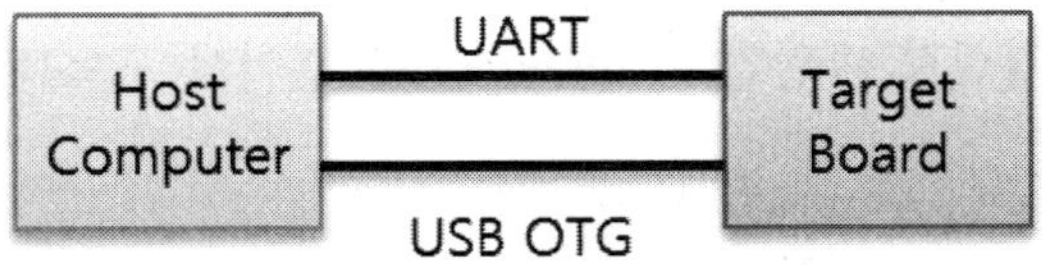

그림 8-6 호스트 컴퓨터와 타겟보드 연결

두 케이블을 물리적으로 연결한 다음 VirtualBox 관리자의 메뉴 표시줄에서 [장치] - [USB장치]를 클릭하여 "Prolific Technology Inc. USB-Serial Controller..."를 클릭하여 체크 표시가 되도록 만들어 준다. 그런 다음 리눅스 쉘(shell) 상에서 minicom -s를 입력하면 minicom 설정 메뉴가 보인다. 여기서 Serial port setup을 선택한 다음 대문자 A를 입력하여 연결된 직렬 포트 장치의 이름을 ttyUSB0으로 변경한다.

```
root@esp:~# minicom -s
```

[minicom 설정 메뉴]

```
+-----[configuration]------+
| Filenames and paths      |
| File transfer protocols  |
| Serial port setup        |
| Modem and dialing        |
| Screen and keyboard      |
| Save setup as dfl        |
| Save setup as..          |
| Exit                     |
| Exit from Minicom        |
+--------------------------+
```

[Serial port setup 선택 화면]

```
+-----------------------------------------------------------+
| A -    Serial Device       : /dev/ttyUSB0                 |
| B - Lockfile Location      : /var/lock                    |
| C -   Callin Program       :                              |
| D -  Callout Program       :                              |
| E -    Bps/Par/Bits        : 115200 8N1                   |
| F - Hardware Flow Control  : No                           |
| G - Software Flow Control  : No                           |
|                                                           |
|    Change which setting?                                  |
+-----------------------------------------------------------+
```

설정 변경된 내용을 "Save setup as dfl"을 선택하여 저장하고 "Exit"을 선택하여 종료하면, 아래 화면과 같이 minicom이 정상적으로 작동되는 것을 확인할 수 있다. 만일 다음번 minicom을 실행하였을 때 minicom의 기본 포트가 디폴트로 설정한 ttyUSB0로 설정되지 않는다면 minicom 환경설정 파일인 ~/.minirc.dfl을 열어서 포트를 ttyUSB0로 수정한다.

```
Welcome to minicom 2.4

OPTIONS: I18n
Compiled on Jan 25 2010, 06:49:09.
Port /dev/ttyUSB0

Press CTRL-A Z for help on special keys
```

이제 타겟보드의 전원을 켜면 아래와 같은 화면이 나온다.

```
OK

U-Boot 1.3.4 (Oct 12 2013 - 20:38:07) for AchroPV210


CPU:  S5PV210@1000MHz(OK)
          APLL = 1000MHz, HclkMsys = 200MHz, PclkMsys = 100MHz
          MPLL = 667MHz, EPLL = 80MHz
                             HclkDsys = 166MHz, PclkDsys = 83MHz
                             HclkPsys = 133MHz, PclkPsys = 66MHz
                             SCLKA2M  = 200MHz
Serial = CLKUART
Board:      AchroPV210
DRAM:       512 MB
SD/MMC:     1886 MB
In:         serial
Out:        serial
Err:        serial
Hit any key to stop autoboot:  3
```

마지막의 'Hit any key to stop autoboot' 다음에 나오는 숫자가 0이 되기 전에 아무 키나 입력하면 자동으로 부팅되던 상태가 중지되고, uboot 프롬프트(PV210 #)가 출력되면서 부트로더 명령어 대기상태로 들어간다.

```
Hit any key to stop autoboot:  0
PV210 #
```

타겟보드를 bootloader 상태로 둔 다음, 호스트 컴퓨터에서 zImage를 타겟보드에 삽입된 MicroSD 카드에 보내기 위해서는 몇 가지 과정이 필요하다. 먼저, 호스트 컴퓨터에서 데이터를 전송하면 타겟보드가 바로 받을 수 있도록 타겟보드를 "데이터 수신을 기다리는 상태"로 만들어야 한다. 타겟보드의 bootloader 기본 설정으로 SDRAM은 0x21008000으로 인지하고 있다. 그래서 타겟보드의 bootloader 상태에서 dnw 0x21008000 명령어를 입력하여 타겟보드를 데이터 수신을 기다리는 상태로 만든다.

```
PV210 # dnw 0x21008000
OTG cable Connected!
Now, Waiting for DNW to transmit data
```

이렇게 타겟보드의 SDRAM이 Waiting 상태가 된 다음 할 일은 그림 8-7과 같이 호스트 컴퓨터에서 zImage를 타겟보드 SDRAM으로 전송하고, SDRAM에서 μSD 카드로 전송된 데이터를 쓰는 것이다.

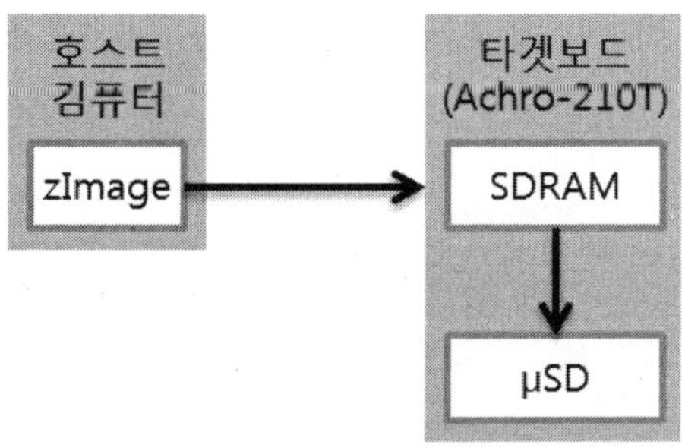

그림 8-7 커널이미지 전송

먼저 VirtualBox 관리자에서 zImage 파일을 타겟보드 SDRAM으로 전송하기 위해 호스트 컴퓨터의 메뉴 표시줄에서 [장치] - [USB장치]를 클릭하여 "System MCU SEC S3C6400X Test B/D[0100]"을 선택한다. 이 항목이 활성화되면 호스트 컴퓨터와 타겟보드를 연결한 USB OTG 케이블을 통해 파일을 전송할 수 있다.

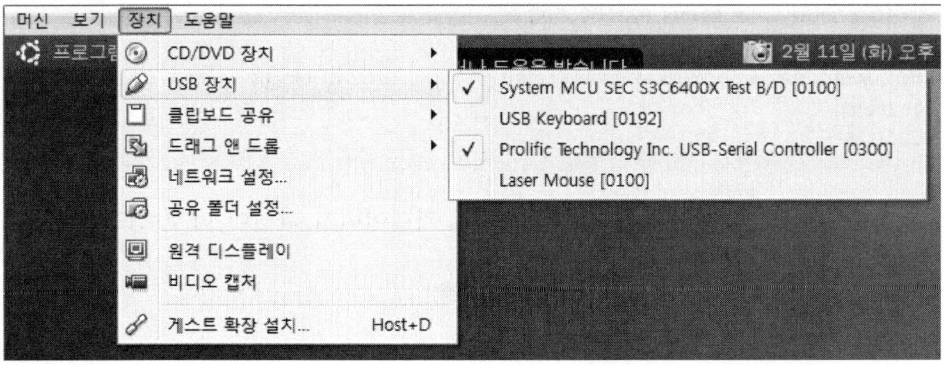

그림 8-8 파일 전송을 위해 "System MCU SEC ..." 선택하기

그런 다음 smdk-usbdl 명령어와 파일을 전송할 때 사용하는 옵션인 -f를 사용하여 zImage 파일을 SDRAM으로 전송시킨다.

[호스트에서 수행]

```
root@esp:~# smdk-usbdl -f ~/download/kernel-2.6.35/arch/arm/boot/zImage
SMDK42XX,S3C64XX USB Download Tool
Version 0.20 (c) 2004,2005,2006 Ben Dooks <ben-linux@fluff.org>

S3C64XX Detected!
=> found device: bus 001, dev 004
=> loaded 3328916 bytes from /root/download/kernel-2.6.35/arch/arm/boot/zImage
=> Downloading 3328926 bytes to 0x30000000
=> Data checksum 6a4f
=> usb_bulk_write() returned 3328926
root@esp:~#
```

정상적으로 파일이 전송되었다면 타겟보드에서는 성공적으로 파일을 받았다는 메시지를 보여준다.

[Achro-210T 화면]

```
Download Done!! Download Address: 0x21008000, Download Filesize:0x32cb94
Checksum is being calculated....
Checksum O.K.
PV210 #
```

타겟보드로 zImage 파일이 정상적으로 전송된 것을 확인하였다면, 다음은 SDRAM에 저장되어 있는 zImage를 μSD 카드로 업데이트 한다. 타겟보드의 콘솔 화면에서 μSD 카드에 데이터를 업데이트할 때 사용하는 movi 명령어를 이용하여 아래와 같이 μSD 카드에 zImage 파일을 쓴다.

[Achro-210T에서 수행]

```
PV210 # movi write kernel 0x21008000
writing kernel.. 1073, 10240
MMC write: dev # 0, block # 1073, count 10240 ... 10240 blocks written: OK
completed
PV210 #
```

이 과정이 모두 끝나면 정상적으로 컴파일된 커널이미지 파일이 타겟보드에 적재된 것이다.

```
        APLL = 1000MHz, HclkMsys = 200MHz, PclkMsys = 100MHz
        MPLL = 667MHz, EPLL = 80MHz
                       HclkDsys = 166MHz, PclkDsys = 83MHz
                       HclkPsys = 133MHz, PclkPsys = 66MHz
                       SCLKA2M  = 200MHz
Serial = CLKUART
Board:   AchroPV210
DRAM:    512 MB
SD/MMC:  1886MB
In:      serial
Out:     serial
Err:     serial
Hit any key to stop autoboot:  0
PV210 # dnw 0x21008000
OTG cable Connected!
Now, Waiting for DNW to transmit data
Download Done!! Download Address: 0x21008000, Download Filesize:0x32cb98
Checksum is being calculated....
Checksum O.K.
PV210 # movi write kernel 0x21008000
writing kernel.. 1073, 10240
MMC write: dev # 0, block # 1073, count 10240 ... 10240 blocks written: OK
completed
PV210 #
```

그림 8-9 커널이미지 업데이트 화면

8.4 추가한 시스템 콜 검증

이전 절에서 수행한 내용은 새로 추가한 시스템 콜을 커널에 등록하여 커널을 새로 생성하였고, 이를 타겟보드에 업데이트하였다. 이제는 응용프로그램에서 시스템 콜을 호출시키는 코드를 작성하여 실행해 보도록 한다. 응용프로그램에서의 시스템 콜 호출은 포장함수용 시스템 콜을 이용할 수도 있고, 추가한 시스템 콜을 라이브러리화 한 후 응용프로그램에서 라이브러리를 사용하여 호출할 수도 있다. 여기서는 전자의 방법에 대해서만 기술한다.

8.4.1 시스템 콜용 포장함수 syscall() 사용법

라이브러리 libc에서 제공하는 시스템 콜 함수들의 포장함수(wrapper routine)처럼 일반 프로그램에서도 쉽게 포장함수를 선언하여 사용할 수 있도록 linux/unistd.h 헤더파일에 선언되어 있는 매크로인 syscall()을 사용하여 처리한다. 예전 커널 2.4에서는 인자 개수에 따라서 _syscall0()부터 _syscall5()까지 여섯 개의 매크로를 이용하였지만, 커널 2.6부터는 해당 매크로를 사용할 수 없다. syscall()의 경우 매크로로 처리하면 기존 커널 2.4 버전과 달리, 커널 2.6 버전부터는 syscall() 자체도 시스템 콜로 호출하게 된다. 먼저, arch/arm/include/asm/unistd.h를 살펴보면 다음과 같은 시스템 콜이 등록되어 있다.

```
#define __NR_fstat              (__NR_SYSCALL_BASE+108)
                    /* 109 was sys_uname */
                    /* 110 was sys_iopl */
#define __NR_vhangup            (__NR_SYSCALL_BASE+111)
                    /* 112 was sys_idle */
#define __NR_syscall            (__NR_SYSCALL_BASE+113) /* syscall to call a syscall! */
#define __NR_wait4              (__NR_SYSCALL_BASE+114)
#define __NR_swapoff            (__NR_SYSCALL_BASE+115)
```

여러 개의 매크로를 통해서 처리되는 시스템 콜을 하나의 시스템 콜을 통하여 효율적으로 처리하기 위해서 "arch/arm/kernel/calls.S"에 시스템 콜로 등록되어 있다.

```
/* 110 */   CALL(sys_ni_syscall)        /* was sys_iopl */
            CALL(sys_vhangup)
            CALL(sys_ni_syscall)
            CALL(OBSOLETE(sys_syscall)) /* call a syscall */
            CALL(sys_wait4)
/* 115 */   CALL(sys_swapoff)
            CALL(sys_sysinfo)
            CALL(OBSOLETE(ABI(sys_ipc, sys_oabi_ipc)))
            CALL(sys_fsync)
```

그리고 해당 시스템 콜이 호출되면 "./arch/arm/kernel/entry-common.S"에 등록된 Special system call wrappers를 실행하여 시스템 콜을 처리한다.

```
#include "calls.S"
#undef ABI
#undef OBSOLETE

/*============================================================================
 * Special system call wrappers
 */
@ r0 = syscall number
@ r8 = syscall table
sys_syscall:
        bic scno, r0, #__NR_OABI_SYSCALL_BASE
        cmp scno, #__NR_syscall - __NR_SYSCALL_BASE
        cmpne   scno, #NR_syscalls  @ check range
        stmloia sp, {r5, r6}        @ shuffle args
        movlo   r0, r1
        movlo   r1, r2
        movlo   r2, r3
        movlo   r3, r4
        ldrlo   pc, [tbl, scno, lsl #2]
        b   sys_ni_syscall
ENDPROC(sys_syscall)
```

8.4.2 응용프로그램 작성하기

응용프로그램에서 시스템 콜을 호출시키는 코드 no_lib_syscall.c를 작성하여 실행해 보도록 한다. 이 파일은 /root/work 디렉토리 하위에 systemcall 디렉토리를 만들어 이 디렉토리 하위에 저장하기로 한다. no_lib_syscall.c 응용프로그램에서는 시스템 콜 호출을 포장 함수용 시스템 콜을 이용하는 것으로 한다.

```
root@esp:~# cd ~/work/
root@esp:~/work# mkdir systemcall
root@esp:~/work# cd systemcall/
root@esp:~/work/systemcall# vi no_lib_syscall.c
```

```
/* File Name : no_lib_syscall.c */
#include <linux/unistd.h>
#define __NR_mysyscall 366

int main(int argc, char **argv)
{
    syscall(__NR_mysyscall);
    return 0;
}
```

arm-linux-gcc 명령어를 이용하여 응용프로그램을 컴파일한다. 컴파일을 완료하고 나면 -o 옵션으로 준 파일명대로 my_syscall이라는 실행파일이 생성됨을 알 수 있다.

```
root@esp:~/work/systemcall# arm-linux-gcc -o my_syscall -I/usr/src/kernel-2.6.35/ no_lib_syscall.c
```

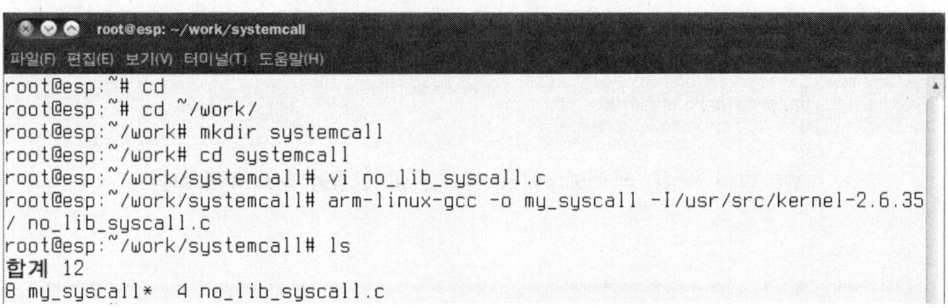

그림 8-10 추가된 시스템 콜 확인용 응용프로그램 컴파일

8.4.3 타겟보드에서 검증하기

시스템 콜을 추가한 커널이미지는 8.3.5절에서 타겟보드의 µSD 카드에 갱신한 상태이다. 여기서는 8.4.2절에서 작성한 시스템 콜 검증용 응용프로그램이 제대로 동작하는지를 알아

보기 위해 작성된 코드들을 타겟보드에서 실행시켜 보기로 한다. 타겟보드로 파일을 전송하기 위해 호스트 컴퓨터와 타겟보드의 네트워크 설정을 확인해 본다. 호스트 컴퓨터의 주소는 두 번째 네트워크 카드 eth1에 192.168.10.100의 주소를 할당하는 것으로 하고 타겟보드는 첫 번째 네트워크 카드 eth0에 192.168.10.110의 주소를 사용하는 것으로 한다. 네트워크 주소는 ifconfig 명령어를 사용하여 확인할 수 있다. IP 주소가 제대로 설정되어 있지 않다면 다음의 명령어를 실행하여 리눅스 호스트와 Achro-210T의 IP 주소를 각각 설정한다.

[호스트에서 수행]

```
root@esp:~# ifconfig eth1 192.168.10.100
```

[Achro-210T에서 수행]

```
root@Achro210T:~# ifconfig eth0 192.168.10.110
```

NFS는 이 책의 개발환경 설치부분에서 이미 설정이 된 상태이므로, NFS가 구동되지 않는다면, 개발환경 설치 부분을 참고하여 NFS 설정과 테스트를 한 다음 진행하도록 한다. 타겟보드에서 시스템 콜을 검증할 프로그램이 들어있는 호스트 디렉토리를 마운트한다. 그리고 시스템 콜 검증용 프로그램을 실행하여 결과를 확인해 본다.

```
root@Achro210T:~# mount -t nfs -o nolock 192.168.10.100:/root /root/nfs
root@Achro210T:~# cd ~/nfs/work/systemcall
root@Achro210T:~/nfs/work/systemcall# ./my_syscall
Welcome to the embedded system.
root@Achro210T:~/nfs/work/systemcall#
```

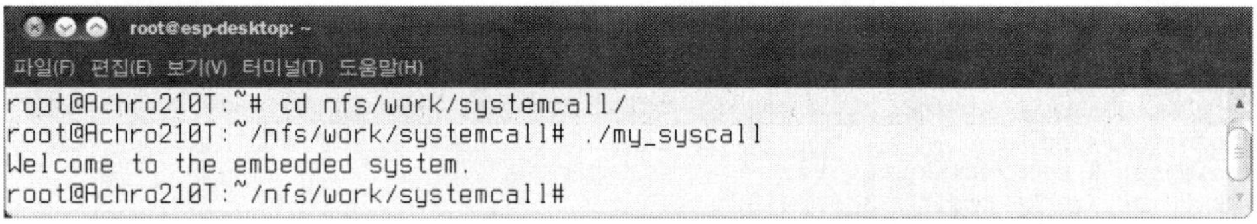

그림 8-11 타겟보드에서 시스템 콜 검증용 프로그램 실행

8.5 인자를 갖는 시스템 콜 작성하기

앞 절에서는 새로 추가한 시스템 콜을 이용하여 간단한 문장을 출력시키는 예제를 실습해 보았다. 이번에는 사칙연산을 수행하는 시스템 콜 함수를 작성해 보도록 하자. 이 시스템 콜은 실행파일의 이름을 입력한 후 피연산자에 해당하는 정수와 더하기, 빼기, 곱하기, 나누기 중 하나의 연산자와 다른 피연산자에 해당하는 정수를 입력받는다. 그래서 두 개의

정수의 연산자에 해당하는 사칙연산을 수행하여 정수 결과값을 출력하는 시스템 콜 함수이다.

8.5.1 시스템 콜 추가하기

리눅스 커널이 제공하는 시스템 호출은 각각 고유의 번호를 가지고 있다. 그래서 사칙연산 기능을 하는 새로운 시스템 콜을 추가하기 위해서 고유번호를 할당해 주도록 한다. 아래와 같이 [kernel]/arch/arm/include/asm/unistd.h 파일을 열어 367번을 지정하고 시스템 콜 명은 mycal로 한다.

```
root@esp:~# cd /root/download/kernel-2.6.35/arch/arm/include/asm/
root@esp:~/download/kernel-2.6.35/arch/arm/include/asm# vi unistd.h
```

```
#define __NR_perf_event_open    (__NR_SYSCALL_BASE+364)
#define __NR_recvmmsg           (__NR_SYSCALL_BASE+365)

/* added for system call example */
#define __NR_mysyscall          (__NR_SYSCALL_BASE+366)
/* added for calculator system call example */
#define __NR_mycal              (__NR_SYSCALL_BASE+367)
```

시스템 콜 테이블에는 시스템 콜 처리함수의 시작 주소들이 들어 있고 실제적인 테이블의 내용 관리는 calls.S 파일에 들어 있다. [kernel]/arch/arm/kernel/calls.S 파일을 열어 아래와 같이 새로운 함수 내용을 추가하여 준다.

```
root@esp:~# cd
root@esp:~# cd download/kernel-2.6.35/arch/arm/kernel/
root@esp:~/download/kernel-2.6.35/arch/arm/kernel# vi calls.S
```

```
/* 360 */    CALL(sys_inotify_init1)
             CALL(sys_preadv)
             CALL(sys_pwritev)
             CALL(sys_rt_tgsigqueueinfo)
             CALL(sys_perf_event_open)
/* 365 */    CALL(sys_recvmmsg)
/* added for system call example */
/* 366 */    CALL(sys_mysyscall)
/* added for calculator system call example */
/* 367 */    CALL(sys_mycal)
```

8.5.2 시스템 콜 처리함수 구현

사칙연산을 가능하게 해주는 시스템 콜을 사용자 프로그램에서 요청하였을 때 실제로 처리해 주는 함수를 구현해야 한다. 시스템 콜을 처리해주는 함수들은 [kernel]/kernel 디렉토리에 있다. 추가한 시스템 콜 mycal()은 사칙연산 결과를 출력하는 것으로 하고, mycal_syscall.c 파일로 저장하는 것으로 한다.

[호스트에서 수행]

```
root@esp:~# cd
root@esp:~# cd /root/download/kernel-2.6.35/kernel/
root@esp:~/download/kernel-2.6.35/kernel# vi mycal_syscall.c
```

```
/* File Name : mycal_syscall.c */
#include <linux/linkage.h>
#include <linux/errno.h>
#include <linux/kernel.h>

asmlinkage long sys_mycal(int a, int b, char op);

asmlinkage long sys_mycal(int a, int b, char op)
{
    switch(op)
    {
        case '+' :
            printk("%d + %d = %d ₩n", a, b, a+b);
            break;
        case '-' :
            printk("%d - %d = %d ₩n", a, b, a-b);
            break;
        case 'X' :
        case 'x' :
            printk("%d x %d = %d ₩n", a, b, a*b);
            break;
        case '/' :
            printk("%d / %d = %d ₩n", a, b, a/b);
            break;
    }
    return -ENOSYS;
}
```

8.5.3 커널 컴파일 및 타겟보드에 적용하기

앞서 구현한 mycal_syscall.c의 내용이 커널에 반영되도록 커널을 컴파일해야 한다. 커널에서 시스템 콜 처리 루틴들에 대한 컴파일 규칙은 [kernel]/kernel/Makefile에 지정되어 있다. 이 파일을 열고 오브젝트 생성규칙을 지정하는 부분에 mycal_syscall.o를 추가한다.

```
                                                              [호스트에서 수행]
root@esp:~# cd /root/download/kernel-2.6.35/kernel/
root@esp:~/download/kernel-2.6.35/kernel# vi Makefile
```

```
#
# Makefile for the linux kernel.
#

obj-y     = sched.o fork.o exec_domain.o panic.o printk.o ₩
        cpu.o exit.o itimer.o time.o softirq.o resource.o ₩
        sysctl.o sysctl_binary.o capability.o ptrace.o timer.o user.o ₩
        signal.o sys.o kmod.o workqueue.o pid.o ₩
        rcupdate.o extable.o params.o posix-timers.o ₩
        kthread.o wait.o kfifo.o sys_ni.o posix-cpu-timers.o mutex.o ₩
        hrtimer.o rwsem.o nsproxy.o srcu.o semaphore.o ₩
        notifier.o ksysfs.o pm_qos_params.o sched_clock.o cred.o ₩
        async.o range.o test_syscall.o mycal_syscall.o
obj-$(CONFIG_HAVE_EARLY_RES) += early_res.o
obj-y += groups.o
```

Makefile을 저장하고 나온 후 커널을 컴파일 하자. 커널 컴파일은 커널 소스의 최상위 디렉토리에서 이루어지기 때문에 해당 위치로 이동한다.

```
root@esp:~/download/kernel-2.6.35# cd /root/download/kernel-2.6.35/
```

컴파일은 다음 세 단계로 이루어진다. 먼저 이전 커널 컴파일 과정에서 생성된 파일들을 삭제하기 위해서 다음과 같이 make distclean 명령어를 이용한다.

```
root@esp:~/download/kernel-2.6.35# make distclean
  CLEAN   arch/arm/boot/compressed
  CLEAN   arch/arm/boot
  CLEAN   /root/download/kernel-2.6.35
(생략)
  CLEAN   include/config include/generated
  CLEAN   .config .version include/linux/version.h Module.symvers
```

두 번째로 Achro-210T 보드에 맞게 커널 컴파일되도록 make achro210t_defconfig 명령어를 사용하여 커널 설정정보를 가지고 있는 .config 파일을 생성한다.

```
root@esp:~/download/kernel-2.6.35# make achro210t_defconfig
  HOSTCC  scripts/basic/fixdep
  HOSTCC  scripts/basic/docproc
  HOSTCC  scripts/basic/hash
(생략)
  HOSTCC  scripts/kconfig/zconf.tab.o
```

```
  HOSTLD  scripts/kconfig/conf
#
# configuration written to .config
#
```

마지막으로 make 명령어를 사용하여 커널을 컴파일하면 최종적으로 [kernel]/arch/arm/boot 디렉토리 밑에 커널이미지 파일(zImage)이 생성된다.

```
root@esp:~/download/kernel-2.6.35-111202# make
(생략)
  SYSMAP  System.map
  SYSMAP  .tmp_System.map
  OBJCOPY arch/arm/boot/Image
  Kernel: arch/arm/boot/Image is ready
  AS      arch/arm/boot/compressed/head.o
  GZIP    arch/arm/boot/compressed/piggy.gzip
  AS      arch/arm/boot/compressed/piggy.gzip.o
  CC      arch/arm/boot/compressed/misc.o
  CC      arch/arm/boot/compressed/decompress.o
  SHIPPED arch/arm/boot/compressed/lib1funcs.S
  AS      arch/arm/boot/compressed/lib1funcs.o
  LD      arch/arm/boot/compressed/vmlinux
  OBJCOPY arch/arm/boot/zImage
  Kernel: arch/arm/boot/zImage is ready
  Building modules, stage 2.
  MODPOST 3 modules
  CC      crypto/ansi_cprng.mod.o
  LD [M]  crypto/ansi_cprng.ko
  CC      drivers/media/video/gspca/gspca_main.mod.o
  LD [M]  drivers/media/video/gspca/gspca_main.ko
  CC      drivers/scsi/scsi_wait_scan.mod.o
  LD [M]  drivers/scsi/scsi_wait_scan.ko
root@esp:~/download/kernel-2.6.35#
```

컴파일된 커널이미지 타겟보드에 적재하기 위해서 minicom을 실행하여 bootloader 상태를 만든다. 그런 다음 SDRAM에 데이터 수신 대기 상태로 만들기 위해서 “dnw 0x21008000” 명령어를 사용한다.

[Achro-210T에서 실행]

```
U-Boot 1.3.4 (Oct 12 2013 - 20:38:07) for AchroPV210


CPU:  S5PV210@1000MHz(OK)
        APLL = 1000MHz, HclkMsys = 200MHz, PclkMsys = 100MHz
        MPLL = 667MHz, EPLL = 80MHz
                       HclkDsys = 166MHz, PclkDsys = 83MHz
                       HclkPsys = 133MHz, PclkPsys = 66MHz
                       SCLKA2M  = 200MHz
```

```
Serial = CLKUART
Board:       AchroPV210
DRAM:        512 MB
SD/MMC:      1886 MB
In:        serial
Out:       serial
Err:       serial
Hit any key to stop autoboot:  0
PV210 # dnw 0x21008000
OTG cable Connected!
Now, Waiting for DNW to transmit data
```

커널이미지 파일을 OTG 케이블을 통해서 보내기 위해 VirtualBox 관리자 메뉴 표시줄에서 USB 장치를 클릭하여 'System MCU SEC S3C6400X Test B/D[0100]'에 체크를 한다. 그런 다음 smdk-usbdl 명령어를 이용하여 커널이미지를 SDRAM에 적재한다.

```
                                                        [호스트에서 수행]
root@esp:~# smdk-usbdl -f ~/download/kernel-2.6.35/arch/arm/boot/zImage
SMDK42XX,S3C64XX USB Download Tool
Version 0.20 (c) 2004,2005,2006 Ben Dooks <ben-linux@fluff.org>

S3C64XX Detected!
=> found device: bus 001, dev 004
=> loaded 3328916 bytes from /root/download/kernel-2.6.35/arch/arm/boot/zImage
=> Downloading 3328926 bytes to 0x30000000
=> Data checksum 6a4f
=> usb_bulk_write() returned 3328926
root@esp:~#
```

아래 화면의 메시지가 출력되면 다운로드가 성공적으로 완료된 것이다.

```
                                                        [Achro-210T 화면]
Download Done!! Download Address: 0x21008000, Download Filesize:0x32cb94
Checksum is being calculated....
Checksum O.K.
PV210 #
```

타겟보드로 zImage 파일이 정상적으로 전송된 것을 확인하였다면, 다음은 SDRAM에 저장되어 있는 zImage를 μSD 카드로 업데이트한다. 타겟보드의 콘솔 화면에서 μSD 카드에 데이터를 업데이트할 때 사용하는 movi 명령어를 이용하여 아래와 같이 μSD 카드에 zImage 파일을 쓴다.

```
                                                        [Achro-210T에서 수행]
PV210 # movi write kernel 0x21008000
writing kernel.. 1073, 10240
MMC write: dev # 0, block # 1073, count 10240 ... 10240 blocks written: OK
completed
PV210 #
```

8.5.4 응용프로그램 작성 및 검증

응용프로그램에서 시스템 콜을 호출시키는 코드 test_mycal.c를 작성하여 실행해 보도록 한다. 이 파일은 이전에 작업하였던 /root/work/systemcall 디렉토리 하위에 저장하기로 한다. test_mycal.c 응용프로그램에서는 시스템 콜 호출을 포장함수용 시스템 콜을 이용하는 것으로 한다.

[호스트에서 수행]

```
root@esp:~# cd ~/work/systemcall/
root@esp:~/work/systemcall# vi test_mycal.c
```

```
/* File Name : test_mycal.c */
#include <linux/unistd.h>
#include <string.h>
#include <stdio.h>

#define __NR_mycal 367

int main(int argc, char **argv)
{
    int a, b;
    char op;

    if(argc != 4)
    {
        printf("Usage : ./test_mycal num op num ₩n"); ???
        return 0;
    }

    a = atoi(argv[1]);
    b = atoi(argv[3]);
    op = argv[2][0];

    syscall(__NR_mycal, a, b, op);
    return 0;
}
```

사칙연산에 필요한 인자는 두 개의 정수와 연산자로 총 3개이다. 메인 프로그램에서의 첫 번째 인자인 argc는 인자의 총 개수를 나타내고, 두 번째 인자인 2중 포인터 문자형 변수 argv는 사용자가 입력한 2차원 문자형 배열을 나타낸다. argv[0]에는 실행 파일을 타겟보드에서 검증할 때 쓰는 파일 이름이 저장된다. argv[1]에는 사칙연산 수식에서의 왼쪽 피연산자가 들어가고, argv[3]에는 사칙연산 수식에서의 오른쪽 피연산자가 들어간다. 연산자는 argv[2]에 들어있다. 피연산자의 경우 atoi() 함수를 사용하여 정수값으로 변환하고, 연산자의 경우 argv[2]에 들어있는 첫 문자로 판단한다. 위의 테스트 프로그램을 컴파일한다.

```
root@esp:/work/code/no_lib_syscall# arm-linux-gcc -o test_mycal -I/usr/src/kernel-2.6.35/ test_
mycal.c
```

컴파일을 완료하고 나면 -o 옵션으로 준 파일명대로 test_mycal이라는 실행파일이 생성된다. 컴파일된 시스템 콜 검증용 응용프로그램이 제대로 동작하는지를 알아보기 위해 작성된 코드들을 타겟보드에서 실행시켜 보자. 호스트 컴퓨터와 타겟보드를 NFS로 연결시킨 다음 사칙연산을 검증해 보도록 한다. 먼저 호스트 컴퓨터와 타겟보드의 IP 주소를 각각 아래와 같이 설정한다.

```
[호스트에서 수행]
root@esp:~# ifconfig eth1 192.168.10.100
```

```
[Achro-210T에서 수행]
Achro210T login: root
login[99]: root login on 'ttySAC0'
root@Achro210T:~# ifconfig eth0 192.168.10.110
```

다음은 타겟보드에서 호스트 컴퓨터의 홈 디렉토리(/root)와 타겟보드의 /root/nfs 디렉토리를 마운트 시킨다.

```
[Achro-210T에서 수행]
root@Achro210T:~# mount -t nfs -o nolock 192.168.10.100:/root /root/nfs
```

이제 크로스 컴파일로 생성된 실행파일이 있는 /nfs/work/systemcall 디렉토리로 이동 후 사칙연산이 올바로 이루어지는지 검증하여 본다. 실행파일 이름을 적은 후 피연산자, 연산자, 피연산자 순서로 입력하면 아래와 같은 결과가 나온다.

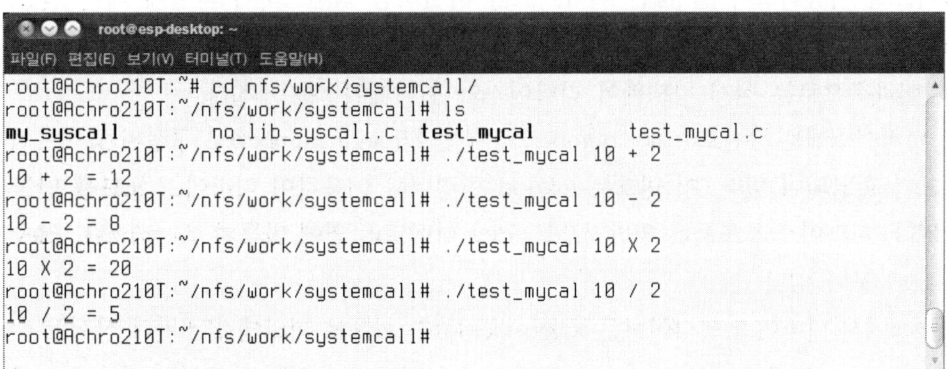

그림 8-12 사칙연산을 수행하는 시스템 콜 함수 결과 화면

Chapter

09 디바이스 드라이버

호스트 리눅스뿐만 아니라 임베디드 리눅스에서도 마찬가지로 다양한 장치를 이용해서 시스템이 구동되고 이들 장치를 이용하여 목적을 달성할 수 있도록 프로그램을 개발하게 된다. 이 장에서는 리눅스의 디바이스 드라이버에 대한 내용을 확인하고, 어떻게 사용하는지에 대해서 알아보도록 한다.

9.1 디바이스 드라이버란?

디바이스(device)는 하드 디스크, USB 메모리, 마우스, 네트워크 어댑터, 프린터, 단말기, 스캐너, 터치스크린 등 컴퓨터 시스템 이외의 다른 주변장치들을 말한다. 이들 디바이스들을 동작시키기 위해서는 프로그램이 필요하며, 이러한 프로그램들을 디바이스 드라이버(device driver)라고 한다. 디바이스 드라이버는 실제 하드웨어를 구동할 수도 있고, 소프트웨어적으로 디바이스를 정의하고 이를 구동할 수도 있다. 응용프로그램에서 이들 디바이스에 데이터를 직접 읽고 쓰거나 제어하는 경우 디바이스 드라이버를 이용하게 된다. 디바이스 드라이버는 커널모드에서 실행되며 메모리에 상주하고 스왑되지 않는다. 리눅스에서는 디바이스 드라이버를 통하여 디바이스와 시스템 사이에 데이터를 주고 받기 위한 인터페이스를 제공하며, 이 인터페이스는 디바이스를 하나의 파일로 추상화한다. 따라서 사용자가 디바이스를 사용하고자 할 때는 디바이스를 파일처럼 액세스하여 파일에 대한 연산(file operations)을 하면 된다. 디바이스 드라이버는 위쪽으로는 파일시스템과 인터페이스를 가지며, 아래쪽으로는 실제 하드웨어 디바이스와 인터페이스를 가진다.

각 디바이스에는 주번호(major number)와 부번호(minor number)로 구성된 32비트의 고유번호가 할당되어 있다. 이 번호는 mknod 명령어를 이용하여 디바이스 노드를 만들 때 사용된다. 디바이스 노드들은 일반적으로 /dev 디렉토리 밑에 만들며, /dev/hda1, /dev/fb, /dev/tty0 등이 있다.

리눅스에서 디바이스 드라이버는 모듈(module) 방식으로 커널에 올리거나 삭제할 수 있다. 따라서 사용자가 제작한 디바이스 드라이버를 커널에 올리기 위해서는 커널 전체를 다시 컴파일할 필요 없이 모듈로 컴파일하여 커널에 올리면 된다. 현재 시스템에 설치된 모듈 정보는 /proc/modules 파일에 텍스트 형식으로 저장되어 있다.

리눅스에서 디바이스 드라이버는 문자(character) 디바이스, 블록(block) 디바이스, 네트워크 디바이스로 나뉜다. 문자 디바이스는 자료의 순차성을 지닌 장치로 버퍼를 사용하지 않고 바로 읽고 쓸 수 있는 장치이다. 직렬 포트, 병렬포트, 마우스, 터미널 등이 문자 디바이스에 속한다. 블록 디바이스는 버퍼 캐시를 통해 블록단위로 입출력되며, 랜덤 액세스가 가능하고, 파일시스템으로 구축될 수 있다. 블록 디바이스로는 플로피 디스크, 하드 디스크, CD-ROM, 램 디스크 등이 있다. 네트워크 디바이스는 네트워크 통신을 통해 네트워크 패킷을 주고 받을 수 있는 장치로, 이더넷, PPP, NIC(network interface card) 등이 있다.

디바이스 드라이버를 작성하려면 구동하고자 하는 하드웨어에 대한 분명한 이해가 있어야 하며 또한 소프트웨어 구조에 대한 이해가 있어야 한다. 예를 들어 직렬 디바이스(UART)에 대한 디바이스 드라이버를 작성한다고 할 경우 하드웨어 부분에 대해서만 간단히 언급해보면 다음과 같다.

UART는 데이터 레지스터, 제어 레지스터, 상태(status) 레지스터의 세 종류의 레지스터를 가지고 있다. UART의 제어 레지스터는 데이터 비트의 크기, 직렬통신 속도(baud rate), 패리티 설정 등을 하는데 사용된다. 이들 설정들을 초기화하거나 설정을 변경하려면 제어 레지스터를 구성하고 있는 각 비트들의 용도를 정확히 파악한 다음, 변경하고자 하는 설정 내용에 맞도록 제어 레지스터의 값을 변경한다. 상태 레지스터는 UART의 현재 상태에 대한 정보를 가지고 있고, 데이터 송수신 관련 동작이 일어날 때마다 해당 플래그의 값들이 변경된다. 예를 들어 전송할 데이터가 들어있는 TRH 버퍼 레지스터의 내용이 모두 전송된 후 새로 전송할 데이터가 생기는 경우, 두 상태 사이에 "transmitter empty flag"의 설정이 변한다. 상태 레지스터에서 각 상태 플래그의 목적이 무엇이고 어떻게 활용되는지를 정확히 알아야 프로그램 할 때 정확한 기능을 구현할 수 있다. 그리고 레지스터들은 각각 고유의 주소를 가지고 있고, 이들 주소를 알아야 한다. 예를 들어 개인용 컴퓨터의 경우 타이머는 0x0040 ~ 0x005F의 주소를 가지고 있고, 직렬 포트 COM1은 0x03F8 ~ 0x03FF, 직렬 포트 COM2는 0x02F8 ~ 0x02FF의 주소를 가진다. 이러한 방식으로 작성하고자 하는 하드웨어 매뉴얼을 보고 기능을 철저히 파악해야 한다.

디바이스 드라이버를 개발하는 전체 흐름도는 그림 9-1과 같다. 구동하고자 하는 디바이스에 대한 소스코드를 먼저 작성하고, 이 코드를 커널에 삽입할 모듈로 컴파일한다. 컴파일된 모듈은 insmod 명령어를 사용하여 커널에 모듈로 삽입하고, insmod 시 사용한 주번호와 부번호를 가지고 디바이스 노드를 생성한다. 이제 디바이스 드라이버를 검증하기 위하여 응용프로그램을 작성하고 이를 실행한다. 검증을 다 마치고 난 후 커널에서 모듈을 삭제하고자 한다면 rmmod 명령어를 사용하여 커널에서 모듈을 삭제한다.

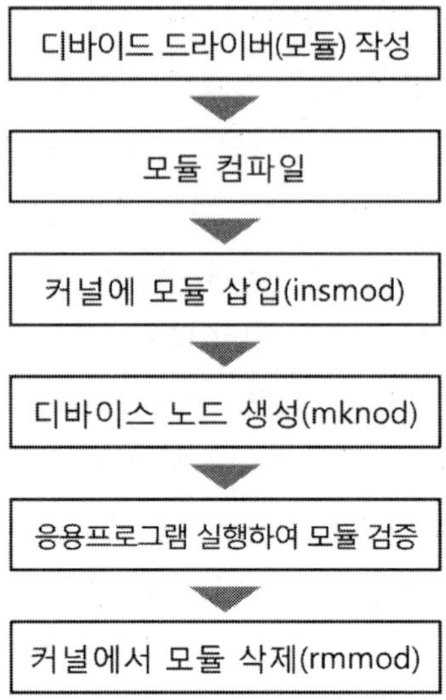

그림 9-1 디바이스 드라이버 개발절차

9.2 디바이스 드라이버 관련 리눅스 명령

리눅스에서 디바이스 드라이버는 리눅스 부팅 후에 모듈 형태로 올리거나 내릴 수 있다. 이와 관련된 주요 명령어로는 insmod, rmmod, mknod, lsmod 등이 있으며 표 9-1에 정리하였다.

표 9-1 디바이스 드라이버 관련 리눅스 명령어

명령어	기능
insmod	커널에 모듈을 올림 (예) % insmod test_dd.ko
rmmod	커널에서 모듈을 삭제함 (예) % rmmod test_dd
lsmod	커널에 적재된 모듈 목록을 보여줌
mknod	장치 특수 파일을 만듦 (예) % mknod /dev/test_dd c 253 0
depmod	커널 모듈 간의 의존성을 검사함
modinfo	모듈들을 검사하여 관련된 정보를 보여줌

작성된 디바이스 드라이버를 모듈로 컴파일하면 확장자 .ko를 갖는 디바이스 드라이버가 생성되며, 이 드라이버는 리눅스 명령어 insmod를 사용하여 커널에 적재될 수 있다. 적재된 드라이버를 커널에서 제거하고자 할 때는 rmmod 명령어를 사용한다. 사용자는 장치 특수파일을 통해 디바이스 드라이버에 접근하며, 장치 특수파일은 mknod 명령어를 이용하여 생성한다.

9.3 간단한 디바이스 드라이버 프로그래밍 따라하기

디바이스 드라이버 작성단계 및 구성을 이해하기 위하여 가장 간단한 모듈 프로그램을 작성해 본다. 커널에 모듈이 로딩될 때 "Loading my first device driver…"라는 문자열을 출력하도록 하고, 커널에서 모듈이 삭제될 때 "Unloading my first device driver…" 라는 문자열을 출력하도록 한다. 모듈을 커널에 올릴 때 insmod 명령어를 사용하는데, 이때 디바이스 드라이버 안에서 실행되는 함수는 init_module() 함수이다. 그리고 커널에서 모듈을 삭제할 때 사용하는 명령어는 rmmod이며, 이때 실행되는 함수는 cleanup_module()이다. 이 두 함수만을 사용하여 간단한 모듈을 작성해 보자. 작업 위치는 /root/work/dd/hello 디렉토리로 하는 것으로 가정하고, 파일이름은 hello.c로 하는 것으로 하자. 디바이스 드라이버를 작성하기 전 먼저 작업 위치로 이동한다.

[호스트에서 수행]

```
root@esp:~# mkdir /root/work/dd; mkdir /root/work/dd/hello
root@esp:~# cd /root/work/dd/hello
```

작업 위치로 이동한 뒤 vi를 이용하여 디바이스 드라이버를 작성한다.

[호스트에서 수행]

```
root@esp:~/work/dd/hello# vi hello.c
```

```
/* File : hello.c */

#include <linux/module.h>
int init_module(void)
{
    printk("Loading my first device driver ...₩n");
    return 0;
}

void cleanup_module(void)
{
    printk("Unloading my first device driver ...₩n");
}
```

모듈 소스가 작성되었으면 컴파일한다. 디바이스 드라이버 컴파일은 make 명령어를 사용하여 컴파일해야 하며, 따라서 make 명령어에서 사용하는 Makefile을 만들어야 한다. Makefile은 다음의 내용으로 작성한다.

[호스트에서 수행]

```
root@esp:~/work/dd/hello# vi Makefile
#Makefile
obj-m := hello.o
KDIR := /usr/src/linux-headers-2.6.32-38-generic/
PWD := $(shell pwd)
all: module
module:
	$(MAKE) -C $(KDIR) SUBDIRS=$(PWD) modules
clean:
	rm -rf *.ko
	rm -rf *.o
```

Makefile을 작성할 때 각 라벨(module:) 아래에 있는 공백은 띄어쓰기가 아니라 탭을 이용하여 공백을 만든 것이다. Makefile에 처음에는 절대로 공백(space)이 들어갈 수 없다. Makefile 내에 기술된 내용을 살펴보면, obj-m은 모듈로 컴파일할 대상을 지정한다. 그리고 커널 소스 디렉토리와 현재 디렉토리를 쉽게 변경할 수 있도록 변수로 선언하여 컴파일 시 참조하도록 하였다. 이제 make 명령어를 입력하면 제일 첫 번째 규칙인 all이 실행되며, all에서는 module 규칙이 실행되어 모듈이 컴파일된다.

[호스트에서 수행]

```
root@esp:~/work/dd/hello# make
```

그림 9-2는 hello.c 디바이스 드라이버 소스파일을 make 명령어로 컴파일한 후, 디바이스 드라이버가 모듈(hello.ko)로 생성되는 과정을 보여준다.

```
root@esp: ~/work/dd/hello
파일(F) 편집(E) 보기(V) 터미널(T) 도움말(H)
root@esp:~# cd /root/work/dd/hello
root@esp:~/work/dd/hello# ls
합계 8
4 Makefile  4 hello.c
root@esp:~/work/dd/hello# make
make -C /usr/src/linux-headers-2.6.32-38-generic/ SUBDIRS=/root/work/dd/hello mo
dules
make[1]: Entering directory `/usr/src/linux-headers-2.6.32-38-generic'
  CC [M]  /root/work/dd/hello/hello.o
  Building modules, stage 2.
  MODPOST 1 modules
  CC      /root/work/dd/hello/hello.mod.o
  LD [M]  /root/work/dd/hello/hello.ko
make[1]: Leaving directory `/usr/src/linux-headers-2.6.32-38-generic'
root@esp:~/work/dd/hello# ls
합계 28
4 Makefile     0 Module.symvers  4 hello.c        4 hello.ko  4 hello.mod.c
4 hello.mod.o  4 hello.o         4 modules.order
root@esp:~/work/dd/hello#
```

그림 9-2 디바이스 드라이버(hello.c) 컴파일

□ hello: module license 'unspecified' taints kernel 문제 해결하기

위에서 작성한 hello.ko 디바이스 드라이버를 insmod 명령어를 이용하여 커널에 올린 후, 커널의 로그를 보면 모듈 라이선스가 지정되지 않았다는 문구가 그림 9-3에 보인 것처럼 뜬다.

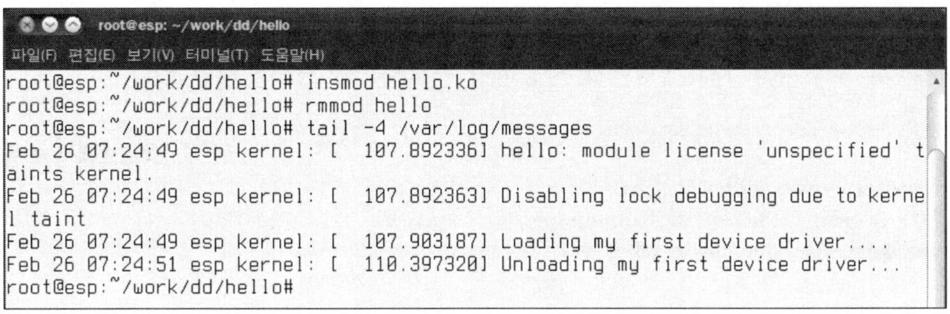

그림 9-3 디바이스 드라이버 커널에 올리기

이 문제는 라이선스를 지정하지 않아서 생기는 현상이다. 리눅스 커널 2.4 이후에 배포된 버전부터 라이선스를 지정하도록 하고 있으며, 이러한 내용은 [KERNEL]/include/linux/module.h 파일에 정의되어 있고, MODULE_LICENSE() 매크로를 통해 수행된다. 사용하는 방법은 매우 간단하며, 모듈 소스에 아래와 같은 문장을 넣고 다시 컴파일하여 실행하면 해결된다.

```
MODULE_LICENSE("GPL");
```

□ 커널에서 출력하는 메시지 보기

커널에서 출력하는 메시지는 일반적으로 콘솔화면(표준 출력장치)에 나타나지 않는다. 커널에서 메시지를 출력하기 위해 사용하는 함수인 printk()에 지정한 LOG_LEVEL이 표준 출력장치에 출력할 수 있는 레벨이 아니면 출력하지 않기 때문이다. 이런 경우 커널에서 출력하는 메시지를 저장하는 파일에서 커널 메시지를 확인해야 한다. 커널 메시지는 /var/log/messages 파일에 저장되어 있으며, 파일의 마지막 부분을 출력해 주는 tail 명령어를 이용하면 쉽게 메시지를 확인할 수 있다.

[호스트에서 수행]

```
root@esp:~/work/dd/hello# tail /var/log/messages
```

메시지 파일(/var/log/messages)이 변동될 때마다 그 내용을 화면에 출력하고자 한다면 tail 명령어에 -f 옵션을 사용하면 된다. 다른 작업을 하면서 모니터링하는 것이므로 백그라운드로 실행시키면 편하다.

```
[호스트에서 수행]
root@esp:~/work/dd/hello# tail -f /var/log/messages &
```

위의 명령어 행에서의 &는 백그라운드로 실행하라는 의미이다. 만일 백그라운드로 실행되고 있는 일을 중지하고자 한다면 jobs 명령어를 실행하여 백그라운드로 실행되고 있는 프로세스를 확인하고, kill 명령어를 사용하여 프로세스를 중단시키면 된다.

```
[호스트에서 수행]
root@esp:~/work/dd/hello# jobs
[1]+ Running      tail -f /var/log/messages &
root@esp:~/work/dd/hello# kill -9 %1
```

지금까지의 내용을 반영하여 코드를 정리하면 다음과 같다. 디바이스 드라이버(또는 모듈) hello.ko는 일반 C 프로그램에서 실행 시작점으로 사용되는 main() 함수를 사용하지 않으며, 이 모듈이 커널에 적재되거나 삭제될 때 실행되는 함수로만 구성된 간단한 코드임을 알 수 있다.

```
[hello.c]
/* File : hello.c */

#include <linux/module.h>
MODULE_LICENSE("GPL");
MODULE_AUTHOR("HGU");

int init_module(void)
{
    printk("Loading my first device driver …₩n");
    return 0;
}
void cleanup_module(void)
{
    printk("Unloading my first device driver ...₩n");
}
```

커널에 적재된 모듈은 lsmod 명령어를 통하여 확인할 수 있다.

```
[호스트에서 수행]
root@esp:~/work/dd/hello# lsmod
Module                  Size  Used by
hello                   658   0
```

9.4 디바이스 드라이버 관련 주요 함수

디바이스 드라이버를 구성하는 요소는 크게 세 부분으로 나뉜다. 첫 번째는 초기화 인터페이스 부분으로 여기에는 드라이버를 커널에 로딩하고 디바이스를 등록하는 내용으로 구성된다. 두 번째는 파일시스템 인터페이스 부분이다. 리눅스에서는 모든 디바이스들을 파일로 간주하기 때문에 어떤 장치를 사용한다고 하는 것은 파일을 다루는 것과 동일하다. 이 파일들은 일반적으로 /dev 디렉토리 밑에 위치시킨다. 따라서 커널에서 디바이스 드라이버에 접근하기 위해 file_operations 구조체에 명시된 멤버들을 사용하게 되며, 디바이스 드라이버를 작성할 때도 이 구조체를 잘 파악하여 사용해야한다. 디바이스 드라이버를 구성하는 세 번째 요소는 하드웨어 인터페이스 부분으로, 하드웨어에 접근하기 위한 메모리맵 입출력(memory mapped I/O)과 포트맵 입출력(I/O mapped I/O)을 위한 함수들이 있다.

9.4.1 초기화 인터페이스 함수

초기화를 위한 인터페이스 함수들로는 모듈을 커널에 등록시키거나 삭제할 때 실행되는 함수들과 디바이스를 커널에 등록시키고 해제시키는 함수들로 구성되어 있다.

□ init_module()과 cleanup_module()

디바이스 드라이버 안에 구현되어야 하는 init_module() 함수는 디바이스 드라이버를 커널에 등록시키기 위해 사용하는 명령어인 insmod에 의해 호출이 된다. init_module()로부터의 반환값이 0이면 디바이스 드라이버는 커널에 정상적으로 올라간 상태이며, 그 이외의 값을 반환되면 모듈이 커널에 적재되는 것이 실패했음을 의미한다. 디바이스 드라이버를 커널에서 제거할 때 사용하는 리눅스 명령어는 rmmod이다. 이 명령어가 실행되면 디바이스 드라이버 내의 cleanup_module() 함수를 실행하며, 반환값은 없다. 이들 두 개의 초기화 함수는 디바이스 드라이버 안에 기본적으로 구현되어야 하며, 반드시 지정된 이름을 사용해야한다. 그러나 커널 2.4.20 이후부터 커널 2.6에서는 초기화 함수이름을 사용자가 지정할 수 있도록 module_init()과 module_exit()이라는 매크로를 제공한다. 이 매크로는 [KERNEL]/include/linux/init.h 헤더파일에 지정되어 있다.

```
/* Each module must use one module_init(). */
#define module_init(initfn)                      ₩
    static inline initcall_t __inittest(void)        ₩
    { return initfn; }                          ₩
    int init_module(void) __attribute__((alias(#initfn)));
```

```
/* This is only required if you want to be unloadable. */
#define module_exit(exitfn)                          ₩
    static inline exitcall_t __exittest(void)         ₩
    { return exitfn; }                               ₩
    void cleanup_module(void) __attribute__((alias(#exitfn)))
```

□ 디바이스 드라이버 등록 함수

디바이스 드라이버를 등록하는 함수는 register_*mmm*dev()의 형식의 이름을 가지며, 해제하는 함수는 unregister_*mmm*dev()의 이름을 가진다. 여기에서 *mmm*은 문자 디바이스인 경우 chr, 블록 디바이스인 경우 blk, 네트워크 디바이스인 경우 net으로 표현하는 것을 의미한다. 표 9-2는 디바이스 드라이버 등록 및 해제와 관련된 함수들을 보여준다.

표 9-2 디바이스 드라이버 등록 및 해제함수

디바이스 드라이버 등록 및 해제 함수	설명
int register_chrdev(unsigned int major, const char *name, struct file_operations *fops)	문자(character) 디바이스를 주어진 주번호로 등록
int unregister_chrdev(unsigned int major, const char *name)	주어진 주번호에 등록되어 있는 문자 디바이스 등록을 해제
int register_blkdev(unsigned int major, const char *name, struct file_operations *fops)	블록(block) 디바이스를 주어진 주번호로 등록
int unregister_blkdev(unsigned int major, const char *name)	주어진 주번호에 등록되어 있는 블록디바이스 등록을 해제
int register_netdev(const char *name)	네트워크 디바이스를 등록
int unregister_netdev(const char *name)	네트워크 디바이스 등록을 해제
MAJOR(kdev_t dev)	장치번호 dev로부터 주번호 구하기
MINOR(kdev_t dev)	장치번호 dev로부터 부번호 구하기

9.4.2 파일시스템 인터페이스

구조체 file_operations는 [KERNEL]/include/linux/fs.h에 정의되어 있으며, 디바이스 드라이버에서 구현해야 할 함수들을 정의하고 있다. 구조체의 각 멤버는 대부분 함수 포인터들로서, 디바이스 드라이버에서 제공하고자 하는 기능들을 함수로 작성하고, 이 함수를 구조체의 해당 멤버에 등록시킨다. 구조체 내에 명시된 멤버 중 구현되지 않는 기능들은 NULL로 설정된다. 예를 들어 비디오 카드용 디바이스 드라이버의 경우 구조체에서 데이터를 읽어올 필요는 없으므로 read 멤버는 NULL로 설정된다. 구조체 선언은 다음과 같다.

```
struct file_operations {
    struct module *owner;
    off_t (*llseek) (struct file *, loff_t, int);
    size_t (*read) (struct file *, char __user *, size_t, loff_t *);
    size_t (*write) (struct file *, const char __user *, size_t, loff_t *);
    size_t (*aio_read) (struct kiocb *, const struct iovec *, unsigned long, loff_t);
    size_t (*aio_write) (struct kiocb *, const struct iovec *, unsigned long, loff_t);
    nt (*readdir) (struct file *, void *, filldir_t);
    nsigned int (*poll) (struct file *, struct poll_table_struct *);
    nt (*ioctl) (struct inode *, struct file *, unsigned int, unsigned long);
    ong (*unlocked_ioctl) (struct file *, unsigned int, unsigned long);
    ong (*compat_ioctl) (struct file *, unsigned int, unsigned long);
    nt (*mmap) (struct file *, struct vm_area_struct *);
    nt (*open) (struct inode *, struct file *);
    nt (*flush) (struct file *, fl_owner_t id);
    nt (*release) (struct inode *, struct file *);
    nt (*fsync) (struct file *, int datasync);
    nt (*aio_fsync) (struct kiocb *, int datasync);
    nt (*fasync) (int, struct file *, int);
    nt (*lock) (struct file *, int, struct file_lock *);
    size_t (*sendpage) (struct file *, struct page *, int, size_t, loff_t *, int);
    unsigned long (*get_unmapped_area)(struct file *, unsigned long, unsigned long, unsigned long,
    ₩unsigned long);
    int (*check_flags)(int);
    int (*flock) (struct file *, int, struct file_lock *);
    ssize_t (*splice_write)(struct pipe_inode_info *, struct file *, loff_t *, size_t, unsigned int);
    ssize_t (*splice_read)(struct file *, loff_t *, struct pipe_inode_info *, size_t, unsigned int);
    int (*setlease)(struct file *, long, struct file_lock **);
};
```

file_operations를 구성하고 있는 멤버들은 모두 함수 포인터이며, 디바이스 드라이버에서 구현하고자 하는 기능들을 함수 포인터에 등록하면 된다. 여기에서 소개하는 간단한 문자 디바이스 드라이버의 경우 open(), release(), read(), write(), ioctl() 정도의 함수들을 활용한다. 디바이스 드라이버에서 제공하고자 하는 기능을 함수 포인터에 등록하는 방법은 다음과 같다. 먼저 응용프로그램에서 디바이스 드라이버에 접근하고자 할 때는 시스템 콜 함수인 open(), close(), read(), write(), ioctl() 등을 사용한다. 이들이 호출되었을 때 해당 디바이스 드라이버에는 다음과 같은 구조체가 존재하게 되며, 여기에 선언된 내용대로 해당 함수들이 호출된다.

```
struct file_operations test_fops = {
    .owner = THIS_MODULE,
    .open = device_open,
    .release = device_release,
    .read = device_read,
    .write = device_write,
    .ioctl = device_ioctl,
};
```

즉, 어떤 디바이스 드라이버가 앞에서와 같은 file_operations 구조체로 선언되었을 경우, 이 디바이스를 열기 위해 open() 함수를 호출하면 device_open()이라는 함수가 실행된다. 만일 디바이스 사용을 마치고 닫고자 할 경우 close() 함수를 호출하는데, 이 경우는 device_release() 함수가 실행된다. 이들 호출관계를 표로 정리하면 다음과 같다.

표 9-3 시스템 콜과 디바이스 드라이버 내에서의 실행 함수

응용프로그램에서의 시스템 콜	디바이스 드라이버에서의 실행 함수
open()	device_open()
read()	device_read()
write()	device_write()
ioctl()	device_ioctl()
close()	device_release()

□ 파일시스템 인터페이스: open()

응용프로그램에서 디바이스를 열기 위해 사용하는 open() 함수 선언과 디바이스 드라이버 안에서 선언된 open() 함수의 함수 선언은 다르다. 응용프로그램에서 open() 함수 선언은 표 9-4와 같다.

표 9-4 open() 함수의 함수 선언 비교

응용프로그램에서의 함수 선언	디바이스 드라이버에서의 함수 선언
int open(const char *pathname, int flags); int open(const char *pathname, int flags, mode_t mode);	int(*open) (struct inode *, struct file *);

응용프로그램에서 open() 함수는 파일을 열거나 생성할 때 사용하는 함수로, 디바이스 파일을 사용하고자 할 때 맨 처음 실행되는 함수이다. pathname은 파일 경로이며 일반적으로 절대 경로로 지정한다. 함수 실행이 성공하면 해당 파일을 지시하는 정수형의 파일지시자(file descriptor)를 반환하고, 실패하면 -1을 반환한다. 응용프로그램에서 open() 함수는 시스템 콜을 통해 sys_open()을 호출하며, sys_open() 내부에서는 가상 파일시스템(VFS)과 관련된 여러 가지 처리 과정을 통해 디바이스 드라이버 함수에 필요한 inode와 파일 구조체 정보로 변환하여 전달된다. 그 다음 단계는 file_operations 구조체의 open() 함수 포인터에 등록된 함수를 사용하여 요청한 파일시스템에 맞는 연산을 수행한다.

□ 파일시스템 인터페이스: read()

read() 함수는 디바이스로부터 데이터를 읽고자 할 때 사용한다. 표 9-5는 read() 함수 선언을 보여준다.

표 9-5 read() 함수의 함수 선언 비교

응용프로그램에서의 함수 선언	디바이스 드라이버에서의 함수 선언
ssize_t read(int fd, void *buf, size_t count);	ssize_t(*read) (struct file *filp, char *buf, size_t count, loff_t *f_pos);

응용프로그램에서의 read() 함수는 파일지시자인 fd로부터 count 바이트만큼 읽어서 그 값을 buf에 저장하는 시스템 콜이다. 성공하면 읽어들인 바이트 크기를 반환하며, 실패하면 -1을 반환하고 errno를 설정한다. 디바이스 드라이버에서의 함수 선언 중 파일 구조체 포인터 filp는 디바이스 파일이 어떤 형식으로 열렸는가에 대한 정보를 가지고 있다. loff_t 타입은 64비트 길이의 "long offset"으로, 메모리 접근주소를 지정하며 현재의 읽기와 쓰기 위치를 저장한다.

□ 파일시스템 인터페이스: write()

write() 함수는 디바이스에 데이터를 쓰고자 할 때 사용한다. 즉, 사용자 영역의 데이터를 커널영역으로 보내고자 할 때 주로 사용한다. 표 9-6은 write() 함수 선언을 보여준다.

표 9-6 write() 함수의 함수 선언 비교

응용프로그램에서의 함수 선언	디바이스 드라이버에서의 함수 선언
ssize_t write(int fd, const char *buf, size_t count);	ssize_t(*write) (struct file *filp, const char *buf, size_t count, loff_t *f_pos);

응용프로그램에서 write() 함수는 buf로부터 count 바이트만큼 읽어서 fd가 가리키는 파일에 쓰는 시스템 콜이다. 성공하면 쓴 바이트 크기를 반환하고, 실패하면 -1을 반환한다. f_ops는 메모리 접근 주소를 가리킨다.

□ 파일시스템 인터페이스: ioctl()

ioctl() 시스템 콜은 디바이스를 제어하기 위해 특별한 명령을 주고자 할 때 사용한다. 예를 들어 디스크를 포맷하거나 직렬 포트의 통신 속도 등을 설정하는 것이다. 이외에도 ioctl()은 시스템 콜을 추가하지 않고 커널 영역과 상호작용하는 다양한 함수들을 개발하는 데 사용하기도 한다.

표 9-7 ioctl() 함수의 함수 선언 비교

응용프로그램에서의 함수 선언	디바이스 드라이버에서의 함수 선언
int ioctl(int fd, int request, …)	int(*ioctl) (struct inode *, struct file *, unsigned int, unsigned long);

응용프로그램에서의 파일기술자 fd는 해당 파일에 대한 inode와 file 구조체로 변환되어 디바이스 드라이버 함수로 전달된다. 응용프로그램 함수 선언 부분에서 세 번째 인자부분은 "…"으로 표시되어 있는데, 이는 인자의 개수가 여러 개일 수 있다는 것을 의미한다. 시스템 콜이 성공적으로 실행되면 음수가 아닌 값을 반환하며, 반환된 값은 요청했을 때 사용한 값과 동일하다.

□ 파일시스템 인터페이스: release()

시스템 콜 close() 함수는 파일기술자를 닫을 때 사용한다. 응용프로그램에서 사용자에 의해 close() 함수가 호출되면 디바이스 드라이버에서는 해당 파일 구조체 내에 선언된 release() 함수가 실행된다.

표 9-8 함수의 함수 선언 비교

응용프로그램에서의 함수 선언	디바이스 드라이버에서의 함수 선언
int close(int fd);	int(*release) (struct inode *, struct file *);

9.4.3 하드웨어 인터페이스

하드웨어에 접근하여 입 · 출력장치들과 데이터들을 주고받는 여러 가지 함수들은 이 장의 앞부분에서 기술한 커널 인터페이스 함수 부분에서 언급하였다. 1바이트 단위로 입출력하는 함수들뿐만 아니라 4바이트 단위로도 입출력을 할 수 있고, 입출력 하드웨어의 특성에 따라 실행 시 잠시 동안의 지연시간을 줄 수 있는 다양한 함수들이 제공된다.

9.4.4 디바이스 드라이버용 주요 헤더파일

디바이스 드라이버에서 사용되는 여러 가지 함수들과 매크로 등을 사용하려면 해당 헤더 파일들을 모듈 내에 포함시켜야 한다. 표 9-9는 몇몇 주요 헤더파일들의 용도를 보여준다.

표 9-9 디바이스 드라이버용 주요 헤더파일의 주요 기능

헤더파일	주요 기능
#include 〈linux/kernel.h〉	printk()
#include 〈linux/module.h〉	init_module(), cleanup_module()
#include 〈linux/init.h〉	module_init(), module_exit()
#include 〈linux/fs.h〉	struct file_operations
#include 〈linux/errno.h〉	에러 번호를 기술하는 헤더파일
#include 〈linux/fcntl.h〉	파일 제어에 사용되는 플래그들이 정의되어 있음
#include 〈asm/io.h〉	하드웨어 소자에 관한 다양한 정의

9.4.5 디바이스 파일 생성

리눅스에서 모든 디바이스들은 파일로 간주된다. 이러한 파일들을 디바이스 파일이라고 하며, 일반적으로 /dev 디렉토리 밑에 생성한다. 사용자는 이 파일을 통해 해당 디바이스에 접근한다. 다음은 /dev 밑에 있는 일부 디바이스 파일들을 보여준다.

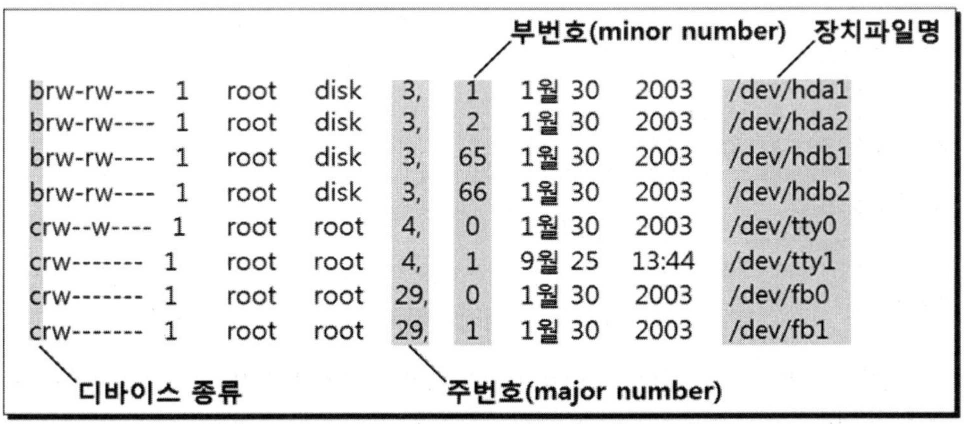

그림 9-4 /dev 밑에 나열된 디바이스 파일들

리눅스 명령어 mknod는 디바이스 노드를 만들어준다. 명령어 사용법은 다음과 같다.

```
# mknod /dev/[파일이름] [드라이버특성(c 또는 n)] [주번호] [부번호]
```

예를 들어, 주번호 127번을 갖는 문자 디바이스 led_dd를 생성하고자 한다면, 다음과 같이 명령어를 입력한다.

```
# mknod /dev/led_dd c 127 0
```

9.4.6 디바이스 번호

각 디바이스들은 주번호(major number)와 부번호(minor number)로 구성된 고유의 번호를 가지며, 이 번호는 디바이스들을 구분하는데 사용된다. 주번호는 물리적인 디바이스를 구분하는데 사용되며, [KERNEL]/include/linux/major.h([KERNEL] = /root/download/kernel-2.6.35) 헤더파일에 정의되어 있다. 부번호는 동일한 디바이스가 여러 개인 경우, 이들 디바이스들을 구분하는 용도로 사용한다. 즉, 같은 종류의 디바이스의 경우 주번호는 같고, 부번호를 다르게 할당한다. 부번호는 커널에서 사용하지 않고 디바이스 드라이버 내에서 디바이스를 구분하기 위해 사용한다. 다음은 커널 2.6 헤더파일([KERNEL]/include/linux/major.h)에 선언된 디바이스 번호의 일부 목록이다.

```
#ifndef _LINUX_MAJOR_H
#define _LINUX_MAJOR_H

/*
 * This file has definitions for major device numbers.
 * For the device number assignments, see Documentation/devices.txt.
 */

#define UNNAMED_MAJOR       0
#define MEM_MAJOR      1
#define RAMDISK_MAJOR       1
#define FLOPPY_MAJOR     2
#define PTY_MASTER_MAJOR    2
#define IDE0_MAJOR       3
#define HD_MAJOR       IDE0_MAJOR
#define PTY_SLAVE_MAJOR     3
#define TTY_MAJOR    4
```

위의 내용을 보면 램 디스크는 주번호 1번을 가지며, IDE 방식의 하드 디스크는 3번의 주번호를 가진다. 보통 직렬장치로 사용되는 시리얼 포트 등은 tty라는 이름으로 분류되고, 주번호는 4번으로 지정되어 있다. 디바이스 번호 0번은 특별한 용도로 사용되며, 주번호를 동적으로 할당하기 위한 용도로 사용된다. 예를 들어 디바이스 등록 시 주번호를 0번으로 지정하면, 커널은 비어있는 주번호를 찾아서 해당 디바이스를 등록시켜 준다.

커널 2.6에서는 디바이스 번호에 32비트를 할당하며, 주번호는 12비트로, 부번호는 20비트로 표현된다. 따라서 커널 2.6에서는 4096개의 주번호를 사용할 수 있다. 커널 2.6에서 디바이스 번호는 dev_t 형식을 가진다.

```
typedef __u32 __kernel_dev_t;
typedef __kernel_dev_t dev_t;
```

이전 커널 2.4에서는 주번호 8비트와 부번호 8비트로 구성된 16비트의 디바이스 번호를 사용하며, 따라서 최대 256개의 주번호를 블록 디바이스와 문자 디바이스에 각각 사용할 수 있다. 여기에서 블록 디바이스와 문자 디바이스는 서로 다른 인터페이스를 사용하므로 같은 주번호를 사용하더라도 서로 다른 디바이스로 인식한다. 커널 2.4에서의 디바이스 번호는 kdev_t의 형식을 가지며, 다음과 같이 선언되어 있다.

```
typedef unsigned short kdev_t;
```

9.5 디바이스 드라이버 프로그램의 기본 구성

일반 C 프로그램의 경우 프로그램의 시작점은 main() 함수이다. 일반 C 프로그램의 가장 간단한 기본 구성은 stdio.h 헤더파일을 지정하는 것과 main() 함수를 작성하는 일이다. 그러나 디바이스 드라이버 프로그램은 드라이버가 커널에 올라갈 때 실행되는 함수와 커널에서 제거될 때 실행되어야 하는 함수, 디바이스에 접근하여 다양한 연산을 하기 위한 함수들로 구성된다. 다음은 디바이스 드라이버 프로그램을 구성하는 기본적인 템플릿을 보여준다.

[basic_device.c]

```
/* basic_device.c */
/* 문자디바이스 드라이버 기본골격 */
/* 기본적인 헤더파일 */
#include <linux/kernel.h>
#include <linux/module.h>
#include <linux/fs.h>
#include <linux/init.h>

#define DEV_NAME "devicename"  // mknod 명령어로 생성할 디바이스 명

MODULE_LICENSE("GPL");
MODULE_AUTHOR("HGU");

// 모듈이 커널에 로딩되거나 제거될 때 실행될 함수
int init_mydevice(void);
void cleanup_mydevice(void);
/* 모듈 설치 시 (% insmod) 실행되는 초기화 함수 */
module_init(init_mydevice); /* int init_module(void) */
/* 모듈 제거 시 (% rmmod) 실행되는 함수 */
module_exit(cleanup_mydevice); /* void cleanup_module(void) */

// 주요 파일 연산들을 수행하는 함수 선언
ssize_t mydevice_read (struct file *, char *, size_t, loff_t *);
```

```
ssize_t mydevice_write (struct file *, const char *, size_t, loff_t *);
int mydevice_ioctl (struct inode *, struct file *, unsigned int, unsigned long);
int mydevice_open (struct inode *, struct file *);
int mydevice_release (struct inode *, struct file *);

/* 응용프로그램에서 시스템 콜하는 함수와 디바이스 드라이버에서 쓰는 함수를 연결 */
struct file_operations mydevice_fops = {
    .owner = THIS_MODULE,
    .open = mydevice_open,
    .release = mydevice_release,
    .read = mydevice_read,
    .write = mydevice_write,
    .ioctl = mydevice_ioctl,
};

int major_num=0;  // 주번호가 0이면 시스템에서 자동으로 비어있는 주번호를 할당해줌


int mydevice_open (struct inode *inode, struct file *filp)
{
    // (시스템 콜 open() 호출 시 실행될 내용 추가)
    return 0;
}

int mydevice_release (struct inode *inode, struct file *filp)
{
    // (시스템 콜 close() 호출 시 실행될 내용 추가)
    return 0;
}

ssize_t mydevice_read (struct file *filp, char *buf, size_t count, loff_t *f_pos)
{
    // (시스템 콜 read() 호출 시 실행될 내용 추가)
    return 0;
}

ssize_t mydevice_write (struct file *filp, const char *buf, size_t count, loff_t *f_pos)
{
    // (시스템 콜 write() 호출 시 실행될 내용 추가)
    return 0;
}

int mydevice_ioctl (struct inode *inode, struct file *filp, unsigned int cmd, unsigned long arg)
{
    // (시스템 콜 ioctl() 호출 시 실행될 내용 추가)
    return 0;
}

int init_mydevice(void)  // 커널에 등록될 때 실행
{
    major_num = register_chrdev(major_num, DEV_NAME, &mydevice_fops);
    if ( major_num < 0 ) {
```

```
        printk(KERN_WARNING"%s: can't get or assign major number %d₩n", DEV_NAME,
        major_num);
        return major_num;
        }
        printk("Success to load the device %s. Major number is %d₩n", DEV_NAME, major_num);
        return 0;
}

void cleanup_mydevice(void)  //커널에서 등록해제 시 실행
{
        unregister_chrdev(major_num, DEV_NAME);
        printk("Success to unload the device %s...₩n", DEV_NAME);

}
```

디바이스 드라이버 작성 시 위의 기본골격을 참조하여 작성한다. 기본 골격파일에서는 디바이스 이름을 mydevice라고 가정하였고, 구동하고자 하는 디바이스 이름으로 적절히 바꾸어서 사용한다. vi 에디터에서 에디터 명령어를 사용하면 mydevice를 한 번에 다른 이름으로 변경할 수 있다. 예를 들어 변경하고자 하는 디바이스 이름을 irda로 하고자 한다면, vi 명령어 모드 상에서 ":%s/mydevice/irda/g"라고 입력하면 mydevice 단어가 모두 irda로 변경된다. 그리고 정의문(#define)에서 선언된 DEV_NAME에는 디바이스 드라이버와 응용프로그램 간에 연결해 주는 디바이스 이름을 mydevice 부분에 지정하면 된다. 이러한 디바이스 파일은 mknod 명령어를 이용하여 생성한다. 주번호(major number)는 디바이스를 커널에 등록시킬 때 필요하며 major.h 헤더파일에서 사용하지 않는 주번호를 지정하거나 디바이스 등록 시 주번호를 0으로 지정하여 시스템에서 자동으로 주번호를 할당하도록 한다.

디바이스 드라이버를 커널에 올릴 때는 리눅스 명령어 insmod를 사용한다. 이 명령어를 실행하면 module_init()이란 함수로 진입하게 되고, 이로 인해 위의 경우 init_ mydevice() 함수가 실행된다. 이 초기화 함수에서는 문자 디바이스일 경우 register_ chrdev() 함수를 사용하여 디바이스를 등록시켜야 한다. 반대로 디바이스 드라이버를 커널에서 삭제할 때는 리눅스 명령어 rmmod를 사용한다. 이때는 module_exit() 함수로 진입하여 cleanup_ mydevice() 함수를 실행한다. 이 함수에는 등록되어 있는 디바이스를 해제하기 위해 unregister_chrdev() 함수를 사용한다.

파일연산자(file_operations) 구조체에서의 실행 함수 지정은 GNU의 확장된 구조체 형식을 사용하였지만 ANSI C 99부터는 표준 형식을 제공한다. 위에서 제시한 디바이스 드라이버 예시 파일에서는 ANSI C 99 형식을 사용한 경우이며, GNU의 확장된 방식에서는 다음과 같이 사용한다.

```
static struct file_operations device_fops={
    open : device_open,
    release : device_release,
    read : device_read,
    write : device_write,
    ioctl: device_ioctl,
};
```

앞의 basic_device.c를 컴파일해서 테스트하려면 다음과 같이 Makefile을 생성하여 컴파일한 다음 insmod 명령어를 사용하여 드라이버를 타겟보드에 올리면 된다.

```
#Makefile for a basic kernel module
obj-m    := basic_device.o

KDIR     := /usr/src/linux-headers-2.6.32-38-generic/
PWD      :=$(shell pwd)

all: module
module :
    $(MAKE) -C $(KDIR) SUBDIRS=$(PWD) modules

install :
    cp -rf basic_device.ko /nfsroot

clean:
    rm -rf *.ko
    rm -rf *.mod.*
    rm -rf *.o
    rm -rf Module.symvers *.order
```

9.6 가상의 디바이스 드라이버 작성하기

디바이스 드라이버 프로그램의 전체구성을 이해하기 위해 가상의 디바이스를 가정하고, 해당 디바이스의 디바이스 드라이버를 작성해 본다. 그리고 응용프로그램을 작성하여 가상 디바이스가 정상적으로 동작하는지 확인해 본다. 가상의 디바이스 드라이버의 주요 기능은 다음과 같다.

- 가상의 디바이스에 대한 디바이스 파일명은 /dev/test_device
- 디바이스 open시 "Simple device driver programming: open virtual device!!!"라는 메시지 출력
- 디바이스 read시 "Access read() function through "struct file_operations""의 문자열을 출력
- 응용프로그램에서 ioctl() 호출시 "Access device_ioctl() function"의 문자열을 출력

9.6.1 디바이스 드라이버 작성

앞의 기능을 갖는 디바이스 드라이버를 작성하기 위하여 이전 절에서 제시한 디바이스 드라이버 기본골격을 사용하도록 한다. 기본골격을 중심으로 위의 기능이 실행되도록 해당 부분에 코드들을 삽입한다. 앞에서 작성한 디바이스 기본 골격파일에서 mydevice라는 패턴을 한 번에 test_dd로 변경하는 방법은 vi 편집기 내에서 ":%s/mydevice/test_dd/g"라고 입력하면 된다. 작업 위치는 /root/work/dd/test_device로 하고 파일 이름은 test_device.c로 한다.

[호스트에서 수행]

```
root@esp:~/work/dd# mkdir /root/work/dd/test_device
root@esp:~/work/dd# cd /root/work/dd/test_device
root@esp:~/work/dd/test_device# vi test_device.c
```

```
/* File Name : test_device.c */
/* 가상의 디바이스 드라이버 */
/* 문자 디바이스 드라이버 기본 골격 */
/* 기본적인 헤더파일 */
#include <linux/kernel.h>
#include <linux/module.h>
#include <linux/fs.h>
#include <linux/init.h>

#define DEV_NAME "test_device"  // mknod 명령어로 생성할 디바이스명

MODULE_LICENSE("GPL");
MODULE_AUTHOR("HGU");

// 모듈이 커널에 로딩되거나 제거될 때 실행될 함수
int init_test_dd(void);
void cleanup_test_dd(void);

/* 모듈 설치 시 (% insmod) 실행되는 초기화 함수 */
module_init(init_test_dd); /* int init_module(void) */
/* 모듈 제거 시 (% rmmod) 실행되는 함수 */
module_exit(cleanup_test_dd); /* void cleanup_module(void) */

// 주요 파일연산들을 수행하는 함수 선언
ssize_t test_dd_read (struct file *, char *, size_t, loff_t *);
ssize_t test_dd_write (struct file *, const char *, size_t, loff_t *);
int test_dd_ioctl (struct inode *, struct file *, unsigned int, unsigned long);
int test_dd_open (struct inode *, struct file *);
int test_dd_release (struct inode *, struct file *);

/* 응용프로그램에서 시스템 콜하는 함수와 디바이스 드라이버에서 쓰는 함수를 연결 */
struct file_operations test_dd_fops = {
    .owner = THIS_MODULE,
```

```
    .open = test_dd_open,
    .release = test_dd_release,
    .read = test_dd_read,
    //.write = test_dd_write,  /* 사용하지 않으므로 주석 처리함 */
    .ioctl = test_dd_ioctl,
};

int major_num=0;  // 주번호를 시스템에서 자동으로 할당하게 함

int test_dd_open (struct inode *inode, struct file *filp)
{
    // (시스템 콜 open() 호출 시 실행될 내용 추가)
    printk("Simple device driver programming: open virtual device !!!\n");
    return 0;
}

int test_dd_release (struct inode *inode, struct file *filp)
{
    // (시스템 콜 close() 호출 시 실행될 내용 추가)
    return 0;
}

ssize_t test_dd_read (struct file *filp, char *buf, size_t count, loff_t *f_pos)
{
    // (시스템 콜 read() 호출 시 실행될 내용 추가)
    printk("Access read() function through \"struct file_operations\"\n");
    return 0;
}

#if 0  /* 사용하지 않으므로 주석 처리함 */
ssize_t test_dd_write (struct file *filp, const char *buf, size_t count, loff_t *f_pos)
{
    // (시스템 콜 write() 호출 시 실행될 내용 추가)
    return 0;
}
#endif

int test_dd_ioctl (struct inode *inode, struct file *filp, unsigned int cmd, unsigned long arg)
{
    // (시스템 콜 ioctl() 호출 시 실행될 내용 추가)
    printk("Access device_ioctl() function \n");
    return 0;
}

int init_test_dd(void)  // 커널에 등록될 때 실행
{
    major_num = register_chrdev(major_num, DEV_NAME, &test_dd_fops);
    if ( major_num < 0 ) {
    printk(KERN_WARNING"%s: can't get or assign major number %d\n", DEV_NAME,
    major_num);
    return major_num;
    }
```

```
    printk("Success to load the device %s. Major number is %d₩n", DEV_NAME, major_num);
    return 0;
}

void cleanup_test_dd(void)  //커널에서 등록 해제 시 실행
{
    unregister_chrdev(major_num, DEV_NAME);
    printk("Success to unload the device %s...₩n", DEV_NAME);
}
```

9.6.2 응용프로그램 작성

다음의 코드는 위의 디바이스 드라이버를 검증하기 위한 응용프로그램이다. 해당 디바이스 파일을 open한 후 시스템 콜을 사용하여 간단히 테스트해 본다.

[호스트에서 수행]

```
root@esp:~/work/dd/test_device# vi test_app.c
```

```
/* File Name : test_app.c */
/* 가상 디바이스 검증을 위한 응용프로그램: test_app.c */
#include <stdio.h>
#include <fcntl.h>
#include <string.h>
#include <errno.h>

int main (int argc, char **argv)
{
    int fd;

    fd=open("/dev/test_device", O_RDWR);
    if(fd<0) {
        fprintf(stderr, "/dev/test_device device file open error!!.. %s₩n", strerror(errno));
        return 0;
    }

    read(fd, 0, 0);
    ioctl(fd, NULL, 0);
    close(fd);

    return 0;
}
```

위 코드에서 errno는 마지막으로 발생한 에러 번호를 가지고 있는 변수로 errno.h 헤더파일에 선언되어 있다. strerror() 함수는 헤더파일 string.h에 선언되어 있으며, 에러 번호를 설명하는 문자열을 반환해준다. 다음은 errno.h 파일(include/asm/errno.h)에 선언되어 있는 에러 번호의 일부 예를 보여준다.

```
#define   EPERM     1         /* Operation not permitted */
#define   ENOENT 2/* No such file or directory */
#define   ESRCH     3         /* No such process */
#define   EINTR     4         /* Interrupted system call */
#define   EIO       5         /* I/O error */
#define   ENXIO     6         /* No such device or address */
```

9.6.3 컴파일 및 검증

마지막으로 디바이스 드라이버 파일과 응용프로그램 파일을 컴파일할 수 있도록 다음의 Makefile을 만든다.

```
                                                        [호스트에서 수행]
root@esp:~/work/dd/test_device# vi Makefile
```

```
#Makefile for a basic kernel module

obj-m := test_device.o

KDIR = /root/download/kernel-2.6.35
FILE := test_app
PWD :=$(shell pwd)
CC := arm-linux-gcc

all: module apps

module:
	$(MAKE) -C $(KDIR) SUBDIRS=$(PWD) modules

apps:
	$(CC) -o $(FILE) $(FILE).c

install:
	cp -rf test_device.ko /nfsroot
	cp -rf $(FILE) /nfsroot

clean:
	rm -rf *.ko
	rm -rf *.mod.*
	rm -rf $(FILE)
	rm -rf *.o
	rm -rf modules.order
	rm -rf Module.symvers
```

make 명령어를 사용하여 호스트 컴퓨터에서 디바이스 드라이버와 응용프로그램을 컴파일한다.

[호스트에서 수행]

```
root@esp:~/work/dd/test_device# ls
Makefile   test_app.c   test_device.c
root@esp:~/work/dd/test_device# make
make -C /root/download/kernel-2.6.35 SUBDIRS=/root/work/dd/test_device modules
make[1]: Entering directory `/root/download/kernel-2.6.35'
  CC [M]   /root/work/dd/test_device/test_device.o
  Building modules, stage 2.
  MODPOST 1 modules
  CC       /root/work/dd/test_device/test_device.mod.o
  LD [M]   /root/work/dd/test_device/test_device.ko
make[1]: Leaving directory `/root/download/kernel-2.6.35'
arm-linux-gcc -o test_app test_app.c
root@esp:~/work/dd/test_device# ls
Makefile          test_app         test_device.ko        test_device.o
Module.symvers    test_app.c       test_device.mod.c
modules.order     test_device.c    test_device.mod.o
```

그림 9-5는 가상 디바이스(test_device)에 대해 작성한 디바이스 드라이버를 호스트 상에서 make 명령어를 사용하여 크로스 컴파일된 결과를 보여준다.

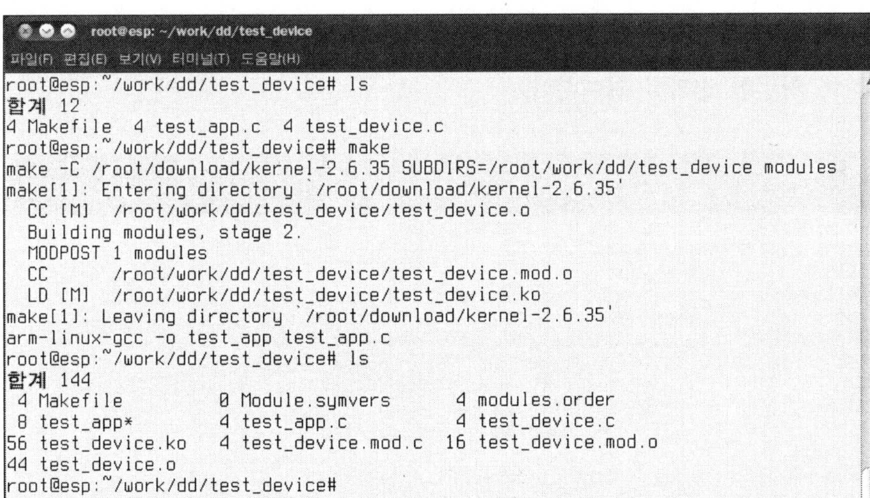

그림 9-5 가상의 디바이스(test_device)용 드라이버 컴파일

이제 컴파일된 디바이스 드라이버와 응용프로그램을 Achro-210T에 올리기 위해 호스트와 타겟보드를 NFS로 연결한다. 먼저 타겟보드 상에서 IP 주소를 설정하고 호스트에서 내보내기한 NFS 디렉토리를 마운트한다.

[Achro-210T에서 수행]

```
root@Achro210T:~# ifconfig eth0 192.168.10.110   ←210T의 IP 주소설정
root@Achro210T:~# mount -t nfs -o nolock 192.168.10.100:/root /root/nfs   ← NFS로 마운트하기
```

다음 단계로 insmod 명령어를 사용하여 디바이스 드라이버를 커널에 올리고, 할당받은 주번호를 가지고 디바이스 노드(/dev/test_device)를 생성한다.

[Achro-210T에서 수행]

```
root@Achro210T:~# cd nfs/work/dd/test_device
root@Achro210T:~/nfs/work/dd/test_device# ls
Makefile          test_app          test_device.ko       test_device.o
Module.symvers    test_app.c        test_device.mod.c
modules.order     test_device.c     test_device.mod.o
root@Achro210T:~/nfs/work/dd/test_device# insmod test_device.ko
Success to load the device test_device. Major number is 252
root@Achro210T:~/nfs/work/dd/test_device# mknod /dev/test_device c 252 0
root@Achro210T:~/nfs/work/dd/test_device# lsmod
Module                  Size  Used by    Not tainted
test_device             1596  0
root@Achro210T:~/nfs/work/dd/test_device# ./test_app
Simple device driver programming: open virtual device !!!
Access read() function through "struct file_operations"
Access device_ioctl() function
root@Achro210T:~/nfs/work/dd/test_device# rmmod test_device
Success to unload the device test_device...
```

그림 9-6은 위에서 작성한 디바이스 드라이버를 타겟보드에 모듈로 올리고 응용프로그램을 실행하여 확인한 결과를 보여준다.

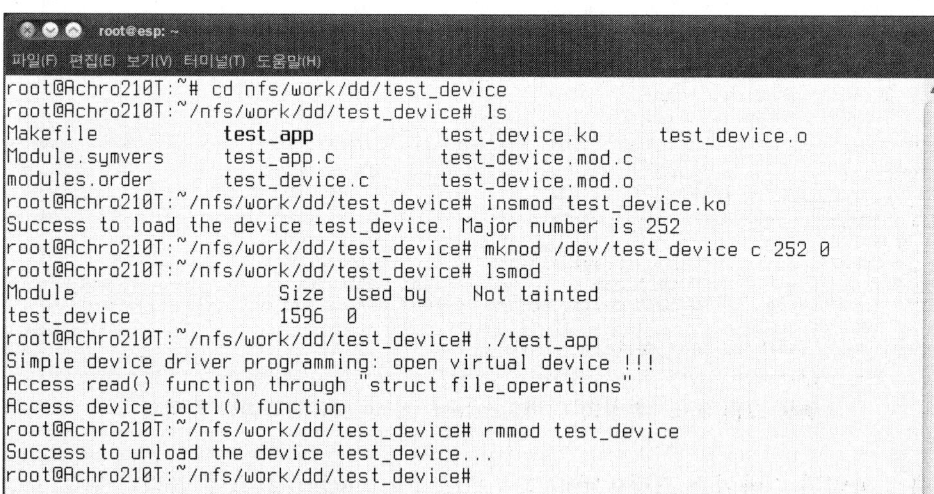


```
root@Achro210T:~# cd nfs/work/dd/test_device
root@Achro210T:~/nfs/work/dd/test_device# ls
Makefile          test_app          test_device.ko       test_device.o
Module.symvers    test_app.c        test_device.mod.c
modules.order     test_device.c     test_device.mod.o
root@Achro210T:~/nfs/work/dd/test_device# insmod test_device.ko
Success to load the device test_device. Major number is 252
root@Achro210T:~/nfs/work/dd/test_device# mknod /dev/test_device c 252 0
root@Achro210T:~/nfs/work/dd/test_device# lsmod
Module                  Size  Used by    Not tainted
test_device             1596  0
root@Achro210T:~/nfs/work/dd/test_device# ./test_app
Simple device driver programming: open virtual device !!!
Access read() function through "struct file_operations"
Access device_ioctl() function
root@Achro210T:~/nfs/work/dd/test_device# rmmod test_device
Success to unload the device test_device...
root@Achro210T:~/nfs/work/dd/test_device#
```

그림 9-6 타겟보드에서 실행한 결과

9.7 물리 장치 제어 드라이버

Achro-210T 제품에는 외부 주변장치를 제어할 수 있는 개발자 보드(PC100)가 연결되어 있다. 개발자 보드에는 210T에서 사용할 수 있는 몇 가지 포트들과 LED와 FND가 부착되어 있다. 이 절에서는 확장보드에 있는 LED와 FND를 제어해 본다. 210T 보드와 개발자 보드(PC100)는 CPU의 SROM Interface를 통해서 연결되어 있다. 그러므로 드라이버를 만들기 전에 SROM Interface가 어떻게 동작하는지 알아볼 필요가 있다. 개발자 보드(PC100)에 대한 스키매틱은 DVD 이미지 파일 안의 hardware 디렉토리 하위 schematic 폴더 안에 Achro-PC100_R3.0.pdf라는 이름의 pdf 파일로 저장되어 있다. 이후 PC100 보드 내의 하드웨어 연결과 관련된 그림들은 이 파일에서 캡처한 것이다.

Achro-210T에 탑재된 삼성 S5PV210 Application Processor는 외부 I/O 장치들과의 연결을 위해 총 6개의 SROM 인터페이스를 사용하고 있다. 6개의 120 MB SROM 뱅크는 AP(S5PV210)의 16개의 주소 핀(Xm0ADDR[15:0])과 16개의 데이터 핀(Xm0DATA[15:0])을 공유하여 사용하며, 칩선택 신호 Xm0CSn[0~5]의 값에 의해 공유하는 핀을 사용할 SROM 뱅크가 결정된다. 표 9-10은 6개의 SROM 뱅크의 시작주소와 할당크기 그리고 동작하는 칩선택 신호(CS)를 보여준다.

표 9-10 S5PV210 AP 내부의 SROM 인터페이스

구 분	시작 주소	마지막 주소	크기	동작하는 CS
SROM Bank 0	0x8000_0000	0x87FF_FFFF	128 MB	Xm0CSn0
SROM Bank 1	0x8800_0000	0x8FFF_FFFF	128 MB	Xm0CSn1
SROM Bank 2	0x9000_0000	0x97FF_FFFF	128 MB	Xm0CSn2
SROM Bank 3	0x9800_0000	0x9FFF_FFFF	128 MB	Xm0CSn3
SROM Bank 4	0xA000_0000	0xA7FF_FFFF	128 MB	Xm0CSn4
SROM Bank 5	0xA800_0000	0xAFFF_FFFF	128 MB	Xm0CSn5

SROM 인터페이스를 사용할 때는 메모리 맵에 설정되어 있는 특정 주소에 접근하게 되면 AP(Application Processor, PV210) 내부에 존재하는 SROM 컨트롤러가 칩선택(CS) 신호를 활성화시킨다. 예를 들어 SROM Bank 0의 시작 주소인 0x8000_0000에 접근하게 되면 Xm0CSn0 신호가 활성화된다. 마찬가지로 칩선택 신호 Xm0CSn5는 SROM Bank 5의 시작 주소인 0xA800_0000에 접근하고자 할 때 활성화된다. 그림 9-7은 삼성 S5PV210 Application Processor의 데이터북에 기술되어 있는 AP에서 제공하는 장치들의 주소 공간을 보여준다.

Address		Size	Description	Note
0x0000_0000	0x1FFF_FFFF	512MB	Boot area	Mirrored region depending on the boot mode.
0x2000_0000	0x3FFF_FFFF	512MB	DRAM 0	
0x4000_0000	0x5FFF_FFFF	512MB	DRAM 1	
0x8000_0000	0x87FF_FFFF	128MB	SROM Bank 0	
0x8800_0000	0x8FFF_FFFF	128MB	SROM Bank 1	
0x9000_0000	0x97FF_FFFF	128MB	SROM Bank 2	
0x9800_0000	0x9FFF_FFFF	128MB	SROM Bank 3	
0xA000_0000	0xA7FF_FFFF	128MB	SROM Bank 4	
0xA800_0000	0xAFFF_FFFF	128MB	SROM Bank 5	
0xB000_0000	0xBFFF_FFFF	256MB	OneNAND/NAND Controller and SFR	
0xC000_0000	0xCFFF_FFFF	256MB	MP3_SRAM output buffer	
0xD000_0000	0xD000_FFFF	64KB	IROM	
0xD001_0000	0xD001_FFFF	96KB	Reserved	
0xD002_0000	0xD003_FFFF	128KB	IRAM	
0xD800_0000	0xDFFF_FFFF	128MB	DMZ ROM	
0xE000_0000	0xFFFF_FFFF	512MB	SFR region	

그림 9-7 S5PV210 AP의 Device Specific Address Space

그림 9-8과 그림 9-9는 각각 S5PV210 AP와 PC100 확장보드에서 Xm0CSn5 신호가 어떻게 연결되어 있는지 보여주는 하드웨어 연결도이다. 아래의 그림을 통해서 각각의 핀들이 S5PV210 보드와 PC100 확장보드 간에 어떻게 연결되었는지를 확인할 수 있다.

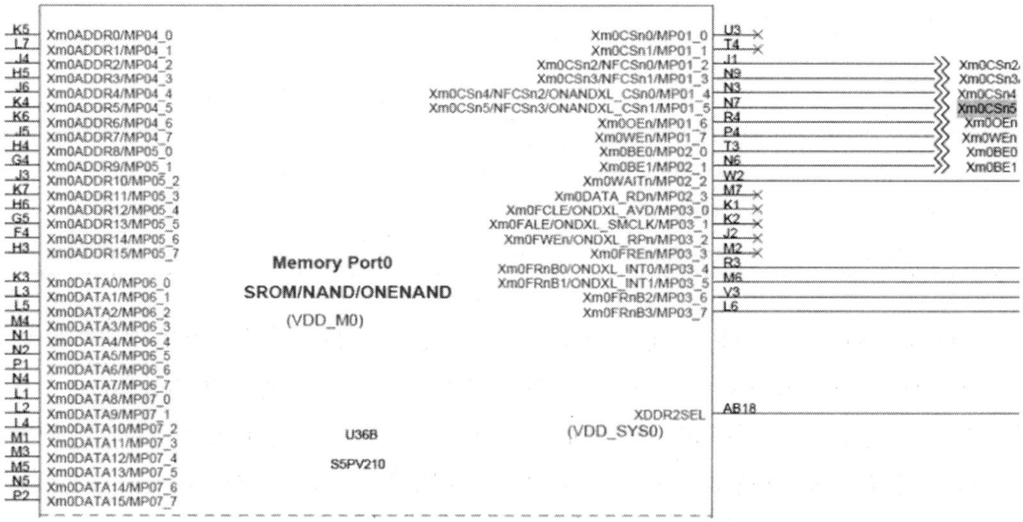

그림 9-8 삼성 S5PV210 AP의 Memory Port(SROM)

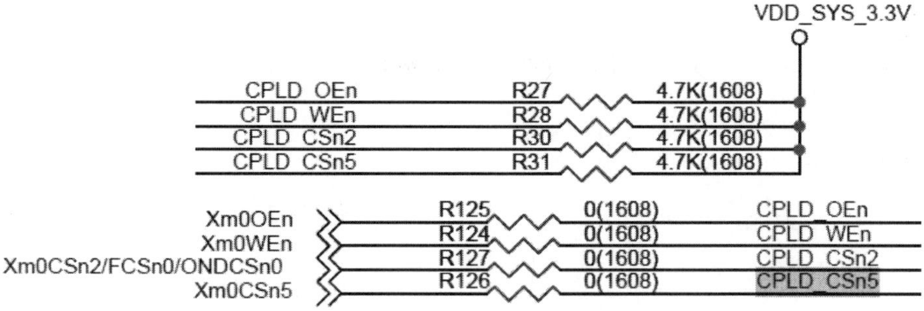

그림 9-9 PC100 확장 보드의 하드웨어 연결도

그림 9-8에서 S5PV210 칩의 Xm0CSn5 신호는 PC100 보드에서 CPLD_CSn5로 연결되고 있음을 그림 9-9에서 확인할 수 있다. PC100 보드에서 찾은 CPLD_CSn5 신호는 그림 9-10에 보인 CPLD 칩으로 입력되고 있고, 이제 CPLD_CSn5 신호가 CPLD 내에서 어떻게 변환되는지를 알아보기 위해서는 CPLD 내에 들어있는 회로 구성을 알아야 한다.

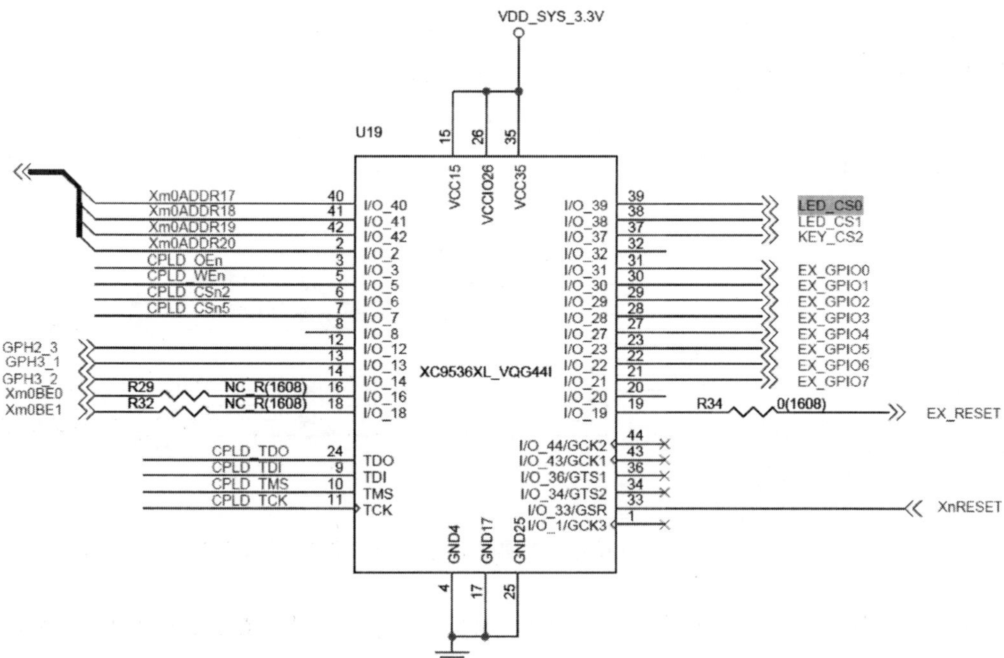

그림 9-10 PC100 보드 내의 CPLD에 연결된 신호

그림 9-10에 보인 XC9536 CPLD 칩에 프로그래밍된 VHDL 코드는 다음과 같다. VHDL 코드 내에서 PC100_Decode 블록의 코드를 보면, CPLD_CS5의 값이 LOW이면 Xm0ADDR[20:17]의 값에 따라서 LED_CS0, LED_CS1, KEY_CS2의 값이 LOW로 변한다. 예를 들어 CPLD_CSn5의 신호가 LOW이고 Xm0ADDR[20:17]의 값이 “0000”이면 LED_CS0의 값이 LOW가 된다.

```
entity PC100_Decode is
Port ( Xm0ADDR : in STD_LOGIC_VECTOR (20 downto 17);
...
CPLD_CS5 : in STD_LOGIC;
LED_CS0 : out STD_LOGIC;
LED_CS1 : out STD_LOGIC;
KEY_CS2 : out STD_LOGIC;
...
end PC100_Decode;
architecture Behavioral of PC100_Decode is
begin
LED_CS0 <= '0' when (XnRESET = '1' and CPLD_CS5 = '0' and Xm0ADDR(20 downto 17) =
"0000") else '1';
LED_CS1 <= '0' when (XnRESET = '1' and CPLD_CS5 = '0' and Xm0ADDR(20 downto 17) =
"0001") else '1';
KEY_CS2 <= '0' when (XnRESET = '1' and CPLD_CS5 = '0' and Xm0ADDR(20 downto 17) =
"0010") else '1';
end Behavioral;
```

그림 9-11에 보인 PC100 보드 내에 들어 있는 8개 LED 회로도 부분을 보면, LED_CS0 신호는 PC100 보드 내에 74HC574 칩에 연결되어 있음을 확인할 수 있다. 따라서 CPU의 데이터 버스에 데이터가 실리면 그 값은 Xm0DATA[7:0]에 실리며, 그 값은 LED를 구동하는 데이터로 쓰인다.

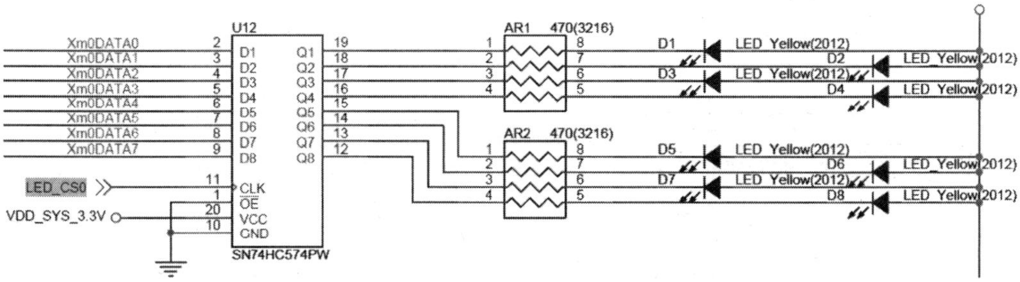

그림 9-11 Achro-210T 확장보드의 LED에 대한 회로도

LED가 구동되는 원리를 더 알아보기 위해 74HC574 칩의 내부구조를 그림 9-12에 보였다. 74HC574 칩은 8개의 D 플립플롭으로 구성되어 있으며, 클럭의 상승에지일 때 입력 데이터 D[7:0]의 값이 플립플롭에 저장되어 Q[7:0]에 나타난다. 그리고 다음번 클럭 에지가 발생하기 전까지는 그 이전의 값이 그대로 유지된다.

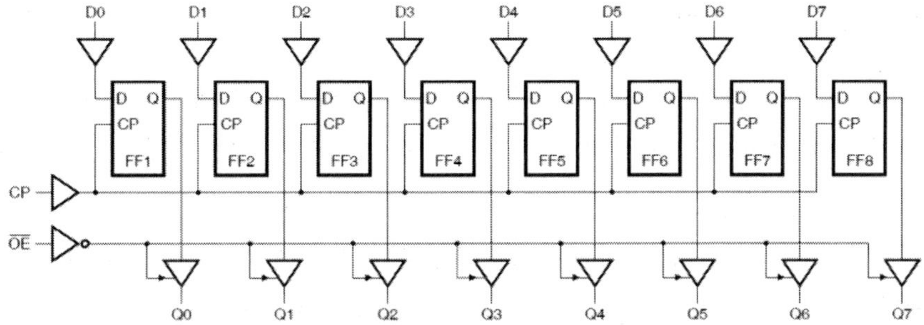

그림 9-12 74HC574 칩의 구조

지금까지 파악된 하드웨어 연결도를 통해 그림 9-11에 보인 8개의 LED가 어떻게 동작하는지 알아보자. LED는 해당 I/O에 HIGH나 LOW의 전압을 가함으로써 불이 켜지거나 꺼진다. LED 회로도를 보면 LED는 Active-LOW로 동작하도록 설계되어 있고, 따라서 데이터의 값이 LOW이면 LED의 불이 켜진다. CPU의 데이터값이 LED로 전달되려면 LED_CS0 신호가 싱승에지로 변하면 된다. LED_CS0 신호가 상승에지로 변하려면 위의 VHDL 코드에서 보인 것처럼 CPLD_CS5의 신호가 LOW이고 Xm0ADDR[20:17]의 값이 "0000"이면 LED_CS0의 값이 HIGH에서 LOW로 변하면서 하강에지가 발생하고, 데이터는 Xm0DATA[7:0]에 실린 상태이다. 그 이후 Xm0ADDR의 값이 변하면서 상승에지가 발생되고, 그 순간 LED에 가하고자 했던 Xm0DATA[7:0]의 값이 플립플롭에 저장되면서 LED의 불이 해당 데이터값에 따라 켜지거나 꺼진다. 여기에서 주의해야 할 점은 PC100 보드에서 사용된 Xm0ADDR[20:17]은 CPU에서 Xm0ADDR[12:9]에 연결되어 있다는 점이다.

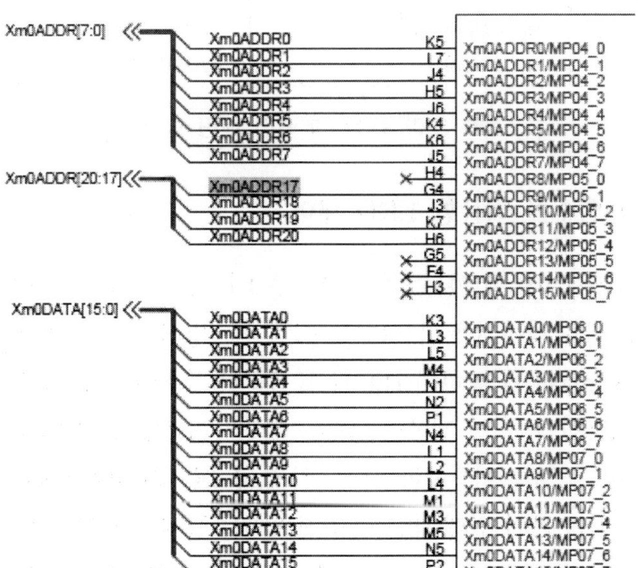

그림 9-13 CPU와 PC100 간의 address 버스 연결

9.7.1 mmap()과 ioremap()

디바이스의 메모리 일부를 현재 프로세스의 메모리 영역으로 매핑(mapping)하고자 할 때 아래의 두 종류의 함수를 사용할 수 있다. 이 함수들은 장치의 물리주소를 가상주소로 매핑하여 접근할 수 있도록 한다. 물리주소를 가상주소로 매핑하는 이유는 리눅스에서 디바이스의 물리주소를 직접 접근할 수 있는 방법이 없기 때문이다. 이것은 가상 메모리의 페이지 테이블 관리 기법과 관련되어 있다. 먼저, ioremap의 경우 해당 메모리(일반적으로, 하드웨어 제어를 위한 레지스터)의 물리주소를 커널의 가상주소에 매핑한다. 이 방식은 하드웨어를 제어하는데 있어 커널에 시스템 콜을 통해 데이터를 주고받는 방식으로, 간단한 제어나 작은 데이터를 보낼 때 주로 이용된다. 해당 데이터를 보내거나 받아야 할 때마다 시스템 콜이 발생되기 때문에 연속적으로 많은 데이터를 주고받는 경우라면 사용하지 않는 것이 좋다. 반대로 mmap은 응용프로그램의 가상주소에 해당 메모리의 물리주소를 매핑하여 사용하는 방식이다. 이 방식의 경우 가상주소로 매핑하거나 매핑을 해제하는 등의 경우를 제외하고, 데이터를 읽고 쓰는데 커널을 통하지 않는 방식이다. 그러므로 연속적이고 많은 데이터를 보내는 경우 유리하게 사용할 수 있다. 그림 9-14는 메모리 매핑 방식에 따른 메모리 주소의 매핑 관계를 보여주고 있다.

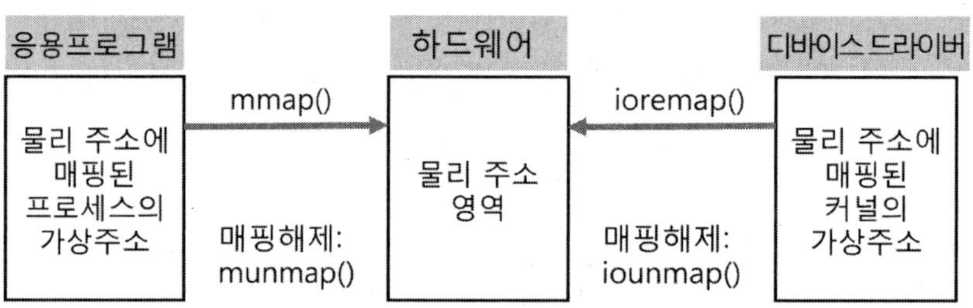

그림 9-14 메모리 매핑 방식

9.7.2 mmap() 함수를 이용한 LED 제어

이번에는 확장보드(PC100)에 있는 8개의 LED를 1초 간격으로 번갈아가며 켜지도록 LED를 제어하는 프로그램을 작성해 본다. LED를 제어하는 방식으로는 SROM 인터페이스를 통해 설정된 메모리를 mmap을 통하여 LED의 물리적인 주소를 커널 주소로 매핑하여 직접 제어하는 방식을 사용한다. 이전 절에서 LED와 관련하여 분석한 자료에 의하면 LED에 접근하기 위해 SROM5 뱅크를 이용해야 하며, 기본 주소는 0xA000_0000로 매핑되어 있다. LED에 필요한 데이터를 쓰기 위해 LED_CS0 신호의 하강에지가 발생해야 하는데, 이를 위해서는 CPU의 주소 버스 Xm0ADDR[12:9](PC100 확장 보드의 입장에서는 Xm0ADDR[20:17])의 값이 "0000"이 되어야 하므로 LED에 데이터를 쓰기 위해 접근해야 하는 물리적인 주소는 0xA000_0000가 된다. 이들 내용으로 mmap 함수를 사용하여 LED를 구동하는 프로그램을 작성하면 다음과 같다.

[호스트에서 수행]

```
root@esp:~/work/dd# mkdir ~/work/dd/led_mmap
root@esp:~/work/dd# cd ~/work/dd/led_mmap
root@esp:~/work/dd/led_mmap# vi led_mmap.c
```

```
/* led_mmap.c */
#include <stdio.h>
#include <stdlib.h>
#include <errno.h>
#include <fcntl.h>
#include <sys/mman.h>
#include <signal.h>

#define LED_MAP_SIZE    0x1000        /* 페이지 크기(4096)의 정수배 */
#define LED_PHY_ADDR    0xA8000000    /* led의 physical address */
#define LED             (*((volatile unsigned char *)(led_addr + 0)))

// LED를 표시하기 위한 값
// 0000(0) | 1110(1) | 1101(2) | 1011(3) ....
unsigned char val[] = { 0x00, 0xfe, 0xfd, 0xfb, 0xf7, 0xef, 0xdf, 0xbf, 0x7f};

void *led_addr;   // 메모리가 매핑될 포인터
int quit = 0;

void quit_signal(int sig) {  // Ctrl + C에 의해 중지되게 하기 위해 시그널을 사용한다.
    quit = 1;
}
int main (int argc, char *argv[]) {
    int fd;
    static unsigned char led;

    // 주의: O_SYNC 플래그를 지정해야 캐시되지 않는다.
    fd = open( "/dev/mem", O_RDWR | O_SYNC );
    if (fd == -1) {
        perror("open(₩"/dev/mem₩")");
        exit(1);
    }

    // MAP_SIZE에 해당하는  페이지 만큼의 영역을 매핑한다.
    led_addr = mmap( NULL, LED_MAP_SIZE, PROT_READ | PROT_WRITE, MAP_SHARED, fd,
LED_PHY_ADDR );
    if (led_addr == MAP_FAILED) {
        perror("mmap()");
        exit(2);
    }
```

```
    signal(SIGINT, quit_signal );  // <ctrl+c> 를 누르면 종료되게 signal을 등록한다.
    printf("₩nPress <ctrl+c> to quit.₩n₩n");
    while(!quit) {
        LED = (val[led++ % 9]);
        sleep(1);
    }
    LED = 0xff;

    if (munmap(led_addr, LED_MAP_SIZE) == -1) { // 할당받았던 매핑 영역을 해제한다.
        perror("munmap()");
        exit(3);

    }
    close(fd);
    return 0;
}
```

해당 메모리에 대한 정보는 커널에 등록되어 있기 때문에 별도로 드라이버를 작성할 필요 없이 응용 애플리케이션에서 해당 메모리를 참조해서 사용하면 된다. 위의 작성된 프로그램을 컴파일하기 위해 소스가 있는 디렉토리에서 다음과 같이 컴파일 명령어를 입력한다.

[호스트에서 수행]

```
root@esp:~/work/dd/led_mmap# arm-linux-gcc -o led_mmap ./led_mmap.c
```

컴파일이 완료되면, 타겟보드에서 NFS를 통해서 기존과 같이 테스트를 진행한다.

[Achro-210T에서 수행]

```
root@Achro210T:~# cd ~/nfs/work/dd/led_mmap
root@Achro210T:~/nfs/work/dd/led_mmap# ./led_mmap
```

타겟보드 상의 PC100 보드 내에 있는 8개의 LED는 프로그램 시작과 동시에 8개가 모두 켜진 후, 순차적으로 D1부터 D8까지 하나씩 켜지는 것을 확인할 수 있다. 이상으로부터 mmap()을 이용한 LED 제어 과정을 정리하면 다음과 같다.

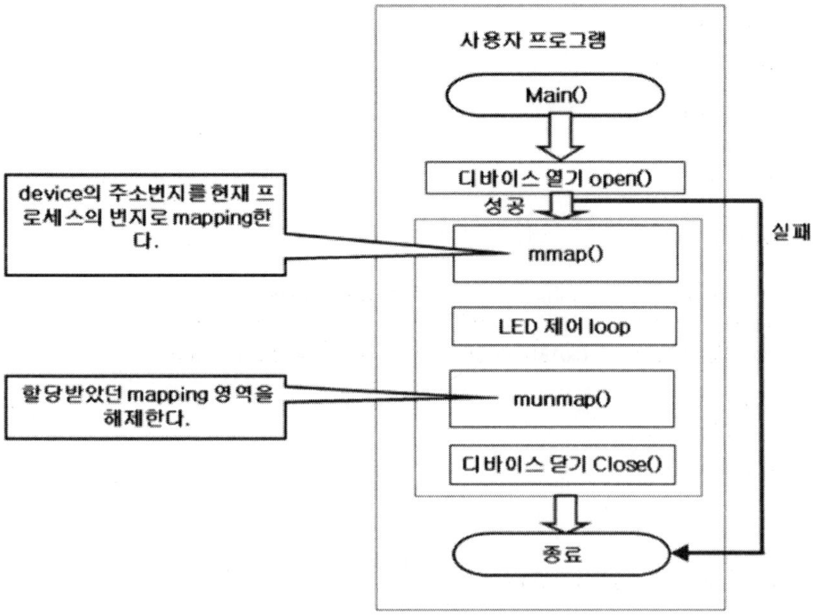

그림 9-15 LED 제어 과정 요약

9.7.3 ioremap() 함수를 이용한 LED 제어

앞 절에서는 mmap() 함수를 사용하여 LED를 제어해 보았다. 여기에서는 ioremap() 함수를 사용하여 LED를 제어해 본다. LED의 물리적인 주소는 이전 절에서 언급한 것처럼 0xA000_0000이며, ioremap() 함수를 이용하여 LED의 물리주소를 커널의 가상주소로 매핑한 다음, 커널 내에서 file_operations 구조체를 통해 LED를 제어한다.

전체적인 순서는 LED를 구동하기 위한 디바이스 드라이버를 작성한 다음, 드라이버를 컴파일하여 커널에 올린다. 그런 다음 mknod 명령어를 사용하여 디바이스 드라이버를 접근하기 위한 디바이스 노드를 /dev 밑에 생성한다. 이제 응용프로그램을 작성하여 LED에 접근하기 위한 디바이스 노드 파일을 열어 시스템 콜을 통해 데이터를 보내면 해당 LED가 제어되는 형태이다.

이제 디바이스 드라이버를 작성해 보자. LED용 디바이스 드라이버에 할당할 주번호는 246번으로 하고(이 번호는 major.h에서 할당되지 않은 번호임), 디바이스 노드 이름은 led_device로 하자. 그리고 작업 디렉토리는 /root/work/dd/led_ioremap으로 가정하고 디바이스 드라이버 파일 이름은 led_driver.c로 한다.

[호스트에서 수행]

```
root@esp:~# mkdir /root/work/dd/led_ioremap
root@esp:~# cd /root/work/dd/led_ioremap
root@esp:~/work/dd/led_ioremap# vi led_driver.c
```

```
/* Ioremap led driver
   FILE : led_driver.c */

#include <linux/module.h>
#include <linux/fs.h>
#include <linux/init.h>
#include <asm/io.h>
#include <asm/uaccess.h>

#define IOM_LED_MAJOR      246           // led device major number
#define IOM_LED_NAME       "led_device"          // led device name
#define IOM_LED_ADDRESS 0xA8000000             // physical address

MODULE_LICENSE("GPL");
MODULE_AUTHOR("HGU");

//Global variable
static int ledport_usage = 0;
static unsigned short *iom_led_addr;

// define functions...
ssize_t iom_led_write(struct file *inode, const char *gdata, size_t length,  loff_t *off_what);
int iom_led_open(struct inode *minode, struct file *mfile);
int iom_led_release(struct inode *minode, struct file *mfile);

// define file_operations structure
struct file_operations iom_led_fops = {
    .open   = iom_led_open,
    .write   = iom_led_write,
    .release = iom_led_release,
};

// when led device open ,call this function
int iom_led_open(struct inode *minode, struct file *mfile) {
    if(ledport_usage != 0)
        return -EBUSY;
    ledport_usage = 1;
    return 0;
}
// when led device close ,call this function
int iom_led_release(struct inode *minode, struct file *mfile) {
    ledport_usage = 0;
    return 0;
}

// when write to led device ,call this function
ssize_t iom_led_write(struct file *inode, const char *gdata, size_t length, loff_t *off_what) {
    unsigned short  value;
    const char *tmp = gdata;

    if (copy_from_user(&value, tmp, 2))
        return -EFAULT;
```

```
    outb(value,(unsigned int)iom_led_addr);
    return length;
}

int __init iom_led_init(void) {
    int result;
    result = register_chrdev(IOM_LED_MAJOR, IOM_LED_NAME, &iom_led_fops);
    if(result < 0) {
        printk(KERN_WARNING"Can't get any major\n");
        return result;
    }
    iom_led_addr = ioremap(IOM_LED_ADDRESS, 0x2);
    printk("init module, %s major number : %d\n", IOM_LED_NAME, IOM_LED_MAJOR);
    return 0;
}

void __exit iom_led_exit(void) {
    iounmap(iom_led_addr);
    unregister_chrdev(IOM_LED_MAJOR, IOM_LED_NAME);
}

module_init(iom_led_init);
module_exit(iom_led_exit);
```

앞서 기본적인 드라이버 내용에 대해서 언급했었지만, 다시 한 번 정리해 보도록 하자.

(1) 파일 오퍼레이션 구조체

응용 애플리케이션에서 open()이라는 함수를 통해 장치를 열게 되면 파일 오퍼레이션 구조체에 표시된 open에 해당하는 함수가 호출이 된다. 다시 말해서 응용 애플리케이션에서 open()이 호출되면 드라이버 내에 구성된 iom_led_open()이 호출이 된다.

```
// define file_operations structure
struct file_operations iom_led_fops = {
        .open    = iom_led_open,
        .write   = iom_led_write,
        .release = iom_led_release,
};
```

(2) open()

호출된 iom_led_open이 하는 역할은 다음과 같다. 장치가 오픈되면 다른 애플리케이션에서 드라이버를 사용하고 있는지 확인해서 사용 중이라면 -EBUSY를 호출한다. 그렇지 않다면 사용횟수를 증가하면서 장치를 오픈한다.

```
// when led device open ,call this function
int iom_led_open(struct inode *minode, struct file *mfile) {
        if(ledport_usage != 0)
                return -EBUSY;
        ledport_usage = 1;
        return 0;
}
```

(3) write()

다음은 디바이스 드라이버의 write 함수를 호출했을 때 실행되는 함수이다. 상위 응용프로그램으로부터 LED를 제어할 값을 전달 받은 후에 LED 포트를 제어하고 있다.

```
// when write to led device ,call this function
ssize_t iom_led_write(struct file *inode, const char *gdata, size_t length, loff_t *off_what) {
        unsigned short  value;
        const char *tmp = gdata;

        if (copy_from_user(&value, tmp, 2))
                return -EFAULT;
        outb(value,(unsigned int)iom_led_addr);

        return length;
}
```

(4) release()

release() 함수는 디바이스 드라이버의 close 함수를 호출했을 때 실행된다. LED를 더 이상 사용하지 않겠다는 의미로 전역변수 ledport_usage의 값을 0으로 설정하고 있다.

```
// when led device close ,call this function
int iom_led_release(struct inode *minode, struct file *mfile) {
        ledport_usage = 0;
        return 0;
}
```

(5) __init iom_led_init()

다음은 insmod 명령이 수행될 때 실행되는 함수이다. register_chrdev()를 사용해서 문자 디바이스 드라이버로 등록하고, ioremap()을 이용하여 물리주소와 가상주소를 매핑시키고 있다.

```
int __init iom_led_init(void) {
    ......
    result = register_chrdev(IOM_LED_MAJOR, IOM_LED_NAME, &iom_led_fops);
    ......

    iom_led_addr = ioremap(IOM_LED_ADDRESS, 0x2);
    ......
}
```

(6) __exit iom_led_exit()

다음은 rmmod 명령이 수행될 때 실행되는 함수이다. iounmap()을 이용하여 매핑시켰던 물리주소와 가상주소를 해제하고 unregister_chrdev()를 사용해서 문자 디바이스 드라이버의 등록을 해지한다.

```
void __exit iom_led_exit(void) {
    iounmap(iom_led_addr);
    unregister_chrdev(IOM_LED_MAJOR, IOM_LED_NAME);
}
```

(7) module_init()과 module_exit()

module_init은 커널 적재 시(또는 insmod 실행 시) 커널이 호출하는 함수를 지정하는 매크로이며, module_exit은 커널 제거 시(또는 rmmod 실행 시) 커널이 호출하는 함수를 지정하는 매크로이다.

```
module_init(iom_led_init);
module_exit(iom_led_exit);
```

지금까지 작성한 LED용 디바이스 드라이버를 테스트하기 위한 응용프로그램을 작성해 보자. 이번 응용프로그램은 사용자가 전달한 값에 해당하는 LED의 불이 들어오도록 하며, 0이 입력되면 모든 LED를 소등하고, 9가 입력되면 모든 LED가 점등되도록 하자. 디바이스 드라이버에서 지정한 장치 이름과 동일한 'led_device'라는 것으로 open()하고 있고, 인자로 받아들인 값으로 LED를 제어하도록 atoi()를 거친 후 write()하는 것을 볼 수 있다. 응용프로그램의 파일명은 led_test.c로 한다.

[호스트에서 수행]

```
root@esp:~# cd /root/work/dd/led_ioremap
root@esp:~/work/dd/led_ioremap# vi led_test.c
```

```
/* Filename: led_test.c */
#include <stdio.h>
#include <stdlib.h>
#include <unistd.h>
#include <fcntl.h>
#include <sys/types.h>
#include <sys/stat.h>

unsigned char val[] = { 0xff, 0xfe, 0xfd, 0xfb, 0xf7, 0xef, 0xdf, 0xbf, 0x7f, 0x00 };

int main (int argc, char *argv[]) {
        int fd = -1;
        unsigned char tmp;

        if( argc < 2 ) {
                printf("Input wrong command!!! Usage : ./led_test NUMBER[0:9] \n");
           exit(1);
        }

        fd = open("/dev/led_device", O_WRONLY);
        if(fd < 0) {
                printf("Device open error!!\n");
                return -1;
        } else {
                tmp = atoi(argv[1]);
                write(fd, &val[tmp], 2);
                close(fd);
                return 0;
        }
}
```

(8) Makefile

vi 에디터를 이용해서 컴파일을 위한 Makefile을 작성해주고 실행을 한다.

[호스트에서 수행]

```
root@esp:~/work/dd/led_ioremap# vi Makefile
```

```
# Makefile
CC := arm-linux-gcc
obj-m := led_driver.o

KDIR := /root/download/kernel-2.6.35
PWD := $(shell pwd)

TEST_TARGET = led_test
TEST_SRCS = $(TEST_TARGET).c

all: module test_pgm
```

```
module:
    $(MAKE) -C $(KDIR) SUBDIRS=$(PWD) modules
test_pgm:
    $(CC) $(TEST_SRCS) -o $(TEST_TARGET)
clean:
    rm -rf *.ko
    rm -rf *.o *.mod.*
    rm -rf *.symvers *.order
    rm -rf $(TEST_TARGET)
```

(9) 컴파일 및 실행

컴파일을 위해서 소스가 있는 디렉토리에서 make를 입력해준다.

[호스트에서 수행]

```
root@esp:~/work/dd/led_ioremap# make
make -C /root/download/kernel-2.6.35 SUBDIRS=/root/work/dd/led_ioremap modules
make[1]: Entering directory `/root/download/kernel-2.6.35'
  CC [M]  /root/work/dd/led_ioremap/led_driver.o
  Building modules, stage 2.
  MODPOST 1 modules
  CC      /root/work/dd/led_ioremap/led_driver.mod.o
  LD [M]  /root/work/dd/led_ioremap/led_driver.ko
make[1]: Leaving directory `/root/download/kernel-2.6.35'
arm-linux-gcc led_test.c -o led_test
```

컴파일이 완료되면, nfs를 통해서 기존과 같이 테스트를 진행한다.

[Achro-210T에서 수행]

```
root@Achro210T:~/nfs# cd ~/nfs/work/dd/led_ioremap
root@Achro210T:~/nfs/work/dd/led_ioremap# insmod led_driver.ko
init module, led_device major number : 246
root@Achro210T:~/nfs/work/dd/led_ioremap# mknod /dev/led_device c 246 0
root@Achro210T:~/nfs/work/dd/led_ioremap# lsmod
Module                  Size  Used by    Not tainted
led_driver              1244  0
root@Achro210T:~/nfs/work/dd/led_ioremap# ./led_test 3
root@Achro210T:~/nfs/work/dd/led_ioremap# ./led_test
Input wrong command!!! Usage : ./led_test NUMBER[0:9]
root@Achro210T:~/nfs/work/dd/led_ioremap# ./led_test 2
root@Achro210T:~/nfs/work/dd/led_ioremap# rmmod led_driver
root@Achro210T:~/nfs/work/dd/led_ioremap# lsmod
Module                  Size  Used by    Not tainted
```

그림 9-16은 위에서 만든 응용프로그램(led_test)을 타겟보드에서 실행한 결과를 보여준다.

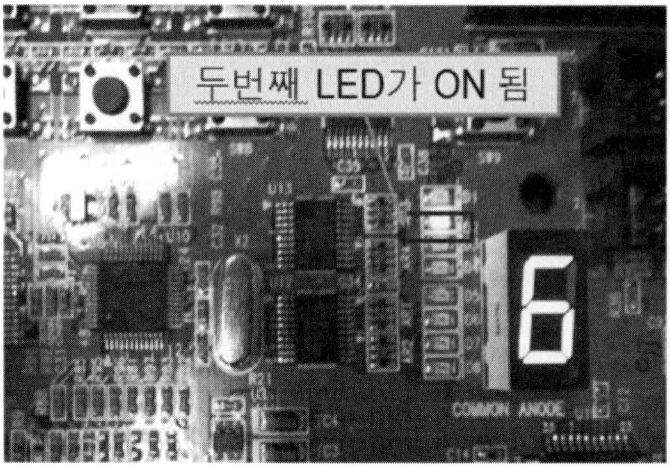

그림 9-16 LED 점등

그림 9-17은 디바이스 드라이버를 이용한 LED 제어 과정을 정리한 것이다.

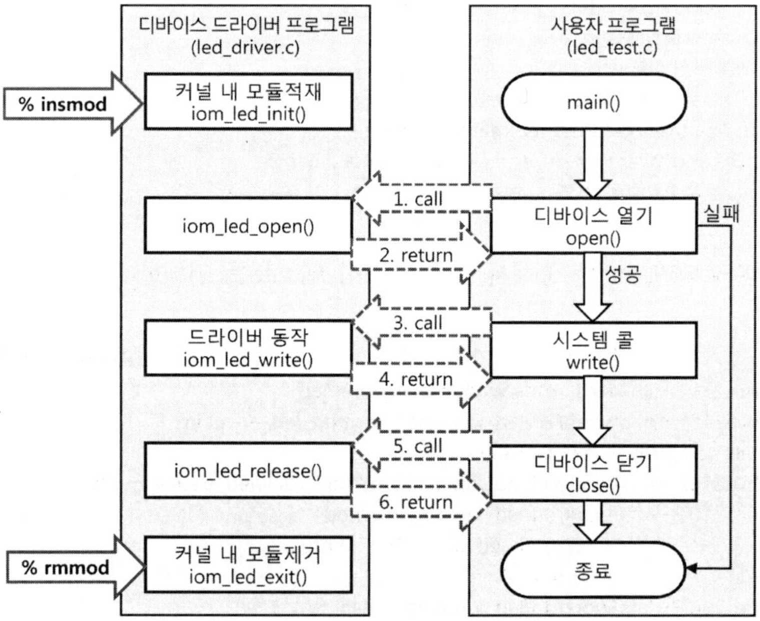

그림 9-17 led_driver 구동 원리

9.7.4 mmap() 함수를 이용한 FND 제어

FND(Flexible Numeric Display)는 7-segment display라고도 하며, 16가지의 패턴을 표현할 수 있는 디스플레이 장치이다. 이 장치를 mmap() 함수를 사용하여 1초 간격으로 '1~9'의 숫자를 출력해 보자. FND의 물리주소를 알아보기 위해서는 먼저 PC100 회로도에서 FND가 연결된 회로를 찾아야 한다.

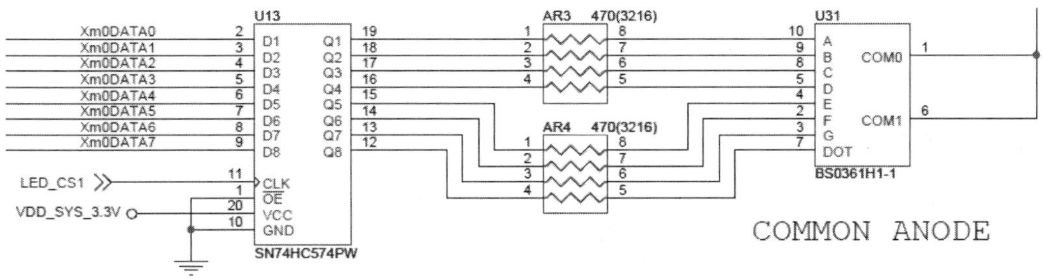

그림 9-18 IPC100 보드에서의 FND 장치(U31) 연결 회로도

FND에 표현될 데이터는 LED_CS1 신호에 의해 그림 9-18에 보인 74HC574 칩 내의 8개의 플립플롭에 값이 저장되며, LED_CS1 신호는 이전 절에서 기술한 VHDL 코드를 보면 CPU의 입장에서 Xm0ADDR[12:9]의 값이 "0001"일 때 활성화된다. 따라서 LED_CS1 신호는 SROM Bank5가 활성화(주소값=0xA000_0000)되고 Xm0ADDR[12:9]의 값이 "0001"일 때(주소값=0x200)이므로, 이 두 값을 통해 LED_CS1 신호가 활성화되기 위한 주소값은 0xA000_0200가 된다.

이제 mmap() 함수를 사용해서 FND를 1초 간격으로 1~9의 숫자를 출력하도록 제어하는 프로그램을 작성해 보자. 현재 작업 공간은 /root/work/dd/fnd_mmap으로 가정하고 프로그램명은 fnd_mmap.c로 한다.

[호스트에서 수행]

```
root@esp:~# mkdir /root/work/dd/fnd_mmap
root@esp:~# cd /root/work/dd/fnd_mmap
root@esp:~/work/dd/fnd_mmap# vi fnd_mmap.c
```

```
/* FND Test program
FILE : fnd_mmap.c */

#include <stdio.h>
#include <stdlib.h>
#include <unistd.h>
#include <fcntl.h>
#include <sys/mman.h>
#include <signal.h>

#define FND_MAP_SIZE 0x1000          /* 페이지 크기(4096)의 정수배 */
#define FND_PHY_ADDR 0xA8000000       /* FND의 physical address */
#define FND_OFFSET   0x200     /* FND Offset from base address(FND_PHY_ADDR) */
#define FND (*((volatile unsigned char *)(fnd_addr + FND_OFFSET)))
unsigned int val[] = {0xf9, 0xa4, 0xb0b0, 0x99, 0x92, 0x82, 0xd8, 0x80, 0x90};

void *fnd_addr;
int quit = 0;
void quit_signal(int sig) {
```

```
    quit = 1;
}

int main (int argc, char *argv[]) {
    int fd;
    static unsigned char led;
    /* 주의: O_SYNC 플래그를 지정해야 캐시되지 않는다. */
    fd = open( "/dev/mem", O_RDWR | O_SYNC );
    if (fd == -1) {
        perror("open(₩"/dev/mem₩")");
        exit(1);
    }
    /* FND_MAP_SIZE에 해당하는  페이지 만큼의 영역을 매핑한다. */
    fnd_addr = mmap( NULL, FND_MAP_SIZE, PROT_READ | PROT_WRITE, MAP_SHARED, fd,
FND_PHY_ADDR);

    if (fnd_addr == MAP_FAILED) {
        perror("mmap()");
        exit(2);
    }
    /*  <ctrl+c> 를 누르면 종료되게 signal을 등록한다. */
    signal(SIGINT, quit_signal );
    printf("₩nPress <ctrl+c> to quit.₩n₩n");

    /* Control routine */
    while(!quit) {
        FND = (val[led++ % 9]);
        sleep(1);
    }
    FND = 0xff;

    /*  할당받았던 매핑 영역을 해제한다. */
    if (munmap(fnd_addr, FND_MAP_SIZE) == -1) {
        perror("munmap()");
        exit(3);
    }
    close(fd);
    return 0;
}
```

이제 위에서 작성한 fnd_mmap.c 파일을 타겟보드용으로 컴파일한다.

[호스트에서 수행]

```
root@esp:~/work/dd/fnd_mmap# arm-linux-gcc -Wall -o fnd_mmap ./fnd_mmap.c
```

컴파일이 완료되면, 기존의 LED 예제와 같은 방식으로, 210T에서 호스트의 NFS 디렉토리를 마운트한 상태에서 fnd_mmap 파일을 실행시켜 보도록 하자. 그러면 FND에 숫자가 1부터 9까지 1초 간격으로 번갈아가며 변화하는 것을 확인할 수 있다.

```
                                                        [Achro-210T에서 수행]
root@Achro210T:~/nfs# cd /root/nfs/work/dd/fnd_mmap
root@Achro210T:~/nfs/work/dd/fnd_mmap# ls
fnd_mmap      fnd_mmap.c
root@Achro210T:~/nfs/work/dd/fnd_mmap# ./fnd_mmap
```

9.7.5 ioremap() 함수를 이용한 FND 제어

앞에서 LED에 대한 디바이스 드라이버를 작성하고 모듈 형태로 컴파일하여 타겟보드 커널에 올린 뒤 응용프로그램에서 시스템 콜 함수를 사용하여 LED를 제어하였던 것처럼, FND에 대한 디바이스 드라이버를 작성하여 FND를 제어하는 예제를 살펴본다. 앞에서 작성하였던 led_driver와 비교하여 디바이스 주번호와 이름, 주소 외에는 큰 차이가 없다. 먼저, 필요한 헤더파일과 전역 변수를 선언한다. 그리고 디바이스 주번호는 241, 디바이스 이름은 fnd_device로 하고, FND에 접근하기 위한 물리주소는 0xA8000200이다. 작업 공간은 /root/work/dd/fnd_ioremap으로 하고 프로그램명은 fnd_driver.c로 한다.

```
                                                        [호스트에서 수행]
root@esp:~# mkdir /root/work/dd/fnd_ioremap
root@esp:~# cd /root/work/dd/fnd_ioremap
root@esp:~/work/dd/fnd_ioremap# vi fnd_driver.c
```

```
/* FND device driver
FILE : fnd_driver.c */
#include <linux/module.h>
#include <linux/fs.h>
#include <linux/init.h>
#include <asm/io.h>
#include <asm/uaccess.h>

#define IOM_FND_MAJOR     241                    // fnd device major number
#define IOM_FND_NAME      "fnd_device"           // device name
#define IOM_FND_ADDRESS 0xA8000200               // physical address

MODULE_LICENSE("GPL");
MODULE_AUTHOR("HGU");

//Global variable
static int fndport_usage = 0;
static unsigned short *iom_fnd_addr;

// function prototypes for file operations
ssize_t iom_fnd_write(struct file *inode, const char *gdata, size_t length,  loff_t *off_what);
int iom_fnd_open(struct inode *minode, struct file *mfile);
int iom_fnd_release(struct inode *minode, struct file *mfile);
```

```
// 다음은 file operation 구조체의 정의이다.
struct file_operations iom_fnd_fops =
{
    .owner   = THIS_MODULE,
    .open    = iom_fnd_open,
    .write   = iom_fnd_write,
    .release = iom_fnd_release,
};
/* 다음은 디바이스 드라이버를 open 함수를 호출했을 때 실행되는 함수이다.
이전 호출되어 메모리에 이미 존재하는지를 확인하고 있다. */
int iom_fnd_open(struct inode *minode, struct file *mfile)
{
    if(fndport_usage != 0)
            return -EBUSY;
    fndport_usage = 1;
    return 0;
}
/* 다음은 디바이스 드라이버의 close 함수를 호출했을 때 실행되는 함수이다. 메모리에 더 이상 존재하지
않는다고 전역변수에 설정하고 있다. */
int iom_fnd_release(struct inode *minode, struct file *mfile)
{
    fndport_usage = 0;
    return 0;
}
/* 다음은 디바이스 드라이버의 write 함수를 호출했을 때 실행되는 함수이다. 상위 application program
으로부터 FND를 제어할 값을 전달(copy_from_user())받은후에 FND port를 제어하고 있다. */
ssize_t iom_fnd_write(struct file *inode, const char *gdata, size_t length, loff_t *off_what)
{
    unsigned char  value;
    const char *tmp = gdata;
    if (copy_from_user(&value, tmp, length))
            return -EFAULT;
    outb(value,(unsigned int)iom_fnd_addr);
     return length;
}
/* 다음은 insmod명령이 수행될 때 실행되는 함수이다.register_chrdev()를 사용해서 문자
디바이스 드라이버로 등록을 하고, ioremap()을 이용하여 물리주소와 가상주소를 매핑시키고
있다. */
int __init iom_fnd_init(void) {
   int result;
   result = register_chrdev(IOM_FND_MAJOR, IOM_FND_NAME, &iom_fnd_fops);
   if(result < 0)
   {
           printk(KERN_WARNING"Can't get any major\n");
           return result;
   }
    iom_fnd_addr = ioremap(IOM_FND_ADDRESS, 0x2);
    printk("init module, %s major number : %d\n", IOM_FND_NAME, IOM_FND_MAJOR);
     return 0;
}
/* 다음은 rmmod명령이 수행될 때 실행되는 함수이다. iounmap()를 사용하여 물리주소와 가상주소의
매핑을 해제하고, unregister_chrdev()로 문자 디바이스 드라이버를 해제하고 있다. */
```

```
void __exit iom_fnd_exit(void)
{
        iounmap(iom_fnd_addr);
        unregister_chrdev(IOM_FND_MAJOR, IOM_FND_NAME);
}
/* module_init은 커널 적재시(또는 insmod 실행 시) 커널이 호출하는 함수를 지정하는 매크로이며,
module_exit은 커널 제거시(또는 rmmod 실행 시) 커널이 호출하는 함수를 지정하는 매크로이다. */
module_init(iom_fnd_init);
module_exit(iom_fnd_exit);
```

다음으로 테스트 응용프로그램을 작성한다. 이번 응용프로그램은 1에서 8까지의 숫자 중 사용자로부터 입력 받은 숫자를 FND에 표시하는 프로그램이다. 응용프로그램의 이름은 fnd_test.c로 하고, 프로그램의 내용은 다음과 같다.

[호스트에서 수행]

```
root@esp:~/work/dd/fnd_ioremap# vi fnd_test.c
```

```
/* IOREMAP FND Control Example
File Name : fnd_test.c */

#include <stdio.h>
#include <stdlib.h>
#include <fcntl.h>

#define FND_DEV "/dev/fnd_device"

int main(int argc, char **argv)
{
    int fd;
    int retval;
    unsigned char buff;

    unsigned char val[] = { 0xf9, 0xa4, 0xb0, 0x99, 0x92, 0x82, 0xd8, 0x80,0x90 };

    if(argc!=2) {
        printf("Invalid Argument!\n");
        printf("ex) %s [1 to 8]\n",argv[0]);
        return -1;
    }

    retval = atoi(argv[1]);
    if(retval<1||retval>8) {
        printf("Invalid Range! (%d)\n",retval);
        return -1;
    }

    fd = open(FND_DEV, O_RDWR);
    if(fd<0) {
```

```
        printf("%s open error!₩n",FND_DEV);
        return -1;
    }

    buff=val[retval-1];

    retval=write(fd,&buff,sizeof(buff));
    if(retval<0) {
        printf("Write Error!₩n");
        return -1;
    }

    close(fd);

    return 0;
}
```

그리고 컴파일을 위한 Makefile은 다음과 같이 작성한다.

[호스트에서 수행]

```
root@esp:~/work/dd/fnd_ioremap# vi Makefile
```

```
# Makefile
CC := arm-linux-gcc
obj-m := fnd_driver.o

KDIR := /root/download/kernel-2.6.35
PWD := $(shell pwd)

TEST_TARGET = fnd_test
TEST_SRCS = $(TEST_TARGET).c

all: module test_pgm

module:
	$(MAKE) -C $(KDIR) SUBDIRS=$(PWD) modules
test_pgm:
	$(CC) $(TEST_SRCS) -o $(TEST_TARGET)
clean:
	rm -rf *.ko
	rm -rf *.o *.mod.*
	rm -rf *.symvers *.order
	rm -rf $(TEST_TARGET)
```

앞서 작성한 두 개의 C 파일을 Makefile을 이용하여 컴파일한다.

[호스트에서 수행]

```
root@esp:~/work/dd/fnd_ioremap# make
```

다음으로 Achro-210T 타겟보드에서 호스트의 NFS 디렉토리를 마운트한 상태에서 fnd_ioremap 디렉토리로 이동한다. 그런 다음 디바이스 드라이버를 커널에 올리고, 디바이스에 접근하기 위한 장치파일을 mknod 명령어를 이용하여 만든 다음, fnd_test 응용프로그램을 실행한다. 그러면 그림 9-19에 보인 것처럼 FND에 숫자가 순차적으로 증가하는 것을 확인할 수 있다.

[Achro-210T에서 수행]

```
root@Achro210T:~# cd /root/nfs/work/dd/fnd_ioremap
root@Achro210T:~/nfs/work/dd/fnd_ioremap# ls
Makefile            fnd_driver.ko       fnd_driver.o      modules.order
Module.symvers      fnd_driver.mod.c    fnd_test
fnd_driver.c        fnd_driver.mod.o    fnd_test.c
root@Achro210T:~/nfs/work/dd/fnd_ioremap# insmod fnd_driver.ko
init module, fnd_device major number : 241
root@Achro210T:~/nfs/work/dd/fnd_ioremap# mknod /dev/fnd_device c 241 0
root@Achro210T:~/nfs/work/dd/fnd_ioremap# lsmod
Module                  Size  Used by    Not tainted
fnd_driver              1244  0
root@Achro210T:~/nfs/work/dd/fnd_ioremap# ./fnd_test 3
root@Achro210T:~/nfs/work/dd/fnd_ioremap# ./fnd_test
Invalid Argument!
ex) ./fnd_test [ 1 to 8]
root@Achro210T:~/nfs/work/dd/fnd_ioremap# ./fnd_test 6
```

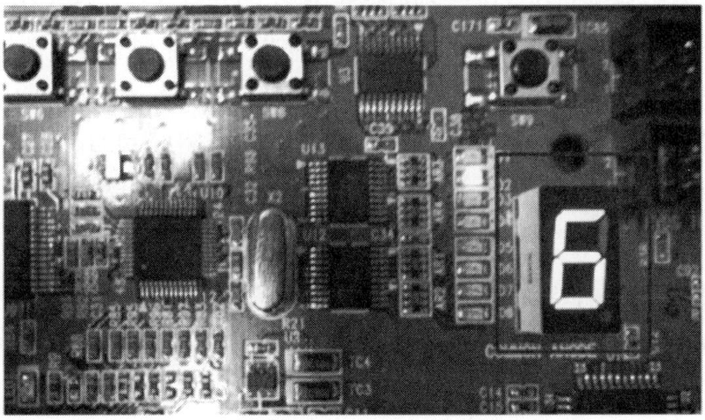

그림 9-19 FND 동작 확인

9.7.6 커널 타이머 활용

리눅스 커널에서 제공하는 타이머를 이용하여 장치를 제어하는 예제를 작성해 보도록 한다. 리눅스와 같이 여러 개의 프로세스를 구동할 수 있는 멀티 프로세스 운영체제에서 각 프로세스들은 리눅스가 가지고 있는 스케줄러에 의해서 프로세서의 자원을 이용하게 되는데, 이때 리눅스가 가진 시간과 관련된 상수(HZ)를 기준으로 이용된다.

이러한 HZ 상수는 초당 발생되는 타이머 인터럽트의 횟수이며, 이 상수값은 현재 사용하고 있는 프로세스마다 다를 수 있다. 자세한 내용을 확인하려면 커널 소스 디렉토리에서 include/asm/param.h 파일을 살펴보면 된다.

```
#ifndef __ASM_GENERIC_PARAM_H
#define __ASM_GENERIC_PARAM_H

#ifdef __KERNEL__
# define HZ        CONFIG_HZ    /* Internal kernel timer frequency */
# define USER_HZ      100       /* some user interfaces are */
# define CLOCKS_PER_SEC (USER_HZ)          /* in "ticks" like times() */
#endif

#ifndef HZ
#define HZ 100
#endif

#ifndef EXEC_PAGESIZE
#define EXEC_PAGESIZE    4096
#endif

#ifndef NOGROUP
#define NOGROUP       (-1)
#endif
```

리눅스에서는 시스템에서 사용하는 시간값에 대한 기준이 되는 jiffies_64라는 변수를 제공한다. 이 변수는 부호가 없는 64비트의 값을 가지며, 커널에 설정되어 있는 HZ의 값으로 증가 간격이 설정된다. 예를 들어, HZ가 100으로 설정되어 있는 경우라면 1/100초마다 1씩 증가한다. 이 값이 동작하는 원리를 좀 더 살펴보기 위해 커널 타이머를 이용하여 Achro-210T 확장보드에 있는 8개의 LED를 주기적으로 켜고 끄는 동작을 반복하는 프로그램을 작성해 보자.

커널 타이머를 이용하기 위해서는 timer_list를 이용해야 한다. 이 예제에서는 timer_list와 led_state를 하나의 구조체로 선언한 다음 해당 구조체를 통해서 LED를 제어한다. 다음은 LED 제어에 필요한 헤더파일과 구조체를 보여준다.

```
#ifndef __LED_KERNELTIMER_DRIVER__
#define __LED_KERNELTIMER_DRIVER__

#include <linux/module.h>
#include <linux/fs.h>
#include <linux/init.h>
#include <linux/kernel.h>
#include <linux/fs.h>
#include <asm/io.h>
```

```
#include <asm/uaccess.h>
#include <linux/errno.h>
#include <linux/types.h>
#include <linux/fcntl.h>
#include <linux/slab.h>
#include <linux/time.h>
#include <linux/timer.h>

typedef struct {
    struct timer_list timer;
    unsigned long led_state;
} __attribute__((packed)) KERNEL_TIMER_STRUCT;

#endif
```

위의 코드에서 #ifndef는 컴파일 시 동일한 헤더 및 함수명이 중복으로 호출되어 선언되는 것을 막기 위해서 선언한 것이다. 컴파일 도중 __LED_KERNELTIMER_DRIVER__가 이미 선언되어 있다면 #endif까지의 내용은 참조되지 않고 넘어가게 되며, 선인되어 있지 않은 경우라면 #define문에 의해서 __LED_KERNELTIMER_DRIVER__가 선언되어 이후부터는 이 선언 자체에 접근할 수 없게 된다.

타이머 처리용 구조체(KERNEL_TIMER_STRUCT) 선언에 있는 "__attribute__((packed))" 속성은 구조체를 구성하는 멤버들의 전체선언 크기만큼만 실제 메모리를 할당하게 하는 속성이다. 예를 들어 구조체 A가 int a와 char b라는 멤버를 가지고 있는 경우 sizeof()를 통해서 크기를 출력하면 "__attribute__((packed))" 속성이 없는 경우에는 8바이트가 출력된다. 즉, 선언된 크기는 5바이트이지만 실제 8바이트를 할당하고 5바이트만 이용한다. 반면 속성이 있는 경우에는 5바이트만 할당한다. 커널 또는 모듈 프로그래밍에서는 메모리를 낭비할 수 있는 요소가 있다면 줄여주는 것이 좋다.

커널 타이머 기반으로 주기적으로 ON/OFF 동작을 반복하는 LED 디바이스 드라이버는 주번호 244번을 할당하고, 디바이스 이름은 led_timer_device로 하자. 그리고 물리주소는 이전에 하드웨어 스키매틱에서 찾았던 것처럼 0xA000_0000이다. 이를 기반으로 디바이스 드라이버 led_timer_driver.c를 작성하면 다음과 같다.

[호스트에서 수행]

```
root@esp:~/work/dd# mkdir ~/work/dd/kerneltimer_led
root@esp:~/work/dd# cd ~/work/dd/kerneltimer_led
root@esp:~/work/dd/kerneltimer_led# vi led_timer_driver.c
```

```
/* Kernel timer driver example */
/* LED Kernel Timer Example
   FILE : led_kernel_driver.c
```

```
*/

#ifndef __LED_KERNELTIMER_DRIVER__
#define __LED_KERNELTIMER_DRIVER__

#include <linux/module.h>
#include <linux/fs.h>
#include <linux/init.h>
#include <linux/kernel.h>
#include <linux/fs.h>
#include <asm/io.h>
#include <asm/uaccess.h>
#include <linux/errno.h>
#include <linux/types.h>
#include <linux/fcntl.h>
#include <linux/slab.h>
#include <linux/time.h>
#include <linux/timer.h>

typedef struct {
    struct timer_list timer;
    unsigned long led_state;
} __attribute__((packed)) KERNEL_TIMER_STRUCT;

#endif

#define IOM_LED_MAJOR      244
#define IOM_LED_NAME       "led_timer_device"
#define IOM_LED_ADDRESS 0xA8000000
#define TIME_STEP      (5*HZ/10)

static int ledport_usage = 0;
static unsigned short *iom_led_addr;
static KERNEL_TIMER_STRUCT *ptimermgr = NULL;

static unsigned char led_enable=0;

int led_timer_init(void);
void led_timer_timeover(unsigned long arg);
void led_timer_exit(void);
void led_timer_registertimer(KERNEL_TIMER_STRUCT *pdata, unsigned long timeover);

ssize_t iom_led_write(struct file *inode, const char *gdata, size_t length,  loff_t *off_what);
int iom_led_open(struct inode *minode, struct file *mfile);
int iom_led_release(struct inode *minode, struct file *mfile);

struct file_operations iom_led_fops = {
    .open = iom_led_open,
    .write = iom_led_write,
    .release = iom_led_release,
};
```

```
void led_timer_registertimer(KERNEL_TIMER_STRUCT *pdata, unsigned long timeover)
{
    init_timer(&(pdata->timer));
    pdata->timer.expires = get_jiffies_64() + timeover;
    pdata->timer.data = (unsigned long) pdata;
    pdata->timer.function = led_timer_timeover;
    add_timer(&(pdata->timer));
}

void led_timer_timeover(unsigned long arg)
{
    KERNEL_TIMER_STRUCT *pdata = NULL;

    if(arg) {
        pdata = (KERNEL_TIMER_STRUCT *)arg;

        if(led_enable!=0) {
            pdata->led_state = ~(pdata->led_state);
        }

        if(pdata->led_state!=0)
            outb(0x00,(unsigned int)iom_led_addr);
        else
            outb(0xff,(unsigned int)iom_led_addr);

        led_timer_registertimer(pdata, TIME_STEP);
    }
}

int led_timer_init(void)
{
    ptimermgr = kmalloc(sizeof(KERNEL_TIMER_STRUCT), GFP_KERNEL);
    if(ptimermgr == NULL)
        return -ENOMEM;

    memset(ptimermgr, 0, sizeof(KERNEL_TIMER_STRUCT));

    ptimermgr->led_state = 0;
    led_timer_registertimer(ptimermgr, TIME_STEP);

    return 0;
}

void led_timer_exit(void)
{
    if(ptimermgr != NULL)
    {
        del_timer(&(ptimermgr->timer));
        kfree(ptimermgr);
    }
}
```

```
int __init iom_led_init(void) {
    int result;
    result = register_chrdev(IOM_LED_MAJOR, IOM_LED_NAME, &iom_led_fops);
    if(result < 0) {
        printk(KERN_WARNING"Can't get any major₩n");
        return result;
    }

    iom_led_addr = ioremap(IOM_LED_ADDRESS, 0x2);
    printk("init module, %s major number : %d₩n", IOM_LED_NAME, IOM_LED_MAJOR);

    led_timer_init();

    return 0;
}

int iom_led_open(struct inode *minode, struct file *mfile) {
    if(ledport_usage != 0)
        return -EBUSY;
    ledport_usage = 1;
    return 0;
}

ssize_t iom_led_write(struct file *inode, const char *gdata, size_t length, loff_t *off_what) {
    const char *tmp = gdata;

    if (copy_from_user(&led_enable, tmp, 2))
         return -EFAULT;
    return length;
}

int iom_led_release(struct inode *minode, struct file *mfile) {
    ledport_usage = 0;
    return 0;
}

void __exit iom_led_exit(void) {
    outb(0xff,(unsigned int)iom_led_addr);
    if(ptimermgr!=NULL) {
        led_timer_exit();
    }
    iounmap(iom_led_addr);
    unregister_chrdev(IOM_LED_MAJOR, IOM_LED_NAME);
}

module_init(iom_led_init);
module_exit(iom_led_exit);

MODULE_LICENSE("GPL");
```

앞에서 작성했던 LED 드라이버와 유사한 부분의 설명은 생략하고 타이머와 관련된 내용만 확인하도록 한다. 우선 동작할 TIME_STEP을 선언하고, 드라이버의 전역 부분에 다음과 같이 커널 구조체를 선언한다.

아래는 타이머 소스이다. LED 드라이버와 유사하므로 관련 내용은 생략하고, 타이머에 관련된 내용만 확인하도록 한다. 우선 동작할 TIME_STEP을 선언하고, 드라이버의 전역 부분에 다음과 같이 커널 구조체를 선언한다.

```
static KERNEL_TIMER_STRUCT *ptimermgr = NULL;
```

타이머를 제어하는데 필요한 함수들은 각각 다음과 같다.

(1) int led_timer_init(void)

커널 타이머를 초기화하기 위해 호출되는 함수로, led_timer_init() 함수가 호출되면 앞서 타이머 리스트와 LED 상태를 가시는 구조체에 메모리를 할당히고, 해당 메모리를 초기화하고, led_timer_registertimer() 함수를 호출해서 해당 구조체와 설정된 시간값을 인자로 보낸다.

(2) led_timer_registertimer(KERNEL_TIMER_STRUCT *pdata, unsigned long timeover)

커널 타이머를 등록하는 함수로, 커널 타이머에서는 init_timer()를 통해 타이머를 초기화시키고, 타임아웃 시간을 설정하고 타임아웃이 되었을 때 동작할 함수를 등록해둔다. 설정이 완료되면 add_timer()를 호출해서 타이머를 커널에 등록한다. 타이머를 등록할 때에는 타이머 정보를 담아두는 timer_list형의 변수가 필요한데, 이는 앞서 해당 timer_list와 led_state를 하나의 구조체로 생성했고, 생성된 구조체에 선언된 timer를 이용한다. timer_list 구조체는 linux/timer.h에 선언되어 있다. timer_list에서 커널 타이머를 만들 때 사용되는 멤버들은 다음과 같다.

- unsigned long expires: 만료시간을 결정하며, 지연시키고자 하는 시간만큼 더해준다.
- unsigned long data: 타이머에서 참조하는 데이터의 주소를 저장한다. 타이머 자체가 인터럽트(시간의 종료)가 발생할 때 동작하므로 해당 상황에 대한 처리를 위해 참조할 데이터의 주소가 필요하다.
- void(*function)(unsigned long): 함수 포인터로, 타이머가 종료될 때 실행되는 함수에 대한 함수 포인터를 지정한다.

(3) void led_timer_timeover(unsigned long arg)

커널 타이머의 설정 시간이 초과될 때 호출되는 함수이다.

(4) void led_timer_exit(void)

커널 타이머를 종료할 때 호출되는 함수이다. 이 함수에서는 등록된 타이머를 제거하기 위해서 del_timer()를 이용하여 타이머를 종료하고, 생성했던 타이머 정보에 대한 할당을 해제한다.

지금까지 작성한 커널 타이머를 사용하여 LED를 점멸하는 디바이스 드라이버를 검증하기 위해 응용프로그램을 작성해 보자. 응용프로그램의 인자로 '1'을 입력하면 8개의 LED가 지속적으로 점멸되며, 인자의 값이 '0'이면 모든 LED를 끄는 것으로 한다. 응용프로그램의 파일명은 test_timer_led.c로 한다.

[호스트에서 수행]

```
root@esp:~/work/dd/kerneltimer_led# vi test_timer_led.c
```

```
/* GPIO LED Driver test application
   FILE : test_timer_led.c
   AUTH : Huins */

#include <stdio.h>
#include <stdlib.h>
#include <unistd.h>
#include <sys/types.h>
#include <sys/stat.h>
#include <fcntl.h>

int main(int argc, char **argv)
{
    int led_fd;
    unsigned char turnonLED;

    if(argc != 2) {
        printf("Usage : %s [Number]₩n",argv[0]);
        printf("     0 : ON ₩n");
        printf("     1 : OFF ₩n");
        return -1;
    }

    led_fd = open("/dev/led_timer_device", O_RDWR);
    if (led_fd<0){
        printf("LED timer driver Open failured!₩n");
        return -1;
    }

    turnonLED=(unsigned char)atoi(argv[1]);
    printf("{A} Input : %d₩n",turnonLED);

    write(led_fd,&turnonLED,1);
```

```
    close(led_fd);

    return 0;
}
```

이제 위에서 작성한 드라이버 파일과 테스트 프로그램을 호스트에서 컴파일한다.

[호스트에서 수행]

```
root@esp:~/work/dd/kerneltimer_led# vi Makefile
```

```
CC := arm-linux-gcc
obj-m := led_timer_driver.o

KDIR := /root/download/kernel-2.6.35
PWD := $(shell pwd)

TEST_TARGET = test_timer_led
TEST_SRCS = $(TEST_TARGET).c

all: module test_pgm

module:
	$(MAKE) -C $(KDIR) SUBDIRS=$(PWD) modules
test_pgm:
	$(CC) $(TEST_SRCS) -o $(TEST_TARGET)
clean:
	rm -rf *.ko
	rm -rf *.o *.mod.*
	rm -rf *.symvers *.order .*.cmd
	rm -rf $(TEST_TARGET)
```

Makefile 작성이 끝났으면 make 명령어를 이용하여 컴파일한다.

[호스트에서 수행]

```
root@esp:~/work/dd/kerneltimer_led# make
make -C /root/download/kernel-2.6.35 SUBDIRS=/root/work/dd/kerneltimer_led modules
make[1]: Entering directory `/root/download/kernel-2.6.35'
  CC [M]  /root/work/dd/kerneltimer_led/led_timer_driver.o
  Building modules, stage 2.
  MODPOST 1 modules
  CC      /root/work/dd/kerneltimer_led/led_timer_driver.mod.o
  LD [M]  /root/work/dd/kerneltimer_led/led_timer_driver.ko
make[1]: Leaving directory `/root/download/kernel-2.6.35'
arm-linux-gcc test_timer_led.c -o test_timer_led
root@esp:~/work/dd/kerneltimer_led#
```

컴파일이 완료되면 타겟보드에 드라이버를 올리고 응용프로그램을 실행시켜 기능을 확인해 본다. NFS로 호스트와 타겟보드가 연결되었다고 가정하고, 타겟보드에서 다음의 명령어를 입력한다.

```
                                                        [Achro-210T에서 수행]
root@Achro210T:~# cd ~/nfs/work/dd/kerneltimer_led
root@Achro210T:~/nfs/work/dd/kerneltimer_led# insmod led_timer_driver.ko
init module, led_timer_device major number : 244
root@Achro210T:~/nfs/work/dd/kerneltimer_led# mknod /dev/led_timer_device c 244 0
root@Achro210T:~/nfs/work/dd/kerneltimer_led# ./test_timer_led
Usage : ./test_timer_led [Number]
    0 : ON
    1 : OFF
root@Achro210T:~/nfs/work/dd/kerneltimer_led# ./test_timer_led 1
{A} Input : 1
root@Achro210T:~/nfs/work/dd/kerneltimer_led# ./test_timer_led 0
{A} Input : 0
root@Achro210T:~/nfs/work/dd/kerneltimer_led#
```

응용프로그램(test_timer_led)의 인자값을 1로 주면 8개의 LED가 동시에 켜졌다가 꺼지는 동작을 반복하고, 인자값을 0으로 주면 점멸을 중지하는 것을 확인할 수 있다.

9.7.7 IOCTL을 이용한 드라이버 제어

디바이스를 제어하는데 있어서 단순히 시스템 콜 read()나 write()만으로 처리하기 힘든 경우도 있다. 예를 들어 어떤 경우에는 읽는 용도로만 쓰고, 어떨 때는 쓰는 용도로만 쓰다가 하나의 명령으로 읽고 쓰기를 하거나 혹은 어떠한 값을 어떤 방식으로 처리하고 싶은 경우가 있다. 이런 상황에서 ioctl() 함수는 매우 유용하게 사용되며, 각 디바이스마다 고유하게 선언하여 사용하는 전용 함수이다. ioctl() 함수의 특징으로는 read(), write() 함수와 같이 읽기와 쓰기 처리가 가능하며, 하드웨어를 제어하거나 상태값을 읽어올 수도 있으며, 응용프로그램의 요구에 따라 디바이스 드라이버의 매개변수 해석이 달라진다.

ioctl() 함수는 어떤 명령에 대한 cmd와 arg를 줄 수 있어 다양한 입출력 처리에 자주 이용된다. cmd는 총 32비트로 구성되어 있으며, 응용프로그램이 디바이스 드라이버에게 요구한 것을 구별하기 위한 명령어이다. cmd에는 그림 9-20에 보였듯이 4개의 필드로 구성되어 있다. 구분번호는 명령을 구분하는 명령어의 순차번호이며, 매직번호는 다른 디바이스 드라이버의 ioctl() 함수 명령과 구분하기 위한 값으로 보통 영문자를 넣는다. 이 매직번호는 명령을 만들 때 특별한 의미를 갖는 것은 아니며, 디바이스 드라이버에서 이 매직번호를 cmd로부터 추출하여 자신이 처리하는 매직번호와 다르면 처리를 거부하는 가장 간단한 보안장치라고 보면 된다. 14비트로 표현되는 데이터크기는 매개변수 arg를 통해 전달되는 메모리의 크기로 최대 16 K를 지정할 수 있다. R/W는 읽기와 쓰기 요구 명령을 구분하는데 사용된다.

31	29	15	8 7	0
R/W (2b)	데이터크기 (14b)	매직번호 (8b)	구분번호 (8b)	

그림 9-20 32비트 cmd 구성

cmd를 보다 편리하게 생성하고 활용할 수 있도록 리눅스 커널에서는 매크로를 제공한다. cmd 명령을 만드는 매크로 함수로는 _IO, _IOR, _IOW, _IOWR이 있다. 표 9-11은 cmd 명령을 만드는 매크로들을 보여준다.

표 9-11 ioctl() 함수에서 사용되는 cmd 명령을 만드는 매크로

매크로 이름	기능
_IO(type, nr)	부가적인 데이터가 없는, 즉 매개변수가 없는 명령 생성
_IOR(type, nr, datatype)	디바이스 드라이버에서 데이터를 읽어오기(R) 위한 명령 생성
_IOW(type, nr, datatype)	디바이스 드라이버에서 데이터를 쓰기(R) 위한 명령 생성
_IOWR(type, nr, datatype)	디바이스 드라이버에서 데이터를 읽고 쓰기 위한 명령 생성

리눅스 커널에서는 또한 응용프로그램에서 전달된 cmd 명령을 쉽게 해석할 수 있도록 다양한 매크로를 제공한다. 표 9-12는 cmd 명령을 해석하는데 편리하게 사용할 수 있는 매크로들이다.

표 9-12 cmd 명령을 해석하는 매크로

매크로 이름	기능
_IOC_NR(cmd)	구분 번호 필드값을 읽는 매크로
_IOC_TYPE(cmd)	매직 번호 필드값을 읽는 매크로
_IOC_SIZE(cmd)	데이터 크기 필드값을 읽는 매크로
_IOC_DIR(cmd)	읽기와 쓰기 속성 필드값을 읽는 매크로

이제 시스템 콜 ioctl()을 사용하여 LED를 다양하게 제어하는 프로그램을 작성해 보자. 기존 커널 타이머를 이용한 LED 제어는 단순 점멸 기능만 있었는데, 여기서는 표 9-13에 보인 기능을 추가하도록 한다. 기능을 다음과 같이 정의하여 LED를 제어한다.

표 9-13 ioctl()을 이용한 LED 제어 기능

기능	내용	인자
0	0이 입력되면, LED를 모두 OFF	arg 사용 안 함
1	1이 입력되면, LED를 모두 ON	arg 사용 안 함
2	2가 입력되고 arg값이 들어오면, arg값에 따라 LED를 토글	arg 사용

기능에서 0과 1은 8개의 LED를 모두 끄거나 켜는 용도로 사용한다. 기능이 2이고 arg의 값이 15인 경우, 15는 이진값으로 하위 4비트가 모두 1이므로 하위 LED 4개가 모두 꺼지고 (LED는 active-low로 동작함) 상위 LED 4개가 모두 켜진다. 이후 토글 동작이 반복된다.

먼저 LED 점멸과 상태 반복을 위한 커널 타이머를 사용할 수 있도록 헤더파일을 다음과 같이 작성한다. 헤더파일 이름은 ioctl_led_driver.h로 한다.

[호스트에서 수행]

```
root@esp:~/work/dd# mkdir ~/work/dd/ioctl_led_driver
root@esp:~/work/dd# cd ~/work/dd/ioctl_led_driver
root@esp:~/work/dd/ioctl_led_driver# vi ioctl_led_driver.h
```

```
#ifndef __LED_KERNELTIMER_DRIVER__
#define __LED_KERNELTIMER_DRIVER__

#include <asm/io.h>
#include <asm/uaccess.h>
#include <linux/module.h>
#include <linux/fs.h>
#include <linux/init.h>
#include <linux/kernel.h>
#include <linux/fs.h>
#include <linux/errno.h>
#include <linux/types.h>
#include <linux/fcntl.h>
#include <linux/slab.h>
#include <linux/time.h>
#include <linux/timer.h>

typedef struct {
    struct timer_list timer;
    unsigned long led_state;
} __attribute__((packed)) KERNEL_TIMER_STRUCT;

#endif
```

그리고 응용프로그램과 디바이스 드라이버에서 공통적으로 사용하는 인자값들을 헤더파일로 작성한다. 예를 들어 LED를 모두 켜는 값은 0x00의 값을 갖는 LED_ON으로 선언하고, 끄는 값은 0xFF의 값으로 LED_OFF를 선언한다. 그리고 드라이버를 제어하기 위해 IOCTL

로 선언된 IOCTL_LED_OFF와 IOCTL_LED_ON은 인자를 가지고 있지 않으므로 _IO로 cmd 명령을 만들고, LED 점멸 시 값을 가지는 TW(twinkle) 모드는 인자를 가지고 있으므로 _IOW를 이용해서 하드웨어를 제어한다. 이러한 값들을 헤더파일 default_values.h에 넣는다.

[호스트에서 수행]

```
root@esp:~/work/dd/ioctl_led_driver# vi default_values.h
```

```
#ifndef __DEFAULT_VALUES__
#define __DEFAULT_VALUES__

#define IOCTL_LED_MAGIC 'h'

typedef struct
{
	unsigned long set_data;
	unsigned long get_data;
} __attribute__((packed)) ioctl_led_data;

#define LED_OFF 0xFF
#define LED_ON  0x00

#define IOCTL_LED_OFF  _IO(IOCTL_LED_MAGIC,0)
#define IOCTL_LED_ON   _IO(IOCTL_LED_MAGIC,1)
#define IOCTL_LED_TW   _IOW(IOCTL_LED_MAGIC,2,ioctl_led_data)

#define IOCTL_LED_MAXNR 3

#endif
```

이제 ioctl()을 이용하여 LED 디바이스 드라이버 프로그램을 작성한다. 기존과 다른 부분 위주로 살펴보면, 우선 file_operations iom_led_fops에서 write가 사라지고 ioctl로 구성된 것을 확인할 수 있다. 물론 read와 write도 병행해서 사용할 수 있으므로, 필요하다면 사용하면 된다. 그리고 설정된 cmd값에 문제가 있다면 오류(-EINVAL)를 내도록 구성되어 있다. 그리고 애플리케이션에서 받은 값은 copy_from_user() 함수를 통해서 커널로 가져와서 가져온 값은 LED를 제어할 수 있는 값으로 이용하고 있다.

[호스트에서 수행]

```
root@esp:~/work/dd/ioctl_led_driver# vi ioctl_led_driver.c
```

```
/* ioctl led driver example
   FILE : ioctl_led_driver.c
*/
```

```
/* ioctl led driver example
   FILE : ioctl_led_driver.c
*/

#include "default_values.h"
#include "ioctl_led_driver.h"

#define IOM_LED_MAJOR     243
#define IOM_LED_NAME      "ioctl_led_device"
#define IOM_LED_ADDRESS 0xA8000000

#define TIME_STEP     (5*HZ/10)

static int ledport_usage = 0;
static unsigned short *iom_led_addr;
static KERNEL_TIMER_STRUCT *ptimermgr = NULL;

static unsigned char led_twinkle_enable=0;
static unsigned char led_value=0;

void led_timer_timeover(unsigned long arg);
void led_timer_exit(void);
void led_timer_registertimer(KERNEL_TIMER_STRUCT *pdata, unsigned long timeover);

int iom_led_open(struct inode *minode, struct file *mfile);
int iom_led_release(struct inode *minode, struct file *mfile);
int iom_led_ioctl(struct inode *inode, struct file *flip, unsigned int cmd, unsigned long arg);

struct file_operations iom_led_fops = {
    open:   iom_led_open,
    ioctl:  iom_led_ioctl,
    release: iom_led_release,
};


void led_timer_registertimer(KERNEL_TIMER_STRUCT *pdata, unsigned long timeover)
{
    init_timer(&(pdata->timer));
    pdata->timer.expires = get_jiffies_64() + timeover;
    pdata->timer.data = (unsigned long) pdata;
    pdata->timer.function = led_timer_timeover;
    add_timer(&(pdata->timer));
}

void led_timer_timeover(unsigned long arg)
{
    KERNEL_TIMER_STRUCT *pdata = NULL;

    if(arg) {
        pdata = (KERNEL_TIMER_STRUCT *)arg;

        if(led_twinkle_enable!=0) {
```

```
            pdata->led_state = ~(pdata->led_state);
        }

        if(pdata->led_state!=0)
            outb(led_value,(unsigned int)iom_led_addr);
        else
            outb(~led_value,(unsigned int)iom_led_addr);

        led_timer_registertimer(pdata, TIME_STEP);
    }
}
void led_timer_exit(void)
{
    if(ptimermgr != NULL) {
        del_timer(&(ptimermgr->timer));
        kfree(ptimermgr);
    }
}

int __init iom_led_init(void)
{
    int result;
    result = register_chrdev(IOM_LED_MAJOR, IOM_LED_NAME, &iom_led_fops);
    if(result < 0) {
        printk(KERN_WARNING"Can't get any major₩n");
        return result;
    }

    iom_led_addr = ioremap(IOM_LED_ADDRESS, 0x2);
    printk("init module, %s major number : %d₩n", IOM_LED_NAME, IOM_LED_MAJOR);

    return 0;
}

int iom_led_open(struct inode *minode, struct file *mfile)
{
    if(ledport_usage != 0)
        return -EBUSY;
    ledport_usage = 1;
    return 0;
}

int iom_led_release(struct inode *minode, struct file *mfile)
{
    ledport_usage = 0;
    return 0;
}

int iom_led_ioctl(struct inode *inode, struct file *flip, unsigned int cmd, unsigned long arg)
{
    ioctl_led_data led_data;
    int size;
```

```
    int ret;

    size = _IOC_SIZE(cmd);

    if(_IOC_TYPE(cmd)!=IOCTL_LED_MAGIC) return -EINVAL;
    if(_IOC_NR(cmd)>=IOCTL_LED_MAXNR) return -EINVAL;

    switch (cmd) {
        case IOCTL_LED_OFF :
            led_twinkle_enable=0;
            if(ptimermgr != NULL) {
                del_timer(&(ptimermgr->timer));
                kfree(ptimermgr);
            }
            outb(LED_OFF,(unsigned int)iom_led_addr);
            break;

        case IOCTL_LED_ON :
            led_twinkle_enable=0;
            if(ptimermgr != NULL) {
                del_timer(&(ptimermgr->timer));
                kfree(ptimermgr);
            }
            outb(LED_ON,(unsigned int)iom_led_addr);
            break;

        case IOCTL_LED_TW :
            size=sizeof(led_data);
            ret=copy_from_user((void *)&led_data,(const void *)arg,size);
            led_twinkle_enable=1;
            led_value=led_data.set_data;
            if(ptimermgr != NULL) {
                del_timer(&(ptimermgr->timer));
                kfree(ptimermgr);
            }

            ptimermgr = kmalloc(sizeof(KERNEL_TIMER_STRUCT), GFP_KERNEL);
            if(ptimermgr == NULL)
                return -ENOMEM;

            memset(ptimermgr, 0, sizeof(KERNEL_TIMER_STRUCT));
            led_timer_registertimer(ptimermgr, TIME_STEP);
            break;

        default:
            break;
    }
    return 0;
}

void __exit iom_led_exit(void)
{
```

```
    outb(0xff,(unsigned int)iom_led_addr);
    if(ptimermgr!=NULL) {
        led_timer_exit();
    }
    iounmap(iom_led_addr);
    unregister_chrdev(IOM_LED_MAJOR, IOM_LED_NAME);
}

module_init(iom_led_init);
module_exit(iom_led_exit);

MODULE_LICENSE("GPL");
MODULE_AUTHOR("HGU");
```

지금까지 작성한 ioctl() 함수를 이용하여 LED를 제어하는 디바이스 드라이버를 검증하기 위해 응용프로그램을 작성한다. 장치제어를 위해 case 문장을 이용하여 ioctl()을 호출한다. 그리고 cmd 명령이 2인 경우는 프로그램의 인자로 받은 값 argv[2]를 정수로 변환하여 커널로 보낸다.

[호스트에서 수행]

```
root@esp:~/work/dd/ioctl_led_driver# vi test_ioctl_led.c
```

```
/* IOCTL Test program
FILE : test_ioctl_led.c
*/
#include "default_values.h"
#include <stdio.h>
#include <stdlib.h>
#include <unistd.h>
#include <sys/types.h>
#include <sys/stat.h>
#include <sys/ioctl.h>
#include <fcntl.h>

int main(int argc, char **argv)
{
    int led_fd;
    ioctl_led_data led_data;
    unsigned char get_cmd;
    unsigned char get_arg;

    led_fd = open("/dev/ioctl_led_device", O_RDWR);
    if (led_fd < 0){
        printf("LED ioctl driver Open failured!\n");
        return -1;
    }
```

```
    if(argc!=2 && argc!=3) {
        printf("%s [cmd] or [arg]₩n",argv[0]);
        printf(" cmd : 0 - OFF₩n");
        printf(" cmd : 1 - ON₩n");
        printf(" cmd : 2 - Twinkle with value of arg.₩n");
        printf(" arg : 0~255₩n");
        exit(1);
    }

    get_cmd=(unsigned char)atoi(argv[1]);
    if(argc == 3) {
        get_arg=(unsigned char)atoi(argv[2]);
        if(get_arg>255)
            get_arg=255;
    }

    switch(get_cmd) {
        case 0 :
            ioctl(led_fd,IOCTL_LED_OFF);
            break;
        case 1 :
            ioctl(led_fd,IOCTL_LED_ON);
            break;
        case 2 :
            led_data.set_data=get_arg;
            ioctl(led_fd,IOCTL_LED_TW,&led_data);
            break;
        default :
            break;
    }
    close(led_fd);
    return 0;
}
```

이제 위에서 작성한 드라이버 파일과 테스트 프로그램을 호스트에서 컴파일한다.

[호스트에서 수행]

```
root@esp:~/work/dd/ioctl_led_driver# vi Makefile
```

```
CC := arm-linux-gcc
obj-m := ioctl_led_driver.o

KDIR := /root/download/kernel-2.6.35
PWD := $(shell pwd)

TEST_TARGET = test_ioctl_led
TEST_SRCS = $(TEST_TARGET).c

all: module test_pgm
```

```
module:
    $(MAKE) -C $(KDIR) SUBDIRS=$(PWD) modules
test_pgm:
    $(CC) $(TEST_SRCS) -o $(TEST_TARGET)
clean:
    rm -rf *.ko
    rm -rf *.o *.mod.*
    rm -rf *.symvers *.order .*.cmd
    rm -rf $(TEST_TARGET)
```

Makefile 작성이 끝났으면 make 명령어를 이용하여 컴파일한다.

[호스트에서 수행]

```
root@esp:~/work/dd/ioctl_led_driver# make
make -C /root/download/kernel-2.6.35 SUBDIRS=/root/work/dd/ioctl_led_driver modules
make[1]: Entering directory `/root/download/kernel-2.6.35'
  CC [M]  /root/work/dd/ioctl_led_driver/ioctl_led_driver.o
  Building modules, stage 2.
  MODPOST 1 modules
  CC      /root/work/dd/ioctl_led_driver/ioctl_led_driver.mod.o
  LD [M]  /root/work/dd/ioctl_led_driver/ioctl_led_driver.ko
make[1]: Leaving directory `/root/download/kernel-2.6.35'
arm-linux-gcc test_ioctl_led.c -o test_ioctl_led
root@esp:~/work/dd/ioctl_led_driver#
```

컴파일이 완료되면 타겟보드에 드라이버를 올리고 응용프로그램을 실행시켜 기능을 확인해 본다. NFS로 호스트와 타겟보드가 연결되었다고 가정하고, 타겟보드에서 다음의 명령어를 입력한다.

[Achro-210T에서 수행]

```
root@Achro210T:~# cd ~/nfs/work/dd/ioctl_led_driver
root@Achro210T:~/nfs/work/dd/ioctl_led_driver# insmod ioctl_led_driver.ko
init module, ioctl_led_device major number : 243
root@Achro210T:~/nfs/work/dd/ioctl_led_driver# mknod /dev/led_timer_device c 243 0
root@Achro210T:~/nfs/work/dd/ioctl_led_driver# ./test_ioctl_led
./test_ioctl_led [cmd] or [arg]
 cmd : 0 - OFF
 cmd : 1 - ON
 cmd : 2 - Twinkle with value of arg.
 arg : 0~255
root@Achro210T:~/nfs/work/dd/ioctl_led_driver# ./test_ioctl_led 1
root@Achro210T:~/nfs/work/dd/ioctl_led_driver# ./test_ioctl_led 0
root@Achro210T:~/nfs/work/dd/ioctl_led_driver# ./test_ioctl_led 2 15
root@Achro210T:~/nfs/work/dd/ioctl_led_driver#
```

응용프로그램(test_ioctl_led)에서 ioctl()의 cmd 명령을 0으로 하면 8개의 LED가 모두 꺼지고, 1로 하면 8개의 LED가 모두 켜지는 것을 확인할 수 있다. 또한, cmd 명령을 2로 하고 인자값(arg)을 15로 주면 하위 4개 LED와 상위 4개 LED가 서로 반대로 주기적으로 점멸함을 확인할 수 있다.

Chapter

10 프레임 버퍼

프레임 버퍼(frame buffer)는 응용프로그램에서 그래픽 출력장치의 내부구조에 대한 지식이 없어도 손쉽게 그래픽을 화면에 출력할 수 있도록 그래픽 하드웨어를 추상화 해준다. 프레임 버퍼 사용은 프레임 버퍼를 구동하는 디바이스 드라이버 함수들을 이해하는 것으로부터 시작한다. 이 장에서는 프레임 버퍼를 구동하는 디바이스 드라이버 함수들을 알아보고, 이 함수들을 사용하여 Achro-210T에 있는 TFT-LCD 장치로 그래픽 데이터를 전송해 본다.

10.1 프레임 버퍼

프레임 버퍼 장치는 시스템에서 그래픽을 표현할 수 있는 하드웨어이며, 컴퓨터의 경우에는 일반적으로 그래픽카드를 말하며, 임베디드 시스템과 같은 경우는 주로 LCD 컨트롤러가 이에 해당된다. 원래 프레임 버퍼란 LCD나 CRT 등의 화면에 출력할 하나의 프레임(즉, 하나의 화면)의 정보를 담고 있는 버퍼(메모리)를 의미했었다. 이러한 의미는 확장되어 프레임 버퍼는 일반적으로 화면에 출력하고자 하는 데이터 프레임을 포함하고 있는 메모리 버퍼의 내용을 비디오 디스플레이를 뿌려주는 비디오 출력장치를 의미하기도 한다. 프레임 버퍼 드라이버는 이러한 장치를 응용프로그램 작성자가 손쉽게 제어할 수 있도록 만들어진 디바이스 드라이버이며, 이 드라이버 인터페이스는 표준화되어 있다. 따라서 응용프로그램 개발자는 그래픽 제어를 위한 하드웨어 레지스터나 컨트롤러 등의 저수준에서 제어하는 방법에 대한 지식이 없어도 표준화된 프레임 버퍼 인터페이스를 통하여 데이터를 주고 받으면서 원하는 그래픽을 손쉽게 출력장치로 내보낼 수 있다.

그림 10-1은 응용프로그램에서 전송한 프레임 버퍼 데이터를 LCD 드라이버가 수신하여 LCD 컨트롤러가 TFT-LCD에 출력하는 과정을 보여준다. 응용프로그램과 디바이스 드라이버 간에는 "/dev/fb"라는 디바이스 노드를 사용하며, 응용프로그램에서는 시스템 콜을 사용하여 디바이스 드라이버로부터 정보를 읽어오거나 프레임 데이터를 전송한다.

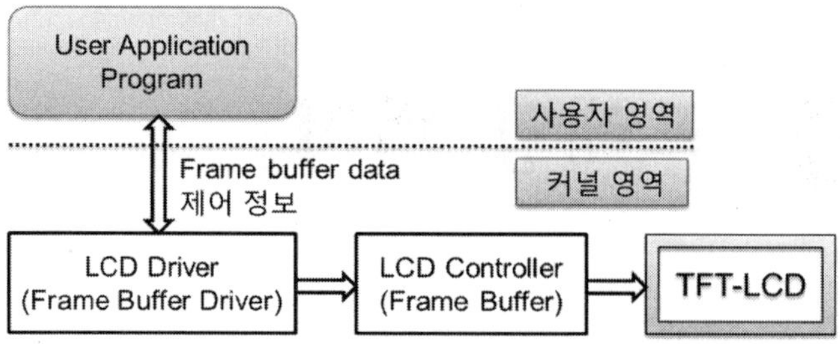

그림 10-1 LCD에 데이터를 출력하는 과정

10.2 프레임 버퍼 제어

프레임 버퍼를 제어하기 위한 구조체와 해당 구조체를 이용하여 정보를 가져오는 방법에 대해서 알아보도록 한다.

10.2.1 프레임 버퍼 구조체

프레임 버퍼 프로그래밍 시 주로 사용하는 구조체는 fb_fix_screeninfo와 fb_var_screeninfo 이다. 앞서 언급한 구조체들은 linux/fb.h 헤더파일 내에 정의되어 있다. fb_fix_ screeninfo 구조체는 프레임 버퍼와 관련된 고정된(fix) 정보를 관리하며, fb_var_screeninfo는 프레임 버퍼와 관련된 가변 정보들을 가지고 있다. 다음은 위의 두 구조체에 대해서 linux/fb.h에 선언된 내용을 보여준다.

```
struct fb_fix_screeninfo {
    char id[16];        /* identification string eg "TT Builtin" */
    unsigned long smem_start; /* Start of frame buffer mem */
    /* (physical address) */
    __u32 smem_len;             /* Length of frame buffer mem */
    __u32 type;        /* see FB_TYPE_*    */
    __u32 type_aux; /* Interleave for interleaved Planes */
    __u32 visual;      /* see FB_VISUAL_* */
    __u16 xpanstep; /* zero if no hardware panning  */
    __u16 ypanstep; /* zero if no hardware panning  */
    __u16 ywrapstep;            /* zero if no hardware ywrap    */
    __u32 line_length;          /* length of a line in bytes    */
    unsigned long mmio_start; /* Start of Memory Mapped I/O   */
    /* (physical address) */
    __u32 mmio_len;             /* Length of Memory Mapped I/O  */
    __u32 accel;       /* Type of acceleration available */
    __u16 reserved[3];          /* Reserved for future compatibility */
};
```

```
struct fb_var_screeninfo {
    __u32 xres;      /* visible resolution  */
    __u32 yres;
    __u32 xres_virtual;         /* virtual resolution  */
    __u32 yres_virtual;
    __u32 xoffset;              /* offset from virtual to visible */
    __u32 yoffset;   /* resolution            */

    __u32 bits_per_pixel;       /* guess what          */
    __u32 grayscale; /* != 0 Graylevels instead of colors */

    struct fb_bitfield red;     /* bitfield in fbmem if true color, */
    struct fb_bitfield green;   /* else only length is significant */
    struct fb_bitfield blue;
    struct fb_bitfieldtransp;   /* transparency        */

    __u32 nonstd;    /* != 0 Non standard pixel format */

    __u32 activate;  /* see FB_ACTIVATE_*           */

    __u32 height;    /* height of picture in mm     */
    __u32 width;     /* width of picture in mm      */

    __u32 accel_flags;          /* acceleration flags (hints)     */

    /* Timing: All values in pixclocks, except pixclock (of course) */
    __u32 pixclock;  /* pixel clock in ps (pico seconds) */
    __u32 left_margin;          /* time from sync to picture    */
    __u32 right_margin;         /* time from picture to sync    */
    __u32 upper_margin;         /* time from sync to picture    */
    __u32 lower_margin;
    __u32 hsync_len;/* length of horizontal sync    */
    __u32 vsync_len;/* length of vertical sync      */
    __u32 sync;      /* see FB_SYNC_*   */
    __u32 vmode;     /* see FB_VMODE_* */
    __u32 reserved[6];          /* Reserved for future compatibility */
};
```

구조체 fb_fix_screeninfo에 있는 구조체 멤버 smem_len은 프레임 버퍼의 총 메모리에 대한 정보를 가지고 있다. 구조체 fb_var_screeninfo에는 화면의 해상도(xres, yres)나 픽셀당 컬러 비트정보(bits_per_pixel) 등을 저장하고 있고, 이들 값을 변경할 수도 있다. 프레임 버퍼 장치의 기본 정보는 시스템 콜 ioctl()을 사용하여 읽어오거나 변경할 수 있다. 프레임 버퍼 드라이버를 통해 사용할 수 있는 ioctl() 함수의 옵션들은 linux/fb.h 헤더파일 내에 선언되어 있다.

```
/* ioctls
   0x46 is 'F'        */
```

```
#define FBIOGET_VSCREENINFO          0x4600
#define FBIOPUT_VSCREENINFO          0x4601
#define FBIOGET_FSCREENINFO          0x4602
#define FBIOGETCMAP                  0x4604
#define FBIOPUTCMAP                  0x4605
#define FBIOPAN_DISPLAY              0x4606
/* 0x4607-0x460B are defined below */
/* #define FBIOGET_MONITORSPEC       0x460C */
/* #define FBIOPUT_MONITORSPEC       0x460D */
/* #define FBIOSWITCH_MONIBIT        0x460E */
#define FBIOGET_CON2FBMAP            0x460F
#define FBIOPUT_CON2FBMAP            0x4610
#define FBIOBLANK                    0x4611 /* arg: 0 or vesa level + 1 */
#define FBIOGET_VBLANK               _IOR('F', 0x12, structfb_vblank)
#define FBIO_ALLOC                   0x4613
#define FBIO_FREE                    0x4614
#define FBIOGET_GLYPH                0x4615
#define FBIOGET_HWCINFO              0x4616
#define FBIOPUT_MODEINFO             0x4617
#define FBIOGET_DISPINFO             0x4618
```

ioctl() 함수의 옵션 FBIOGET_FSCREENINFO는 프레임 버퍼와 관련된 고정 정보를 가져올 때 사용되며, FBIOGET_VSCREENINFO은 가변(var) 정보를 가지고 올 때 사용된다. FBIOPUT_VSCREENINFO는 fb_var_screeninfo의 멤버값(예를 들면, 컬러 색상 등의 정보)을 변경하고자 할 때 사용된다. 다음은 ioctl() 함수를 이용하여 시스템 콜을 통해 커널이 관리하고 있는 프레임 버퍼 정보를 가지고 오거나 프레임 버퍼 설정을 변경하는 내용을 적용하는 예시이다.

```
ioctl_ret = ioctl(fb_fd, FBIOGET_VSCREENINFO, &fbvar);
ioctl_ret = ioctl(fb_fd, FBIOGET_FSCREENINFO, &fbfix);

fbvar.bits_per_pixel = 8;
ioctl_ret = ioctl(fb_fd, FBIOPUT_VSCREENINFO, &fbvar);
```

10.2.2 LCD 정보 읽어오기

프레임 버퍼 드라이버로부터 설정된 LCD 정보를 읽어오거나 변경하려면 ioctl()을 사용하면 된다. 이 예제에서는 ioctl()을 사용하여 LCD 정보를 읽어오고, 일부 내용을 변경하여 적용하는 프로그램을 작성해 본다. 다음의 프로그램은 드라이버에 접근하여 스크린과 관련된 고정 정보와 가변 정보를 읽어온 다음, 해상도와 컬러 색상수(bits per pixel; bpp) 그리고 프레임 버퍼 메모리의 크기를 화면에 출력시킨다. 그런 다음 컬러 색상수를 변경하여 드라이버에 변경된 내용을 반영해 본다.

[호스트에서 수행]

```
root@esp:~# mkdir /root/work/fb
root@esp:~# mkdir /root/work/fb/fb_information
root@esp:~# cd /root/work/fb/fb_information
root@esp:~/work/fb/fb_information# vi fbinfo.c
```

```
/* Framebuffer information display
FILE : fbinfo.c */

#include <stdio.h>
#include <fcntl.h>     /* for O_RDWR */
#include <sys/ioctl.h> /* for ioctl */
#include <linux/fb.h>  /* frame buffer header */
#define FBDEVFILE "/dev/fb0"

int main(int argc, char* argv)
{
    int fb_fd;
    int ioctl_ret;
    struct fb_var_screeninfo fbvar;
    struct fb_fix_screeninfo fbfix;

    fb_fd = open(FBDEVFILE, O_RDWR); // open the device node for frame buffer
    if(fb_fd<0){
        perror(FBDEVFILE);
        return -1;
    }

    ioctl_ret = ioctl(fb_fd, FBIOGET_VSCREENINFO, &fbvar);
    if(ioctl_ret< 0 ){
        perror("fb dev ioctl(VSCREENINFO GET)");
        return -1;
    }

    ioctl_ret = ioctl(fb_fd, FBIOGET_FSCREENINFO, &fbfix);
    if(ioctl_ret< 0 ){
        perror("Error: fbdevioctl(FSCREENINFO GET)");
        return -1;
    }

    // x-resolution and y-resolution
    printf("Resolution: X = %d, Y = %d₩n", fbvar.xres, fbvar.yres);
    //virtual x-resolution and y-resolution
    printf("Virtual resolution: VX = %d, VY=%d₩n", fbvar.xres_virtual, fbvar.yres_virtual);
    // color bits per pixel
    printf("Original BPP = %d₩n", fbvar.bits_per_pixel);
    //the size of total frame buffer memory
    printf("length of frame buffer memory = %d₩n", fbfix.smem_len);

    // set bpp value to 16 (Hardware Dependent)
    fbvar.bits_per_pixel = 16;
```

```
    ioctl_ret = ioctl(fb_fd, FBIOPUT_VSCREENINFO, &fbvar); // write to driver
    if(ioctl_ret< 0 ){
        perror("fbdevioctl(VSCREENINFO PUT)");
        return -1;
    }

    /* get new information for fbvar */
    ioctl_ret = ioctl(fb_fd, FBIOGET_VSCREENINFO, &fbvar);
    if(ioctl_ret< 0 ){
        perror("fbdevioctl(VSCREENINFO GET)");
        return -1;
    }
    printf("Changed BPP = %d\n", fbvar.bits_per_pixel);

    // set the value of BPP to 32
    fbvar.bits_per_pixel = 32;
    ioctl_ret = ioctl(fb_fd, FBIOPUT_VSCREENINFO, &fbvar); // write to driver
    if(ioctl_ret< 0 ){
        perror("fbdevioctl(VSCREENINFO PUT)");
        return -1;
    }

    close(fb_fd);
    return 0;

} /* end of main() */
```

호스트 컴퓨터에서 크로스 컴파일러를 사용하여 타겟용으로 컴파일한다.

[호스트에서 수행]

```
root@esp:~/work/fb/fb_information# arm-linux-gcc -o fb_info fbinfo.c
```

컴파일된 파일을 210T에서 실행하기 위해 호스트 컴퓨터와 210T를 NFS로 연결한다. 그런 다음 컴파일된 응용프로그램을 210T에서 실행하여 결과를 확인해 본다. 그림 10-2는 타겟보드에서 실행된 결과를 보여준다.

[Achro-210T에서 수행]

```
root@Achro210T:~/nfs/work/fb/fb_information# ./fb_info
Resolution: X = 800, Y = 480
Virtual resolution: VX = 800, VY=1920
Original BPP = 32
length of frame buffer memory = 6144000
Changed BPP = 16
```

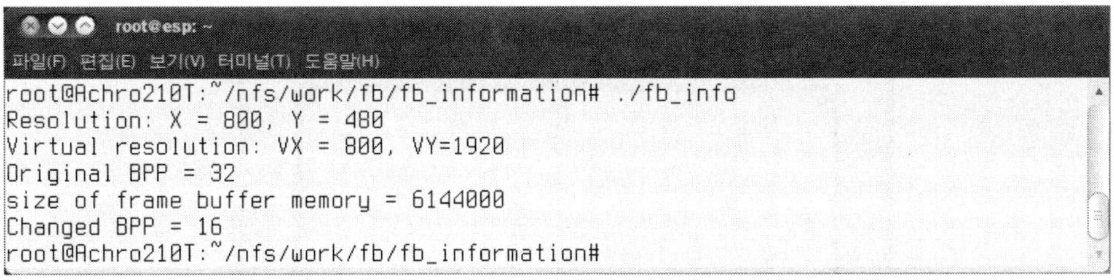

```
root@Achro210T:~/nfs/work/fb/fb_information# ./fb_info
Resolution: X = 800, Y = 480
Virtual resolution: VX = 800, VY=1920
Original BPP = 32
size of frame buffer memory = 6144000
Changed BPP = 16
root@Achro210T:~/nfs/work/fb/fb_information#
```

그림 10-2 프레임 버퍼 정보 출력

10.2.3 프레임 버퍼를 사용하여 LCD 화면 제어하기

LCD 화면에 데이터를 쓰기 위해서는 LCD 화면의 해상도와 BPP의 값을 알아야 한다. 이 값들은 픽셀에 쓸 데이터를 만드는데도 사용되고, LCD의 위치로부터 프레임 버퍼 메모리 위치를 찾는데도 사용된다. 생성된 픽셀 데이터는 시스템 콜 write() 함수를 사용하여 디바이스 드라이버로 전송된다.

한 픽셀의 색상을 16비트(16 BPP)로 표현하는 임베디드 시스템에서는 그림 10-3에 보인 RGB-565라 불리는 컬러 구성 정보를 사용한다. RGB-565 구조에서는 R, G, B에 각각 5비트, 6비트, 5비트를 할당하여 생성한다.

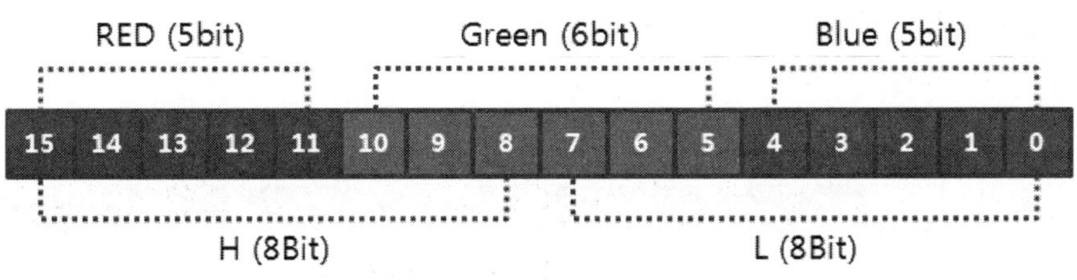

그림 10-3 RGB-565 데이터 구조

RBG-565의 경우 색상 표현을 쉽게 하기 위하여 각각 바이트로 표현된 R, G, B값을 받아들인 다음, 가중치가 낮은 LSB쪽의 값을 각각 3, 2, 3비트 버려서 총 16비트의 컬러를 생성한다. 다음의 get_color16() 함수는 바이트로 표현된 R, G, B의 값을 받아들여 16비트의 컬러를 생성한다.

```
unsigned short get_color16(unsigned char r, unsigned char g, unsigned char b)
{
    return (unsigned short)(((r>>3)<<11)|((g>>2)<<5)|(b>>3));
}
```

실험에 사용되는 Achro-210T 보드의 TFT-LCD는 그림 10-4에 보인 것처럼 800 × 480의 해상도를 가진다. 좌측 상단 모서리는 (0, 0)의 좌표값을 가지며, 오른쪽 하단 모서리는 (799, 479)의 좌표값을 가진다.

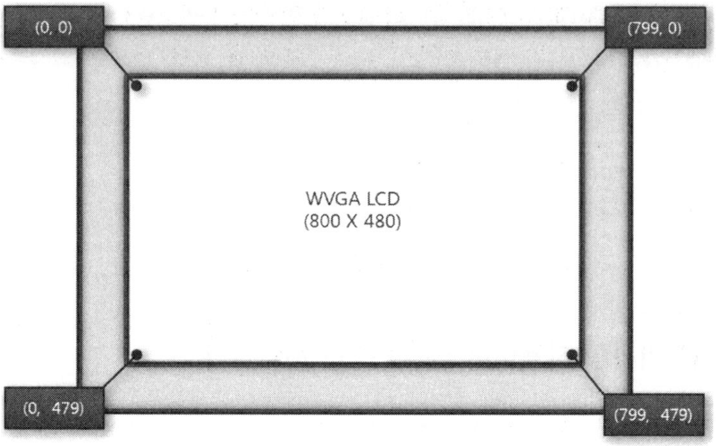

그림 10-4 800 × 480 해상도에서의 픽셀 좌표 정보

Achro-210T 보드의 픽셀당 컬러 비트수(BPP)는 그림 10-2에 보인 것처럼 32비트이다. 이중 하위 24비트는 R, G, B에 각각 8비트씩 할당되어 색상을 표현하는데 사용되고(그림 10-5), 상위 8비트는 알파 채널이라고 하는데, 픽셀의 투명도와 관련이 있다. 픽셀당 컬러 정보가 24비트로 표현(24 BPP)되는 경우 R, G, B에 각각 8비트씩 할당되며, RGB-888 구조라고 한다. R, G, B를 구성하는 각 비트들이 모두 0이면 검정색이 되며, R, G, B의 모든 비트들이 '1'의 값을 가지게 되면 흰색이 된다.

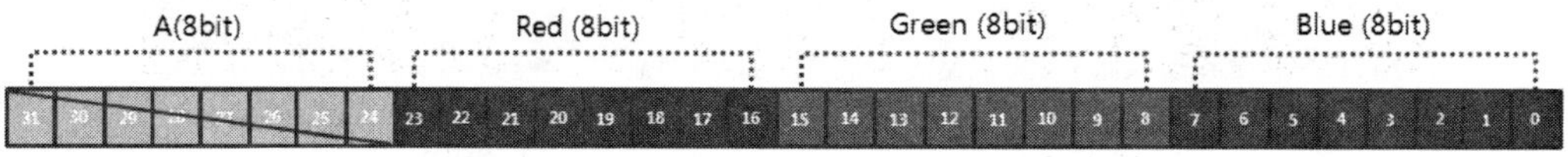

그림 10-5 RGB-888 데이터 구조

픽셀 데이터의 컬러를 24비트로 처리하기 위해서 3바이트를 이용해야 하는데, 일반적인 프로그래밍 언어에서는 3바이트 크기의 자료형을 가지고 있지 않다. 그러므로 해당 데이터를 처리하기 위해서는 4바이트 크기의 자료형을 이용하여 처리한다. RGB-888 구조에서 사용되는 픽셀의 색상정보를 쉽게 생성할 수 있도록 get_color24() 함수를 설계해 보자. 이 함수는 각각 바이트로 선언된 r, g, b값을 받아들여 그림 10-5에 보인 각 색상 필드에 위치하도록 하고, 최상위 8비트는 0으로 설정한다. 이 함수에서 반환되는 최종값은 r, g, b값으로 구성된 24비트의 값이다.

```
unsigned int get_color24 (unsigned char r, unsigned char g, unsigned char b)
{
    return (unsigned int)((0x00000000) | (r<<16) | (g<<8) | b));
}
```

각 색상에 대해서 요구하는 위치로 이동시키는 방법은 C 언어에서 시프트 연산자 중 왼쪽 시프트 연산 기호인 '<<'를 이용한다. 예를 들어, 빨간색의 경우 왼쪽 시프트를 16번 하면 빨간색 색상정보가 그림 10-5에 보인 해당 위치로 이동된다. 녹색은 8번만 시프트하면 되고, 파란색은 시프트 할 필요가 없다. 각 색상의 값은 시프트 한 다음 OR(|)연산을 이용하면 그림 10-5에 보인대로 r, g, b의 값이 이동된 하나의 픽셀용 데이터가 생성된다.

다음으로 LCD 화면상의 x 좌표와 y 좌표로부터 프레임 버퍼 메모리의 해당위치를 찾는 방법을 알아본다. LCD 화면은 2차원으로 표현되는 위치 정보를 가지고 있고, 프레임 버퍼 메모리는 바이트 단위의 일차원 메모리로 구성되어 있다. 따라서 주어진 (x, y) 좌표가 프레임 버퍼 메모리의 어느 곳에 대응되는지를 환산해야 한다. 환산된 값은 주어진 좌표가 프레임 버퍼 메모리의 시작점에 대응되는 좌표인 (0, 0)을 기준으로 상대적으로 얼마만큼의 옵셋(offset)에 해당하는지 계산해야 한다.

먼저 우리가 사용하는 Achro-210T 타겟보드의 TFT-LCD 화면에서의 좌표값을 먼저 알아보면 그림 10-6과 같다. 800 × 480 화면으로 상단 좌측이 바로 (0, 0)의 좌표값을 갖고 하단 우측이 (799,479)의 좌표값을 가진다.

그림 10-6 Achro-210T 보드의 TFT-LCD 화면 해상도

LCD 화면은 2차원으로 표현되는 위치 정보를 가지고 있는데, 실제 프레임 버퍼 메모리는 바이트 단위의 1차원 메모리로 구성되어 있다. 따라서 주어진 (x, y) 좌표가 프레임 버퍼 메모리의 어느 곳에 매핑되는지 계산해야 한다. 계산된 결과는 주어진 2차원 좌표가 프레임 버퍼 메모리의 시작점으로부터의 옵셋값이다. 이해를 돕기 위해 LCD 화면의 크기가 10 × 4라 가정하자. 이 경우 LCD 화면의 픽셀 구성은 그림 10-7과 같다. 그림 10-7에서 색칠된 칸의 LCD 좌표로부터 프레임 버퍼 메모리 위치를 계산해 보자.

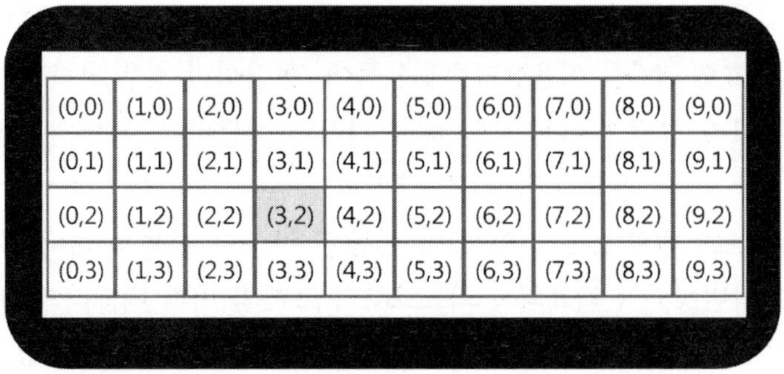

그림 10-7 LCD 화면에서의 픽셀 좌표 표시 예

현재 색칠된 픽셀의 (x, y) 좌표는 (3, 2)이다. 이 좌표로부터 프레임 버퍼 메모리 위치를 환산하려면 (0, 0)으로부터의 상대적인 옵셋값을 계산하면 된다. 픽셀 좌표 (3, 2)에 해당하는 프레임 버퍼에서의 옵셋값은 한 행(x축)에 10개 픽셀이 존재하므로 2 × 10 + 3 = 23이 된다. 프레임 버퍼 메모리 위치는 옵셋값에 한 픽셀을 표현하는 바이트 수를 곱하면 되므로 이 경우 32 × 4 = 128이 된다. 그림 10-8은 LCD 좌표로부터 프레임 버퍼 메모리의 위치를 환산하는 일반화된 관계를 보여준다.

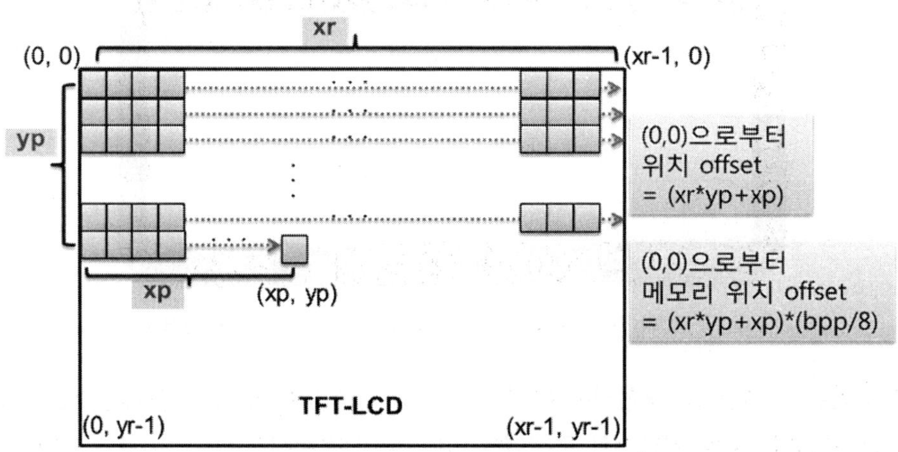

그림 10-8 프레임 버퍼 메모리 위치 환산

LCD의 x 축 해상도와 y 축 해상도는 전역변수로 선언된 fbvar 구조체 변수에 각각 xres와 yres 멤버에 그 값이 들어 있다고 하자. (xp, yp) 좌표값을 갖는 픽셀에 색상을 표현하려면, 먼저 (0, 0)으로부터의 옵셋값을 계산해야 하며, 그 값은 fbvar.xres × yp + xp가 된다. 한 픽셀당 사용하는 데이터 바이트 수는 fbvar.bits_per_pixel을 8(1바이트 = 8비트)로 나눈 값이다. 따라서 (xp, yp) 좌표에 해당하는 프레임 버퍼 메모리 위치는 ((fbvar.xres × yp + xp) × (fbvar.bits_per_pixel/8))이 된다. 이를 바탕으로 주어진 좌표 (xp, yp)로부터 프레임 버퍼 메모리의 위치를 계산하는 함수 fb_memloc()을 설계하면 다음과 같다.

```
long fb_memloc(unsigned int xp, unsigned int yp)
{
    if ((xp > fbvar.xres) || (yp > fbvar.yres) ) {
        printf("The coordinate (%d, %d) is out of range!!!₩n", xp, yp);
        exit(1);
    }
    return((offset_t)(fbvar.xres * yp + xp) * (fbvar.bits_per_pixel/8) );
}
```

프레임 버퍼 메모리 접근은 "/dev/fb" 파일을 열어서 생성된 파일기술자(file descriptor)를 통해서 접근한다. 파일기술자는 int 형태로 표현되며, 입력 및 출력처리에 대한 저수준의 인터페이스를 제공한다. 파일기술자를 사용하여 메모리 또는 파일 내의 위치를 변경할 때 사용하는 함수는 lseek()이고, 함수 형식은 다음과 같다.

```
함수형식: off_t lseek(int fd, off_t offset, int start_flag);
typedef long off_t;
```

lseek() 함수는 <sys/types.h>와 <unistd.h> 헤더파일을 필요로 한다. 데이터 타입 off_t는 long으로 선언되어 있고 32비트의 길이를 가진다. 첫 번째 인자 fd는 파일기술자이다. 두 번째 인자는 옵셋으로 시작위치에서 더 할 바이트 수를 의미한다. 세 번째 인자는 시작 기준점을 표시하는 플래그로 SEEK_SET, SEEK_CUR, SEEK_END 세 종류가 있다. 플래그 SEEK_SET은 파일포인터가 어디에 있든지 맨 앞으로 옮기며, SEEK_CUR는 현재의 파일포인터 위치가 기준점이 된다. SEEK_END는 파일포인터를 맨 끝으로 옮긴다. 그림 10-9는 lseek() 함수에서 세 가지 플래그에 따른 파일기술자와 옵셋 간의 관계를 보여준다.

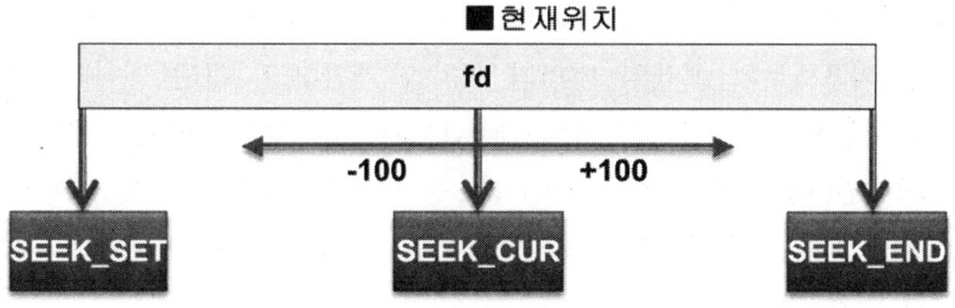

그림 10-9 파일기술자 위치 이동하기

예를 들어, 현재 위치를 기준으로 파일기술자의 위치를 100 앞으로 이동시키고자 한다면 다음의 코드를 실행시킨다.

```
lseek (fd, (off_t)100, SEEK_CUR)
```

다음의 코드는 파일기술자의 위치를 해당 파일의 시작위치를 기준으로 옵셋 변수값만큼 이동시킨다.

```
lseek (fd, offset, SEEK_SET)
```

10.3 간단한 프레임 버퍼 프로그래밍

10.3.1 LCD 화면에 점 찍기

LCD 화면에 4개의 점을 찍는 프로그램을 만들어 보기로 한다. 좌표 (10, 10)에 빨간색 점, 좌표 (100, 50)에는 초록색 점, 좌표 (50, 100)에는 파란색 점, 좌표 (100, 100)에는 흰색 점을 표시하기로 한다. 데이터 타입을 일목요연하게 보이게 하기 위해 몇 개의 타입을 typedef를 사용하여 재정의한다.

```
typedef unsigned char u8;
typedef unsigned int u32;
typedef long offset_t;
```

색상정보 a, r, g, b는 각각 8비트로 표현될 수 있으므로 데이터 타입 u8을 사용하여 선언하며, 픽셀에 쓸 데이터는 32비트이므로 4바이트 int 자료형을 이용하도록 한다.

프로그램 구성은 전체적으로 매우 간단하다. 픽셀에 쓰여질 색상 정보 데이터를 만드는 함수 get_color32()를 작성한다. 그리고 주어진 좌표에 해당하는 프레임 버퍼 메모리의 위치를 찾는 함수는 이전 절에서 작성한 fb_memloc()을 사용한다. 그리고 이 두 함수들을 이용하여 주어진 좌표로부터 프레임 버퍼의 위치를 계산하고, 픽셀 데이터를 생성한 후 write() 함수를 사용하여 점을 그리는 함수 drawDot()을 작성한다. 메인 프로그램에서는 프레임 버퍼 노드파일(/dev/fb)을 열고 ioctl() 함수를 사용하여 LCD 정보를 읽어온다. 그리고 점을 찍고자 하는 x, y 좌표와 색상정보를 인자로 넘겨 drawDot() 함수를 호출하여 해당 위치에 인자로 받은 색상의 점을 그린다.

```
                                                        [호스트에서 수행]
root@esp-desktop:~# cd ~/work/fb/  ← 프레임버퍼 관련은 ~/work/fb에서 수행
root@esp-desktop:~/work/fb# vi drawDot.c
```

```
/* Drawing dots
   filename: drawDot.c
*/
```

```
#include <stdio.h>
#include <stdlib.h>
#include <fcntl.h>
#include <sys/ioctl.h>
#include <linux/fb.h>

#define FBDEVFILE "/dev/fb"

typedef unsigned char u8;
typedef unsigned int u32;
typedef long offset_t;

u32 get_color32(u8 a, u8 r, u8 g, u8 b);
offset_t fb_memloc(u32 xp, u32 yp);
void drawDot(u32 xp, u32 yp, u32 color);

int fb_fd;  // file descriptor
struct fb_var_screeninfo fbvar;
struct fb_fix_screeninfo fbfix;

/* make pixel color from a, r, g, b (BPP=32-bit)*/
u32 get_color32(u8 a, u8 r, u8 g, u8 b)
{
    return ((u32) ( (a<<24) | (r<<16) | (g<<8) | b));
}

/* get the location of framebuffer memory from the coordinate */
offset_t fb_memloc(u32 xp, u32 yp)
{
    if ((xp > fbvar.xres) || (yp > fbvar.yres) ) {
        printf("The coordinate (%d, %d) is out of range!!!₩n", xp, yp);
        exit(1);
    }
    return((offset_t)(fbvar.xres * yp + xp) * (fbvar.bits_per_pixel/8));
}

/* Put the pixel color data on (xp, yp) */
void drawDot(u32 xp, u32 yp, u32 color)
{
    offset_t offset_value;

    offset_value = fb_memloc(xp, yp);
    if( lseek(fb_fd, offset_value, SEEK_SET) < 0 ) {
        perror("lseek error in fbdev...₩n");
        exit(1);
    }
    write(fb_fd, &color, sizeof(fbvar.bits_per_pixel));
}

int main(int argc, char *argv[])
{
    int ioctl_ret;
```

```
    u32 pixel_data;

    // open the device for frame buffer
    fb_fd = open(FBDEVFILE, O_RDWR);
    if (fb_fd < 0 ) {
        perror("Framebuffer device open error..");
        return -1;
    }

    // get current screen information
    ioctl_ret = ioctl(fb_fd, FBIOGET_VSCREENINFO, &fbvar);
    if(ioctl_ret < 0) {
        perror("Error: fb dev ioctl(VSCREENINFO GET)");
        return -1;
    }
    ioctl_ret = ioctl(fb_fd, FBIOGET_FSCREENINFO, &fbfix);
    if(ioctl_ret < 0) {
        perror("Error: fb dev ioctl(FSCREENINFO GET)");
        return -1;
    }

    if (fbvar.bits_per_pixel != 32 ) { // check if bpp is 32
        printf("BPP is not 32...₩n");
        return -1;
    }

    drawDot(10, 10, get_color32(0, 255, 0, 0)); // Put red point on (0,0)
    drawDot(100, 50, get_color32(0, 0, 255, 0)); // Green point on (100,50)
    drawDot(50, 100, get_color32(0, 0, 0, 255)); // Blue point on (50, 100)
    drawDot(100, 100, get_color32(0, 255, 255, 255)); // White point on (100,100)

    close(fb_fd);
    return 0;
}
```

위 파일이 Achro-210T에서 실행될 수 있도록 호스트 컴퓨터에서 크로스 컴파일러를 사용하여 컴파일한다.

[호스트에서 수행]

```
root@esp-desktop:~/work/fb# arm-linux-gcc -o drawDot drawDot.c
```

컴파일된 파일을 210T에서 실행하기 위해 호스트 컴퓨터와 Achro-210T를 직렬케이블로 연결하여 minicom을 사용할 수 있도록 하고, NFS 설정을 완료한다. 그런 다음 컴파일된 응용프로그램을 Achro-210T에서 실행하여 결과를 확인해 본다. 다음의 스크립트는 호스트 컴퓨터의 root 디렉토리가 Achro-210T에서 /root/nfs로 마운트 되었다고 가정한 후 실행하는 단계를 보여준다.

[Achro-210T에서 수행]

```
root@Achro210T:~# cd nfs/work/fb
root@Achro210T:~/nfs/work/fb# ./drawDot
```

210T의 LCD 화면을 보면 픽셀 단위의 점을 찍었기 때문에 눈에 잘 보이지는 않지만 화면에 조그만 점 4개가 찍혔음을 확인할 수 있다. 그림 10-10은 실행결과이다.

그림 10-10 drawDot 실행결과

10.3.2 LCD 화면에 선 그리기

여기에서는 LCD 화면에 선을 그리는 프로그램을 작성해 본다. 좀 더 간단히 프로그램을 하기 위해 drawLine() 함수를 설계한다. drawLine() 함수는 두 개의 좌표를 받아들이고 두 좌표 사이에 선을 그리는 함수이다.

일반적으로 컴퓨터 화면에 선을 빠르게 그리는 알고리즘의 하나로 브레슨햄(Bresenham) 알고리즘이 있다. 이 알고리즘은 선을 그릴 때 실수 나눗셈을 사용하지 않고 정수 계산만을 사용하기 때문에 매우 빠르다. 여기서는 이 알고리즘을 사용하지 않고 간단히 수직선과 수평선 그리고 기울기의 절대값이 '1'인 선만 그리는 drawLine() 함수를 작성해 본다.

[호스트에서 수행]

```
root@esp-desktop:~/work/fb# vi drawLine.c
```

```
/* Drawing lines
   filename: drawLine.c
*/
#include <stdio.h>
#include <stdlib.h>
#include <fcntl.h>
#include <sys/ioctl.h>
#include <linux/fb.h>
```

```
#define FBDEVFILE "/dev/fb"

#define MIN(X, Y) ((X) < (Y) ? (X):(Y))
#define MAX(X, Y) ((X) > (Y) ? (X):(Y))

typedef unsigned char u8;
typedef unsigned int u32;
typedef long offset_t;

u32 get_color32(u8 a, u8 r, u8 g, u8 b);
offset_t fb_memloc(u32 xp, u32 yp);
void drawDot(u32 xp, u32 yp, u32 color);
void drawLine(u32 x1, u32 y1, u32 x2, u32 y2);

int fb_fd;  // file descriptor
struct fb_var_screeninfo fbvar;
struct fb_fix_screeninfo fbfix;

/* make pixel color data from a, r, g, b (BPP=32-bit) */
u32 get_color32(u8 a, u8 r, u8 g, u8 b)
{
    return ((u32) ( (a<<24) | (r<<16) | (g<<8) | b));
}

/* get the location of framebuffer memory from the coordinate */
offset_t fb_memloc(u32 xp, u32 yp)
{
    if ((xp > fbvar.xres) || (yp > fbvar.yres) ) {
        printf("The coordinate (%d, %d) is out of range!!!₩n", xp, yp);
        exit(1);
    }
    return((offset_t)(fbvar.xres * yp + xp) * (fbvar.bits_per_pixel/8) );
}

/* Put the pixel color data on (xp, yp) */
void drawDot(u32 xp, u32 yp, u32 color)
{
    offset_t offset_value;

    offset_value = fb_memloc(xp, yp);
    if ( lseek(fb_fd, offset_value, SEEK_SET) < 0 ) {
        perror("lseek error in fbdev...₩n");
        exit(1);
    }
    write(fb_fd, &color, sizeof(fbvar.bits_per_pixel));
}

/* Put the pixel data from (x1, y1) to (x2, y2) */
void drawLine(u32 x1, u32 y1, u32 x2, u32 y2)
{
    int dx, dy;
```

```
    int xstart, xend, ystart, yend;
    u32 i, j;

    dx = x2 - x1; dy = y2 - y1;
    xstart = MIN(x1, x2); xend = MAX(x1, x2);
    ystart = MIN(y1, y2); yend = MAX(y1, y2);

    if ( xstart < 0 || ystart < 0 || xend > fbvar.xres || yend > fbvar.yres ) {
        printf("Out of Range!!! (xstart=%d, ystart=%d, xend=%d, yend=%d₩n", xstart, ystart,
xend, yend);
        return;
    }

    if ( dx == 0 ) { // vertical line
        for ( i=ystart; i<=yend; i++) {
            drawDot(x1, i, get_color32(0, 255, 255, 255));
        }
    } else if ( dy == 0 ) { // horizontal line
        for ( i=xstart; i<=xend; i++ ) {
            drawDot(i, y1, get_color32(0, 255, 255, 255));
        }
    } else if ( dx > 0 ) { // negative slope (-1)
        for ( i=x1, j=y1; i<=x2; i++, j++) {
            drawDot(i, j, get_color32(0, 255, 255, 255));
        }
    } else if ( dx < 0 ) { //positive slope (+1)
        for ( i=x1, j=y1; j<=y2; i--, j++) {
            drawDot(i, j, get_color32(0, 255, 255, 255));
        }
    }
} /* end of drawLine() */

int main(int argc, char *argv[])
{
    int ioctl_ret, x, y;
    offset_t offset_value;
    u32 pixel_data;

    // open the device for frame buffer
    fb_fd = open(FBDEVFILE, O_RDWR);
    if (fb_fd < 0 ) {
        perror("Framebuffer device open error..");
        return -1;
    }

    // get current screen information
    ioctl_ret = ioctl(fb_fd, FBIOGET_VSCREENINFO, &fbvar);
    if(ioctl_ret < 0) {
        perror("Error: fb dev ioctl(VSCREENINFO GET)");
        return -1;
    }
```

```
    ioctl_ret = ioctl(fb_fd, FBIOGET_FSCREENINFO, &fbfix);
    if(ioctl_ret < 0) {
        perror("Error: fb dev ioctl(FSCREENINFO GET)");
        return -1;
    }

    if (fbvar.bits_per_pixel != 32 ) { // check if bpp is 32
        printf("BPP is not 32...₩n");
        return -1;
    }

    /* clearing LCD with black color */
    for ( x=0; x < fbvar.xres; x++ ) {
        for ( y=0; y < fbvar.yres; y++ ) {
            drawDot(x, y, get_color32(0,0,0,0));
        }
    }

    // draw the white line of width 10 on the top of LCD
    for ( y=0; y < 10; y++ ) {
        for ( x=0; x < fbvar.xres; x++ ) {
            drawDot(x, y, get_color32(0,255,255,255));
        }
    }
    // draw the white line of width on the bottom of LCD
    for ( y=fbvar.yres-10; y < fbvar.yres; y++ ) {
        for ( x=0; x < fbvar.xres; x++ ) {
            drawDot(x, y, get_color32(0,255,255,255));
        }
    }

    // draw rectangular
    drawLine(100,100,100,200); /* left vertical line(|) */
    drawLine(100,100,200,100); /* upper horizontal line(¯) */
    drawLine(200,100,200,200); /* right vertical line(|) */
    drawLine(200,200,100,200); /* lower horizontal line(_) */
    drawLine(100,100,200,200); /* ₩ */
    drawLine(200,100,100,200); /* / */

    close(fb_fd);
    return 0;
}
```

위 파일이 Achro-210T에서 실행될 수 있도록 호스트 컴퓨터에서 크로스 컴파일러를 사용하여 컴파일한다.

[호스트에서 수행]

```
root@esp-desktop:~/work/fb# arm-linux-gcc -o drawLine drawLine.c
```

컴파일된 파일을 210T에서 실행하기 위해, 호스트 컴퓨터와 Achro-210T를 직렬케이블로 연결하여 minicom을 사용할 수 있도록 하고 NFS 설정을 완료한다. 그런 다음 컴파일된 응용프로그램을 Achro-210T에서 실행하여 결과를 확인해 본다. 다음의 스크립트는 호스트 컴퓨터의 root 디렉토리가 Achro-210T에서 /root/nfs로 마운트 되었다고 가정한 후 실행하는 단계를 보여준다.

[Achro-210T에서 수행]

```
root@Achro210T:~/nfs/fb# ./drawLine
```

Achro-210T의 LCD 화면을 보면, 화면 전체를 검정색으로 클리어 한 후 위 아래로 10줄 두께의 하얀색 선이 그려지고, 사각형이 그려진다. 그림 10-11은 실행결과를 보여준다.

그림 10-11 drawLine 실행결과

10.3.3 LCD 화면 지우기

Achro-210T를 켜면 TFT LCD 화면 왼쪽 상단에 펭귄 그림이 보인다. 그리고 점을 찍거나 선을 그리다 보면 화면에 그래픽 데이터가 계속 중첩되어 보인다. 이런 경우 LCD 전체 화면을 지울 필요가 있는데, 전체 화면을 지우는 방법은 특정 색상으로 화면의 모든 픽셀들을 채우는 것이다. 이를 위해서 fb_clear() 함수를 설계하도록 한다. 이 함수는 구조체 fb_var_screeninfo에 있는 멤버 중 LCD 화면의 해상도인 xres와 yres를 이용하여 LCD 화면의 좌측 상단인 (0,0)의 좌표부터 화면의 우측 하단인 (xres-1, yres-1) 좌표까지 반복문을 돌면서 drawDot() 함수를 호출하여 인자로 넘겨 준 색상의 점을 찍어서 화면을 초기화 시킨다. 메인 프로그램에서 fb_clear() 함수를 이용하여 LCD 전체 화면을 검정색으로 초기화 해 보도록 한다.

[호스트에서 수행]

```
root@esp-desktop:~/work/fb# vi fb_clear.c
```

```
/* Clearing LCD
   filename: fb_clear.c
*/
#include <stdio.h>
#include <stdlib.h>
#include <fcntl.h>
#include <sys/ioctl.h>
#include <linux/fb.h>

#define FBDEVFILE "/dev/fb"

typedef unsigned char u8;
typedef unsigned int u32;
typedef unsigned long offset_t;

u32 get_color32(u8 a, u8 r, u8 g, u8 b);
offset_t fb_memloc(u32 xp, u32 yp);
void drawDot(u32 xp, u32 yp, u32 color);
void fb_clear(u32 color);

int fb_fd;  // file descriptor
struct fb_var_screeninfo fbvar;
struct fb_fix_screeninfo fbfix;

/* make pixel color data from a, r, g, b (BPP=32-bit) */
u32 get_color32(u8 a, u8 r, u8 g, u8 b)
{
   return ((u32) ( (a<<24) | (r<<16) | (g <<8) | b));
}

/* get the location of framebuffer memory from the coordinate */
offset_t fb_memloc(u32 xp, u32 yp)
{
   if ((xp > fbvar.xres) || (yp > fbvar.yres) ) {
     printf("The coordinate (%d, %d) is out of range!!!₩n", xp, yp);
     exit(1);
   }
   return ((offset_t)(fbvar.xres*yp+xp) * (fbvar.bits_per_pixel/8));
}

/* Put the pixel color data on (xp, yp) */
void drawDot(u32 xp, u32 yp, u32 color)
{
   offset_t offset_value;

   offset_value = fb_memloc(xp, yp);
   if ( lseek(fb_fd, offset_value, SEEK_SET) < 0 ) {
      perror("lseek error in fbdev...₩n");
```

```
        exit(1);
    }
    write(fb_fd, &color, sizeof(fbvar.bits_per_pixel));
}

/* clear LCD using drawDot function */
void fb_clear(u32 color)
{
    int x, y;
    for(x = 0; x < fbvar.xres; x++){
        for(y = 0; y < fbvar.yres; y++){
            drawDot(x, y, color);
        }
    }
}

int main(int argc, char *argv[])
{
    int ioctl ret; // return value

    //open the device for frame buffer
    fb_fd = open (FBDEVFILE, O_RDWR);

    if(fb_fd < 0) {
        perror("Framebuffer device open error..");
        return -1;
    }

    // get current screen information
    ioctl_ret = ioctl(fb_fd, FBIOGET_VSCREENINFO, &fbvar);
    if(ioctl_ret <0) {
        perror("Error : fb dev ioctl(VSCREENINFO GET)");
        return -1;
    }
    ioctl_ret = ioctl(fb_fd, FBIOGET_FSCREENINFO, &fbfix);
    if(ioctl_ret <0) {
        perror("Error : fb dev ioctl(FSCREENINFO GET)");
        return -1;
    }

    if(fbvar.bits_per_pixel != 32 ) { // check if bpp is 32
        printf("BPP is not 32 !!!₩n");
        return -1;
    }

    // clearing LCD with black color
    fb_clear(get_color32(0, 0, 0, 0));

    close(fb_fd);
    return 0;
}
```

앞의 파일이 Achro-210T에서 실행될 수 있도록 호스트 컴퓨터에서 크로스 컴파일러를 사용하여 컴파일한다.

```
[호스트에서 수행]
root@esp-desktop:~/work/fb# arm-linux-gcc -o fb_clear fb_clear.c
```

컴파일된 파일을 210T에서 실행하기 위해, 호스트 컴퓨터와 Achro-210T를 직렬케이블로 연결하여 minicom을 사용할 수 있도록 하고 NFS 설정을 완료한다. 그런 다음 컴파일된 응용프로그램을 Achro-210T에서 실행하여 결과를 확인해 본다. 다음의 스크립트는 호스트 컴퓨터의 root 디렉토리가 Achro-210T에서 /root/nfs로 마운트 되었다고 가정한 후 실행하는 단계를 보여준다.

```
[Achro-210T에서 수행]
root@Achro210T:~/nfs/fb# ./fb_clear
```

Achro-210T의 LCD 화면을 보면, 화면 전체가 검정색으로 초기화 된다. 그림 10-12는 실행결과를 보여준다.

그림 10-12 fb_clear 실행결과

10.4 프레임 버퍼 라이브러리용 기본 함수 만들기

이전 절까지는 프레임 버퍼를 활용하는 기본 예제들에 대해 설명하였다. 프레임 버퍼를 활용함에 있어서 매번마다 선을 그리거나 사각형을 그리는데 일일이 함수를 재설계하는 것은 복잡한 일이다. 여기에서는 프레임 버퍼를 활용함에 있어서 필요한 기본 기능들을 정형

화된 함수로 설계하고, 다음 절에서 이 함수를 라이브러리로 만들어 활용하는 방법에 대해 알아본다.

10.4.1 LCD 정보 읽어오기(get_fbinfo)

프레임 버퍼 프로그래밍을 하기 위해서는 LCD 화면의 정보를 읽어와야 한다. 앞 절에서 설명하였듯이 프레임 버퍼 장치의 기본 정보는 시스템 콜 ioctl()을 사용하여 읽어오거나 변경할 수 있다. ioctl() 함수의 첫 번째 인자는 응용프로그램과 디바이스 드라이버 간에 사용하는 디바이스 노드인 "/dev/fb"를 여는 파일기술자이다. 그래서 get_fbinfo() 함수를 사용할 때에는 인자로 이 파일기술자를 넘겨주어 시스템 콜 함수의 인자로 사용한다. ioctl() 함수 두 번째 인자는 FBIOGET_VSCREENINFO와 FBIOGET_FSCREENINFO로, 이들을 사용하여 프레임 버퍼와 관련된 고정 정보 및 가변 정보를 가져올 수 있다. 마지막 옵션으로는 구조체 fb_fix_screeninfo와 fb_var_screeninfo를 사용한다. 시스템 콜 함수 ioctl()이 성공적으로 실행되면 음수 아닌 값을 반환하므로 성공적으로 실행이 되었는지 확인할 수 있다.

또한, 현재 이 책에서 사용하는 프레임 버퍼 프로그래밍은 픽셀당 컬러 비트 정보가 32 BPP를 기준으로 하고 있으므로 32 BPP가 아닐 경우의 예외 처리를 해 주는 과정도 get_fbinfo() 함수에 포함시켜 준다.

```
/* get frame buffer information */
int get_fbinfo(int fb_fd)
{
    int ioctl_ret; // return value

    // get current screen information
    ioctl_ret = ioctl(fb_fd, FBIOGET_VSCREENINFO, &fbvar);
    if(ioctl_ret < 0) {
        perror("Error : fb dev ioctl(VSCREENINFO GET)");
        return -1;
    }
    ioctl_ret = ioctl(fb_fd, FBIOGET_FSCREENINFO, &fbfix);
    if(ioctl_ret < 0) {
        perror("Error : fb dev ioctl(FSCREENINFO GET)");
        return -1;
    }

    if(fbvar.bits_per_pixel != 32) { // check if bpp is 32
        printf("BPP is not 32 !!! ₩n");
        exit(1);
    }

    return ioctl_ret;
}
```

10.4.2 점(fb_dot)

주어진 좌표에 점을 그리는 함수를 fb_dot()으로 설계하자. 이 함수는 좌표 (xp, yp)를 기준으로 width 만큼의 가로, 세로 픽셀에 주어진 색상을 출력한다. width의 값이 '1'이면 (xp, yp)로 지정된 한 픽셀에 주어진 색상이 출력된다. width의 값이 '5'이면 주어진 좌표를 기준으로 오른쪽으로 5 픽셀, 아래쪽으로 5 픽셀, 총 25 픽셀을 주어진 색상으로 채운다. 그림 10-13은 fb_dot 함수의 인자의 의미를 그림으로 표현한 것이다.

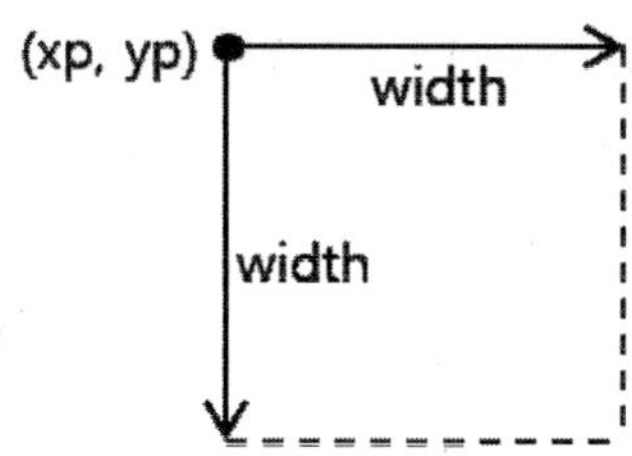

그림 10-13 fb_dot 함수 인자와의 관계

```
/* Put the pixel color data on (xp, yp) with width */
void fb_dot(u32 xp, u32 yp, u32 width, u32 color)
{
    offset_t offset_value;
    int i, j;

    for(i = 0; i < width; i++){
        for(j = 0; j < width; j++){
            offset_value = fb_memloc(xp+i, yp+j);
            if(lseek(fb_fd, offset_value, SEEK_SET) < 0){
                perror("lseek error in fbdev...\n");
                return ;
            }
            write(fb_fd, &color, sizeof(fbvar.bits_per_pixel));
        }
    }
}
```

10.4.3 전체 화면 색칠하기(fb_clear)

LCD 전체 화면을 지우기 위해서 앞 절에서는 drawDot() 함수를 사용하여 화면의 모든 픽셀을 검정색으로 채웠다. 여기서는 좀 더 일반화하여 주어진 색상으로 전체 화면을 칠하는 fb_clear() 함수를 설계해 본다. 이 함수의 색상 인자값을 검정색으로 하면 화면이 검정 화면으로 초기화 된다.

앞 절에서와 마찬가지로 구조체 fb_var_screeninfo에 있는 멤버 중 LCD 화면의 해상도인 xres와 yres를 이용하여 LCD 화면의 좌측 상단인 (0,0)의 좌표부터 화면의 우측 하단인

(xres-1, yres-1) 좌표까지 반복문을 돌면서 인자로 넘겨 준 색상의 점을 찍어서 화면을 초기화한다.

```
/* clear LCD using fb_dot function */
void fb_clear(u32 color)
{
    int x, y;
    for(x = 0; x < fbvar.xres; x++){
        for(y = 0; y < fbvar.yres; y++){
            fb_dot(x, y, 1, color);
        }
    }
}
```

10.4.4 직선(fb_line)

주어진 두 개의 좌표들을 연결하여 수평선과 수직선을 출력하는 fb_line() 함수를 설계해 보자. fb_line() 함수는 연결하고자 하는 두 점의 x, y 좌표와 연결할 선의 두께(width) 그리고 색상 정보를 인자로 받는다. 받아들인 두 점의 좌표 정보에서 y 좌표가 같으면 수평선이고, x 좌표가 같으면 수직선이다. 각각의 경우에 x 좌표 또는 y 좌표의 값을 증가시키면서 연속된 점을 찍어서 직선을 출력한다. 이때 x 좌표 또는 y 좌표값 증가는 1이 아니라 width 만큼씩 하면 된다. 왜냐하면 fb_line 함수에서의 선 그리기는 fb_dot 함수를 사용하고 있고, fb_dot 함수는 가로와 세로 각각 width 값만큼 갖는 박스 안의 모든 픽셀을 색칠하기 때문이다. 그림 10-14는 fb_line 함수에서의 각 인자의 의미를 그림으로 표현한 것이다. fb_line() 함수는 수학 함수를 사용하므로 컴파일 시 -lm 옵션을 사용해야 한다.

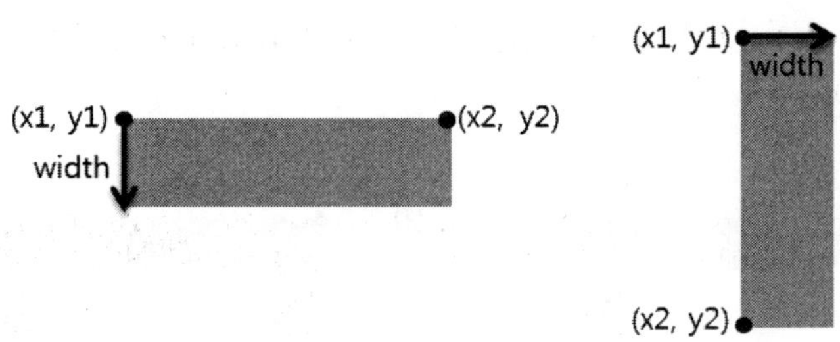

그림 10-14 fb_line 함수에서의 각 인자와의 관계

```
/* draw either horizontal or vertical line from (x1, y1) to (x2, y2) */
void fb_line(u32 x1, u32 y1, u32 x2, u32 y2, u32 width, u32 color)
{
    int x, y;
    int iter, i;
```

```
    if(y1 == y2){ /* horizontal line */
        iter = ceil((x2 - x1) / (float)width);
        for(x=x1, i = 0; i < iter; i++){
            fb_dot(x, y1, width, color);
            x += width;
            if( (x+width) > x2){
                x = x2 - width;
            }
        }
    }
    if(x1 == x2){ /* vertical line */
        iter = ceil((y2 - y1) / (float)width);
        for(y=y1,i = 0; i < iter; i++){
            fb_dot(x1, y, width, color);
            y += width;
            if( (y+width) > y2){
                y = y2 - width;
            }
        }
    }
}
```

10.4.5 사각형(fb_rect)

앞서 구현한 fb_line() 함수를 이용하여 직선 4개를 출력하여 내각의 크기가 모두 90도인 사각형을 출력하는 함수를 구현해 본다. fb_rect() 함수는 좌측 상단의 점 (x1, y1)과 우측 하단의 점 (x2, y2)의 좌표, 그리고 선의 굵기를 얼마로 할 것인가에 대한 width 값과 색상 정보를 인자로 받아들인다. fb_rect2() 함수는 좌측 상단의 점 (x, y)와 직사각형의 가로 길이(h_len), 직사각형의 세로 길이(v_len), 그리고 선의 굵기 정보(width)와 색상 정보(color)를 인자로 받아들인다. 그림 10-15는 fb_rect() 함수와 fb_rect2() 함수의 인자의 의미를 그림으로 표현한 것이다.

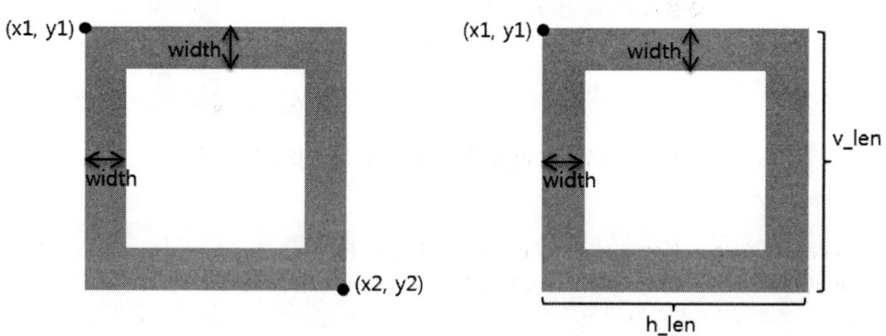

(a) fb_rect() 함수 (b) fb_rect2() 함수

그림 10-15 fb_rect 함수와 fb_rect2 함수 인자와의 관계

```
/* draw rectangular with the top-left and the bottom-right coordinates */
void fb_rect(u32 x1, u32 y1, u32 x2, u32 y2, u32 width, u32 color)
{
    fb_line(x1, y1, x2, y1, width, color);                  /* upper horizontal line(‾) */
    fb_line(x1, y2-width, x2, y2-width, width, color);          /* lower horizontal line(_) */
    fb_line(x1, y1, x1, y2, width, color);                  /* left vertical line(|) */
    fb_line(x2-width, y1, x2-width, y2, width, color); /* right vertical line(|) */
}

/* draw rectangular with the top-left coordinate and both lengths of it */
void fb_rect2(u32 x, u32 y, u32 h_len, u32 v_len, u32 width, u32 color)
{
    fb_line(x, y, x+h_len, y, width, color);                               /* upper horizontal line(‾) */
    fb_line(x, y+v_len-width, x+h_len, y+v_len-width, width, color);  /* lower horizontal line(_) */
    fb_line(x, y, x, y+v_len, width, color);                              /* left vertical line(|) */
    fb_line(x+h_len-width, y, x+h_len-width, y+v_len, width, color); /* right vertical line(|) */
}
```

10.4.6 삼각형(fb_triangle)

간단한 삼각형을 그려주는 fb_triangle() 함수는 꼭지점 (xp, yp) 좌표와 높이(height) 그리고 선의 두께(width)를 인자로 받아들여 그림 10-16에 보인 형태의 삼각형을 그려준다. 이 삼각형은 그림 10-16에서 볼 수 있듯이 길이가 같은 두 변이 이루는 각이 90도이다. fb_triangle() 함수는 (xp, yp) 꼭지점을 기준으로 아래쪽 방향으로 한 칸 내려온 다음 왼쪽 방향으로 한 칸, 오른쪽 방향으로 한 칸 이동하여 함수의 인자로 받은 두께(width)만큼의 점을 찍어주는 과정을 높이(height)값만큼 반복한다. (xp, yp) 점에서 아래로 높이값만큼 내려오면 밑변은 높이의 2배의 길이가 되며, fb_dot() 함수를 호출하여 밑변을 그린다. 기울기가 ±1인 특성을 이용하여 삼각형의 세 꼭지점의 좌표를 계산한 후 fb_line() 함수를 사용하면 더 코드가 간단해진다.

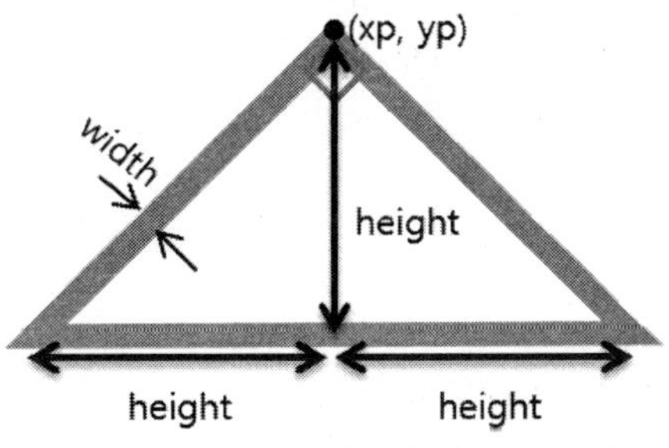

그림 10-16 fb_triangle 함수 인자와의 관계

```
/* draw triangle with the top coordinate and height */
void fb_triangle(u32 x, u32 y, u32 width, u32 height, u32 color)
{
    int i;
    for(i = 0; i <= height; i++){
        fb_dot(x-i, y+i, width, color);
        fb_dot(x+i, y+i, width, color);
    }
    for(i = 0; i < (2*height); i += width){
        fb_dot(x-height+i, y+height, width, color);
    }
}
```

10.4.7 원(fb_circle)

fb_circle() 함수는 중심 좌표 (xp, yp)와 반지름 r값을 갖는 원을 LCD 화면에 그려준다. 원의 방정식은 $(x-r)^2+(y-r)^2=r^2$이므로, $(x-r)^2+(y-r)^2<r^2$식을 만족하는 (x, y) 점들에 색들을 칠하면 반지름 r의 값을 갖는 원 내부의 픽셀이 모두 주어진 색상값(color)으로 채워진 원을 얻을 수 있다.

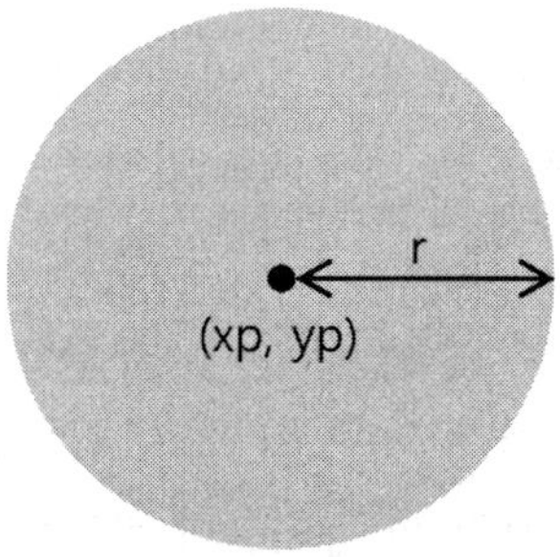

그림 10-17 fb_circle 함수 인자와의 관계

```
/* draw circle with the center and radius */
void fb_circle(u32 xp, u32 yp, u32 r, u32 color)
{
    int i, j;
    offset_t offset_value;

    for(i = 0; i < 2*r + 2; i++){
        for(j = 0; j < 2*r + 2; j++){
            if(r*r > ( (i-r)*(i-r) + (j-r)*(j-r))){
                offset_value = fb_memloc(i+xp, j+yp);
                if ( lseek(fb_fd, offset_value, SEEK_SET) < 0) {
                    perror("lseek error in fbdev...\n");
                    return;
                }
```

```
                write(fb_fd, &color, sizeof(fbvar.bits_per_pixel));
            }
        }
    }
}
```

10.5 프레임 버퍼용 라이브러리 만들기

앞 절에서 만든 프레임 버퍼용 함수들을 라이브러리로 만들어서, 응용프로그램에서 일반 시스템 콜을 사용하는 것처럼 쓸 수 있게 만들어 보자. 이를 위해서는 먼저 추가한 시스템 콜을 라이브러리로 만들고, 응용프로그램 컴파일 시 만든 라이브러리를 포함하도록 옵션을 주면 된다.

10.5.1 프레임 버퍼용 헤더파일(fb_header.h)

fb_header.h 헤더파일은 프레임 버퍼용 라이브러리에 포함되는 함수들의 함수 원형(function prototype) 선언과 필요한 데이터 타입들과 헤더파일 등의 정보로 구성되어 있다. 프레임버퍼용 라이브러리 생성 및 테스트는 루트 홈 디렉토리(/root) 하위의 mylib에서 하는 것으로 가정한다.

[호스트에서 수행]

```
root@esp-desktop:~# mkdir /root/mylib
root@esp-desktop:~# cd /root/mylib
root@esp-desktop:~/mylib# vi fb_header.h
```

```
#include <linux/fb.h>
#include <math.h>

#define FBDEVFILE "/dev/fb"

typedef unsigned char u8;
typedef unsigned int u32;
typedef unsigned long offset_t;

int get_fbinfo(int fb_fd);
u32 get_color32(u8 a, u8 r, u8 g, u8 b);
offset_t fb_memloc(u32 xp, u32 yp);
void fb_dot(u32 xp, u32 yp, u32 width, u32 color);
void fb_clear(u32 color);
void fb_line(u32 x1, u32 y1, u32 x2, u32 y2, u32 width, u32 color);
```

```
void fb_rect(u32 x1, u32 y1, u32 x2, u32 y2, u32 width, u32 color);
void fb_rect2(u32 x, u32 y, u32 h_len, u32 v_len, u32 width, u32 color);
void fb_triangle(u32 x, u32 y, u32 width, u32 height, u32 color);
void fb_circle(u32 xp, u32 yp, u32 size, u32 color);

int fb_fd;  // file descriptor
struct fb_var_screeninfo fbvar;
struct fb_fix_screeninfo fbfix;
```

10.5.2 프레임 버퍼용 라이브러리 파일(fb_mlib.c)

이번에는 10.4절에서 설계한 점, 선, 사각형, 삼각형, 원 등의 프레임 버퍼용 기본 함수들을 라이브러리로 만들어보자. 프레임 버퍼용 라이브러리 소스파일은 fb_mlib.c로 하는 것으로 하며, 10.4절에서 설계한 코드들을 포함시킨다.

[호스트에서 수행]

```
root@esp-desktop:~/mylib# vi fb_mlib.c
```

```
#include "./fb_header.h"

/* get frame buffer information */
int get_fbinfo(int fb_fd)
{
    int ioctl_ret; // return value

    // get current screen information
    ioctl_ret = ioctl(fb_fd, FBIOGET_VSCREENINFO, &fbvar);
    if(ioctl_ret < 0) {
        perror("Error : fb dev ioctl(VSCREENINFO GET)");
        return -1;
    }
    ioctl_ret = ioctl(fb_fd, FBIOGET_FSCREENINFO, &fbfix);
    if(ioctl_ret < 0) {
        perror("Error : fb dev ioctl(FSCREENINFO GET)");
        return -1;
    }

    if(fbvar.bits_per_pixel != 32) { // check if bpp is 32
        printf("BPP is not 32 !!! ₩n");
        exit(1);
    }

    return ioctl_ret;
}

/* make pixel color data from a, r, g, b (BPP=32-bit) */
u32 get_color32(u8 a, u8 r, u8 g, u8 b)
```

```
{
    return ((u32) ( (a<<24) | (r<<16) | (g <<8) | b));
}

/* get the location of framebuffer memory from the coordinate */
offset_t fb_memloc(u32 xp, u32 yp)
{
    if ((xp > fbvar.xres) || (yp > fbvar.yres) ) {
        printf("The coordinate (%d, %d) is out of range!!!₩n", xp, yp);
        exit(1);
    }
    return ((offset_t)(fbvar.xres*yp+xp) * (fbvar.bits_per_pixel/8));
}

/* Put the pixel color data on (xp, yp) with width */
void fb_dot(u32 xp, u32 yp, u32 width, u32 color)
{
    offset_t offset_value;
    int i, j;

    for(i = 0; i < width; i++){
        for(j = 0; j < width; j++){
            offset_value = fb_memloc(xp+i, yp+j);
            if(lseek(fb_fd, offset_value, SEEK_SET) < 0){
                perror("lseek error in fbdev...₩n");
                return ;
            }
            write(fb_fd, &color, sizeof(fbvar.bits_per_pixel));
        }
    }
}

/* clear LCD using fb_dot function */
void fb_clear(u32 color)
{
    int x, y;
    for(x = 0; x < fbvar.xres; x++){
        for(y = 0; y < fbvar.yres; y++){
            fb_dot(x, y, 1, color);
        }
    }
}

/* draw either horizontal or vertical line from (x1, y1) to (x2, y2) */
void fb_line(u32 x1, u32 y1, u32 x2, u32 y2, u32 width, u32 color)
{
    int x, y;
    int iter, i;

    if(y1 == y2){ /* horizontal line */
        iter = ceil((x2 - x1) / (float)width);
        for(x=x1, i = 0; i < iter; i++){
```

```
            fb_dot(x, y1, width, color);
            x += width;
            if( (x+width) > x2){
                x = x2 - width;
            }
        }
    }
    if(x1 == x2){ /* vertical line */
        iter = ceil((y2 - y1) / (float)width);
        for(y=y1,i = 0; i < iter; i++){
            fb_dot(x1, y, width, color);
            y += width;
            if( (y+width) > y2){
                y = y2 - width;
            }
        }
    }
}

/* draw rectangular with the top-left and the bottom-right coordinates */
void fb_rect(u32 x1, u32 y1, u32 x2, u32 y2, u32 width, u32 color)
{
    fb_line(x1, y1, x2, y1, width, color);                      /* upper horizontal line(¯) */
    fb_line(x1, y2-width, x2, y2-width, width, color);          /* lower horizontal line(_) */
    fb_line(x1, y1, x1, y2, width, color);                      /* left vertical line(|) */
    fb_line(x2-width, y1, x2-width, y2, width, color);          /* right vertical line(|) */
}

/* draw rectangular with the left-top coordinate and both lengths of it */
void fb_rect2(u32 x, u32 y, u32 h_len, u32 v_len, u32 width, u32 color)
{
    fb_line(x, y, x+h_len, y, width, color);                                /* upper horizontal line(¯) */
    fb_line(x, y+v_len-width, x+h_len, y+v_len-width, width, color); /* lower horizontal line(_) */
    fb_line(x, y, x, y+v_len, width, color);                                /* left vertical line(|) */
    fb_line(x+h_len-width, y, x+h_len-width, y+v_len, width, color); /* right vertical line(|) */
}

/* draw triangle with the top coordinate and height */
void fb_triangle(u32 x, u32 y, u32 height, u32 width, u32 color)
{
    int i;
    for(i = 0; i <= height; i++){
        fb_dot(x-i, y+i, width, color);
        fb_dot(x+i, y+i, width, color);
    }
    for(i = 0; i < (2*height); i += width){
        fb_dot(x-height+i, y+height, width, color);
    }
}

/* draw circle with the center and radius */
void fb_circle(u32 xp, u32 yp, u32 r, u32 color)
```

```
{
    int i, j;
    offset_t offset_value;

    for(i = 0; i < 2*r + 2; i++){
        for(j = 0; j < 2*r + 2; j++){
            if(r*r > ( (i-r)*(i-r) + (j-r)*(j-r))){
                offset_value = fb_memloc(i+xp, j+yp);
                if ( lseek(fb_fd, offset_value, SEEK_SET) < 0) {
                    perror("lseek error in fbdev...₩n");
                    return;
                }
                write(fb_fd, &color, sizeof(fbvar.bits_per_pixel));
            }
        }
    }
}
```

10.5.3 프레임 버퍼용 라이브러리 만들기

라이브러리를 만드는 방법은 라이브러리로 만들고자 하는 소스파일을 옵션 -c를 사용하여 바이너리 파일(.o)로 컴파일한다.

[호스트에서 수행]

```
root@esp-desktop:~/mylib# arm-linux-gcc -c fb_mlib.c
root@esp-desktop:~/mylib# ls
합계 16
4 fb_header.h*      4 fb_mlib.c*  8 fb_mlib.o
```

컴파일을 하고 나면 /root/mylib 디렉토리 밑에 fb_mlib.o 파일이 생성된다. 그 다음으로 ar 명령어를 이용하여 아카이브 라이브러리 파일을 생성하는데, 여기서는 그 이름을 libmyfb.a로 하는 것으로 한다. ar 명령어에서의 옵션 -r은 아카이브에 있는 특정 목적 파일을 새로운 버전으로 갱신하거나 신규로 추가하는데 사용된다. 라이브러리를 생성한 다음 ranlib 명령어를 이용하여 라이브러리 내에 인덱스를 만들어 라이브러리 생성을 마친다.

[호스트에서 수행]

```
root@esp-desktop:~/mylib# ar -r /root/work/mylib/libmyfb.a /root/work/mylib/fb_mlib.o
ar: creating /root/mylib/libmyfb.a
root@esp-desktop:~/mylib# ranlib /root/mylib/libmyfb.a
```

10.5.4 프레임 버퍼 라이브러리를 이용하여 도형 그리기

생성된 라이브러리(libmyfb.a)와 헤더파일(fb_header.h)을 사용하면, 프레임 버퍼에 여러 가지 도형들을 손쉽게 출력할 수 있다. 라이브러리를 사용하여 LCD에 여러 가지 도형을 출력해 보자. 테스트 파일명은 fblib_test.c로 하는 것으로 한다.

[호스트에서 수행]

```
root@esp-desktop:~/mylib# vi fblib_test.c
```

```
#include "./fb_header.h"

int main(int argc, char *argv[])
{
    int ioctl_ret, x, y; // return value
    offset_t offset_value;
    u32 pixel_data;

    //open the device node for frame buffer
    fb_fd = open (FBDEVFILE, O_RDWR);

    if(fb_fd < 0) {
        perror("Framebuffer device open error..");
        return -1;
    }

    /* get current screen information */
    ioctl_ret = get_fbinfo(fb_fd);

    // clearing LCD with black color
    fb_clear(get_color32(0, 0, 0, 0));

    // draw a white boundary line of width 10
    fb_line(0, 0, fbvar.xres-10, 0, 10, get_color32(0, 255, 255, 255));
    fb_line(0, fbvar.yres-10, fbvar.xres-10, fbvar.yres-10, 10, get_color32(0, 255, 255, 255)); /*
- */
    fb_line(0, 0, 0, fbvar.yres, 10, get_color32(0, 255, 255, 255)); /* | */
    fb_line(fbvar.xres-10, 0, fbvar.xres-10, fbvar.yres, 10, get_color32(0, 255, 255, 255)); /* | */

    // draw Rectangular with the left-top and the right-bottom coordinates
    fb_rect(50, 50, 150, 150, 10, get_color32(0, 255, 255, 255));

    // draw Rectangular with (xp, yp) and both lengths of it
    fb_rect2(200, 50, 100, 200, 10, get_color32(0, 128, 128, 128));

    // draw Triangle with one coordinate and height
    fb_triangle(150, 250, 100, 20, get_color32(0, 255, 255, 255));

    // draw horizontal lines
    fb_line(450, 50, 750, 50, 10, get_color32(0, 255, 0, 0));
```

```
    fb_line(450, 100, 750, 100, 20, get_color32(0, 0, 255, 0));
    fb_line(450, 150, 750, 150, 30, get_color32(0, 0, 0, 255));

    // draw vertical lines
    fb_line(450, 240, 450, 400, 10, get_color32(0, 255, 0, 0));
    fb_line(550, 240, 550, 400, 20, get_color32(0, 0, 255, 0));
    fb_line(650, 240, 650, 400, 30, get_color32(0, 0, 0, 255));

    close(fb_fd);
    return 0;
}
```

코드 작성을 마친 후 컴파일을 한다. 컴파일 시 프레임 버퍼용 함수들이 들어있는 라이브러리를 컴파일러에게 알려주어야 하는데, 이때 사용하는 옵션이 -L과 -l이다. 대문자 L 옵션은 라이브러리 위치를 가르쳐 주는 것이고, 소문자 l(엘)은 라이브러리 이름을 지정하는데 사용한다. 라이브러리 이름 참조는 지정된 이름 앞에 lib를 붙이고 확장자는 .a를 붙여 찾아간다. 여기서는 -lmyfb로 하여 libmyfb.a를 참조토록 한다. 그리고 함수 내에서 fb_line() 함수에서 math.h에 선언된 ceil() 함수를 사용하고 있으므로 컴파일 시 -lm을 추가해 주어야 한다.

```
                                                              [호스트에서 수행]
root@esp-desktop:~/mylib# arm-linux-gcc -o fblib_test fblib_test.c -L/root/work/mylib -lmyfb -lm
root@esp-desktop:~/mylib# ls
합계 44
 4 fb_header.h*    4 fb_mlib.c*  8 fb_mlib.o   16 fblib_test*    4 fblib_test.c*
 8 libmyfb.a
```

프레임 버퍼 함수 검증용 응용프로그램이 제대로 동작하는지를 알아보기 위해 작성된 코드들을 타겟보드에서 실행시켜 보기로 한다. 위에서 컴파일된 파일 fblib_test을 Achro-210T에서 실행하기 위해 호스트 컴퓨터와 Achro-210T를 NFS로 연결한다. 그런 다음 컴파일된 응용프로그램을 Achro-210T에서 실행하여 결과를 확인해 본다.

```
                                                          [Achro-210T에서 수행]
root@Achro210T:~# cd nfs/mylib/
root@Achro210T:~/nfs/mylib# ./fblib_test
```

Achro-210T의 LCD 화면을 보면, 화면 전체를 검정색으로 초기화한 후 다양한 도형들과 수평선과 수직선들이 출력되는 것을 확인할 수 있다. 그림 10-18은 실행결과이다.

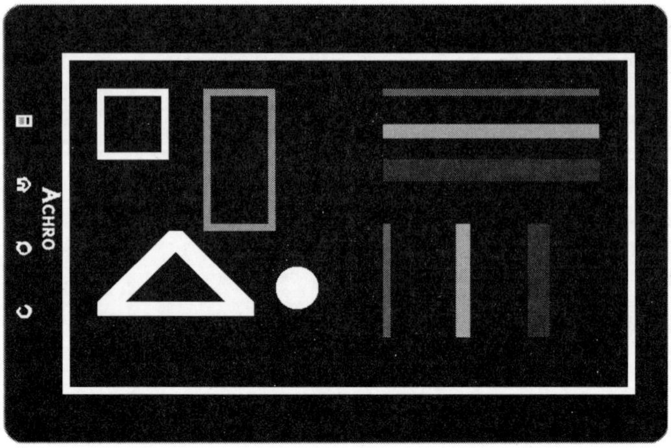

그림 10-18 라이브러리를 이용한 테스트

10.6 프레임 버퍼에 BMP 이미지 출력하기

BMP 이미지는 비압축 이미지로서, 헤더파일과 영상 데이터가 들어가 있는 이미지 포맷을 가진다. BMP 파일의 헤더를 읽어서 이미지의 크기를 확인하고 그 이미지 크기만큼 파일에서 읽어 LCD에 출력하는 프로그램을 작성해 본다.

10.6.1 BMP 헤더

BMP 헤더는 두 부분으로 구성된다. 파일 정보를 가지고 있는 헤더인 BITMAPFILEHEADER와 이미지의 정보를 가지고 있는 BITMAPINFOHEADER로 구성이 된다. 우선 파일 정보를 가지고 있는 헤더인 BITMAPFILEHEADER를 보면 다음과 같다.

```
[BITMAPFILEHEADER]
bfType : 비트맵 타입을 나타냄 'BM'
nfSize : 해당 이미지 파일의 크기
bfReserved1 : 예약된 공간
bfReserved2 : 예약된 공간
bfOffBit : 실제 픽셀 정보공간 까지의 거리
```

다음은 이미지 정보를 가지고 있는 BITMAPINFOHEADER의 내용을 확인해 보도록 한다.

```
[BITMAPINFOHEADER]
biSize : 이 구조체를 저장하기 위한 바이트수 (Default : 40Byte, 확장형 DIB 사용시 변동)
biWidth : 비트맵의 가로 크기 (픽셀단위)
biHeight : 비트맵의 세로 크기 (픽셀단위)
```

biPlane : 디스플레이시 필요한 플레인 수 (Always : 1)
biBitCount : 한 픽셀을 표현하기 위한 비트수
biCompression :압축유형 (Default : BI_RGB - 비압축)
biSizeImage : 픽셀데이터를 저장하기 위한 공간
biXPelsPerMeter : 가로 해상도
biYPelsPerMeter : 세로 해상도
biCirUsed : 실제 사용되는 색상 수 (Default 0 : biBitCount에서 지정한 모든색상 사용)
biClrImportant : 화면에 표현하기 위한 색상의 인덱스 (Default 0 : 모든색상)

실제 BMP 파일을 에디터로 열어보면 다음과 같이 표시된다. 파일 가장 앞부터 시작해서 BITMAPFILEHEADER가 위치하게 되고, 그 다음 BITMAPINFOHEADER가 위치하게 된다. 그러면 헤더파일을 분석해서 정보를 출력하고, 이미지 데이터를 응용 애플리케이션의 버퍼에 옮겨 두었다가, 프레임 버퍼로 출력해 보자. 아래의 그림 10-19와 그림 10-20은 비트맵 이미지 파일을 그림판으로 만들어서 에디터 프로그램으로 열어서 확인한 내용이다. 아래의 내용에서 헤더를 구성하는 구조체의 멤버가 가지는 변수의 크기를 확인할 수 있다.

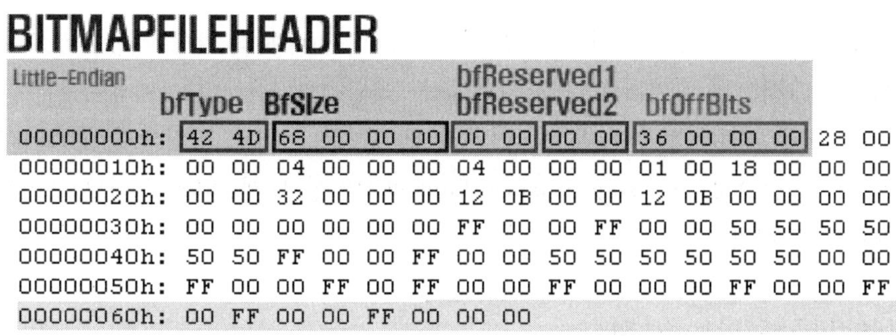

그림 10-19 비트맵 파일 헤더(BITMAPFILEHEADER)

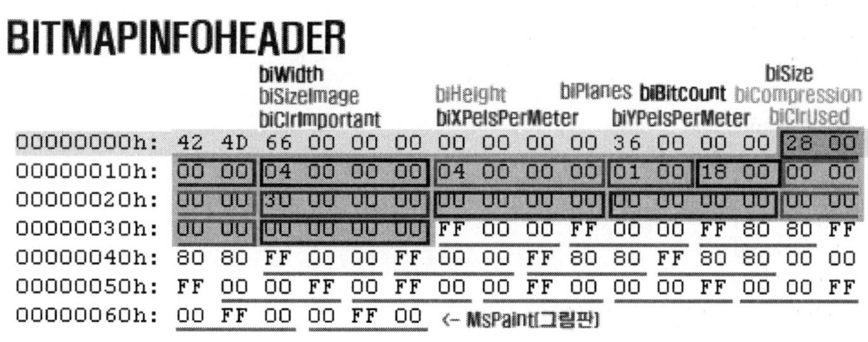

그림 10-20 비트맵 정보 헤더(BITMAPINFOHEADER)

위의 헤더파일 처리를 위한 각각의 구조체는 다음과 같다.

[BITMAPINFOHEADER 구조체]

```
typedef struct tagBITMAPFILEHEADER{
    short bfType;
    int bfSize;
    short bfReserved1;
    short bfReserved2;
    int bfOffBits;
}__attribute__((__packed__)) BITMAPFILEHEADER;
```

위 구조체에서 attribute는 해당 구조체가 가지는 속성을 정의하는 것으로, 구조체를 생성할 때 각각의 크기를 정확하게 해당 자료형으로 구성하고자 할 때 사용된다. 일반적으로 우리가 구조체에 접근할 때, 해당 구조체의 멤버 크기만큼만 메모리를 할당할 것이라고 예상하기 쉬우나, 실제 메모리는 char 멤버인 경우에도 1바이트를 할당해야 할 것 같지만 실제로는 4바이트가 할당된다. 단지 사용자 입장에서는 1바이트로 접근하게 되지만 실제 4바이트를 할당받은 크기 중 1바이트만 이용하게 된다. 해당 내용을 확인하려면 위와 같이 구조체를 만들고 sizeof를 통해서 크기를 확인해보면 이해가 될 것이다. 옵션으로 사용한 packed는 실제 크기만큼만 메모리를 할당하여 사용한다. packed 속성을 사용하지 않고 파일에서 헤더를 가져오게 되면 원래 가져와야 하는 메모리보다 다 많은 내용을 가져오게 되고, 잘못된 헤더를 가져옴으로써 프로그램에서 데이터를 제대로 처리하지 못하거나 혹은 잘못된 메모리 접근으로 인한 segmentation fault 메시지를 보게 된다. 그러므로 반드시 속성을 사용하도록 한다.

[BITMAPINFOHEADER 구조체]

```
typedef struct tagBITMAPINFOHEADER{
    int biSize;
    long biWidth;
    long biHeight;
    short biPlanes;
    short biBitCount;
    int biCompression;
    int biSizeImage;
    long biXPelsPerMeter;
    long biYPelsPerMeter;
    int biClrUsed;
    int biClrImportant;
}__attribute__((__packed__)) BITMAPINFOHEADER;
```

그러면 위의 구조체에서 그림을 가져오는 방법은 다음과 같다. 우선, bmp 파일을 open() 또는 fopen()과 같은 함수를 통해서 열어준다. 그 다음 lseek()를 이용해서 파일의 처음에 위치하게 하고, BITMAPFILEHEADER 사이즈만큼 파일에서 읽어온 다음, 첫 번째 2바이트가 'BM'의 데이터에 해당하는지 확인한다. 그리고 이미지 사이즈를 변수에 넣어둔다. 변수에 넣은 파일 크기는 용량을 표시하거나, 이후 BMP 데이터를 가져온 다음 데이터의 실제 크기와 헤더 길이를 더해 파일이 정상적인지 혹은 비정상적인지를 점검하는 용도로도 이용된다. 그리고 마지막의 bfOffBits로 이미지와의 거리를 확인한다. 이미지 시작 위치에서 OffsetBit만큼 이동하면 실제 이미지 데이터가 존재한다. 그러면 해당 내용을 read()또는 fread()를 통해서 읽어야 한다. 이때 읽을 데이터의 크기는 BITMAPINFOHEADER에서 이미지 크기와 색상수를 통해서 크기를 계산하고 계산된 크기만큼 데이터를 읽어오면 응용 애플리케이션에서 할당받은 메모리에 가져올 수 있다. 이렇게 가져온 데이터를 프레임 버퍼를 통해서 출력하면, BMP 이미지가 출력된다. 또한, 데이터 타입이 리틀 엔디안으로 되어 있으므로, 데이터를 해당 데이터 위치의 가장 마지막에서 이전 위치로 읽든지 아니면, 데이터를 읽고 난 다음 회전시켜주면 영상이 제대로 표시되고 그렇지 않으면 뒤집혀 있는 영상이 출력된다.

10.6.2 BMP 정보 출력 프로그램

앞서 설명한 BMP 헤더의 정보를 이용하여 bmp 파일의 정보를 읽어 출력하는 프로그램을 작성하여 보자. bmp 파일 정보를 출력할 수 있다면, 실제 bmp 파일의 raw 데이터를 읽어와서 출력하는 것은 아주 쉽게 해결될 것이다.

① bmp 헤더파일

[호스트에서 수행]

```
root@esp:~/work/fb# mkdir BMP
root@esp:~/work/fb# cd BMP
root@esp:~/work/fb/BMP# vi bmp_header.h
```

```
/* Bmp File display to Frame-buffer example
 * FILE : bmp_header.h */

#ifndef _BMPINFO_
#define _BMPINFO_

// display area size
#define WIDTH 800
#define HEIGHT 480

// make type definition - windows type
typedef unsigned short U16;
typedef unsigned short WORD;
typedef unsigned int DWORD;
typedef unsigned int LONG;
typedef unsigned char BYTE;
```

```
// make type definition - bmp file header
typedef struct tagBITMAPFILEHEADER{
    WORD bfType;
    DWORD bfSize;
    WORD bfReserved1;
    WORD bfReserved2;
    DWORD bfOffBits;
} __attribute((packed))BITMAPFILEHEADER;

// make type definition - bmp image infomation header
typedef struct tagBITMAPINFOHEADER{
    DWORD biSize;
    LONG biWidth;
    LONG biHeight;
    WORD     biplanes;
    WORD     biBitCount;
    DWORD    biCompression;
    DWORD    biSizeImage;
    LONG     biXPelsPerMeter;
    LONG     biYPelsPerMeter;
    DWORD    biClrUsed;
    DWORD    biClrImportant;
} __attribute((packed)) BITMAPINFOHEADER;
/* other mathod : Group Attribute Packed Mathod
   #pragma pack(1) or pragma pack() */
#endif
```

② 정보 출력 프로그램

[호스트에서 수행]

```
root@esp:~/work/fb/BMP# vi bmp_info.c
```

```
/* Bmp File display to Frame-buffer example
 * FILE : bmp_info.c */

#include <stdio.h>
#include <stdlib.h>
#include <fcntl.h>
#include <string.h>
#include <sys/ioctl.h>
#include <sys/types.h>
#include <linux/fb.h>

#include "bmp_header.h"

int main(int argc, char **argv)
{
    BITMAPFILEHEADER BmpFileHd;
    BITMAPINFOHEADER BmpInfoHd;
```

```
    size_t retval;

    int fb_fd; // Framebuffer discriptor
    struct fb_var_screeninfo fvs;

    FILE *read_fp=NULL;

    if(argc !=2){      // Argument check
        printf("Usage : %s [FileName]₩n",argv[0]);
        return -1;
    }

    if ((read_fp = fopen(argv[1],"rb")) == NULL) {     // File Open
        printf("File Open Error₩n");
        exit(1);
    }

    // File Read - Bmp File Header
    fread(&BmpFileHd, sizeof(BITMAPFILEHEADER), 1, read_fp);
    if(BmpFileHd.bfType!=0x4D42) {
        printf("Not Bitmap file or Unsupport Bitmap file₩n");
        exit(1);
    }

    printf("* BMP File Header - ₩n");
    printf("  Type     : 0x%04X₩n", BmpFileHd.bfType);
    printf("  Size     : %d₩n", BmpFileHd.bfSize);
    printf("  Offbits : %d₩n", BmpFileHd.bfOffBits);

    // File Read - Bmp Image infomation header
    fread(&BmpInfoHd, sizeof(BITMAPINFOHEADER), 1, read_fp);
    printf("* BMP Info Header - ₩n");
    printf("  FIleName     : %s₩n",argv[1]);
    printf("  Infosize     : %d₩n", BmpInfoHd.biSize);
    printf("  Width        : %d₩n", BmpInfoHd.biWidth);
    printf("  Height       : %d₩n", BmpInfoHd.biHeight);
    printf("  Planes       : %d₩n", BmpInfoHd.biplanes);
    printf("  Bitcount     : %d₩n", BmpInfoHd.biBitCount);
    printf("  Compressin : %d₩n", BmpInfoHd.biCompression);
    printf("  Sizeimage    : %d₩n", BmpInfoHd.biSizeImage);
    printf("  XPelsPerMeter : %d₩n", BmpInfoHd.biXPelsPerMeter);
    printf("  YPelsPerMeter : %d₩n", BmpInfoHd.biYPelsPerMeter);
    printf("  ClrUsed          : %d₩n", BmpInfoHd.biClrUsed);
    printf("  ClrImportant   : %d₩n", BmpInfoHd.biClrImportant);

    fclose(read_fp);
    return 0;
}
```

위 파일이 Achro-210T에서 실행될 수 있도록 호스트 컴퓨터에서 크로스 컴파일러를 사용하여 컴파일한다.

[호스트에서 수행]

```
root@esp:~/work/fb/BMP# arm-linux-gcc -o bmp_info bmp_info.c
```

컴파일된 파일을 210T에서 실행하기 위해 호스트 컴퓨터와 Achro-210T를 직렬케이블로 연결하여 minicom을 사용할 수 있도록 하고 NFS 설정을 완료한다. 그런 다음 컴파일된 응용프로그램을 Achro-210T에서 실행하여 결과를 확인해 본다. 다음의 스크립트는 호스트 컴퓨터의 root 디렉토리가 Achro-210T에서 /root/nfs로 마운트되었다고 가정한 후 실행하는 단계를 보여준다.

[Achro-210T에서 수행]

```
root@Achro210T:~/nfs/work/fb/BMP# ./bmp_info
Usage : ./bmp_info [FileName]
root@Achro210T:~/nfs/work/fb/BMP# ./bmp_info image01.bmp
* BMP File Header -
  Type     : 0x4D42
  Size     : 1152056
  Offbits : 54
* BMP Info Header -
  FIleName    : image01.bmp
  Infosize    : 40
  Width        : 800
  Height       : 480
  Planes       : 1
  Bitcount     : 24
  Compressin : 0
  Sizeimage   : 1152002
  XPelsPerMeter : 2834
  YPelsPerMeter : 2834
  ClrUsed          : 0
  ClrImportant   : 0
root@Achro210T:~/nfs/work/fb/BMP#
```

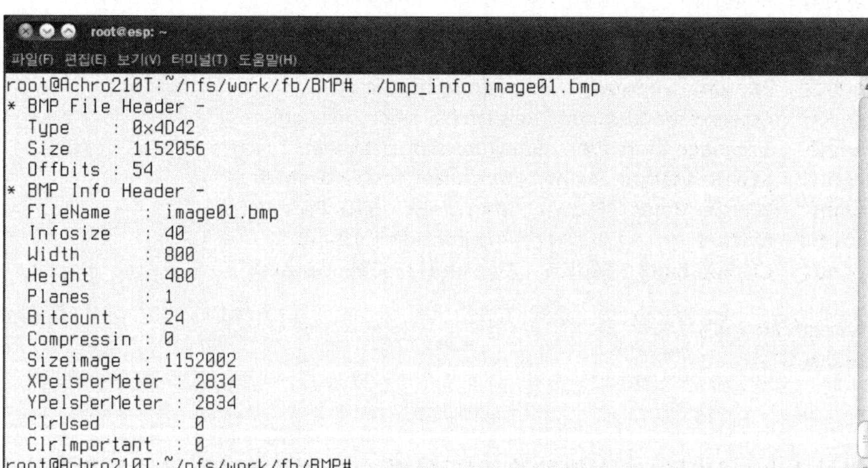
```
root@Achro210T:~/nfs/work/fb/BMP# ./bmp_info image01.bmp
* BMP File Header -
  Type     : 0x4D42
  Size     : 1152056
  Offbits : 54
* BMP Info Header -
  FIleName    : image01.bmp
  Infosize    : 40
  Width       : 800
  Height      : 480
  Planes      : 1
  Bitcount    : 24
  Compressin : 0
  Sizeimage   : 1152002
  XPelsPerMeter : 2834
  YPelsPerMeter : 2834
  ClrUsed        : 0
  ClrImportant   : 0
root@Achro210T:~/nfs/work/fb/BMP#
```

그림 10-21 bmp 파일 이미지 정보 출력

파일 시작 위치에서부터 헤더 크기만큼을 제외한 나머지는 실제 이미지 데이터이므로, 프레임 버퍼에 해당 이미지를 출력하려면 헤더를 읽어 가로 해상도와 세로 해상도, 그리고 bpp 정보를 사용하여 출력 버퍼를 만든 다음 해당 버퍼에 데이터를 넣고, 넣은 데이터를 프레임 버퍼에 출력하면 된다.

Chapter

11 안드로이드

최근 스마트폰이 PC보다 더 많이 보급되면서, 스마트폰은 많은 사람들의 생활을 바꾸어 놓고 있다. 예전의 전화기는 단순히 통화 목적으로 사용되었지만, 스마트폰은 PC와 같은 데이터 처리 기능과 더불어 데이터 송수신 기능을 제공하는 휴대전화이다. 따라서 PC 수준의 데이터 처리 능력과 언제 어디서나 인터넷에 연결 가능한 스마트폰은 전세계 네트워크에서 많은 정보를 손쉽게 수집할 수 있고, 또 많은 정보를 생산하고 배포할 수 있게 되었다.

개발자에게 스마트폰은 응용프로그램 개발을 위한 표준화된 인터페이스와 플랫폼을 제공하는 운영체제가 탑재된 휴대 전화기로 볼 수 있고, 또한 어떤 사람들에게 스마트폰은 전자 우편, 인터넷, 전자책 읽기 기능, 내장형 키보드나 외장 USB 키보드, OTG 단자 등 다양한 기능을 갖춘 휴대전화일 수도 있다. 사용하고자 하는 사람의 목적에 맞게 어떠한 형태로든 운영이 가능한 전화 기능이 있는 소형 컴퓨터가 바로 스마트폰일 것이다. 이러한 스마트폰의 시스템을 관리하고, 애플리케이션을 구동시키고 그리고 사용자와 인터페이스를 해주는 것 중에 안드로이드가 있다.

안드로이드는 리눅스와 라이브러리, 런타임, 프레임워크, 애플리케이션 등 많은 내용을 포함하고 있다. 이들 내용에 대한 상세한 내용은 전문서적을 참고하는 것으로 하고, 이 책에서는 안드로이드에 대한 기본 개념과 개발환경 설정, 그리고 애플리케이션 작성방법, 안드로이드를 이용하여 Achro-210T에서 디바이스를 제어하는 것에 대해서 다룬다.

11.1 안드로이드의 정의

안드로이드는 운영체제와 미들웨어 그리고 핵심 응용프로그램을 포함하는 모바일 기기의 소프트웨어 집합체이다. 보통 스마트폰을 구매할 때 해당 스마트폰의 운영체제 항목에 안드로이드라고 표시되어 있지만, 사실상 안드로이드 자체가 운영체제라고 보기에는 다소 무리가 있다. 하지만 포괄적으로 스마트폰을 구성하는 운영체제라고 하고 있다. 앞서 언급된 내용처럼 운영체제와 미들웨어 그리고 핵심 응용프로그램을 포함하고 있는 모바일 집합체라고 한 이유는, 안드로이드는 그 자체로서 하드웨어를 하드웨어 리소스로 제어할 수 없기 때문이다. 안드로이드 가장 하위에는 리눅스가 있으며, 그 위를 안드로이드를 구성하는 각각의 기능에 해당되는 구성요소로 채워져 있다.

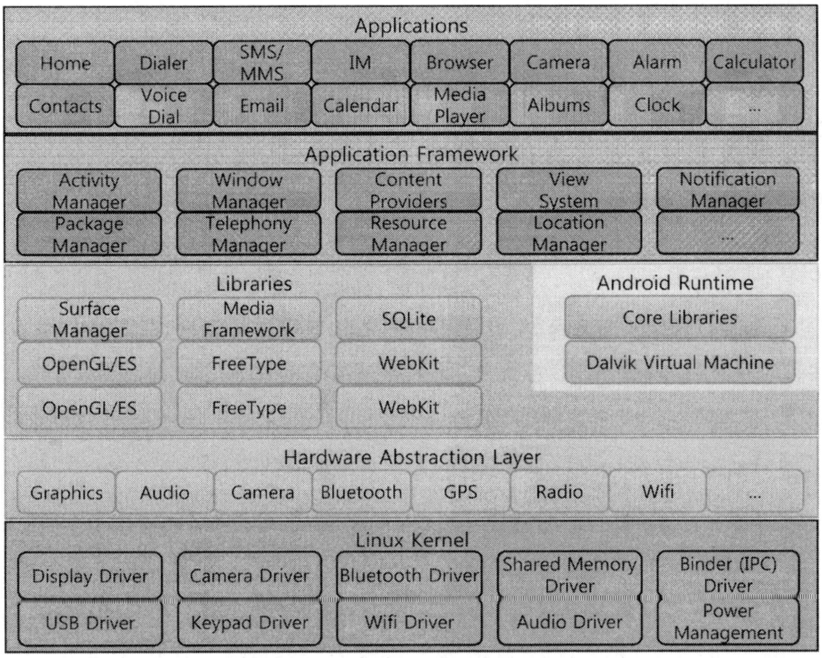

그림 11-1 안드로이드 구성 레이어

그림 11-1은 안드로이드를 구성하고 있는 계층을 보여준다. 안드로이드는 맨 아래에 리눅스 커널이 있고, 그 위에 하드웨어 추상화 계층, 그 다음으로 라이브러리와 런타임이 있고, 그 위에 애플리케이션 프레임워크와 애플리케이션이 있다. 안드로이드 애플리케이션은 자바로 만들어져 있다. 일반적인 자바와 마찬가지로 이러한 자바가 구동되려면 자바 가상머신이 필요하다. 안드로이드 위에서 실행되는 애플리케이션은 안드로이드의 자바 가상머신인 달빅 가상머신에서 구동되며 자바 프로그램의 코어 라이브러리에서 사용하던 대부분의 기능은 안드로이드 런타임의 코어라이브러리에서 해당 제공된다.

자바는 순수한 소프트웨어 개발 언어이기 때문에 자바자체로는 하드웨어를 제어할 수 없다. 그러므로 자바환경인 안드로이드가 정상적으로 구동되려면 사용할 하드웨어, 프로세스 등에 대한 관리가 필요하다. 이러한 부분은 리눅스에 의존한다. 리눅스는 데스크톱 및 임베디드 시스템 운영체제로서 오랫동안 사용되어져 왔고, 오픈소스 정책으로 많은 사람들이 사용하고 있고 많은 개발자들이 개발에 참여하며 개선되고 있다. 안드로이드는 이러한 리눅스를 커널로 사용하고 있는 것이다.

11.1.1 리눅스 커널

안드로이드의 가장 하단에 있는 리눅스는 시스템에 관한 보안, 메모리 관리, 프로세스 관리, 네트워크 스택을 비롯한 디바이스 드라이버 등을 관리하며, 리눅스 커널 2.6의 핵심 부분들을 이용한다. 예전에는 리눅스 커널과 안드로이드 커널이 분리되어 있었다. 분리된

주 원인은 안드로이드 운용을 위한 몇 가지 기능들이 포함되어 있었기 때문이다. 그러나 최근 리눅스 커널에서는 일반적인 리눅스의 코드들과 안드로이드의 코드들이 통합되어 배포되고 있다

11.1.2 안드로이드 라이브러리

안드로이드는 안드로이드 시스템에서 필요한 다양한 기능들을 기존 리눅스에서 사용하던 라이브러리를 가져와서 사용하고 있다. 각 라이브러리는 C/C++로 만들어져 있다. 안드로이드 애플리케이션 개발자는 이러한 라이브러리의 기능들을 잘 몰라도 Application Framework를 통해 해당 내용을 이용할 수 있다. 안드로이드를 구성하는 라이브러리는 아래와 같이 구성되어 있다.

- System C library: 임베디드 리눅스 기반기기를 위한 표준 C시스템 라이브러리(libc)의 BSD상속 구현체
- Media Libraries: PacketVideo의 OpenCORE 기반이며, 인기 있는 오디오 및 비디오 포맷, MPEG4/H.264/MP3/AAC/AMR/JPG/PNG를 포함하는 정적 이미지 파일의 재생 및 녹음(녹화)
- Surface Manager: 디스플레이 서브시스템 및 다수의 응용프로그램의 2D, 3D 그래픽 레이어
- LibWebCore: 안드로이드 브라우저 및 임베디드 웹 뷰와 같은 최신의 웹 브라우저 엔진
- SGL: 2D 그래픽스를 지원
- 3D libraries: OpenGL ES 1.0 API 기반을 기반으로 하며, 하드웨어 3D 가속 또는 최적화된 3D 라이브러리
- FreeType: 비트맵과 벡터 폰트 렌더링
- SQLite: 모든 응용프로그램에서 사용 가능한 강력하고 경량인 관계형 데이터베이스 엔진

11.1.3 Hardware Abstraction Layer(HAL)

안드로이드는 하드웨어 추상 레이어를 제공한다. 리눅스에서 관리하는 하드웨어가 변경되더라도 안드로이드 시스템에서는 영향을 받지 않도록 하기 위함이다. 기존에는 하드웨어 드라이버가 변경되면 그에 따라 리눅스 시스템의 드라이버 제어구조가 변경되어 애플리케이션을 그 형태대로 변경해야 했었는데, 안드로이드에서는 이러한 하드웨어가 변경되더라도 상위의 애플리케이션은 하드웨어를 이용하는 메서드만으로 사용할 수 있도록 하기 위해서 HAL이라는 레이어를 제공한다. 이를 통해 안드로이드에서는 이러한 리눅스 상의 모든 컴포넌트들에 대해서 인터페이스를 제공한다.

11.1.4 Android Runtime

안드로이드는 자바 프로그래밍 언어의 코어 라이브러리에서 사용할 수 있는 대부분의 기능을 지원하는 코어 라이브러리를 포함한다. 그리고 이러한 자바로 작성된 애플리케이션은 달빅 가상 기기(Dalvik Virtual Machine)의 자체 인스턴스를 갖고 구동된다. 안드로이드는 달빅(Dalvik)이 구현되어 있어서 다중 VM을 효과적으로 구동할 수 있으며, 해당 애플리케이션의 달빅 VM은 최소한의 메모리를 차지하도록 최적화된 달빅 실행 형식(Dalvik Executable format; .dex)으로 실행된다. 안드로이드 애플리케이션은 자바 언어 컴파일러를 이용하여 컴파일되고, 안드로이드 개발환경에 포함된 dx 도구를 이용하여 .dex 형식으로 변환된 클래스들을 구동하므로써 실행된다. 달빅 VM에서는 스레드와 저수준 메모리 관리 등의 기반 기능에 대해서 리눅스 커널에 의존한다. 달빅 VM의 특징은 아래와 같다.

- 자바 런타임과 동등한 레벨
- 프로세스가 동작되면서 라이브러리를 호출할 때 사용
- 자바 애플리케이션에서 Libc 기반의 C/C++ 라이브러리를 호출할 때 런타임 라이브러리를 호출
- 안드로이드는 달빅 실행 파일(.dex)의 구조를 사용, 실행파일이 심볼릭 Resolution을 통하여 함수를 가지고 있다가 라이브러리를 호출
- 안드로이드 런타임은 달빅 VM과 코어 라이브러리로 구성
- 안드로이드 개발은 이클립스(Eclipse)의 ADT 플러그인을 통해서 자바로 컴파일되고, 클래스와 리소스가 Dx 컨버터를 통해 안드로이드 앱(.apk)으로 변환되어 달빅 VM 위에서 동작
- 달빅 VM은 작은 메모리에서도 최적화되는 달빅 실행 포맷(.dex) 파일의 실행을 지원
- 달빅 VM은 스레딩과 저수준의 메모리 관리 지원을 위해 리눅스 커널을 이용

11.1.5 Android Framework

개발자는 응용프로그램에서 리눅스에서 제공하는 모든 프레임워크 API에 접근이 가능하며, 응용프로그램 아키텍처는 컴포넌트 재사용을 손쉽게 할 수 있도록 디자인되었다. 컴포넌트들은 프레임워크의 보안 제약 사항을 준수한다면 응용프로그램을 제작하는데 이용할 수 있다. 그리고 이러한 프레임워크 메커니즘은 컴포넌트를 사용자에 의해 교체할 수 있도록 하는 장점을 가지고 있다. 안드로이드 프레임워크의 특징은 다음과 같다.

- API 기반의 인터페이스를 제공
- Activity Manager: 생명주기(life cycle)를 가진 오브젝트로 필요에 따라 사용자를 위한 UI를 포함할 수 있는 코드
- View system: 표준 위젯 담당

- Window Manager: 모든 응용프로그램과 관련된 화면 담당
- Package Manager: 시스템에서 동작 중인 응용프로그램들의 정보를 담당
- Content Provider: 장치에 있는 데이터에 접근할 수 있도록 제공해 주는 일종의 데이터 보관소로, 특정 응용은 콘텐트 제공자(content providers)를 통해 미리 공개된 다른 응용에서 사용하는 데이터에 접근할 수 있으며, 사용자 스스로도 공개할 데이터를 콘텐트 제공자를 통해 정의할 수 있음
- Resource Manager: 리소스에는 프로그램에서 애플리케이션을 구현한 코드를 제외한 모든 부분이 포함됨
- Location Manager: 안드로이드 기기들은 항상 자신의 위치를 파악할 수 있음
- Notification Manager: 메시지 도착 등이 사용자에게 방해되지 않도록 전달함

11.1.6 Application

안드로이드는 이메일, SMS, 캘린더, 지도, 웹브라우저, 연락처 등의 핵심 애플리케이션을 탑재하고 있다. 이러한 애플리케이션은 모두 자바언어로 개발되고, 자바 컴파일러를 통해서 컴파일된다.

11.2 개방형 휴대전화 연합체(Open Handset Alliance)

개방형 휴대전화 연합체인 OHA(Open Handset Alliance)는 2007년 11월 구글을 중심으로 인텔, 모토로라, 퀄컴, 삼성전자, LG전자 등이 설립한 다국적 연합체이다.

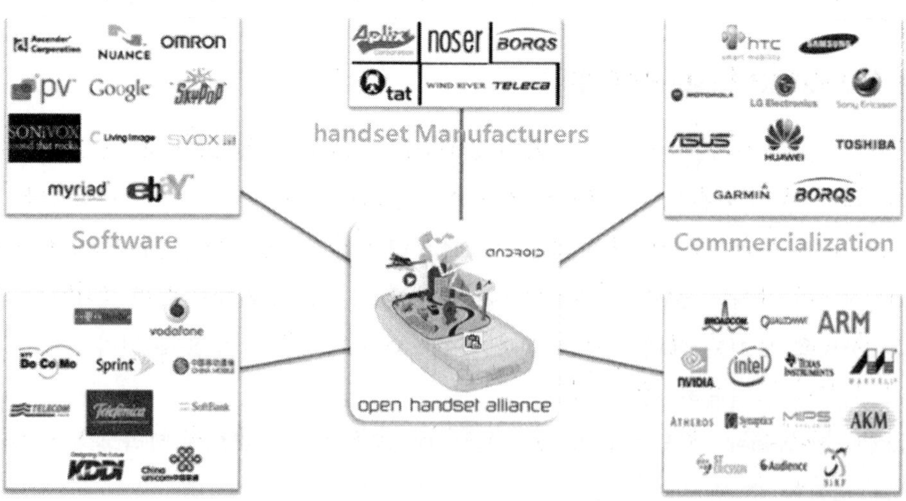

그림 11-2 개방형 휴대전화 연합체

구글은 기존의 폐쇄적인 무선 시장을 전화 사용자가 망 공급자를 쉽게 전환할 수 있고 응용프로그램과 서비스들에 자유롭게 접근할 수 있는 환경으로 바꾸는 움직임을 이끌었다. 방대한 자원을 바탕으로 한 구글은 FCC(미국 연방통신위원회) 무선 주파수대 정책에서 단말기 제조사들의 요구사항들, 응용프로그램 개발자들의 요구, 그리고 이동통신 사업자들의 욕망에 이르기까지 다양한 분야들을 조사하면서 그러한 프로젝트에 폭넓게 접근해 들어갔다.

OHA는 세계 최고의 칩 제조사, 단말기 제조사, 소프트웨어 개발사, 서비스 공급 업체 등 다수의 회사들로 이루어진 업체 동맹이다. OHA 회원사들은 모바일 공동체의 발목을 잡는 문제들의 해결을 목표로 하는 비 독점 개방 표준 플랫폼을 함께 개발하기 시작했다. 그 프로젝트의 이름이 바로 안드로이드(Android)였다. 구글은 안드로이드 프로젝트에 적극적으로 참여했다. 구글은 오픈소스 프로젝트를 이끌며 온라인 문서화와 포럼, SDK(Software development kit)를 개발하고 배포하며 여러 컨퍼런스에서 다양한 이벤트도 열고, 개발자들이 킬러 안드로이드 응용프로그램을 작성하도록 권장하기 위한 경진대회인 Android Developer Challenge도 주최하는 등, 안드로이드 플랫폼을 발전시켰다.

11.3 안드로이드 개발환경 구축

안드로이드 개발환경은 몇 가지로 나뉘게 된다. 첫째로 안드로이드 애플리케이션을 개발하기 위한 개발환경이 있고 그 다음으로 안드로이드 플랫폼 자체를 개발하기 위한 개발과 하드웨어 장치를 개발하기 위한 개발환경이 있다. 이 절에서는 안드로이드 플랫폼을 개발하기 위한 개발환경 및 안드로이드 애플리케이션 개발을 위한 개발환경을 구성하도록 한다.

11.3.1 안드로이드 플랫폼 다운로드를 위한 설정

안드로이드에서 사용되는 플랫폼을 개발하기 위해서는 리눅스를 이용하게 된다. 따라서 이전에 사용했던 임베디드 개발환경을 그대로 이용하면 된다. 만약 본 챕터를 진행하는데 있어서 개발환경 설정을 하지 않았다면, 먼저 리눅스 설치부분과 관련툴 설치를 먼저 진행하도록 한다.

안드로이드 플랫폼 포팅 및 소프트웨어 개발을 위해서는 인터넷을 통해서 몇 가지 툴들을 설치해야 한다. 인터넷 연결설정을 확인한 다음 개발환경 혹은 운용에 필요한 패키지들을 다운로드 받는다. apt-get을 이용하여 시스템 소프트웨어를 다운로드해야 하는데, 속도 문제를 해결하기 위해 apt-get이 참조하는 sources.list 파일을 수정해야 할 필요가 있다. 이를 위해 우선 터미널 창에서 파일을 백업한 다음 편집을 하기 위해 파일을 vi 에디터로 연다.

```
root@esp:~# cp /etc/apt/sources.list /etc/apt/sources.list.backup
root@esp:~# vi /etc/apt/sources.list
```

vi 에디터가 시작되면 해당 파일 내용에서 아래와 같이 다운로드 받아올 서버의 주소를 변경한다. 우분투에서 운영하는 kr 및 us 서버의 경우 다운로드 속도가 느리기 때문에 조금 더 빠른 설치를 원한다면 그림 11-3과 같이 서버 리스트를 변경해 준다. 수정해야 할 부분은 파일에서 "kr.archive.ubuntu.com" 또는 "us.archive.ubuntu.com"이라는 문자열을 "ftp.daum.net"으로 변경하는 것이다.

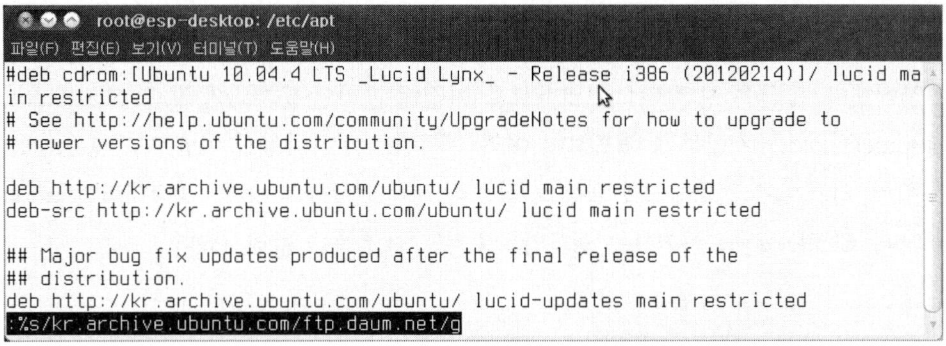

그림 11-3 패키지 다운로드용 서버 리스트 변경

수정이 완료되면 다음의 apt-get 명령어를 실행하여 repository를 업데이트한다. 그림 11-4는 리포지터리가 갱신된 결과화면이다.

```
root@esp:~# apt-get update
```

그림 11-4 리포지터리 갱신

11.3.2 안드로이드 플랫폼 개발 필수 소프트웨어 설치

리눅스에서의 개발과 안드로이드 개발에 필요한 라이브러리와 빌드 툴, 압축 툴에 관련된 시스템 소프트웨어를 설치해야 한다. java6-jdk를 다운로드 받기 위해 add-apt-repository 명령어를 이용하여 repository를 추가하거나 혹은 /etc/apt/sources.list 파일에 해당 내용을 추가한다. 안드로이드 시스템 버전에 따라서, 아래의 설치 내용이 자주 변경되므로, 아래의 설치 부분은 가급적 http://source.android.com/source/initializing.html의 설치가이드를 이용하기 바란다.

① Java Development Kit(JDK) 다운로드

안드로이드 시스템을 빌드하려면 JDK가 필요하다. JDK로 현재 시스템을 정상적으로 빌드하려면 오라클(Oracle)에서 배포하는 JDK가 필요하며, Open JDK를 이용하여 플랫폼 또는 애플리케이션을 빌드할 수 없다. 구 버전의 우분투에서 오라클의 JDK를 배포했으나, 구 버전 지원기간이 끝남에 따라 우분투에서는 해당 JDK 다운로드를 지원하지 않는다. 설치할 JDK 버전은 java6이며, 자바 소스를 다운로드 받기 전에 다운로드 위치를 추가한다.

```
root@esp:~# apt-get install python-software-properties
root@esp:~# add-apt-repository ppa:sun-java-community-team/sun-java6
root@esp:~# apt-get update
```

apt-get 명령어를 이용하여 JDK를 설치한다.

```
root@esp:~# apt-get install sun-java6-jdk
```

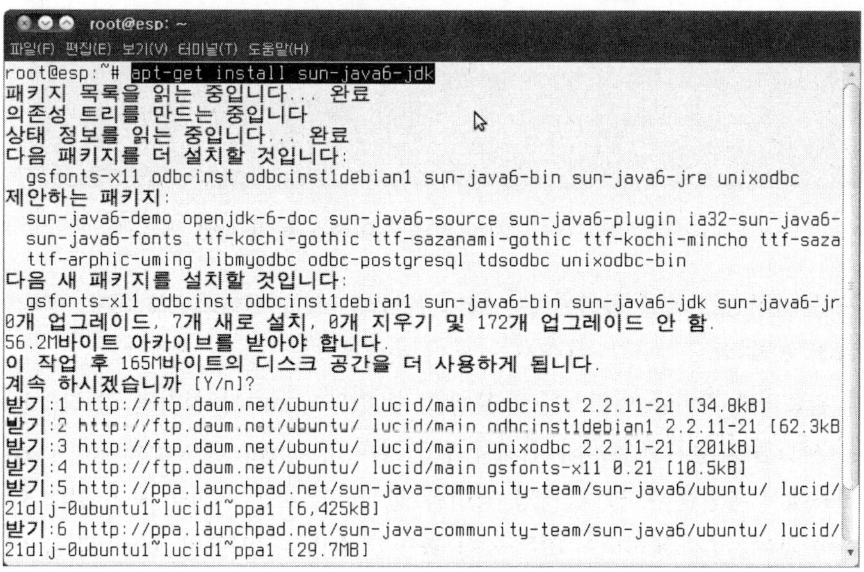

그림 11-5 자바 JDK 설치

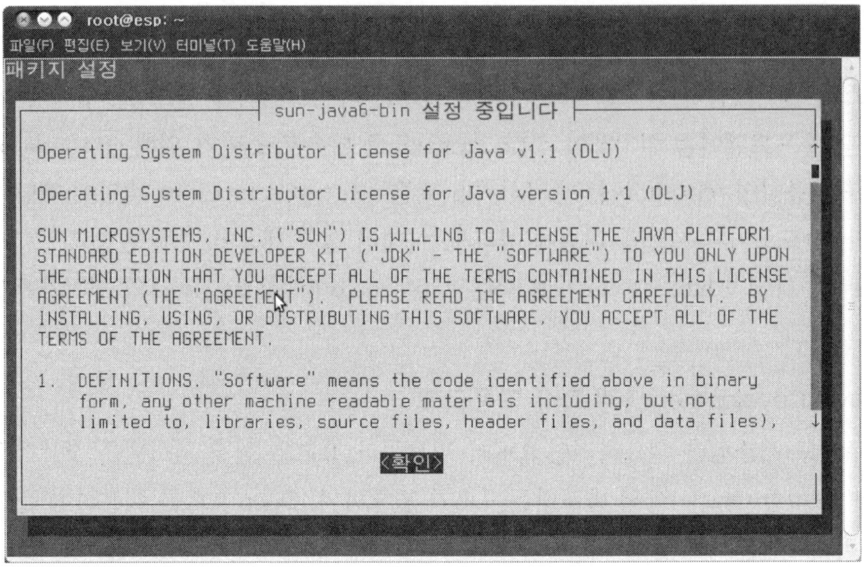

그림 11-6 자바 JDK 설치 동의 화면

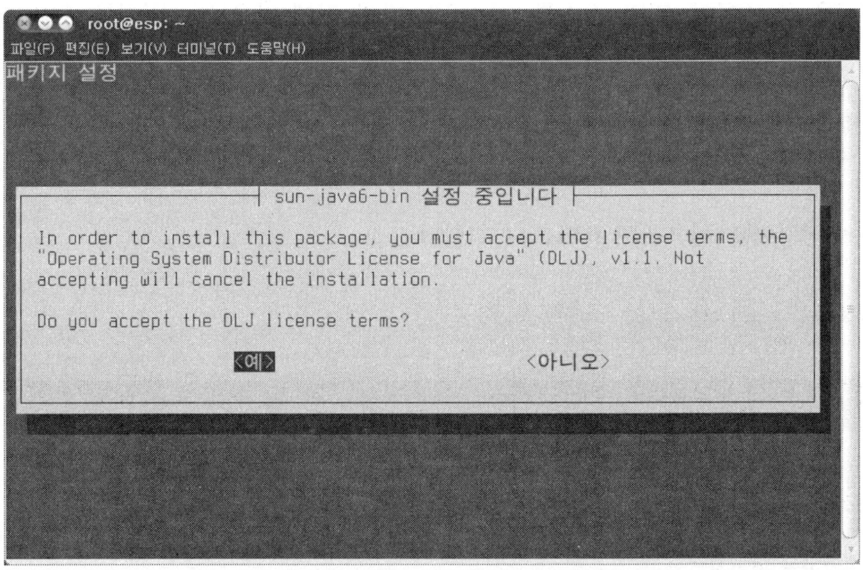

그림 11-7 자바 JDK 라이선스 동의 화면

설치 도중 라이선스 확인 화면에서는 탭키를 눌러 OK가 선택되도록 하고, 엔터키를 입력하여 계속 진행한다. 그리고 라이선스 동의 화면에서는 yes를 선택한다.

설치가 완료되면 자바를 어디서든지 실행할 수 있도록 java가 설치된 경로를 .bashrc에 추가한다. 시스템에 설치된 java의 위치를 알고 싶다면 updates-alternatives --config java 명령을 이용해서 확인할 수 있다. 해당 명령을 실행하고 나온 결과를 보면 현재 디폴트로 설정된 자바 앞에는 *가 표시되어 있는 것을 확인할 수 있다. 사용할 java 버전을 변경하려면 해당 자바의 버전 앞에 있는 selection 번호를 입력하고 엔터키를 누른다.

```
root@esp: ~
파일(F) 편집(E) 보기(V) 터미널(T) 도움말(H)
root@esp:~# update-alternatives --config java
There are 4 choices for the alternative java (providing /usr/bin/java).

  선택       경로                                      우선순□ 상태
------------------------------------------------------------
* 0            /usr/lib/jvm/java-6-openjdk/jre/bin/java   1061       자동 모드
  1            /usr/lib/jvm/java-1.6.0-openjdk/bin/java   1          수동 모드
  2            /usr/lib/jvm/java-6-openjdk/jre/bin/java   1061       수동 모드
  3            /usr/lib/jvm/java-6-sun/jre/bin/java       63         수동 모드
  4            /usr/lib/jvm/jdk1.7.0_55/bin/java          1          수동 모드

기본 사항[*]을 사용하려면 엔터, 다른 것을 사용하려면 번호를 입력하십시오:
```

그림 11-8 자바 프로그램 선택

그리고 자바 컴파일러(javac)도 마찬가지로 선택할 수 있다.

```
root@esp: ~
파일(F) 편집(E) 보기(V) 터미널(T) 도움말(H)
root@esp:~# update-alternatives --config javac
There are 2 choices for the alternative javac (providing /usr/bin/javac).

  선택       경로                                 우선순□ 상태
------------------------------------------------------------
* 0            /usr/lib/jvm/java-6-sun/bin/javac    63         자동 모드
  1            /usr/lib/jvm/java-6-sun/bin/javac    63         수동 모드
  2            /usr/lib/jvm/jdk1.7.0_55/bin/javac   1          수동 모드

기본 사항[*]을 사용하려면 엔터, 다른 것을 사용하려면 번호를 입력하십시오:
```

그림 11-9 자바 컴파일러 프로그램 선택 화면

자바 경로가 확인되었으면 .bashrc를 수정한다. 추가되는 환경변수인 JAVA_HOME의 경로는 위에서 사용자가 선택한 자바 컴파일러 경로를 넣어주면 된다.

```
root@esp:~# vi ~/.bashrc

(파일 맨뒤로 이동한 후 다음의 내용 입력)

export JAVA_HOME=/usr/lib/jvm/java-6-sun/bin/javac
export ANDROID_JAVA_HOME=$JAVA_HOME
```

자바의 환경변수는 source 명령을 통해서 즉시 적용할 수 있으며, 모든 가상 터미널에서 적용되게 하려면 리부팅해야 한다. 그리고 설정이 정상적으로 되었는지 확인하려면 아래의 명령을 이용하여 자바를 실행시켰을 때 정상 동작된다면 설정에는 문제가 없는 것으로 이해하면 된다.

```
root@esp:~# source ~/.bashrc
root@esp:~# java
```

② 안드로이드 플랫폼 개발을 위한 필수 유틸리티 설치

안드로이드 시스템 개발을 위해서 사용되는 유틸리티와 라이브러리 등을 설치한다. 우분투 32비트 버전을 이용한다면 아래와 같은 툴들을 설치한다.

```
root@esp:~# apt-get install git-core gnupg flex bison gperf build-essential zip curl zlib1g-dev libc6-dev x11proto-core-dev libx11-dev libncurses5-dev
```

그리고 리눅스 호스트로 ubuntu 64bit를 이용한다면 위의 툴들을 설치하고 아래의 몇 가지 유틸리티를 추가적으로 설치해 주어야 한다.

```
root@esp:~# apt-get install gcc-multilib g++-multilib libc6-i386 libc6-dev-i386 ia32-libs lib32readline5-dev lib32z-dev lib32ncurses5-dev
```

11.3.3 다운로드 관련 소프트웨어 설치

커널과 부트로더 등을 USB를 통해서 시스템으로 내려받기 위해서는 USB 드라이버가 설치되어 있어야 하므로, 관련 드라이버를 다운로드 한다. 이 부분은 이미 제5장에서 설치하였고, 설치한 경우는 건너뛴다.

① USB Driver 설치

```
root@esp:~# apt-get install libusb-dev
```

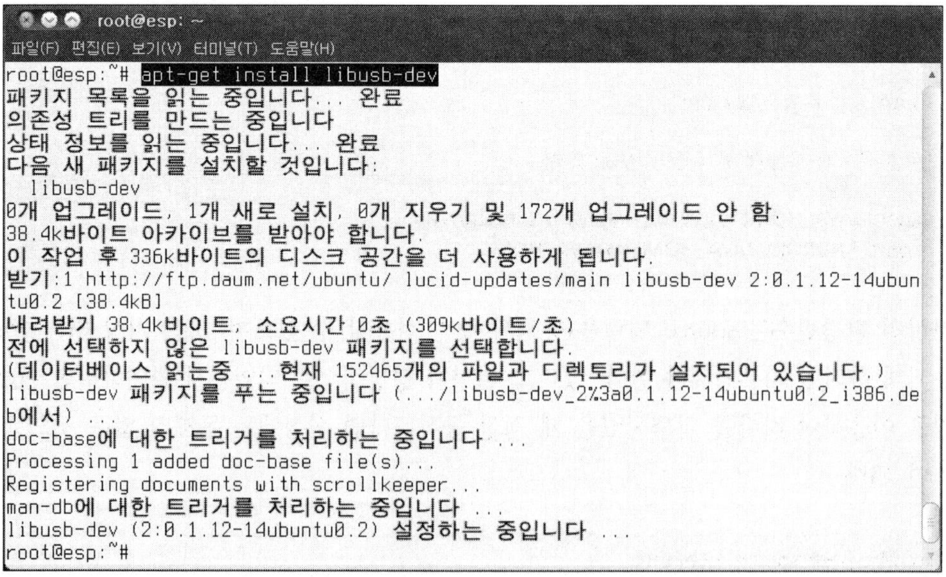

그림 11-10 USB 개발용 라이브러리 설치

② USB 다운로드 툴(smdk–usbdl) 설치

smdk-usbdl 프로그램은 부트로더나 커널이미지를 타겟보드(Achro-210T)의 메모리 영역으로 복사하는데 사용된다. smdk-usbdl 툴도 제5장에서 설치하였다. 설치를 한 경우는 아래 부분을 건너뛰면 된다. 설치를 하지 않았고, 제조사에서 제공하는 DVD 이미지 파일이 /root/achro-210T에 마운트 되었다고 가정하면, 다음의 과정으로 설치하면 된다.

```
root@esp:~# mkdir /root/download   ← 이전에 생성했다면 건너뛰기
root@esp:~# cp /root/achro-210T/utilities/linux/smdk-usbdl/smdk-usbdl.tar.gz ~/download
root@esp:~# cd ~/download   ← download 디렉토리로 이동
root@esp:~# tar xvfz smdk-usbdl.tar.gz   ← 압축풀기
root@esp:~# cd dltool   ← USB 개발 툴 설치 디렉토리로 이동
root@esp:~# ls
  dltool.c  Makefile  readme.txt  smdk-usbdl
root@esp:~# cp -a smdk_usbdl /usr/bin   ← 툴을 시스템 디렉토리(/usr/bin)로 복사
```

11.4 통합 개발환경 설치

안드로이드 애플리케이션을 개발하기 위해서는 앱 개발을 위한 IDE와 SDK를 설치해야 한다. 그리고 안드로이드 파일시스템을 빌드할 때 SDK의 일부 유틸리티들을 이용하기 때문에 파일시스템을 생성하기 이전에 소프트웨어 개발 툴을 먼저 설치해야 한다.

11.4.1 ADT-Bundle 설치

안드로이드 애플리케이션을 개발하기 위해서는 기본적으로 SDK, ADT, 그리고 이클립스(eclipse)가 필요하다. 물론 이클립스 대신 다른 IDE를 사용할 수 있으나, 이클립스는 구글에서 SDK, ADT 플러그인이 설치되어 있는 상태로 배포하기 때문에 개발환경을 구축하는데 간편하고 사용하기에도 편하다. 개발 툴은 아래의 링크에서 다운로드 받을 수 있으며, 자신이 사용하고 있는 개발환경에 맞추어 해당 버전을 다운로드 받는다.

```
http://developer.android.com/sdk/index.html
```

위 사이트에 방문하여 ADT Bundle 영역에서 Linux 32비트와 관련된 패키지를 다운로드 받는다. 다운로드할 때 주의할 점은 x86의 경우 32비트 버전과 64비트 버전 각각 제공되며, 이 책에서는 32비트 버전을 다운받아 설치하는 것으로 한다.

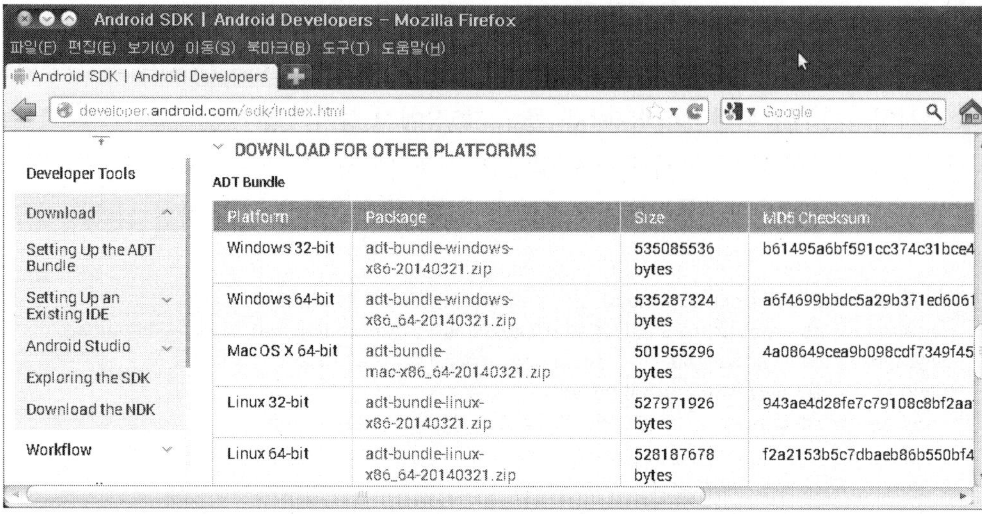

그림 11-11 ADT Bundle 다운로드

다운로드 받은 adt-bundle 패키지는 "~/다운로드" 디렉토리에 저장되어 있다. 안드로이드 관련 개발 툴들은 "/work/mydroid"에 설치하는 것으로 한다. 먼저 다운로드 받은 adt-bundle 패키지를 mydroid 디렉토리에 풀면 이클립스가 설치된다.

그림 11-12 ADT Bundle 압축풀기

개발 툴 압축해제가 완료되면, 소프트웨어 개발을 편리하게 하기 위해서 이클립스의 단축 아이콘을 바탕화면에 생성해 본다. 단축 아이콘 생성을 위해 바탕화면에서 마우스 우측 클릭을 하면 빠른 실행 메뉴가 보이며, 메뉴에서 "실행 아이콘 만들기"를 선택한다. 그림 11-13의 아이콘 생성 윈도우에서 아래와 같이 항목을 입력한다.

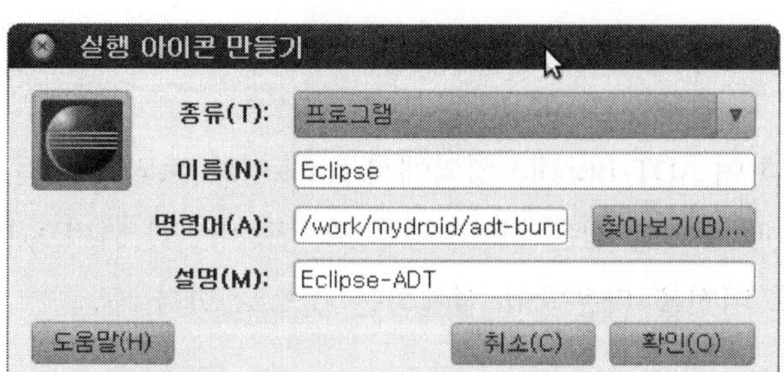

그림 11-13 이클립스 실행 아이콘 만들기

종류(T)는 프로그램으로 설정하고, 이름(N)은 Eclipse 혹은 자신이 원하는 애플리케이션 단축 아이콘 이름을 지정하면 된다. 명령어(A)에는 실행할 파일을 지정하면 되는데, 찾아보기(B) 버튼을 눌러서 Eclipse가 설치된 디렉토리를 그림 11-14와 같이 선택하면 된다. 그리고 설명(M)에는 아이콘에 대한 설명을 넣어주는 부분으로 여기서는 Eclipse-ADT라 입력하였다.

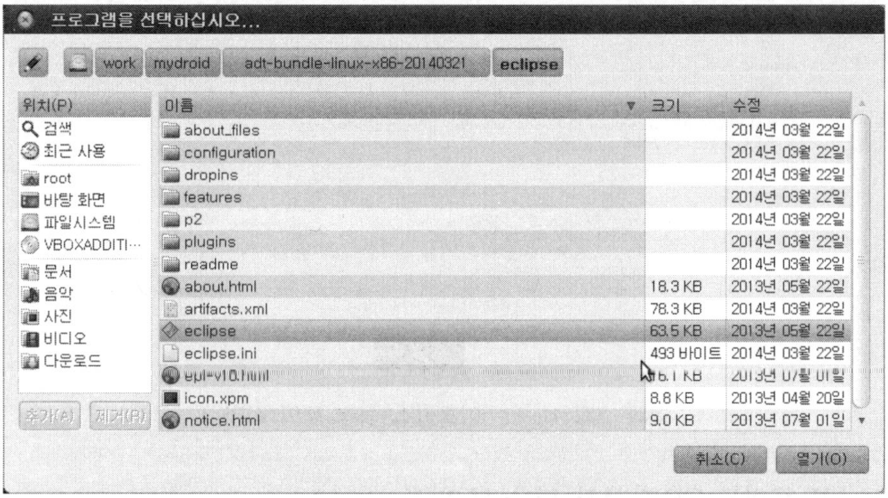

그림 11-14 eclipse 프로그램 선택

마지막으로 아이콘에 대한 설정을 한다. "실행 아이콘 만들기"의 스프링 모양 아이콘을 선택하여, 이클립스가 설치된 디렉토리에 있는 icon.xpm을 선택하고 열기 버튼을 누르면, 그림 11-13에 보인 아이콘으로 변경된다.

11.4.2 이클립스 작업환경 설정

바탕화면의 이클립스 아이콘을 클릭하여 프로그램을 실행시킨다. 작업 디렉토리(Workspace)를 그림 11-15에 보인 바와 같이 /work/mydroid/workspace로 설정한다. 그러면 이후 생성되는 예제 등은 해당 디렉토리의 하위 디렉토리에 생성된다.

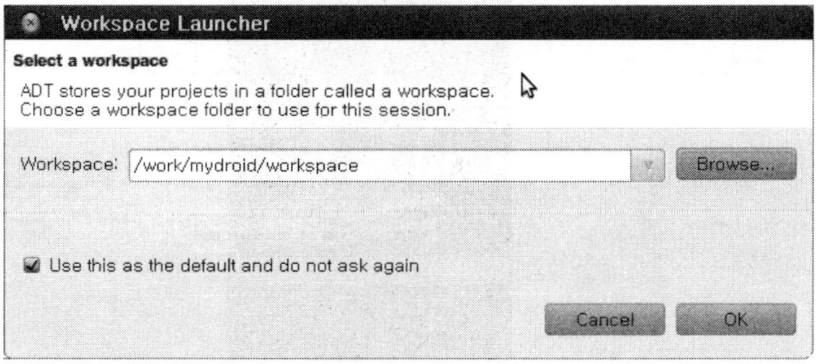

그림 11-15 이클립스의 작업 디렉토리 지정

그림 11-15 화면에서 OK를 누르면 구글에 통계관련 자료를 전송할 것인가를 묻는 화면이 뜨는데, Yes 혹은 No를 선택한 후 Finish 버튼을 눌러 작업환경 설정을 마무리한다. 그림 11-16의 이클립스의 Welcome 화면이 출력되면 해당 탭을 닫아준다.

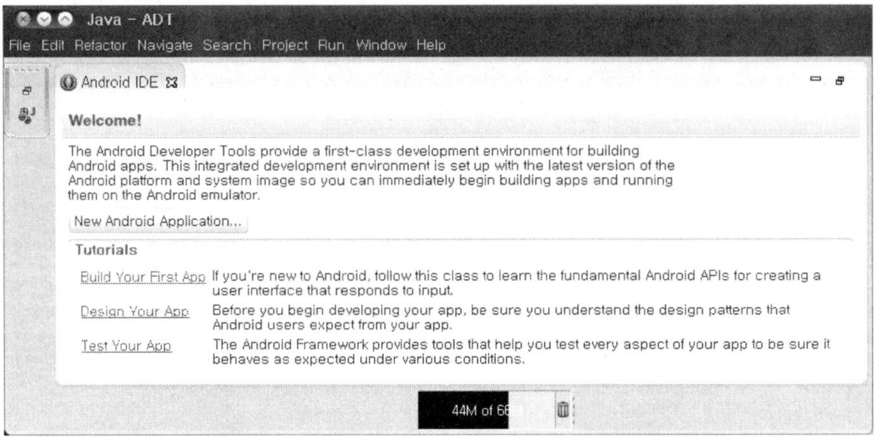

그림 11-16 이클립스 실행 후의 화면

11.4.3 안드로이드 SDK 추가 다운로드하기

안드로이드 ADT-Bundle의 경우, 이클립스와 SDK로 구성되는데, 여기서 SDK는 최신 버전의 패키지만 포함된다. Achro-210T의 경우 프로요(Froyo, Android 2.2)와 진저브레드(Gingerbread, Android 2,3), ICS(Android 4.0)를 지원한다. 다른 버전의 안드로이드 버전에 맞는 애플리케이션을 만들기 위해서는 지원하고자 하는 안드로이드 버전의 SDK를 다운로드 받아야 한다. 이 책에서는 진저브레드를 기준으로 한다.

이클립스를 실행시킨 후 그림 11-17에 보인 것처럼 이클립스 메뉴의 항목에서 [Android SDK Manager]를 선택한다. 그러면 그림 11-18의 패키지를 선택할 수 있는 화면이 출력된다.

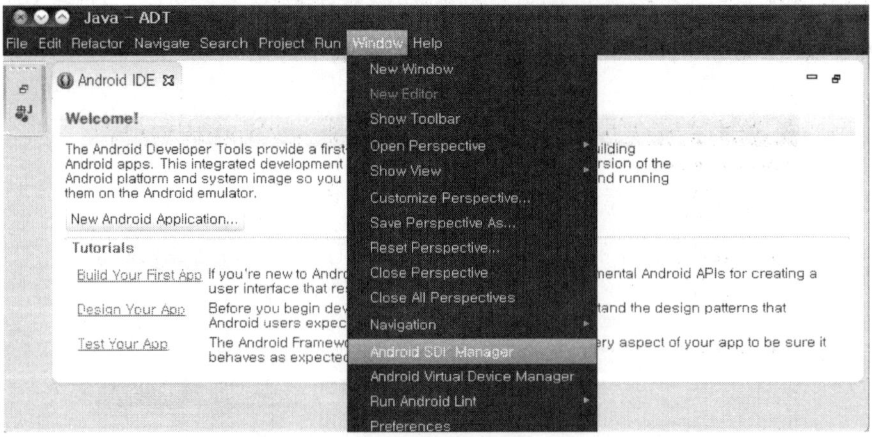

그림 11-17 안드로이드 SDK Manager 실행

안드로이드 SDK가 업데이트되면서 액티비티 생성을 위해서 Android API 버전 14를 요구한다. 그러므로 Android 4.0인 ICS(API 14)의 SDK Platform과 Google APIs를 선택하고, 리스트를 내려서 Android 2.3.3 Gingerbread(API 10)와 SDK Platform과 Google APIs를 선택한다. 물론, 다른 항목들 모두 선택해도 되지만 설치하는데 시간이 소요될 수 있기 때문에 필요한 것들만 설치해주는 것이 좋다. 더군다나, 여러 버전의 SDK를 같이 설치하는 경우에는 그 선택된 API버전 내에서도 필요한 것들만 설치하도록 한다.

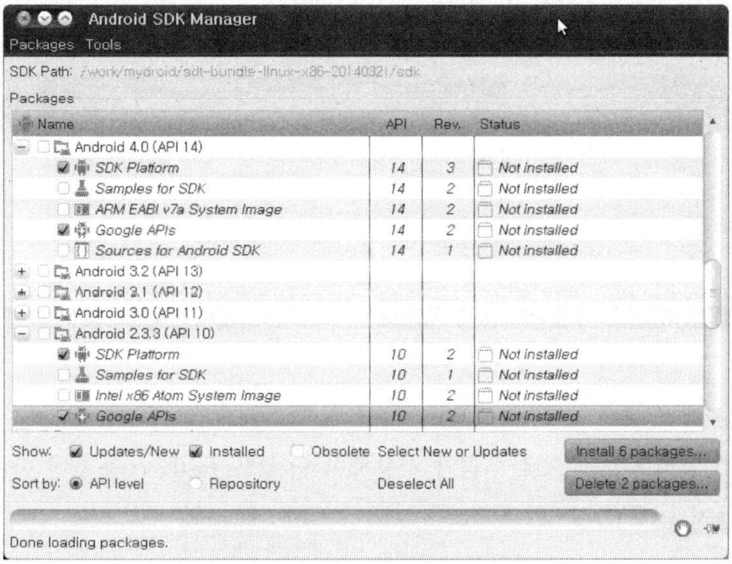

그림 11-18 SDK 진저브레드 패키지 선택

그림 11-18의 화면에서 Install 버튼을 누르면 그림 11-19에 보인 것처럼 설치할 패키지 목록이 보이며, 라이선스에 동의한 후 Install 버튼을 누르면 선택한 SDK가 추가로 다운로드되면서 설치가 시작된다.

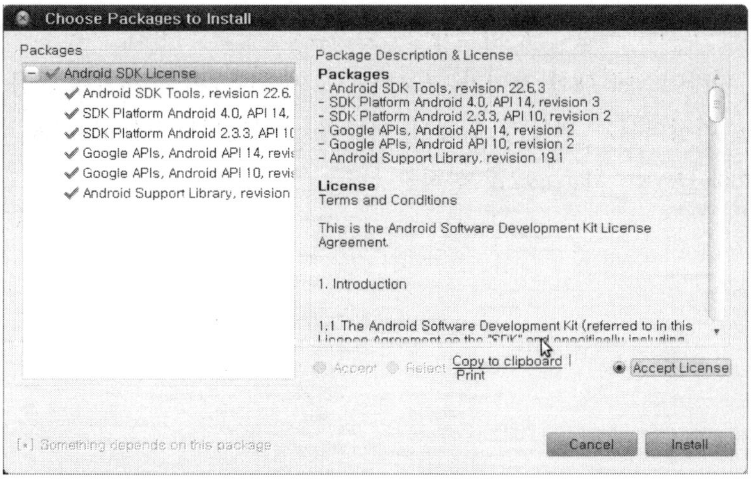

그림 11-19 설치할 패키지 목록 및 라이선스 안내

SDK 설치가 완료되면 SDK의 플랫폼 툴을 어느 위치에서든 쓸 수 있도록 관련된 경로를 .bashrc 파일에 추가해 준다.

```
root@esp:~# vi .bashrc

(파일 맨뒤로 이동한 후 다음의 내용 입력)

# SDK Platform tools
export PATH=/work/mydroid/adt-bundle-linux-x86-20140321/sdk/platform-tools:$PATH
```

그림 11-20 SDK 플랫폼 툴 경로 설정

위의 경로가 설정되면 앞으로 우리가 사용해야 할 adb, fastboot와 같은 명령을 어떤 디렉토리에 있든지 이용할 수 있다.

11.4.4 안드로이드 가상머신 생성

많은 사용자들이 스마트폰을 이용하고 있지만, 안드로이드 기기가 아닌 경우가 있을 수도 있다. 그러면 안드로이드 애플리케이션을 개발하기 위해서 안드로이드 스마트폰이나 태블릿을 구매해야 한다면, 비용이 발생한다. 그런 경우를 대비해서 구글은 안드로이드 가상머신(또는 디바이스)을 제공한다. 하드웨어적인 모든 부분을 사용할 수는 없지만 애플리케이션과 일부 디바이스에 대한 제어가 가능하므로 애플리케이션 개발에 사용할 수 있다.

안드로이드 가상머신을 만들기 위해서 이클립스 메뉴에서 [Window]를 선택한 다음 Android Virtual Device Manager를 선택한다.

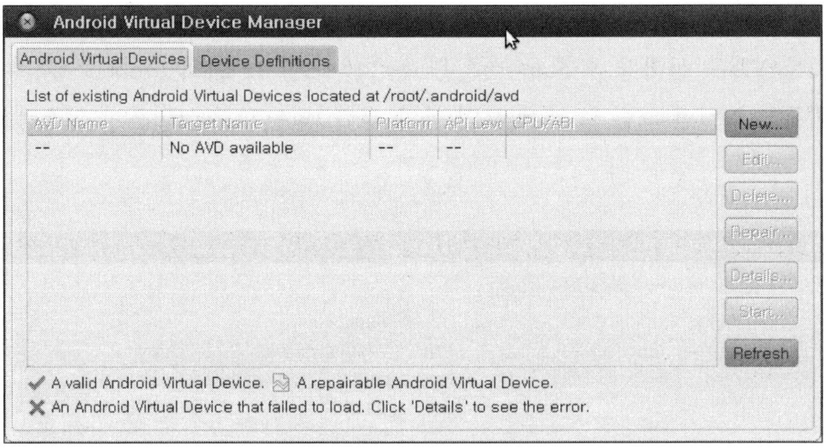

그림 11-21 안드로이드 가상 디바이스 관리자 화면

안드로이드 가상머신을 생성하기 위해서 New 버튼을 누른다. 그림 11-22의 AVD 생성 창이 뜨면, 이름을 MyAVD로 주고 해상도는 HVGA 정도로 설정하고 Target은 Gingerbread인 Android 2.3.3으로 설정한다. 해상도를 낮춰서 설정한 이유는 이 가상머신은 소프트웨어로 구동되는데 리눅스 호스트 시스템의 상당히 많은 리소스를 차지한다. 특히, 장치의 해상도가 높아지게 되면 화면처리를 위해서 더 많은 리소스를 사용하므로, 테스트를 목적으로 하는 경우 해상도를 낮춰서 생성하는 것이 좋다. 그리고 시스템 스킨은 No skin으로 맞추고 OK 버튼을 눌러 가상머신을 등록한다.

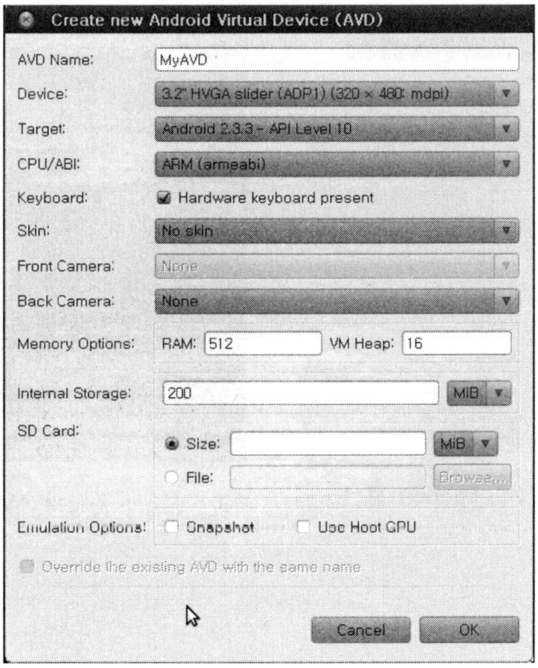

그림 11-22 안드로이드 가상 디바이스 생성 화면

그림 11-23은 안드로이드 가상머신 관리자에 MyAVD 가상머신이 등록된 화면을 보여준다. 이제 MyAVD를 선택한 후 Start 버튼을 누르면 그림 11-24의 Launch 옵션이 보이며, Launch 버튼을 누르면 그림 11-25에 보인 바와 같이 MyAVD 가상머신이 실행됨을 확인할 수 있다.

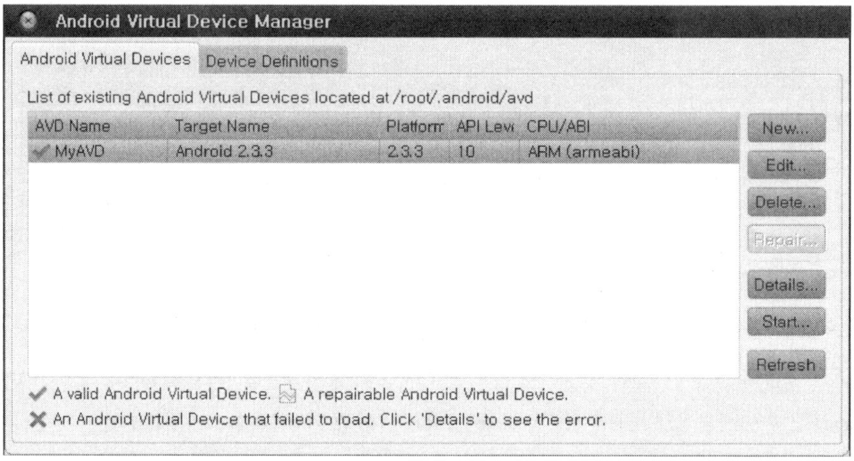

그림 11-23 안드로이드 가상머신 관리자에 MyAVD 가상머신 등록된 화면

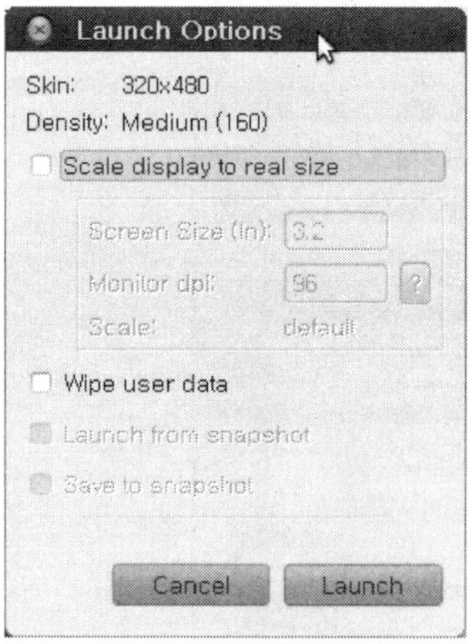

그림 11-24 Launch 옵션

그림 11-25 MyAVD 가상머신

11.5 파일시스템 만들기

안드로이드 개발환경 및 라이브러리는 이 책 초반에 호스트 개발환경 설치 부분에서 이미 해놓았기 때문에 이제 파일시스템 소스를 컴파일하면 된다.

11.5.1 파일시스템 준비

Achro-210T용 DVD 이미지 파일(Achro-210T-S1.3.1.4.iso)은 VirtualBox와 PC 간에 공유 폴더로 지정된 win_share 디렉토리에 저장되어 있다고 가정한다. win_share 디렉토리를 리눅스에 /root/share 디렉토리로 마운트하고, win_share 밑에 있는 DVD 이미지 파일을 /root/achro-210T 디렉토리로 마운트한다.

```
root@esp:~# mount -t vboxsf win_share /root/share
root@esp:~# mount -t udf -o loop /root/share/Achro-210T-S1.3.1.4.iso /root/achro-210T
root@esp:~# df
파일시스템           1K-블록 사용됨 사용가능 사용% 마운트 됨
/dev/sda1     29640780     5255272   22879820   19%      /
none          1026624      256       1026368    1%       /dev
none          1030860      24        1030836    1%       /dev/shm
none          1030860      88        1030772    1%       /var/run
none          1030860      0         1030860    0%       /var/lock
none          1030860      0         1030860    0%       /lib/init/rw
win_share     768510972    40000408  728510564  6%       /root/share
/dev/loop0    4003352      4003352   0          100%     /root/achro-210T
```

Achro-210T 보드의 안드로이드 관련 파일은 filesystem/android_filesystem 밑에 있다.

```
root@esp:~# cd achro-210T/filesystem/android_filesystem
root@esp:~/achro-210T/filesystem/android_filesystem# ls
README   a210t_gingerbread_builded_fs.tar.gz   achro-gingerbread-111011.tar.gz
```

안드로이드와 관련하여 작업은 /work/achro-210T에서 작업하는 것으로 한다. 작업 디렉토리를 생성한 다음, 안드로이드 소스파일 시스템(achro-gingerbread-111011.tar.gz)을 작업 디렉토리에 압축을 푼다.

```
root@esp:~/achro-210T/filesystem/android_filesystem# mkdir /work/achro-210T
root@esp:~/achro-210T/filesystem/android_filesystem# tar xvfz achro-gingerbread-111011.tar.gz
-C /work/achro-210T
```

작업 디렉토리(/work/achro-210T)로 이동한 다음, 빌드 스크립트(build_android.sh)를 사용하여 파일시스템을 빌드한다.

```
root@esp:~/achro-210T/filesystem/android_filesystem# cd /work/achro-210T
root@esp:/work/achro-210T# ls
achro-gingerbread-111011/
root@esp:/work/achro-210T# cd achro-gingerbread-111011
root@esp:/work/achro-210T/achro-gingerbread-111011# ls
Apache license.txt  Makefile          TAGS           bionic/
bootable/
build/              build_android.sh*  cts/           dalvik/
development/
device/             external/         file_copy.sh*  frameworks/
hardware/
libcore/            ndk/              packages/      prebuilt/      rootfs/
rootfs_base/        sdk/              system/        vendor/
root@esp:/work/achro-210T/achro-gingerbread-111011# ./build_android.sh
```

정상적으로 빌드가 되면 그림 11-26에 보인 것과 같이 “ok success !!!” 메시지를 확인할 수 있다. 빌드가 정상적으로 완료되면 MicroSD에 안드로이드 파일시스템을 설치하면 된다. 최종적으로 빌드된 안드로이드 파일시스템은 rootfs 디렉토리에 있다.

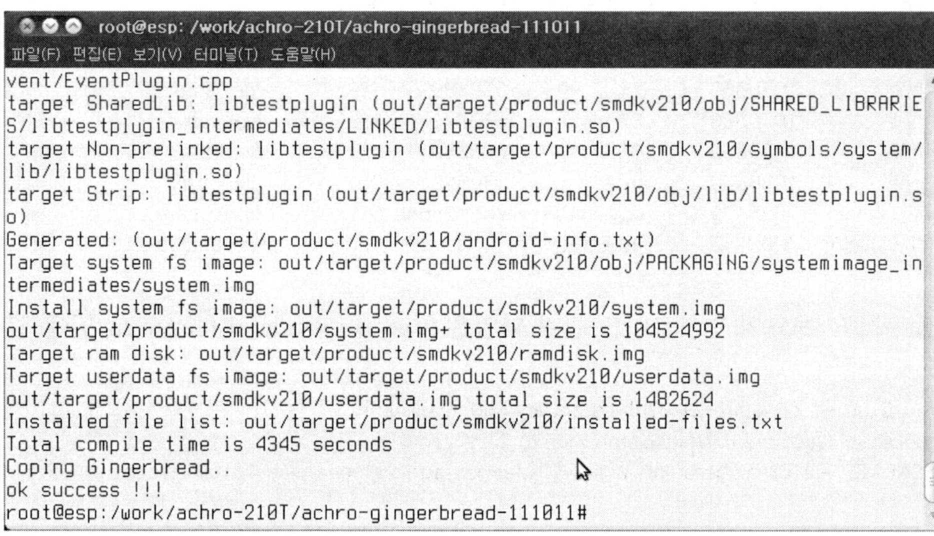

그림 11-26 진저브레드 컴파일 완료 화면

그림 11-27은 진저브레드로 컴파일된 루트파일시스템의 디렉토리 내용을 보여준다.

```
root@esp:/work/achro-210T/achro-gingerbread-111011# cd rootfs
root@esp:/work/achro-210T/achro-gingerbread-111011/rootfs# pwd
```

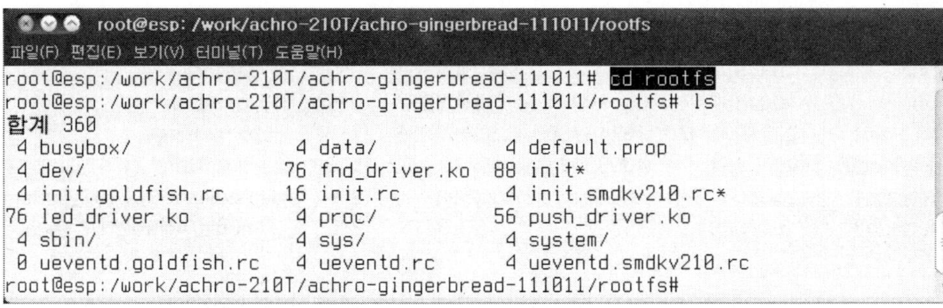

그림 11-27 진저브레드로 빌드된 루트파일시스템

11.5.2 안드로이드 파일시스템 복사

이제 빌드된 안드로이드 파일시스템을 Achro-210T 보드에 복사하면, 보드는 안드로이드로 부팅된다. 기존에 리눅스로 사용하던 μSD 메모리를 그대로 이용하여 안드로이드로 부팅되게 하자. μSD 메모리에서 부트로더와 커널은 그대로 두고 기존의 리눅스 파일시스템을 삭제하고, 해당 영역에 방금 빌드된 이미지를 복사해서 넣으면 된다.

이를 위해 Achro-210T 보드의 시스템 메모리용 슬롯에 들어있는 μSD 메모리를 분리한 후, PC에 연결한다. 그리고 이 포트를 가상머신에서 사용할 수 있도록 설정해 준다. 설정은 VirtualBox 메뉴행에서 [USB 장치]를 선택하고, "Generic Mass Storage Device"를 선택한다. 장치명은 컴퓨터마다 약간씩 다를 수 있으며, USB storage, generic USB storage 등의 이름으로 보인다.

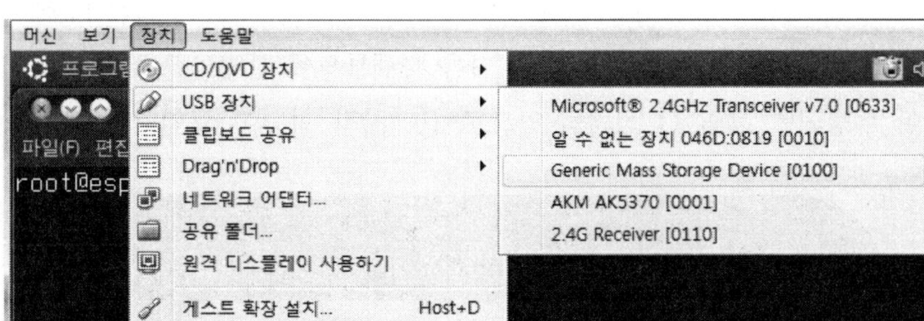

그림 11-28 MicroSD 장치를 가상머신에 연결

μSD 장치가 가상머신에 연결되고 나면, 리눅스는 자동으로 디바이스를 감지하며, 디바이스에서 파티셔된 2개의 영역은 시스템에 자동으로 마운트된다.

```
root@esp:/work/achro-210T/achro-gingerbread-111011# df
파일시스템    1K-블록     사용됨      사용가능    사용%  마운트 됨
/dev/sda1    39544232   11356260   26179192   31%   /
none         1026616    276        1026340    1%    /dev
none         1030856    24         1030832    1%    /dev/shm
```

```
none        1030856     100         1030756    1%     /var/run
none        1030856     0           1030856    0%     /var/lock
none        1030856     0           1030856    0%     /lib/init/rw
win_share   222597116   167137860   55459256   76%    /root/share
/dev/loop0  4003352     4003352     0          100%   /root/achro-210T
/dev/sdb1   256366      18042       225087     8%     /media/Achro210T_System
/dev/sdb2   1623008     35228       1505336    3%     /media/Achro210T_Data
```

빌드된 안드로이드 파일시스템을 복사하기 전에 µSD 메모리에 들어 있는 기존의 리눅스 파일시스템을 모두 지운다.

```
root@esp:/work/achro-210T/achro-gingerbread-111011# rm -r /media/Achro210T_System/*
root@esp:/work/achro-210T/achro-gingerbread-111011# rm -r /media/Achro210T_Data/*
```

이제 컴파일된 안드로이드 파일시스템을 µSD 메모리로 복사한다.

```
root@esp:/work/achro-210T/achro-gingerbread-111011# cd rootfs  ← 안드로이드 파일시스템으로 
이동
root@esp:/work/achro-210T/achro-gingerbread-111011/rootfs# cp -a ./* /media/Achro210T_System
 ← 안드로이드 파일시스템 복사
root@esp:/work/achro-210T/achro-gingerbread-111011/rootfs# sync   ← 복사완료시까지 기다림
```

이제 타겟보드에 µSD 메모리를 삽입하여 안드로이드로 정상부팅되는지 확인해 보자. 이를 위해 리눅스에서 µSD 메모리와 관련된 마운트 폴더를 umount한 다음, 가상머신 메뉴의 [장치] - [USB 장치]에서 선택된 µSD 메모리의 연결을 해제한다. 그런 다음 PC에서 하드웨어 안전하게 제거를 하고, 메모리를 분리한 다음 타겟보드에 삽입하고 부팅한다. 정상적으로 시스템이 부팅되면 그림 11-29처럼 안드로이드 시작 화면이 보인다.

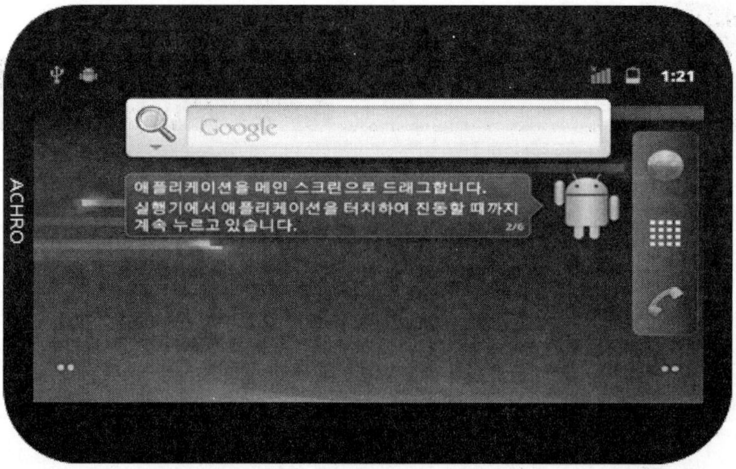

그림 11-29 Achro-210T 안드로이드 시작 화면

11.6 안드로이드 애플리케이션 개발

안드로이드 애플리케이션 개발환경은 앞에서 모두 진행하였다. 요약하면, 안드로이드 애플리케이션만을 개발하는 경우라면 JDK와 ADT-Bundle(SDK, Eclipse)만 설치하면 된다. 물론, Achro-210T에 연결되어 있는 외부 하드웨어인 개발자 보드의 디바이스들을 제어하려면, 개발에 관련된 또 다른 개발환경을 추가적으로 설치해야 한다. 안드로이드 애플리케이션 개발은 이 책에서 다루지 않으며 이 절에서는 안드로이드 애플리케이션 개발하는 기본적인 방법만을 다룬다. 안드로이드 앱과 개발과 관련된 자세한 내용은 안드로이드 애플리케이션 책자 혹은 관련 교육을 통해서 학습하도록 한다.

안드로이드 가상머신(AVD)에서는 하드웨어를 제어하는 애플리케이션을 제외한 기본적인 애플리케이션 개발이 가능하다. 개발 장비 혹은 안드로이드 스마트기기가 없다면, 가상머신을 생성하여 애플리케이션을 만들어 볼 수 있다.

11.6.1 HelloWorld Appliction

안드로이드 애플리케이션 개발 연습을 위해 다른 언어와 마찬가지로 가장 쉬운 Helloworld 예제부터 시작한다. 앱을 개발하기 시작하기 위해서 통합개발환경 툴인 Eclipse 메뉴에서 [New] – [Android Application Project] 선택한다.

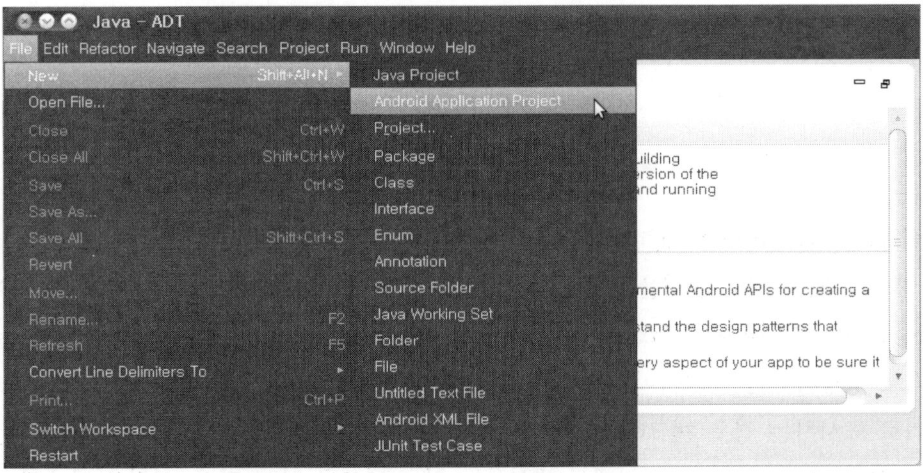

그림 11-30 이클립스에서 프로젝트 생성

① 프로젝트 정보입력

애플리케이션 이름과 프로젝트 이름 그리고 패키지 이름을 그림 11-31과 같이 입력한다. 애플리케이션 이름을 입력하면, 프로젝트 이름과 디폴트 패키지명이 입력되며, 변경이 필요하면 수정하면 된다. 최소 요구 SDK, 타겟 장치의 SDK, 컴파일할 SDK 버전을 선택한다.

최소 요구되는 SDK는 이 애플리케이션이 수행되기 위해서 설정하는 최소 SDK 버전이다. 만약 최소 요구되는 버전보다 낮은 기기에서 이 애플리케이션을 구동하려 한다면, 오류가 발생한다. Achro-210T에는 진저브레드가 탑재되어 있으므로 Target SDK는 Android 2.3으로 한다. 만약 최신 버전의 릴리즈를 이용한 경우라면, ICS가 포팅되어질 수 있으므로, ICS를 이용하는 경우는 Android 4.0 관련 항목을 선택하면 된다.

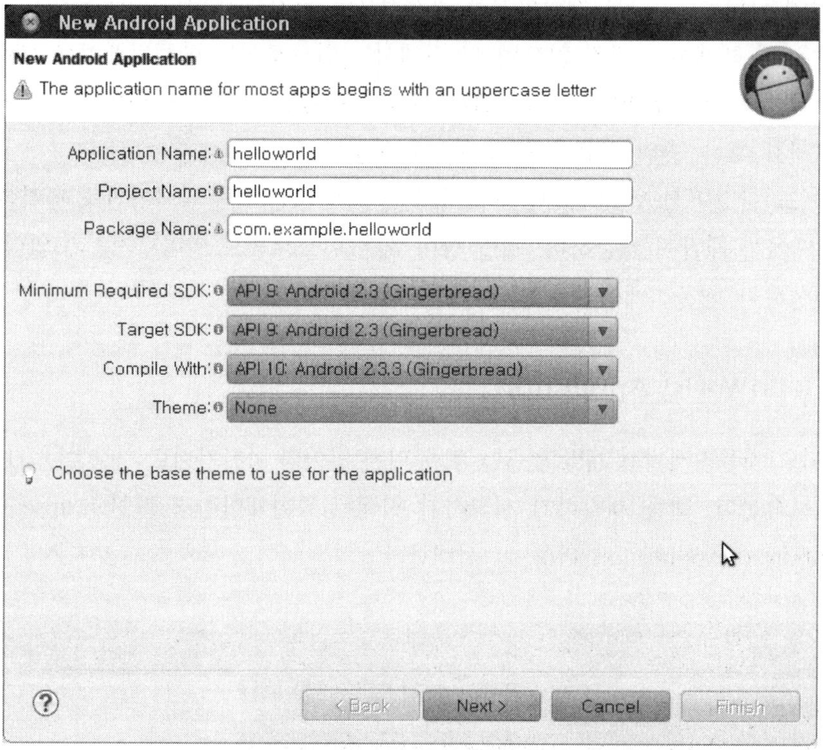

그림 11-31 프로젝트 정보 입력

그림 11-31 화면에서 Next 버튼을 누르면 그림 11-32의 프로젝트 설정 창이 표시되는데, 체크 박스에 있는 세부 설정을 확인한다. "Create custom launcher icon"은 사용자 아이콘을 생성한다는 의미이며, "Create activity"는 생성되는 프로젝트는 화면요소를 구성하는 액티비티로 생성하겠다는 의미이다. "Mark this project as a library"는 현재 프로젝트를 라이브러리로 표시하는 경우 체크하고, 가장 아래에 있는 "Create Project in Workspace"는 이클립스 실행 시 디폴트 작업위치에서 생성하는 경우 체크를 하게 된다. 설정은 다음과 같이 두 가지 항목만 선택한다.

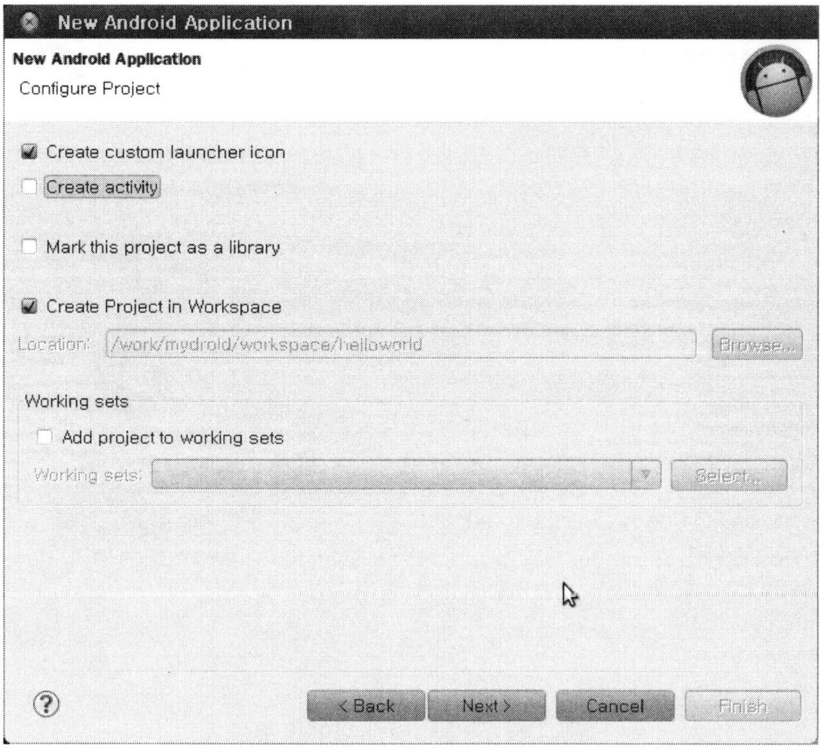

그림 11-32 프로젝트 설정 창

그림 11-32에서 원래대로라면 "Create activity"를 선택하는 것이 맞지만, ADT 번들이 업데이트되면서 API 14 이상의 버전을 설치하지 않는 경우 "Create Activity"를 선택할 수 없도록 되어 있다. 그리고 ICS 이상의 버전을 설치하지 않는 경우 하위 버전의 안드로이드와 상위 버전의 안드로이드의 기능 호환을 위하여 몇 가지가 추가적으로 설치되는데, 처음 안드로이드를 접할 때 구성내용이 복잡해지고 기존에 잘 만들어져 있는 책자 등을 이용할 수 없으므로, 이 책에서는 2014년 업데이트된 SDK를 이용하지만, 애플리케이션 구조는 예전 버전 형식으로 작성하도록 한다. 그러므로 이후로도 "Create activity"는 추가하지 않는다.

그림 11-33의 화면은 애플리케이션이 설치되면서 사용되는 아이콘에 대한 설정이다. Foreground는 화면에 표시될 아이콘에 대한 설정이며, Image를 선택하면 파일시스템, 즉 하드 디스크에서 아이콘으로 사용할 이미지를 선택할 수 있고, Clipart는 배포되어 사용하고 있는 개발환경에서 제공하는 아이콘, Text는 글자를 이용하여 아이콘을 생성하게 된다. 기본적으로는 개발환경에서 제공하는 아이콘이 선택되며 아이콘은 preview에서 표시된다. 그리고 아래에서는 세부설정을 할 수 있다. 설정이 완료되면 Next를 클릭한다.

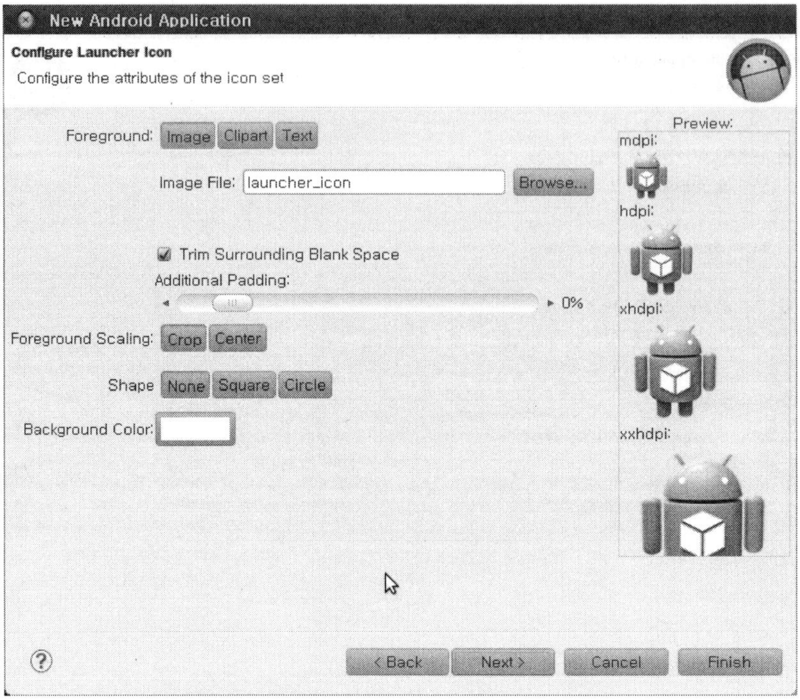

그림 11-33 런처 아이콘 설정

그림 11-34의 화면에서는 Finish 버튼을 눌러 프로젝트 생성을 마친다.

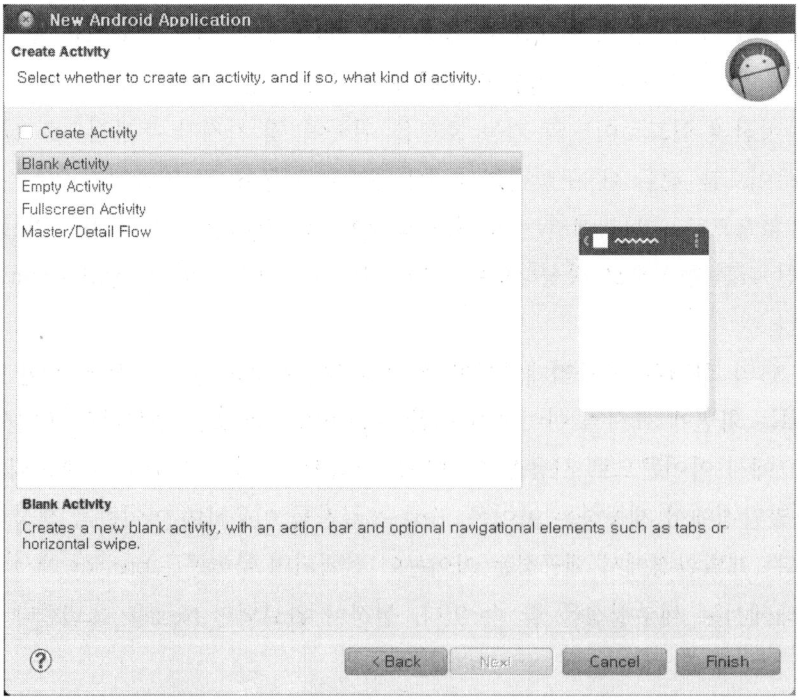

그림 11-34 프로젝트 생성 설정 화면

생성된 안드로이드 프로젝트 화면은 그림 11-35와 같다.

그림 11-35 생성된 Helloworld 프로젝트 화면

그림 11-35의 생성된 프로젝트에는 화면을 표시하기 위한 Activity가 포함되지 않으므로, 프로젝트에서 액티비티를 구성하는 클래스를 추가해 주어야 한다. 클래스를 추가하기 위해서 src 항목에서 마우스 우클릭 후 New에서 Class를 선택한다.

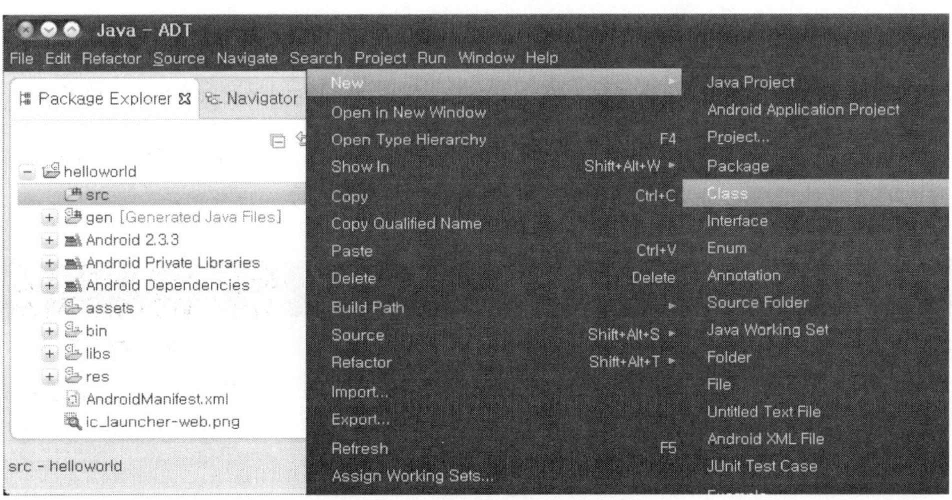

그림 11-36 클래스 추가화면

위의 메뉴가 선택되면 추가할 세부 클래스의 정보를 입력하는 그림 11-37의 윈도우가 표시된다. Package 부분에 com.example.helloworld를 입력하고, Name 부분에는 MainActivity라고 입력하고 Finish 버튼을 누른다.

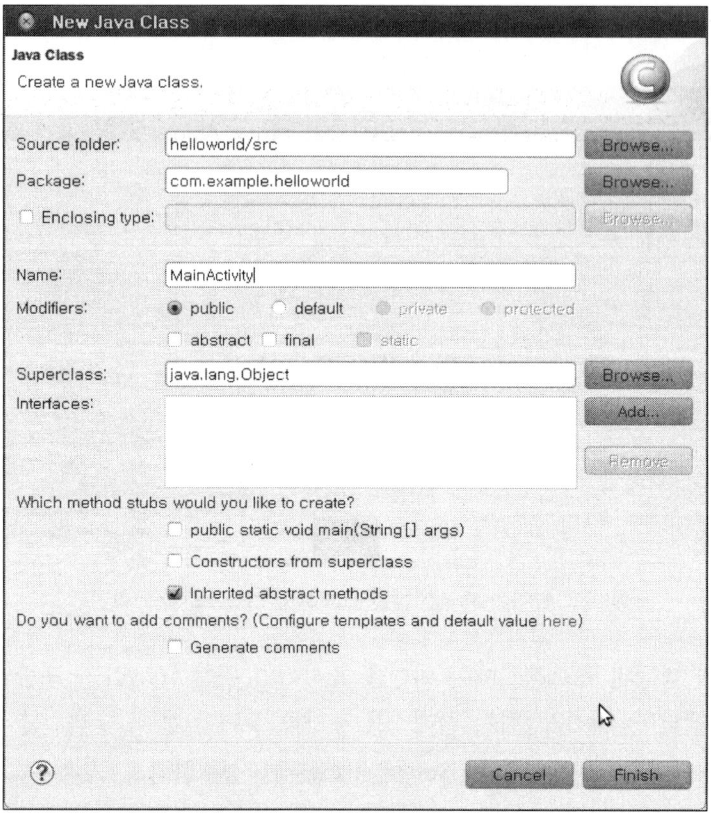

그림 11-37 신규 자바 클래스 생성

Activity Name은 화면 구성을 위한 안드로이드 자바 클래스의 이름이 된다. 생성된 파일에는 그림 11-38에 보인 것처럼 "public class MainActivity { ... }"만 기록되어 있는데, 그 내용을 변경해야 한다.

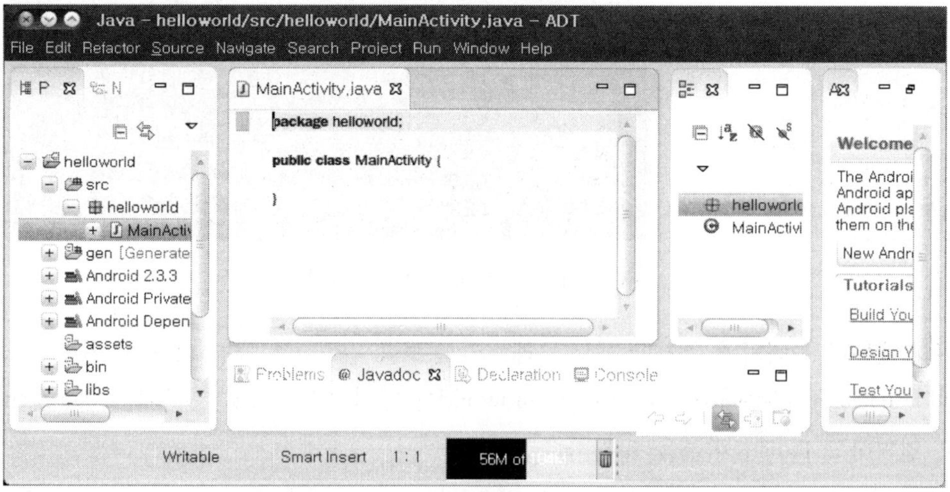

그림 11-38 MainActivity 추가화면

MainActivity.java에 Activity를 상속받을 수 있도록 다음과 같은 부분을 추가한다.

```
package com.example.helloworld;

import android.app.Activity;
import android.os.Bundle;
public class MainActivity extends Activity {
    @Override
    public void onCreate(Bundle savedInstanceState) {
        super.onCreate(savedInstanceState);
        setContentView(R.layout.main);
    }
}
```

위의 내용을 적용하면, 그림 11-39와 같이 오류창이 표시된다. 이 오류는 애플리케이션 프로젝트 생성 시 자동으로 연결되는 부분들이 적용되지 못했기 때문에 모두 만들어서 직접 연결해야 한다. 귀찮은 부분일 수도 있겠지만, 배우는 과정자체가 명료하므로 결과적으로는 더 도움이 될 것이다.

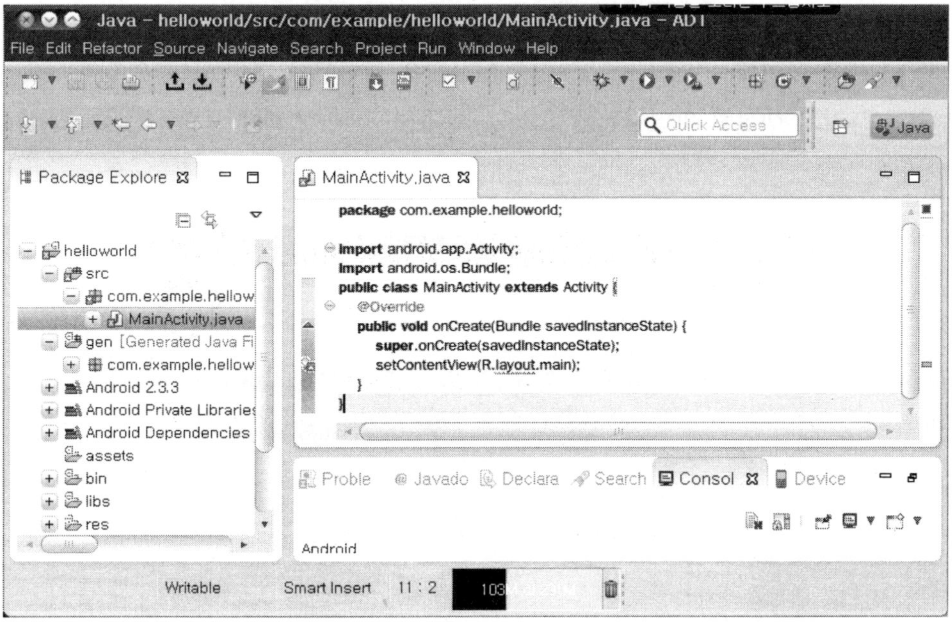

그림 11-39 MainActivity.java 소스 화면

오류가 표시된 부분을 확인해 보면 "R.Layout.main"이다. 즉, 화면 구성을 위한 리소스인 Layout 파일 main.xml이 없기 때문이며, main.xml을 만들어주어야 한다. 그림 11-40에 보인 것처럼 layout에서 마우스 우클릭 후, New를 누른 다음 "Android XML File"을 선택한다.

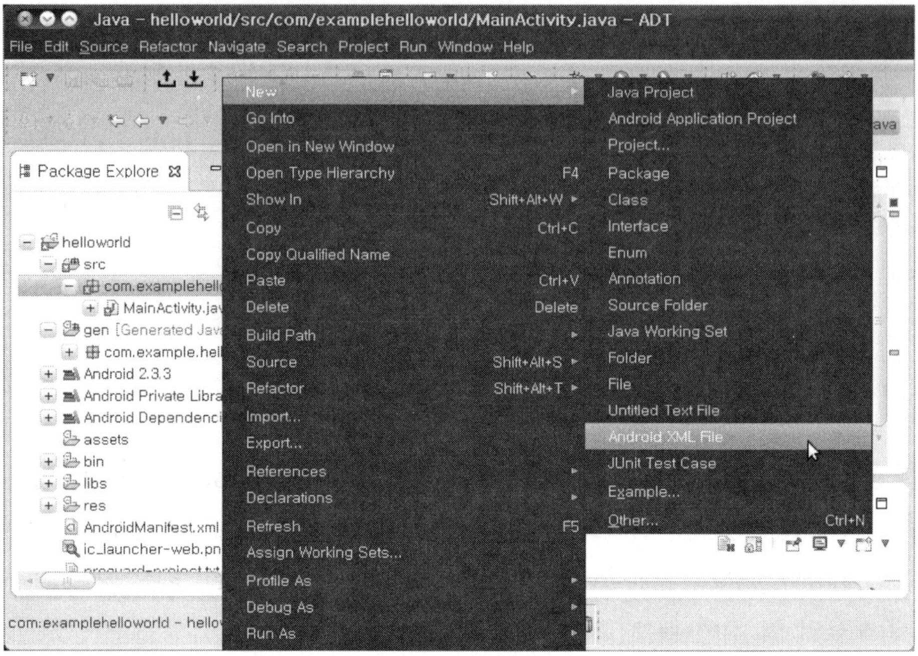

그림 11-40 안드로이드 XML 파일 추가

그림 11-41의 화면에서 Resource Type은 Layout을 선택하고 프로젝트명은 helloworld를 선택한다. 그리고 생성될 파일명에는 main을 입력하고, Root Element 중 LinearLayout을 선택한다.

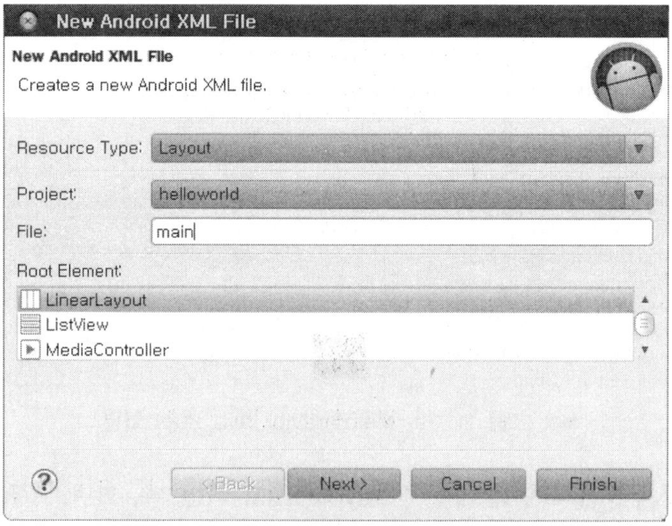

그림 11-41 main.xml 파일 추가

이제 Finish 버튼을 누르면 프로젝트 설정을 마친다. 그림 11-42는 설정 완료 후 main.xml 탭을 누른 후의 화면이다.

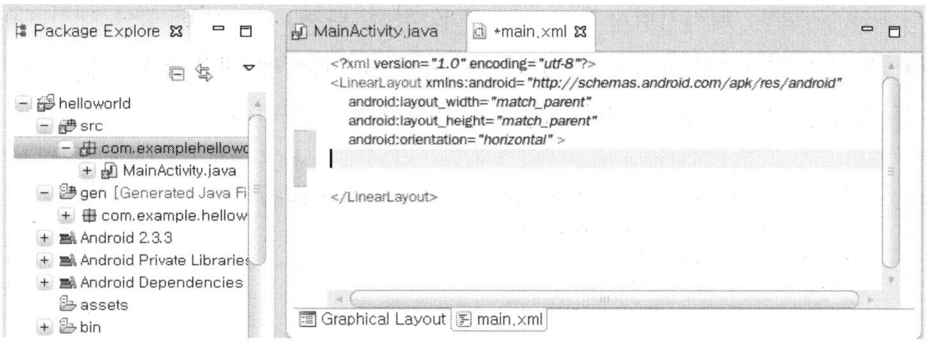

그림 11-42 main.xml 생성화면

저장 버튼을 눌러보면, 그림 11-43에 화면에 나타난 것처럼 여전히 오류 마크가 출력된다.

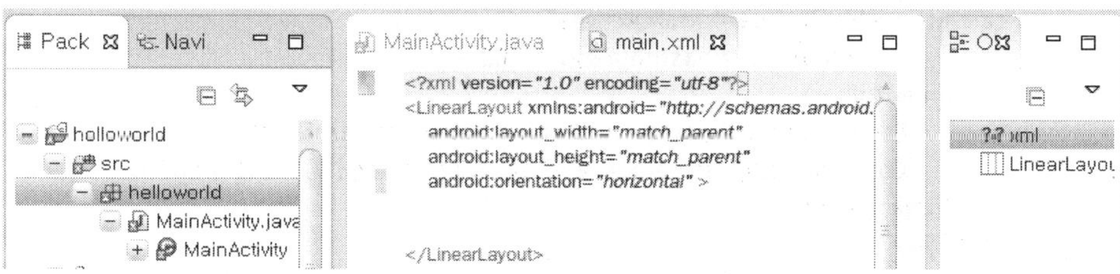

그림 11-43 파일 저장 후의 화면

위의 오류 마크는 이 애플리케이션 패키지에 MainActivity가 포함되어 있지 않기 때문이다. 이유는 이 패키지에 대한 세부정보가 패키지 트리에서 AndroidManifest.xml 파일인데, 이 파일은 프로젝트 생성 시에 만들어지는데 반해서, 메인 화면 구성을 위한 MainActivity는 그 이후에 생성되었기 때문이다. 그러므로 MainActivity를 프로젝트에 포함시킨다.

소스트리의 하단부에 보면 AndroidManifest.xml을 열어보면 다음과 같은 내용이 포함되어 있다.

```
<manifest xmlns:android="http://schemas.android.com/apk/res/android"
    package="com.example.helloworld"
    android:versionCode="1"
    android:versionName="1.0" >

    <uses-sdk
        android:minSdkVersion="8"
        android:targetSdkVersion="10" />

    <application
        android:allowBackup="true"
        android:icon="@drawable/ic_launcher"
        android:label="@string/app_name"
        android:theme="@style/AppTheme" >
    </application>

</manifest>
```

앞의 내용을 보면, 패키지명과 최소요구 SDK 버전, 타겟 SDK 버전 등에 대한 내용과 애플리케이션에 대한 세부내용이 들어가는데, 아이콘과 레벨에 대한 정보, 애플리케이션 테마 등에 대한 설정이 있다. 해당 내용을 다음과 같이 변경한다.

```
<manifest xmlns:android="http://schemas.android.com/apk/res/android"
    package="com.example.helloworld"
    android:versionCode="1"
    android:versionName="1.0" >

    <uses-sdk
        android:minSdkVersion="8"
        android:targetSdkVersion="9" />

    <application android:icon="@drawable/ic_launcher" android:label="@string/app_name">
        <activity android:name=".MainActivity"
                  android:label="@string/app_name">
            <intent-filter>
                <action android:name="android.intent.action.MAIN" />
                <category android:name="android.intent.category.LAUNCHER" />
            </intent-filter>
        </activity>
    </application>

</manifest>
```

내용을 변경하고, 저장하면 오류 마크가 없어지는 것을 확인할 수 있다.

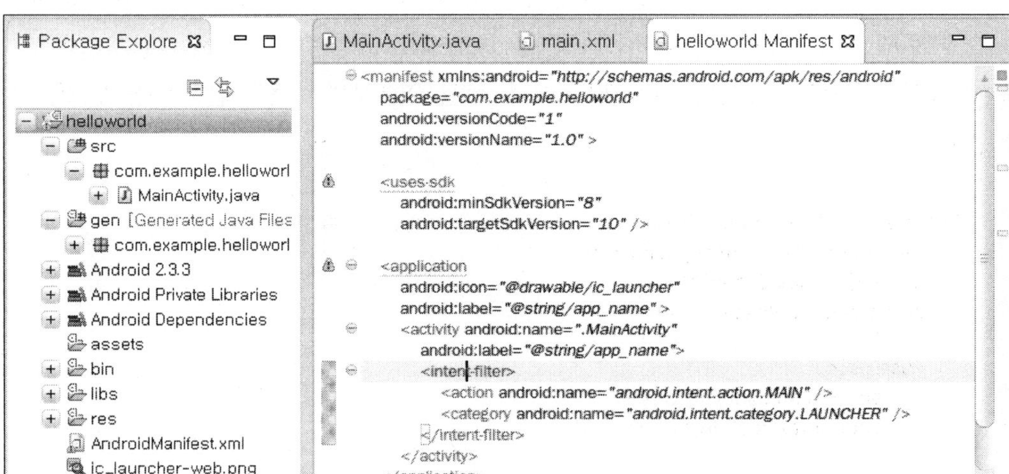

그림 11-44 MainActivity 추가하기

여기까지가 기존 SDK를 이용해서 프로젝트를 생성하면 자동으로 생성되는 부분이며, 이제 Hello World라는 문자열을 출력하기 위해서 소스를 수정하도록 한다.

② 리소스 추가

안드로이드의 화면은 일반적으로 프로젝트 패키지 트리에서 res/layout/main.xml을 이용하여 출력한다. 문자열을 출력하기 위해서 main.xml 파일에 문자를 받을 수 있는 TextView를 추가한다.

```
<?xml version="1.0" encoding="utf-8"?>
<LinearLayout xmlns:android="http://schemas.android.com/apk/res/android"
    android:orientation="vertical" android:layout_width="fill_parent"
    android:layout_height="fill_parent"
    >
<TextView
    android:layout_width="fill_parent" android:layout_height="wrap_content"
    android:text="Hello World!"
    />
</LinearLayout>
```

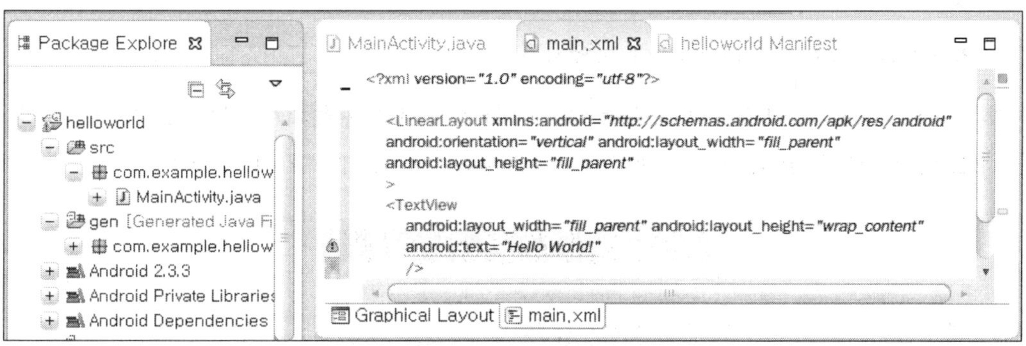

그림 11-45 TextView 리소스 추가

간단하게 xml 파일을 설명하자면 android:layout_width="fill_parent"는 TextView의 가로 길이를 지정한다. "fill_parent"는 화면에서 할당할 수 있는 최대 길이를 지정할 때 사용한다. android:layout_height="wrap_content"는 TextView의 세로 길이를 지정한다. "wrap_content"는 글자가 그려질 수 있는 최소 영역을 길이를 지정할 때 사용한다.

android:text="Hello World!"는 화면에 출력할 텍스트를 지정한다. 일반적으로 텍스트도 리소스로 관리할 수 있다. 그런 경우 values/strings.xml에 선언해 두고, 사용해야 되는 리소스 파일에서는 "@string/hello"와 같이 선언하면, res의 values/strings.xml 내에 hello라는 변수로 선언된 문자열을 출력한다.

③ 메인 액티비티 소스

다음은 애플리케이션의 첫 번째 액티비티인 MainActivity.java 소스코드를 작성한다. 물론, MainActivity.java에서는 main.xml 파일을 가져와서 출력하기 때문에 별도의 소스코드 변경은 필요하지 않다.

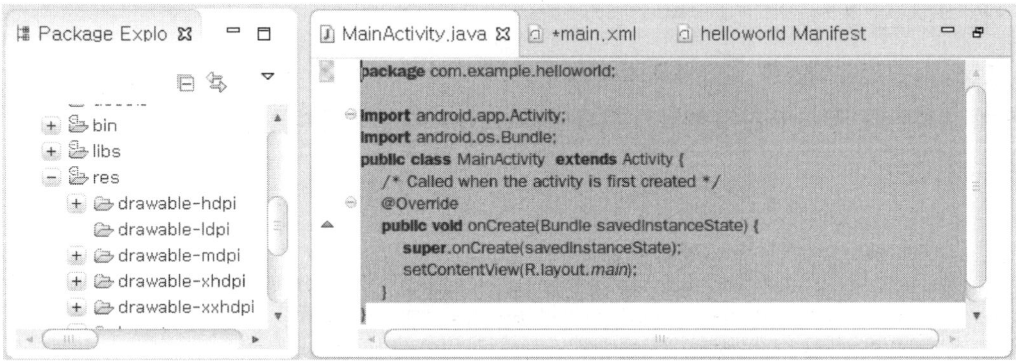

그림 11-46 메인 액티비티 소스코드(MainActivity.java)

④ HelloWorld 결과 확인

모든 소스의 입력이 완료되었으면, 이제 실행하면 된다. 만약 안드로이드 기기가 없는 경우라면, 이전에 설치한 Android Virtual Device를 실행하고 애플리케이션을 실행한다.

□ Android Virtual Device에서 실행하기

이클립스 메뉴에서 RUN - RUN 또는 Ctrl + F11을 누르면 애플리케이션이 실행된다. 실행하면 그림 11-47의 "Run As" 화면이 보이며, Android Application을 선택한다.

그림 11-47 프로그램 실행

안드로이드 애플리케이션을 선택하면 가상 장치 혹은 안드로이드 장치 중 하나만 설치된 경우라면 설치된 장치에서 애플리케이션이 실행되고 안드로이드 가상 장치와 안드로이드 기기가 같이 설치되어 있는 경우에는 둘 중에서 어디에서 실행할 것인지 선택할 수 있는 화면이 나타난다. 장치가 없는 경우에는 프로그램이 가상머신에서 실행되며, 그림 11-48과 같이 보인다.

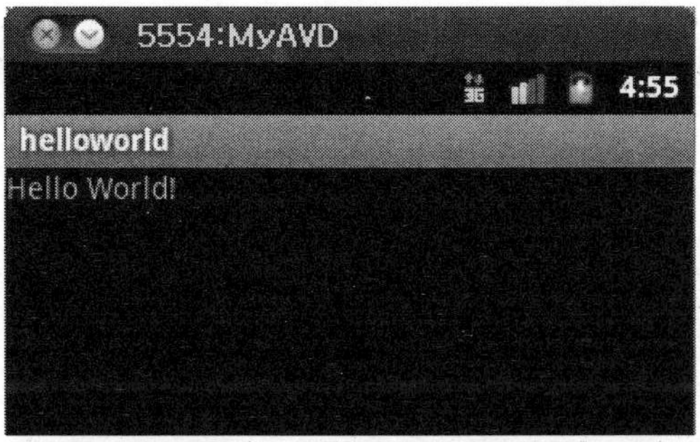

그림 11-48 실행결과 화면

□ Achro-210T에서 실행하기

Achro-210T 보드에서 helloworld 예제 프로그램을 실행해 보자. 보드에서 실행하기 위해서는 먼저 USB OTG 케이블을 사용하여 OTG 단자를 타겟보드에 연결하고, PC에는 USB 단자를 연결한다 케이블이 정상적으로 연결되면, 처음 사용하는 경우 드라이버가 자동으로 검색되어 설치되며, 설치가 완료되면 USB OTG 장치를 가상머신에서 사용할 수 있도록 설정한다. VirtualBox 관리자 메뉴에서 [장치] - [USB 장치] - [Huins Achro210]을 선택한다. 이제부터는 우분투에서 컴파일된 helloworld 프로그램은 OTG 케이블을 통해 Achro-210T 보드에서 실행될 수 있다.

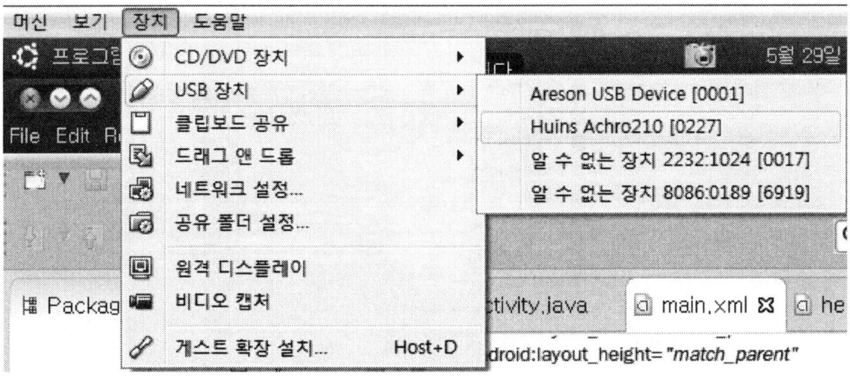

그림 11-49 Achro-210T보드와 PC를 OTG 케이블로 연결하기

Achro-210T에서 실행되고 있는 상태는 장치에 대한 현재 상태를 볼 수 있는 윈도우를 등록하면 편리하게 확인할 수 있다. 그림 11-50에 보인 바와 같이 메뉴에서 [Window] - [Show View] - [Other..]를 선택한다.

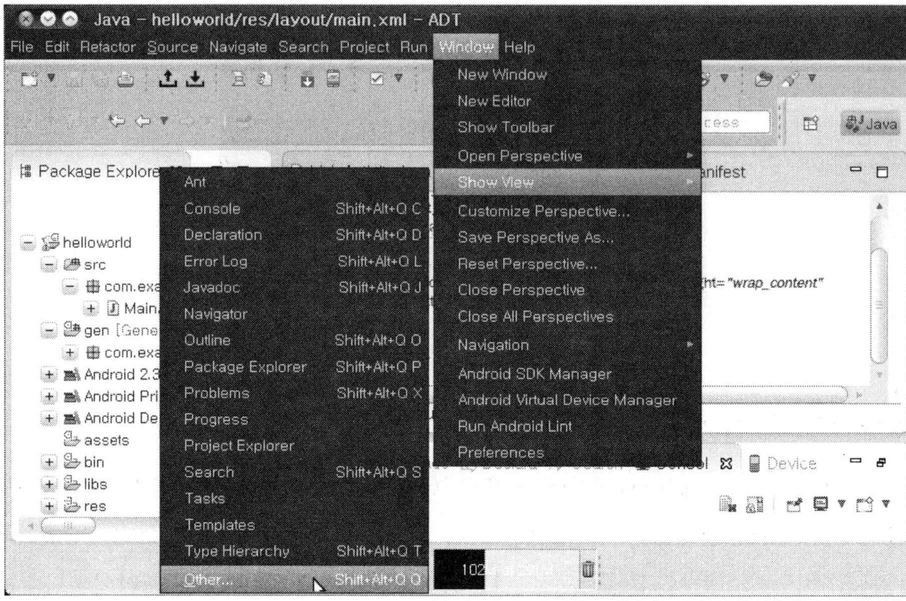

그림 11-50 장치에 대한 상태 윈도우 열기

그림 11-51의 화면에서 Devices를 선택하여 OK 버튼을 누르면 장치 선택 화면이 보인다.

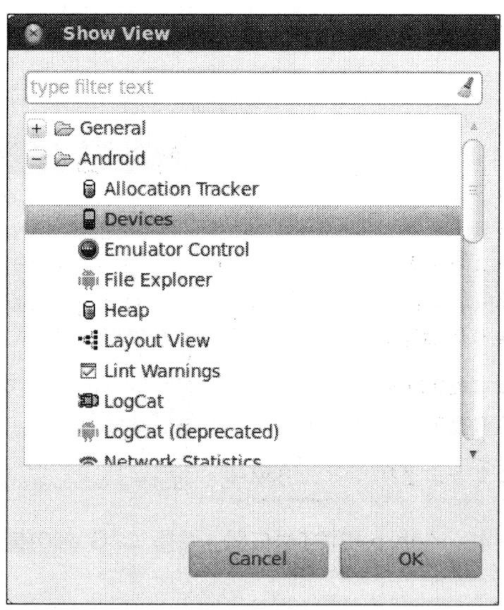

그림 11-51 안드로이드 장치 선택

그림 11-52의 안드로이드 디바이스를 선택하는 화면에는 현재 장치에 연결되어 있는 안드로이드 기기 리스트가 출력된다. 에뮬레이터가 실행되고 있는 경우에는 emulator도 표시된다. 안드로이드 장치가 연결되어 있다면, 에뮬레이터와 안드로이드 장치가 모두 출력된다. 만약 장치가 2개가 연결되어 있는 경우에는, 실행되기 전에 어디에 설치하고 실행할 것인지 확인하는 그림 11-52의 화면이 표시된다.

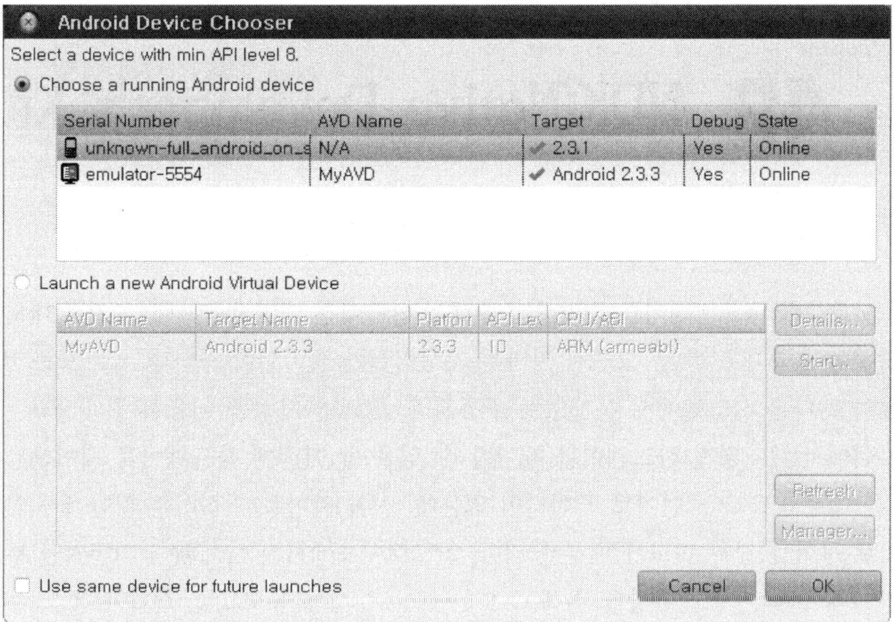

그림 11-52 프로그램을 실행할 디바이스(Achro-210T) 선택

View에서 Other의 세부설정이 표시되면, Devices를 선택해서 이클립스에서 화면에 포함시키고, 편리한 위치로 이동시켜서 사용할 수 있다. 예를 들어 Devices 탭을 클릭하여 "Package Explorer" 탭 옆으로 갖다 놓으면 Devices 탭이 이동된다.

그림 11-52 화면에서 Achro-210T 디바이스(unknown-...)를 선택한 다음 OK 버튼을 누르면 helloworld 프로그램이 보드에서 실행되며, 그 결과는 그림 11-53에 보였다.

그림 11-53 Achro-210T 보드에서의 helloworld 실행결과

Chapter

12 NDK(Native Developer's Kit)

자바는 순수한 소프트웨어를 개발하기 위해서 만들어진 개발도구이다. 그렇기 때문에 자바는 이식성이 좋다고 한다. 그래서 자바는 가상머신만 설치되어 있다면, 소스코드 변경을 하지 않아도 다른 시스템에서 문제없이 구동된다. 그러면 자바를 이용하여 개발되는 안드로이드 앱에서는 어떻게 하드웨어를 제어할 수 있을까? 기존에 하드웨어를 제어하는 프로그램들은 대부분 C/C++ 언어로 구현되어 있는데, 이를 자바로 이식하는데 한계가 있고 또한 자바로 구현될 경우 속도가 매우 느리다. 안드로이드에서는 하드웨어 의존적인 부분 또는 애플리케이션의 속도 향상을 위해 C 또는 C++로 작성된 코드를 직접 사용할 수 있는 방법이 JNI(Java Native Interface)를 이용하는 방법이다. 안드로이드에서는 이러한 JNI를 손쉽게 사용할 수 있도록 개발환경인 NDK(Native Developer's Kit)라는 툴을 제공한다.

12.1 NDK 설치

NDK는 안드로이드 애플리케이션에서 특정 부분을 네이티브 코드로 구현할 수 있도록 해 준다. 달리 표현하면 NDK는 자바로만 개발하던 안드로이드 환경에서 C 또는 C++ 라이브러리를 쉽게 사용할 수 있다. 이러한 C++ 네이티브 라이브러리를 자바 언어로 작성된 안드로이드 애플리케이션에서 사용하려면 JNI(Java Native Interface)를 사용해야 한다. 그리고 안드로이드에서는 JNI를 손쉽게 활용할 수 있도록 NDK 개발환경을 제공한다. 먼저 JNI에 대해 알아보고, NDK 개발환경을 구축해 본다.

12.1.1 안드로이드 JNI(Java Native Interface) 구조

그림 12-1은 안드로이드에서 JNI를 통해서 디바이스 드라이버를 제어하는 전체 경로를 보여준다. 앞에서도 언급되었지만 안드로이드 애플리케이션은 자바로 만들어져 있으며, 순수한 애플리케이션을 위한 개발플랫폼인 자바에서는 하드웨어를 직접적으로 제어할 수 없다. 그림에서 Applications 부분과 Application Framework는 자바로 만들어져 있으며, Library들은 C와 C++로 작성되어 안드로이드에 포함된다. 그림에 보인 바와 같이 안드로이드 애플리케이션은 직접적으로 Native 코드를 이용할 수 없으므로 리눅스가 관리하는 드라

이버와 통신을 하기 위해서는 라이브러리를 이용해야 한다.

하드웨어를 제어하는 각 라이브러리들은 C 또는 C++ 등으로 하드웨어를 제어하는 코드를 포함하여 만들어지고, NDK를 이용해서 컴파일하면 라이브러리 파일이 생성된다. 안드로이드 애플리케이션에서는 이 라이브러리를 호출하여 커널에 관리하고 있는 장치에 데이터를 전달하게 된다. 안드로이드에서 하드웨어를 제어하기 위해서 사용할 디바이스 드라이버는 리눅스 디바이스 드라이버 챕터에서 다루었던 내용을 그대로 이용한다.

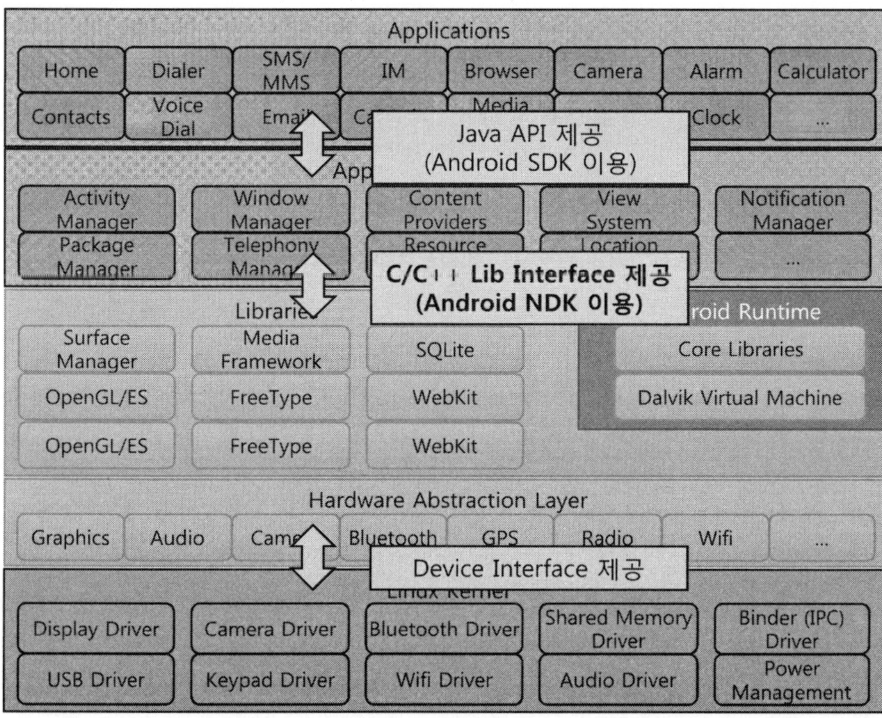

그림 12-1 안드로이드와 리눅스 커널 간의 통신

12.1.2 NDK 설치

앞에서 설명한 것처럼 JNI 코드는 리눅스 커널의 디바이스와 안드로이드가 연결되는 통로이다. 이러한 JNI 코드를 컴파일 하면 라이브러리가(.so) 만들어지며, 애플리케이션에서는 앞서 만들어진 라이브러리를 참조하여 커널이 관리하는 디바이스 드라이버와 통신을 하게 된다. 작성된 JNI 코드를 라이브러리로 만들기 위해서는 NDK가 필요하므로, 안드로이드에서 하드웨어 제어를 위해서라면 가장 먼저 NDK를 다운로드 받아 설치하는 것부터 시작한다.

NDK 설치 파일은 Achro-210T 보드와 함께 배포되는 디스크에 들어있고, NDK 설치 파일은 "[디스크]//android_tools/linux/ndk_linux_x86_x64/" 디렉토리 밑에 있다.

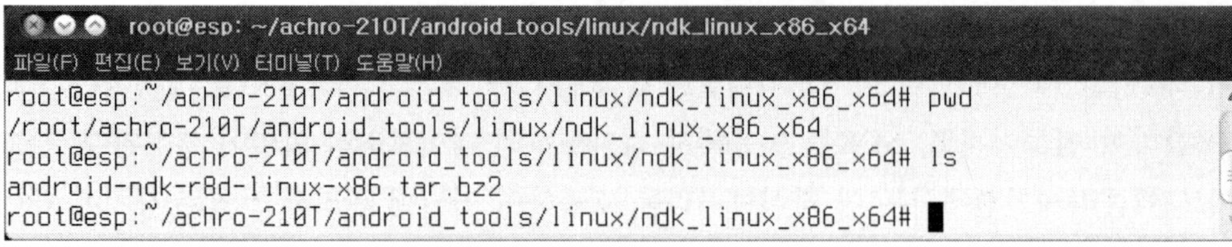

그림 12-2 NDK 패키지 경로

만약 최신 버전의 NDK가 필요하다면, 아래의 사이트에서 다운로드 받을 수 있다. 여기서는 디스크에 들어있는 NDK 설치파일을 이용하여 설치하는 것으로 한다.

```
http://developer.android.com/sdk/index.html
```

NDK는 /work/android에 설치하는 것으로 하고, 이 디렉토리에 압축을 해제한다. 그런 다음 설치 디렉토리로 이동하여 설치된 파일을 확인한다.

```
root@esp:~/achro-210T/android_tools/linux/ndk_linux_x86_x64# pwd
/root/achro-210T/android_tools/linux/ndk_linux_x86_x64
root@esp:~/achro-210T/android_tools/linux/ndk_linux_x86_x64# tar xvfj android-ndk-r8d-linux-x86.tar.bz2 -C /work/mydroid/
... (화면 중략) ...
root@esp:~/achro-210T/android_tools/linux/ndk_linux_x86_x64# cd /work/mydroid
root@esp:/work/mydroid# ls
adt-bundle-linux-x86-20140321/          android-ndk-r8d/  workspace/
root@esp:/work/mydroid# cd android-ndk-r8d
root@esp:/work/mydroid/android-ndk-r8d# ls
GNUmakefile          README.TXT     RELEASE.TXT      build/      docs/
documentation.html   ndk-build*     ndk-build.cmd    ndk-gdb*    ndk-stack*
ndk-which*           platforms/     prebuilt/        samples/    sources/
tests/                              toolchains/
root@esp:/work/mydroid/android-ndk-r8d#
```

NDK를 이용하여 라이브러리를 생성하는 프로그램은 android-ndk-r8b 디렉토리 안에 있는 ndk-build라는 쉘 스크립트 실행파일이다. 사용자가 어느 위치에 있든지 ndk-build를 이용하여 jni 파일을 컴파일할 수 있도록 경로설정을 해 준다.

```
root@esp:/work/mydroid/android-ndk-r8d# vi ~/.bashrc
(화면 맨 뒤로 이동)
# NDK Path
export PATH=/work/mydroid/android-ndk-r8d:$PATH
root@esp:/work/mydroid/android-ndk-r8d# source ~/.bashrc
```

NDK가 정상적으로 동작하는지 컴파일 테스트를 해 본다. NDK는 기본적으로 몇 가지 코드를 샘플로 제공하고 있다. 그중에서 samples 디렉토리 밑에 있는 hello.jni를 컴파일하여 NDK가 정상적으로 동작하는지 확인해 보자. 예제가 들어 있는 디렉토리로 이동한 다음, ndk-build를 실행한다.

```
root@esp:/work/mydroid/android-ndk-r8d# cd samples/hello-jni
root@esp:/work/mydroid/android-ndk-r8d/samples/hello-jni# ls
AndroidManifest.xml  default.properties  jni/  res/  src/  tests/
root@esp:/work/mydroid/android-ndk-r8d/samples/hello-jni# ls ./jni
Android.mk  hello-jni.c
root@esp:/work/mydroid/android-ndk-r8d/samples/hello-jni# ndk-build
Gdbserver         : [arm-linux-androideabi-4.6] libs/armeabi/gdbserver
Gdbsetup          : libs/armeabi/gdb.setup
Compile thumb     : hello-jni <= hello-jni.c
SharedLibrary     : libhello-jni.so
Install           : libhello-jni.so => libs/armeabi/libhello-jni.so
root@esp:/work/mydroid/android-ndk-r8d/samples/hello-jni#
```

NDK 빌드가 실행되면 위에 보이는 것처럼 컴파일이 시작되고, 컴파일이 되면 hello-jni가 빌드되어 libhello-jni.so 파일이 생성된다. 생성된 라이브러리는 해당 디렉토리의 libs/armeabi/libhello-jni.so 파일로 설치된다.

위의 테스트 과정에 문제가 발생하지 않았다면 NDK 설치는 완료되었다. 제11장에서 자바 설치부터 시작하여 안드로이드 소프트웨어 개발에 필요한 SDK 설치 그리고 라이브러리 및 하드웨어 제어를 위한 NDK 설치까지 완료된 상태이다. 안드로이드 개발에 필요한 대부분의 환경이 구축되었으므로, 이제부터는 SDK를 이용한 소프트웨어 개발 방법과 NDK를 이용하여 이전에 작성한 하드웨어를 제어하는 디바이스 드라이버를 안드로이드 애플리케이션에 활용하는 방법을 익히면 된다.

12.1.3 HelloJNI 실행하기

NDK 개발환경이 설치되면, 간단한 몇 가지 예제코드를 제공한다. 그중에 가장 단순한 NDK 예제인 hellojni를 컴파일하여 NDK가 정상 동작하는지 확인한다. hello-jni는 네이티브 코드를 사용하지만, 하드웨어 제어를 하지 않기 때문에 가상머신에서도 정상적으로 동작된다.

먼저 이클립스에서 hello-jni 프로젝트를 추가하기 위해 이클립스 메뉴에서 [File] - [Import]를 선택한다. 그림 12-3의 화면에서 Android를 선택하고, Existing Android Code into workspace를 선택한 다음 Next를 클릭한다.

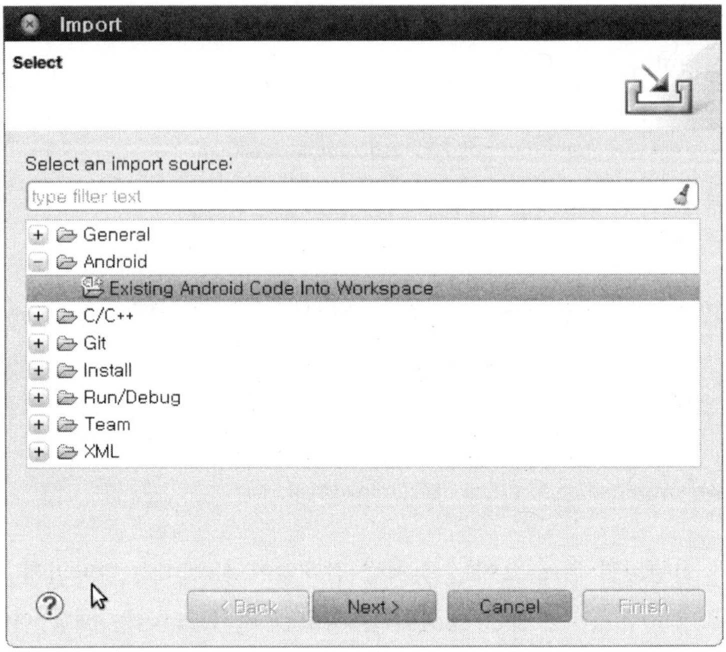

그림 12-3 Hello-jni 프로젝트 가져오기

그림 12-4의 화면에서 프로젝트 디렉토리를 선택한다. samples 디렉토리에 있는 JNI 예제 중 hello-jni를 선택한 다음, 확인을 누른다.

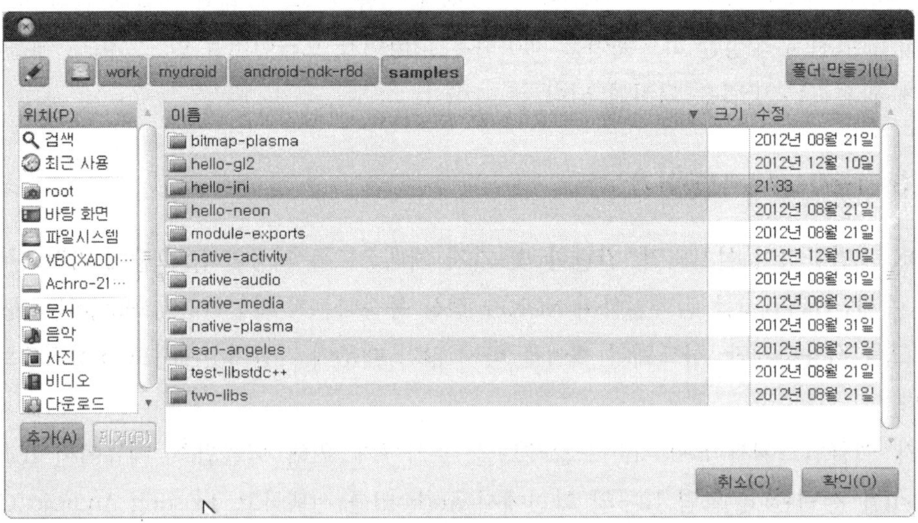

그림 12-4 프로젝트 디렉토리 선택

그림 12-5의 불러들일 프로젝트를 선택하는 화면에 HelloJni와 tests가 보이는데, tests는 선택 해제하고 Finish 버튼을 누른다.

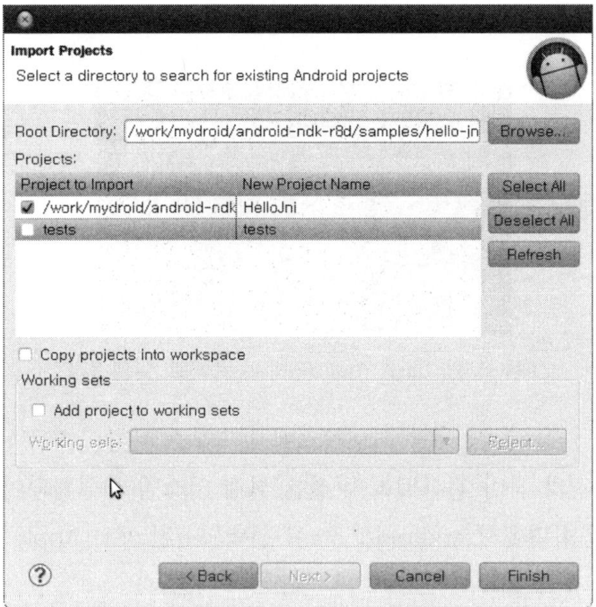

그림 12-5 Import Projects 화면

그러면 프로젝트가 등록되는데, 그림 12-6에 보듯이 오류가 출력되는 것을 확인할 수 있다. 이 오류는 예제가 생성되었을 때의 안드로이드 버전과 현재의 버전이 다르기 때문에 발생하는 문제이며, 여기서는 큰 문제가 되지 않는다.

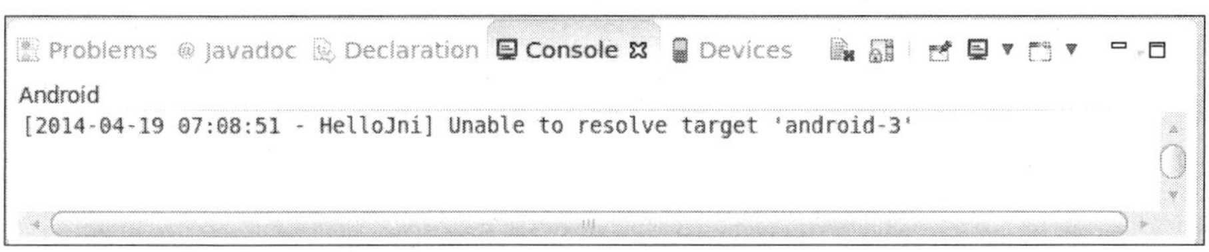

그림 12-6 프로젝트 Import 후의 콘솔 화면

이제 Run(Ctrl+F11)을 해서 hello-jni 프로그램을 실행시키자. 메뉴에서 [Run] - [Run]을 선택하면 로그캣 모니터를 사용할 것인지 그림 12-7과 같이 물어본다. 여기서는 사용하는 것으로 선택하고 OK 버튼을 누른다.

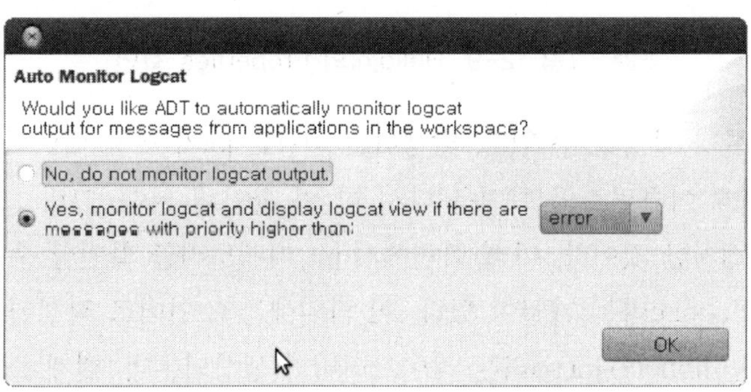

그림 12-7 로그캣 모니터 사용여부 결정

hello-jni 예제가 안드로이드 가상머신에서 실행된 결과는 다음과 같다.

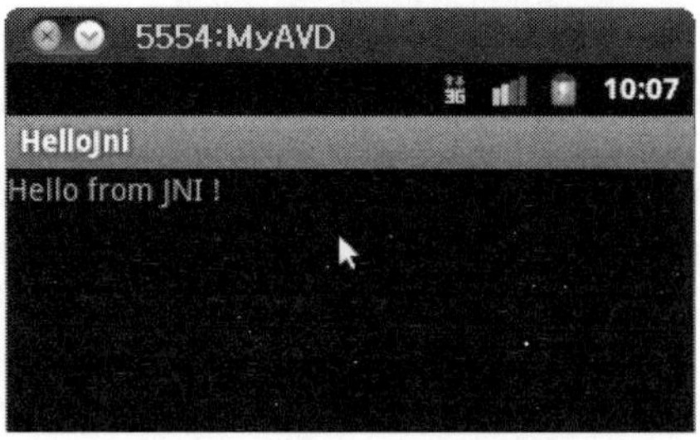

그림 12-8 hello-jni 프로젝트 실행결과

만일 빌드가 되지 않을 경우, 해당 프로젝트에서 마우스 우클릭 후, Properties를 연 다음, 안드로이드 SDK 버전과 자바 컴파일러 버전을 현재 시스템에 설치되어 있는 버전으로 선택한다. 그림 12-9의 화면에서 Android 2.3.3이 선택되어진 채로 Apply와 OK를 눌러 다으므로 진행한다.

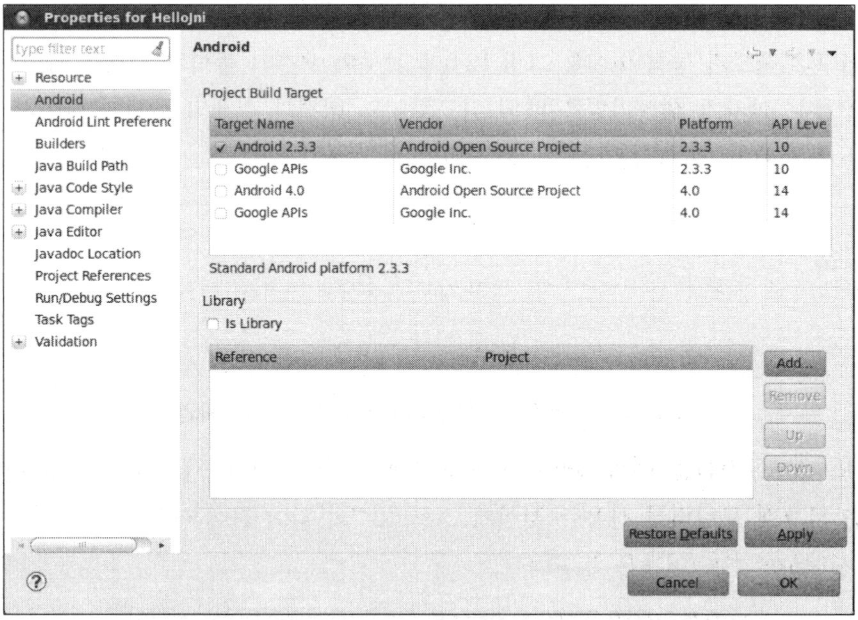

그림 12-9 Hellojni의 Properties 화면

실행해 보면 오류가 발생할 수 있다. 발생하는 이유는 jni가 아직 라이브러리화되어 있지 않기 때문이다. 현재 이클립스의 화면을 다시 한 번 확인해 본다. 그림 12-10은 hellojni의 이클립스 화면을 캡처한 것이다. 아래 화면에서 jni 디렉토리를 확인할 수 있는데, 해당 디렉토리 내에는 hello-jni.c라는 파일이 있다. 이 파일에는 C 언어로 작성된 소스가 있고, 이 소스가 컴파일 되면 libhello-jni.so라는 라이브러리가 생성되는데, 현재 소스 패키지트리에 보면 해당 파일이 없다는 것을 확인할 수 있다.

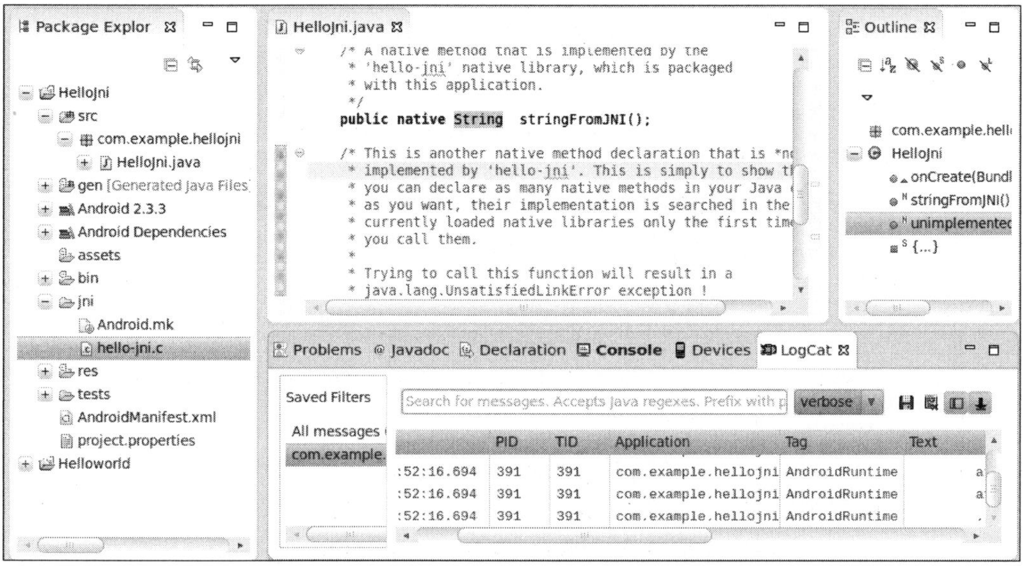

그림 12 10 이클립스에서의 hellojni 화면

그러면, 이제 이 hello-jni 파일을 컴파일하여 라이브러리를 생성해서 이 패키지 트리에 넣어준다. 컴파일을 위해서 터미널에서 작업하도록 한다. hello-jni 디렉토리로 이동한 다음 ndk-build를 실행하여 컴파일한다. ndk 빌드가 실행되면 아래와 같이 컴파일이 시작된다. 컴파일이 되면 hello-jni가 빌드되어 libhello-jni.so 파일이 생성되고, 생성된 라이브러리는 해당 디렉토리의 libs/armeabi/libhello-jni.so로 설치된다.

```
root@esp:/work/mydroid/android-ndk-r8d# cd samples/hello-jni
root@esp:/work/mydroid/android-ndk-r8d/samples/hello-jni# ls
root@esp:/work/mydroid/android-ndk-r8d/samples/hello-jni# ndk-build
Gdbserver      : [arm-linux-androideabi-4.6] libs/armeabi/gdbserver
Gdbsetup       : libs/armeabi/gdb.setup
Compile thumb  : hello-jni <= hello-jni.c
SharedLibrary  : libhello-jni.so
Install        : libhello-jni.so => libs/armeabi/libhello-jni.so
root@esp       :/work/mydroid/android-ndk-r8d/samples/hello-jni#
```

빌드가 된 다음, 이클립스 화면으로 돌아와서 변경된 내용을 확인해 보자. 이클립스는 바로 화면이 갱신되지 않으니, 이클립스 메뉴 Project에서 Clean을 선택한다. Clean을 선택하면 프로젝트에 대한 갱신을 할 수 있는 화면이 표시되는데, 전체를 모두 해도 되고, 선택된 프로젝트만 해도 된다.

프로젝트 리스트가 그림 12-11과 같이 변경된 것을 확인할 수 있다. 이전 화면에서 추가된 부분은 libs 디렉토리와 obj 디렉토리인데, obj는 빌드를 하는 과정에서 생성되고, 우리가 실제 이용하는 파일은 libs/armeabi 안에 있는 libhello-jni.so 파일이다.

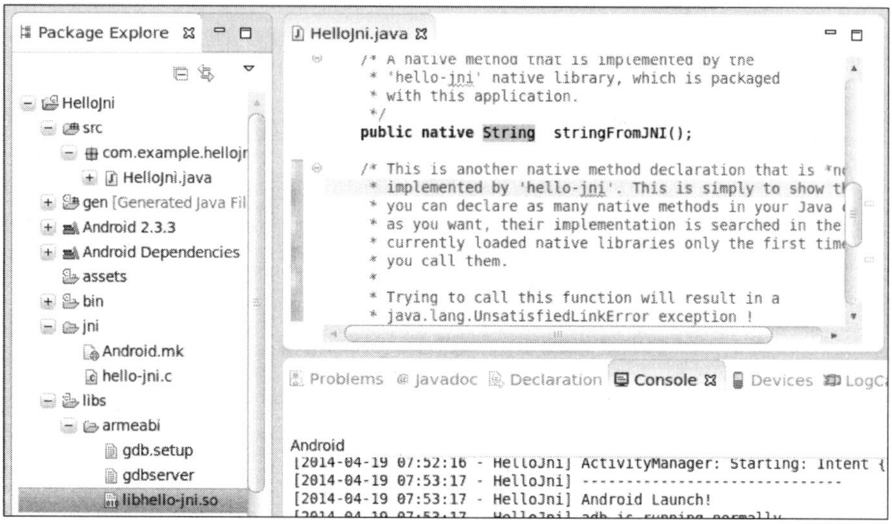

그림 12-11 재빌드 후의 hellojni 파일 구성

그림 12-8에 보인 hello-jni 프로그램의 실행결과는 HelloWorld와 동일하다. 그러나 문자열을 출력하는데 다소 내용상 차이가 있다. 우선 해당 프로젝트에서 소스를 확인해 보자. HelloJni.java 파일의 내용을 정리해 보면, 우선 HelloJni는 Activity를 상속받고 있으므로, 화면에 무엇인가 출력을 하기 위한 것임을 알 수 있다. 이 예제에서는 xml을 이용하지 않기 때문에 xml 리소스 관련된 부분은 없고, 대신 객체를 바로 출력할 수 있도록 Textview를 직접 생성한다. 그리고 아래 tv객체의 setText를 이용하여 문자열을 출력할 수 있다. 그런데, 문자열을 직접적으로 출력하는 것이 아니라, 어떤 메서드를 호출하고 있다.

```
public native String  stringFromJNI();
public class HelloJni extends Activity {
    @Override
    public void onCreate(Bundle savedInstanceState) {
        super.onCreate(savedInstanceState);
        TextView  tv = new TextView(this);
        tv.setText( stringFromJNI() );
        setContentView(tv);
    }
    public native String  stringFromJNI();
    public native String  unimplementedStringFromJNI();
    static {
        System.loadLibrary("hello-jni");
    }
}
```

그런데 조금 이상한 부분이 발견된다. stringFromJNI()라는 메서드를 찾기 위해 상속받는 클래스 등을 확인해도 구현된 부분이 없다. 이 stringFromJNI와 unimplementedStringFromJNI()는 jni에서 이용되는 함수로서, hello-jni.c 파일 안에 포함된다. 앞서 설명에, 자바에서는 네이티브 코드를 이용하려면 jni 함수를 이용해야하고 이는 컴파일되어 안드로이드 패키지 트리에서 확인이 가능하다는 것이다. 그래서 jni 소스를 이전에 컴파일 했던 것이다. 그러면 어떻게 라이브러리를 참조할까? 아래에 보면 System.loadLibrary()가 있는데, 이 메서드는 hello-jni를 읽어 참조하게 된다. 이 메서드가 다음과 같이 System.loadLibrary ("hello-jni")를 호출하게 되면, 실제 호출되는 라이브러리 이름은 libhello-jni.so가 된다.

아래는 jni 소스파일이다. 안드로이드에서 stringFromJNI()를 호출하면 이 jni 소스에 구현되어져 있는 stringFromJNI() 함수를 실행하고 그 결과를 반환하게 된다. 반환된 결과는 tv.setText를 통해 화면에 출력되게 된다.

```
#include <string.h>
#include <jni.h>

jstring Java_com_example_hellojni_HelloJni_stringFromJNI( JNIEnv* env, jobject thiz )
{
    return (*env)->NewStringUTF(env, "Hello from JNI !");
}
```

위 소스에서 JNI 함수는 다음과 같은 형태로 구성된다. jstring은 리턴 타입으로 자바 언어의 String에 해당한다. Java는 접두사이며, com_example_hellojni는 패키지 이름이다. HelloJni는 클래스 이름이며, stringFromJNI는 함수 이름이다. "JNIEnv* env, jobject thiz" 부분은 공통 파라미터 부분이다.

앞에서 jni를 컴파일하기 위해서 해당 디렉토리로 이동한 다음 ndk-build만 입력하여 컴파일을 할 수 있었다. ndk를 이용해서 컴파일할 때 ndk는 컴파일을 위한 스크립트를 이용하는데, 우리가 이전에 사용했던 Makefile 유틸리티와 같은 Android.mk를 사용한다. jni 디렉토리에 hello-jni.c와 함께 Android.mk 파일이 있다. Android.mk 파일의 내용을 보면 다음과 같다.

```
LOCAL_PATH := $(call my-dir)   ← 현재 파일의 경로를 주기 위해 사용. 'my-dir'은 현재 디렉토리
경로를 반환함
include $(CLEAR_VARS)   ← 빌드 시스템에서 제공하는 LOCAL PATH를 제외하고 LOCAL_XXX를
클리어함
LOCAL_MODULE     := hello-jni   ← 모듈 이름으로 중간에 공백있으면 안됨
LOCAL_SRC_FILES  := hello-jni.c   ← 모듈로 빌드될 C와 C++ 소스파일 목록

include $(BUILD_SHARED_LIBRARY)   ← Shared library 생성
```

LOCAL_MODULE은 만들어질 라이브러리의 JNI 이름이며, LOCAL_SRC_FILES는 빌드할 소스파일이고 마지막 include는 어떤 형식으로 컴파일할 것인지를 나타낸다. BUILD_SHARED_LIBRARY라고 지정해 놓으면, 컴파일 해서 나오는 최종 라이브러리 파일의 이름은 libhello-jni.so가 되고, 만약 SHARED 대신 STATIC으로 설정하게 되면, libhello-jni.a라는 파일로 생성된다.

12.2 안드로이드를 이용한 LED 하드웨어 제어

JNI 예제를 실행하려면 앞서 컴파일한 디바이스 드라이버가 안드로이드 파일시스템에 설치되어 있어야 한다. 또한, insmod 명령을 통해서 커널에 해당 드라이버 모듈을 등록시켜 주어야 한다.

Achro-210T의 제공되는 패키지의 파일시스템에는 해당 각 디바이스 드라이버를 포함시켜 두었으며, 안드로이드가 실행될 때 수행되는 init.rc 파일에 해당 드라이버를 커널에 적재하고 있으므로, 앞선 내용을 수행하지 않아도 ndk 부분만 작성하여 애플리케이션을 작성하면 보드에서 실행이 가능하다. init.rc를 열어보면 /etc/gps.sh를 실행하는데 이 스크립트 내에 커널에 드라이버를 적재하는 부분이 포함되어 있으므로, 자세한 내용은 해당 파일을 열어서 확인해 보기 바란다.

12.2.1 LED 제어 애플리케이션

안드로이드 애플리케이션에서 제9장에서 작성한 LED 디바이스 드라이버를 사용하여 LED를 제어하도록 해 보자. LED 제어 애플리케이션을 작성하고 컴파일 및 실행하는 요령은 다음과 같다.

1. 안드로이드 프로젝트생성(LedJni)

2. 안드로이드 애플리케이션 소스코드 작성(Java)

2.1. MainActivity인 Ledjni.Java 생성

2.2. main.xml

2.3. AndroidManifest.xml: MainAcivity의 항목(〈Application〉)추가

3. Java Native Interface Code 생성(JNI)

3.1. jni 디렉토리 생성

3.2. 만들고자 하는 jni.c 파일 생성(led-jni.c)

3.3. Android.mk

4. jni 빌드

4.1. 빌드하고자하는(프로젝트) 디렉토리로 이동해서 ndk-build 실행

4.1.1. libs 디렉토리와 libs/armeabi 디렉토리가 생성됨

4.1.2. armeabi 디렉토리에 lib[jni소스파일].so 혹은 .a 파일이 설치됨

5. RUN을 실행하여 컴파일된 결과를 보드에서 실행

한 가지 주의할 사항은, jni 소스 자체가 변경이 되면, Project Clean 후 보드에서 실행할 수 있도록 빌드를 해주어야 한다.

12.2.2 LedJNI Example

① 안드로이드 프로젝트 생성(LedJni)

Eclipse 메뉴에서 New → Android Application Project 클릭한다. 그림 12-12의 화면에서 프로젝트 이름과 패키지 이름을 지정하고, 사용할 SDK 버전을 선택한다.

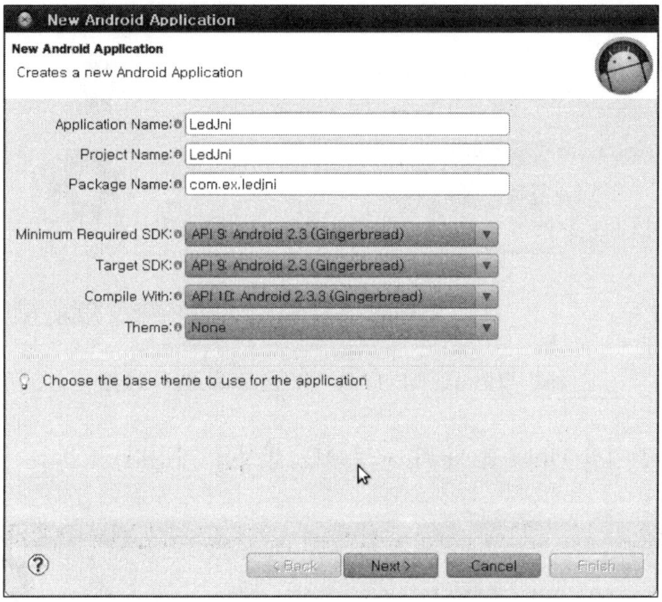

그림 12-12 LED 제어용 프로젝트 생성

그림 12-13의 화면에서 Create Activity 체크를 해제하고, Next 버튼을 누른다. Activity를 여기서 만들지 않는 이유는 앞서 SDK 버전 업데이트와 관련된 문제라고 언급하였다.

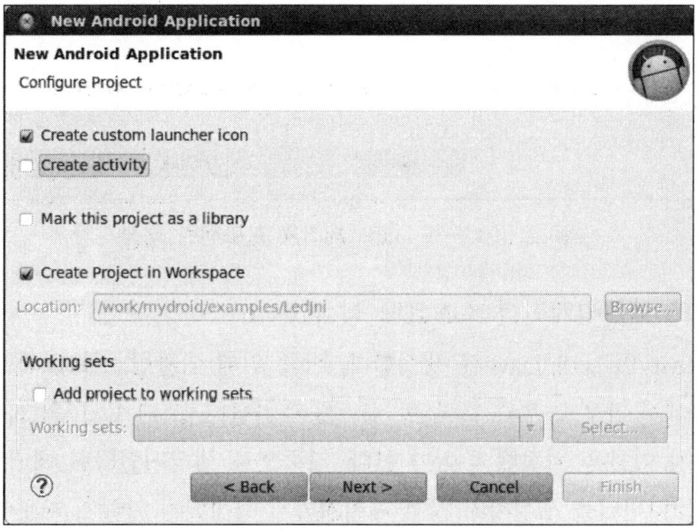

그림 12-13 LED 제어용 프로젝트 생성

그림 12-14의 화면에서 아이콘을 선택한 다음, Next를 누른다.

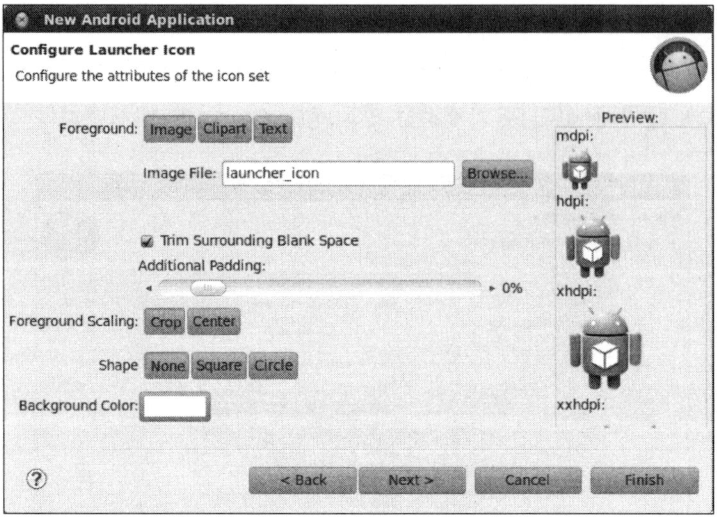

그림 12-14 LED 제어용 프로젝트 생성

그림 12-15 화면에서 Finish를 눌러 프로젝트 생성을 마친다.

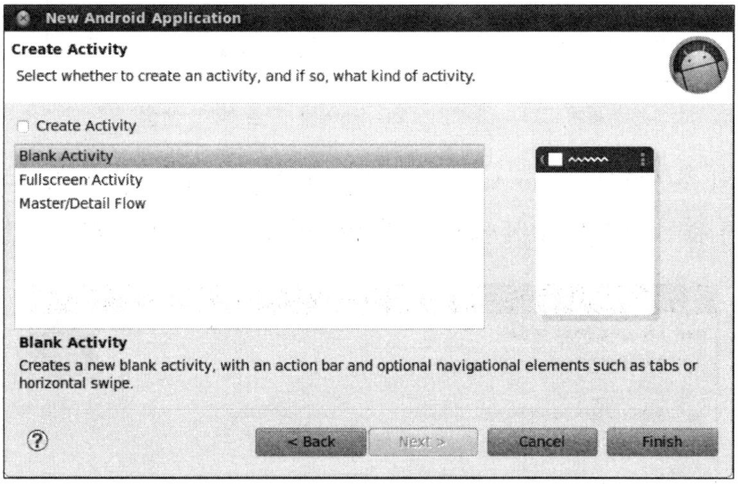

그림 12-15 LED 제어용 프로젝트 생성

② 안드로이드 애플리케이션 소스코드 작성(Java)

먼저 MainActivity인 Ledjni.java를 생성한다. 이를 위해 이클립스 프로젝트 화면에서 패키지 트리의 src에서 마우스 우측 클릭 후 class를 추가한다. 그림 12-16의 화면에서 클래스에 추가할 패키지 이름을 지정해 주어야 한다. 자동으로 생성되었다면 패키지명까지 생성되지만 위에서 액티비티를 생성하지 않아 패키지까지 생성되지 않았기 때문에 클래스를 추가할 때 패키지명을 추가한다.

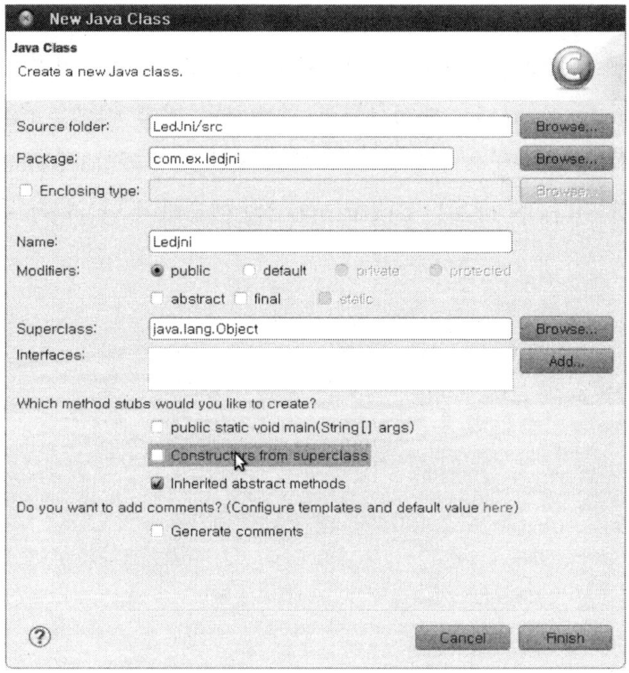

그림 12-16 Ledjni 클래스 생성

다음으로 main.xml 소스파일을 작성한다. 이 소스파일은 Achro-210T에 8개의 라디오 버튼을 생성하고, 생성된 라디오 버튼을 메인 액티비티를 구성하는 Java 소스에서 불러져 사용된다. 리소스를 만들기 위해서 XML로 만들거나 디자인 툴로 만들 수 있다. 이 책에서는 XML로 만드는 방법을 이용한다. 패키지 트리에 res/layout에서 마우스 우측 클릭을 하여, 표시되는 세부 메뉴에서 [New] - [Android XML File]을 선택한다.

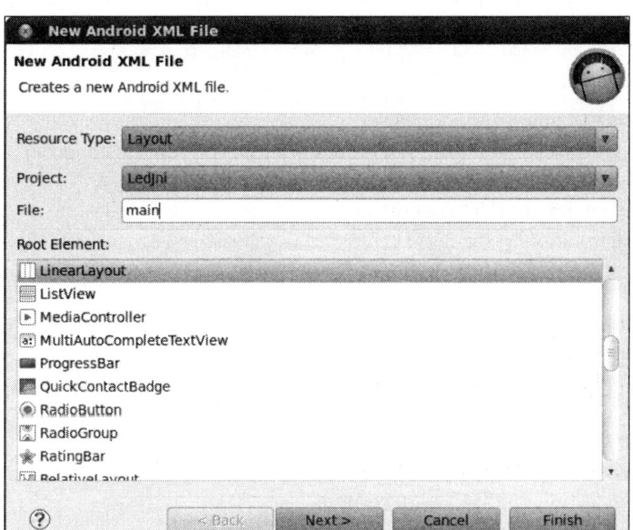

그림 12-17 main.xml 추가하기

그림 12-17의 화면에서 생성할 파일 이름, 그리고 어떤 형태의 화면구성을 이용할 것인지 선택하게 된다. 화면에서 Resource Type은 Layout으로 설정하고, 해당 프로젝트는 LedJni이므로 LedJni를 선택하고, 생성하고자 하는 xml 파일 이름은 main으로 지정한다. 그리고 어떤 형태의 화면 구성을 이용할 것인지에 대한 내용을 Root Element에 있는 항목들 중에서 선택하면 된다. 이 예제는 LinearLayout을 이용하여 만든다. 그런 다음 Finish 버튼을 누른다.

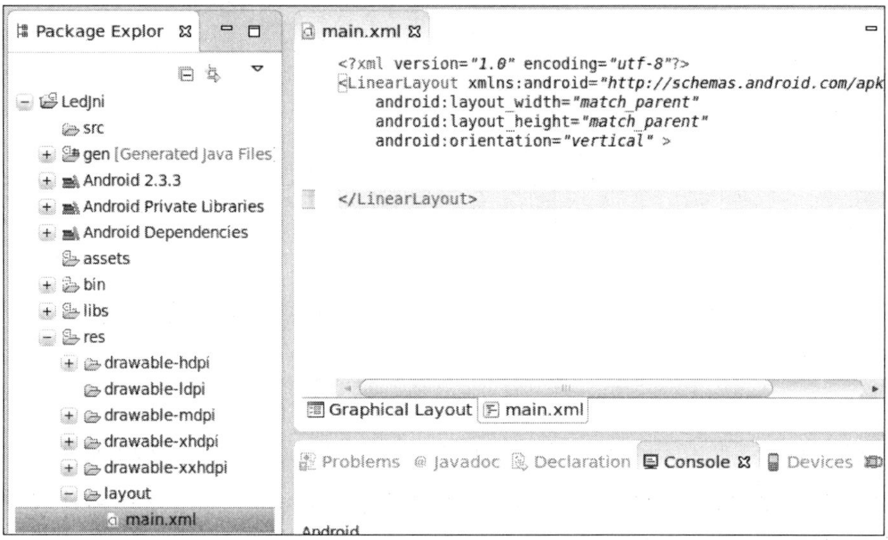

그림 12-18 main.xml 소스 화면

그림 12-18의 화면에서 Graphical Layout으로 탭이 선택되어져 있으면 main.xml 탭을 선택해서 xml 소스를 다음과 같이 입력한다. 소스의 내용은 라디오 버튼 그룹을 먼저 생성하고, 라디오 버튼 그룹에 포함되는 라디오 버튼을 8개 생성한다.

```
<?xml version="1.0" encoding="utf-8"?>
<LinearLayout xmlns:android="http://schemas.android.com/apk/res/android"
    android:layout_width="fill_parent"
    android:layout_height="fill_parent"
    android:orientation="vertical" >

    <TextView
        android:layout_width="fill_parent"
        android:layout_height="wrap_content"
        android:text="@string/app_name" />

    <RadioGroup
        android:id="@+id/RadioGroup01"
        android:layout_width="wrap_content"
        android:layout_height="wrap_content"
        android:orientation="horizontal" >
```

```
<RadioButton
    android:id="@+id/RB01"
    android:layout_width="wrap_content"
    android:layout_height="wrap_content"
    android:text="1" >
</RadioButton>

<RadioButton
    android:id="@+id/RB02"
    android:layout_width="wrap_content"
    android:layout_height="wrap_content"
    android:text="2" >
</RadioButton>

<RadioButton
    android:id="@+id/RB03"
    android:layout_width="wrap_content"
    android:layout_height="wrap_content"
    android:text="3" >
</RadioButton>

<RadioButton
    android:id="@+id/RB04"
    android:layout_width="wrap_content"
    android:layout_height="wrap_content"
    android:text="4" >
</RadioButton>

<RadioButton
    android:id="@+id/RB05"
    android:layout_width="wrap_content"
    android:layout_height="wrap_content"
    android:text="5" >
</RadioButton>

<RadioButton
    android:id="@+id/RB06"
    android:layout_width="wrap_content"
    android:layout_height="wrap_content"
    android:text="6" >
</RadioButton>

<RadioButton
    android:id="@+id/RB07"
    android:layout_width="wrap_content"
    android:layout_height="wrap_content"
    android:text="7" >
</RadioButton>

<RadioButton
    android:id="@+id/RB08"
    android:layout_width="wrap_content"
```

```
            android:layout_height="wrap_content"
            android:text="8" >
        </RadioButton>
    </RadioGroup>

</LinearLayout>
```

패키지와 화면을 구성하는 메인 액티비티인 Ledjni.java 자바 파일이 생성되면 아래와 같이 클래스만 정의된다.

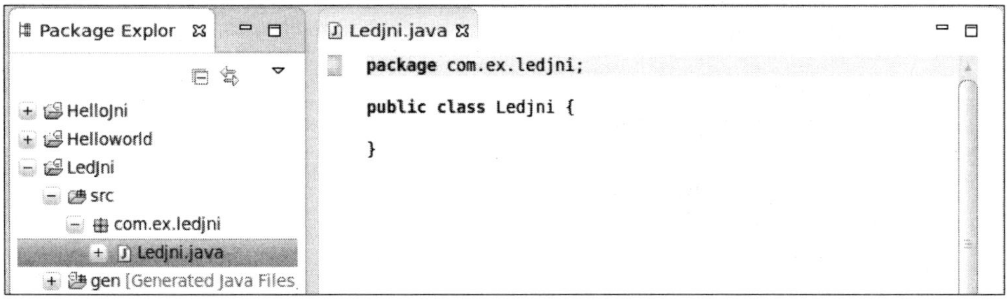

그림 12-19 Ledjni.java 초기화면

액티비티를 만들어야 되므로 Ledjni.java 소스코드를 다음과 같이 작성한다.

```
package com.ex.ledjni;

import android.app.Activity;
import android.os.Bundle;
import android.widget.RadioGroup;

public class Ledjni extends Activity implements RadioGroup.OnCheckedChangeListener {
    /** Called when the activity is first created. */
    RadioGroup mRadioGroup;

    @Override
    public void onCreate(Bundle savedInstanceState) {
        super.onCreate(savedInstanceState);
        setContentView(R.layout.main);

        mRadioGroup = (RadioGroup)findViewById(R.id.RadioGroup01);
        mRadioGroup.setOnCheckedChangeListener(this);
    }

    public void onCheckedChanged(RadioGroup group, int checkedId){
    switch(checkedId)
    {
    case R.id.RB01 :
            SetLedValue(1);
            break ;
```

```
        case R.id.RB02 :
                SetLedValue(2);
                break ;
        case R.id.RB03 :
                SetLedValue(3);
                break ;
        case R.id.RB04 :
                SetLedValue(4);
                break ;
        case R.id.RB05 :
                SetLedValue(5);
                break ;
        case R.id.RB06 :
                SetLedValue(6);
                break ;
        case R.id.RB07 :
                SetLedValue(7);
                break ;
        case R.id.RB08 :
                SetLedValue(8);
                break ;
        }
        }

        public native void  SetLedValue(int x);
        static {
            System.loadLibrary("led-jni");
        }
}
```

소스는 안드로이드 화면 구성과 라디오 버튼 이벤트 구현으로 구성되어 있다. 이벤트 내용은 라디오 버튼에 어떠한 이벤트가 발생하게 되면 해당 이벤트에 맞는 값을 설정하는 내용을 담고 있고, 소스 가장 아래쪽에 보면 SetLedValue()가 선언되어 있으며, 원형을 보면 native로 선언되어 있으므로, 이 함수는 네이티브 함수가 되며, 이 함수를 참조하려면 아래에 있는 System.loadLibrary()에 선언되어 있는 led-jni를 참조하게 된다. 이 애플리케이션이 실제 실행될 때 참조하는 라이브러리 이름은 libled-jni.so라는 파일이 된다는 것을 추측해 볼 수 있다.

소스코드 작성의 마지막 단계로 안드로이드 프로젝트 파일(AndroidManifest.xml)을 수정한다. 패키지 트리 맨 아래에 있는 AndroidManifest.xml을 열어서 추가한 Ledjni를 추가한다.

```
<manifest xmlns:android="http://schemas.android.com/apk/res/android"
    package="com.ex.ledjni"
    android:versionCode="1"
    android:versionName="1.0" >

    <uses-sdk
        android:minSdkVersion="9"
        android:targetSdkVersion="9" />

    <application android:icon="@drawable/ic_launcher" android:label="@string/app_name">
        <activity android:name=".Ledjni"
                  android:label="@string/app_name">
            <intent-filter>
                <action android:name="android.intent.action.MAIN" />
                <category android:name="android.intent.category.LAUNCHER" />
            </intent-filter>
        </activity>
    </application>

</manifest>
```

③ Java Native Interface 코드 생성(led–jni.c)

led-jni.c 파일 작성을 위해서 LedJni 프로젝트 선택 후 마우스 우측 클릭을 하여 표시되는 세부 메뉴에서 New - Folder를 선택하여 "jni" 디렉토리를 생성한다.

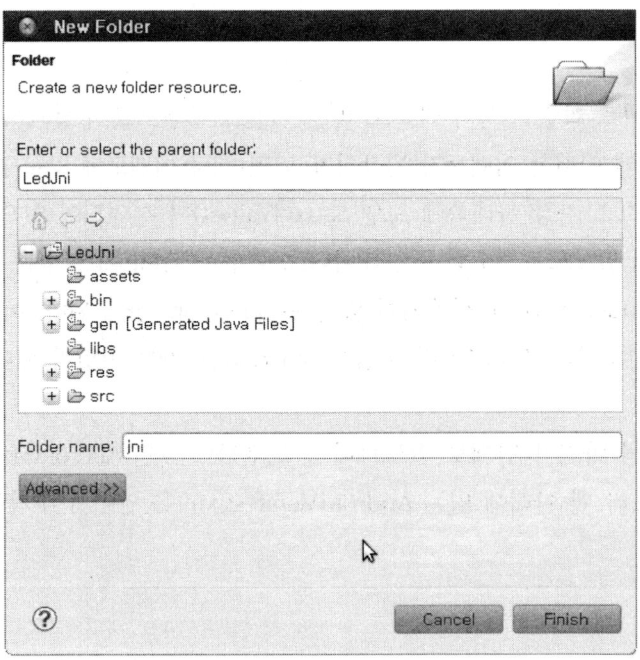

그림 12-20 jni 디렉토리 생성

생성된 jni 디렉토리에서 마우스 우측 클릭하여 New - File을 선택한다. 그림 12-21의 화면에서 파일명은 led-jni.c로 지정한다.

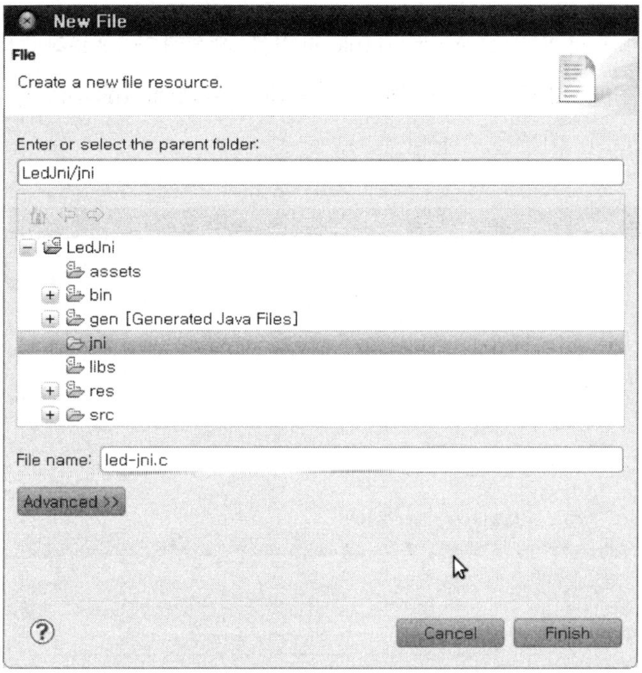

그림 12-21 jni 파일 이름 지정

```
/* JNI Example */

#include <string.h>
#include <jni.h>
#include <android/log.h>
#include <fcntl.h>

void led_main (int x)
{
    int fd = -1;
    unsigned char val[] = {0x00, 0xfe, 0xfd, 0xfb, 0xf7, 0xef, 0xdf, 0xbf, 0x7f};

    fd = open("/dev/led_driver", O_RDWR); //#include <fcntl.h> --> O_RDWR
    if (fd < 0){
        __android_log_print(ANDROID_LOG_INFO, "Device Open Error", "Driver = %d", x);
    } else {
        __android_log_print(ANDROID_LOG_INFO, "Device Open Success", "Driver = %d",x);
        write (fd, &val[x], 1);
    }
    close(fd);
}
void Java_com_ex_ledjni_Ledjni_SetLedValue( JNIEnv* env,jobject thiz, jint val )
{
```

```
        __android_log_print(ANDROID_LOG_INFO, "LedJni", "led value = %d", val);
        led_main(val);
}
```

JNI 코드 생성 마지막 단계로 Android.mk 파일을 작성한다. 프로젝트의 jni 디렉토리에서 마우스 우측 클릭을 하고, New - File을 선택해서 Android.mk 파일을 그림 12-22와 같이 지정한 다음 Finish 버튼을 누른다.

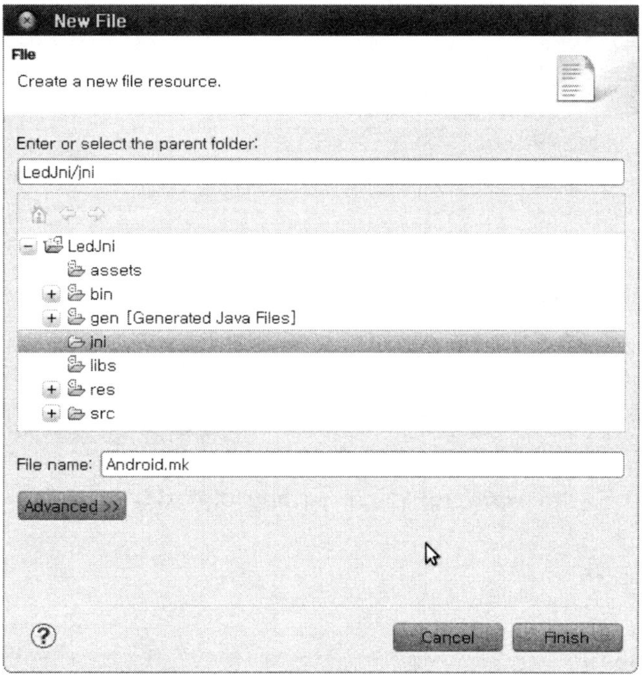

그림 12-22 Android.mk 소스파일 추가

Android.mk에 들어갈 빌드 스크립트는 다음과 같다.

```
LOCAL_PATH := $(call my-dir)

include $(CLEAR_VARS)

LOCAL_MODULE      := led-jni
LOCAL_SRC_FILES := led-jni.c
LOCAL_LDLIBS      := -L$(SYSROOT)/usr/lib -llog

include $(BUILD_SHARED_LIBRARY)
```

④ jni 빌드

이제 소스 입력은 다 마친 상태이다. 남은 단계는 소스를 컴파일(ndk-build)하고, 프로그램을 실행하는 것이다. 앞서 만든 jni를 컴파일해서 라이브러리로 만들기 위해서 터미널을 실행하고, 터미널에서 해당 프로젝트 디렉토리로 이동하여 ndk-build를 실행한다.

```
root@esp:/work/mydroid/workspace/LedJni# pwd
/work/mydroid/workspace/LedJni
root@esp:/work/mydroid/workspace/LedJni# ndk-build
Compile thumb  : led-jni <= led-jni.c
SharedLibrary  : libled-jni.so
Install        : libled-jni.so => libs/armeabi/libled-jni.so
```

libs/armeabi 디렉토리를 확인해 보면 컴파일된 libled-jni.so라는 라이브러리가 있음을 확인할 수 있다.

```
root@esp:/work/mydroid/workspace/LedJni# ls libs/armeabi/
libled-jni.so*
root@esp:/work/mydroid/workspace/LedJni#
```

정상적으로 라이브러리가 컴파일되면, Package Explorer의 libs/armeabi 디렉토리 아래에 libled-jni.so 파일이 생성된 것을 그림 12-23과 같이 확인할 수 있다. 만일 빌드를 하였는데도 libs와 obj 디렉토리가 보이지 않을 경우, 이클립스 메뉴에서 [Project] - [Clean]을 선택하면, 자동으로 프로젝트를 새로 빌드하면서 프로젝트를 갱신시킨다. 이후 정상적으로 libs와 obj 디렉토리가 보인다.

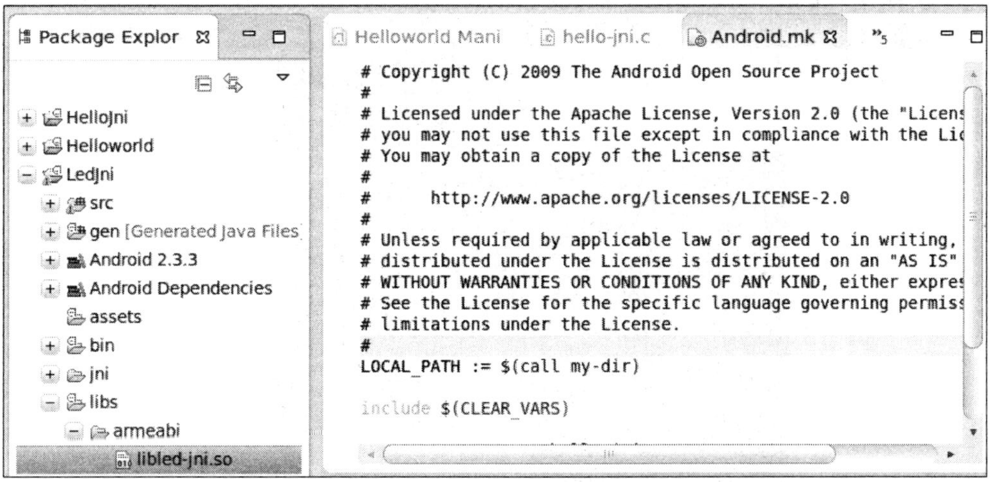

그림 12-23 libled-jni.so 라이브러리 생성 확인

⑤ 프로그램 실행하기

이제 컴파일된 결과를 Achro-210T 보드에서 실행하여 LED 8개가 제어되는지 확인해 보자. 보드에서 실행하기 위해서는 먼저 USB OTG 케이블을 사용하여 OTG 단자를 타겟보드에 연결하고, PC에는 USB 단자를 연결한다. 케이블이 정상적으로 연결되면, 처음 사용하는 경우 드라이버가 자동으로 검색되어 설치되며, 설치가 완료되면 USB OTG 장치를 가상머신에서 사용할 수 있도록 설정한다. VirtualBox 관리자 메뉴에서 [장치] - [USB 장치] - [Huins Achro210]을 선택한다. 이제부터는 우분투에서 컴파일된 helloworld 프로그램은 OTG 케이블을 통해 Achro-210T 보드에서 실행될 수 있다.

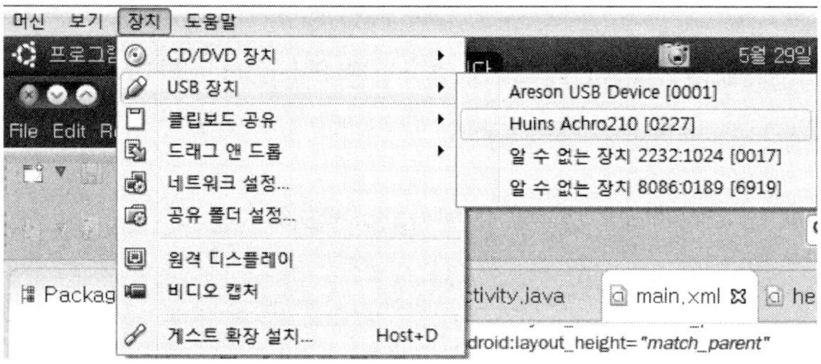

그림 12-24 Achro-210T보드와 PC를 OTG 케이블로 연결하기

Achro-210T에서 실행되고 있는 상태는 장치에 대한 현재 상태를 볼 수 있는 윈도우를 등록하면 편리하게 확인할 수 있다. 그림 12-25에 보인 바와 같이 메뉴에서 [Window] - [Show View] - [Other..]를 선택한다.

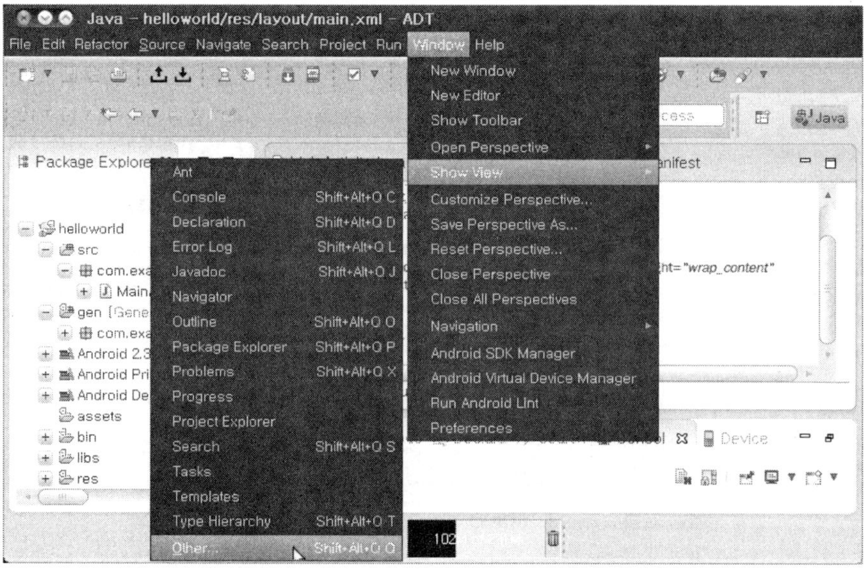

그림 12-25 장치에 대한 상태 윈도우 열기

그림 12-26의 화면에서 Devices를 선택하여 OK 버튼을 누르면 장치 선택 화면이 보인다.

그림 12-26 안드로이드 장치 선택

그림 12-27의 안드로이드 디바이스를 선택하는 화면에는 현재 장치에 연결되어 있는 안드로이드 기기 리스트가 출력된다. 에뮬레이터가 실행되고 있는 경우에는 emulator도 표시된다. 안드로이드 장치가 연결되어 있다면, 에뮬레이터와 안드로이드 장치가 모두 출력된다.

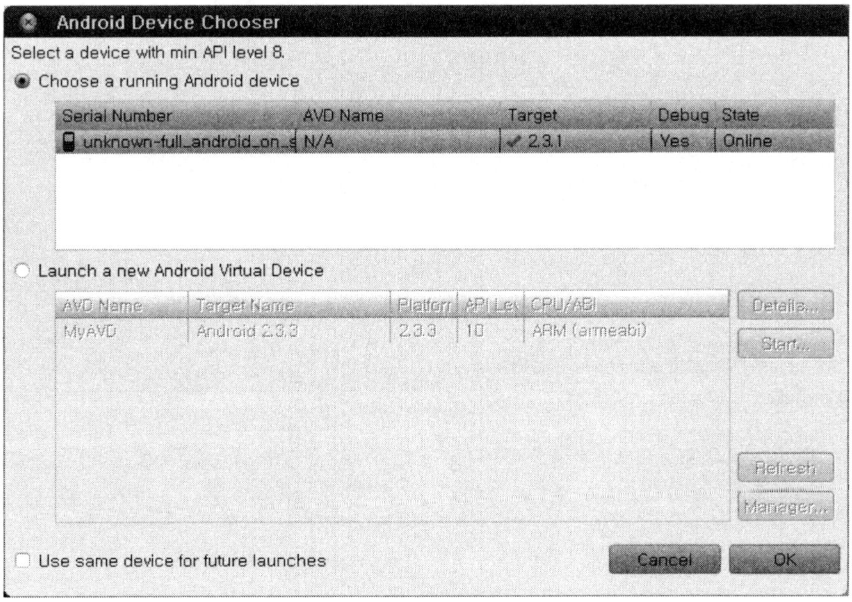

그림 12-27 프로그램을 실행할 디바이스(Achro-210T) 선택

그림 12-27의 화면에서 Achro-210T 디바이스(unknown-...)를 선택한 다음 OK 버튼을 누르면 LED 제어 프로그램이 보드에서 실행되며, 그 결과는 그림 12-28과 같다. 화면에서 라디오 버튼을 누르면 해당 LED가 제어되는 것을 확인할 수 있다.

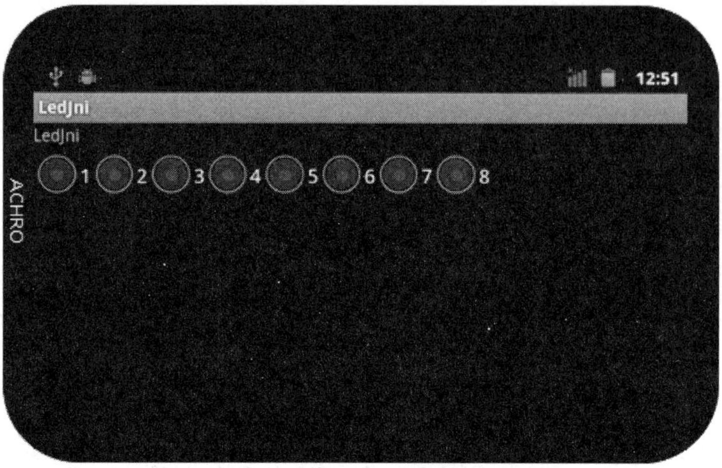

그림 12-28 Achro-210T 보드에서의 Ledjni 실행결과

찾아보기

[저자약력]

조윤석

한국과학기술원(KAIST) 전기및전자공학과 (공학박사)
한동대학교 전산전자공학부 교수 (1995~현재)

홍성현

(주) 휴인스 기술연구소 연구원 (2006~2013)
임베디드 개발자 사이트(www.embeddedclub.net) 운영 (2006~현재)
임베디드 시스템 소프트웨어 개발 프리랜서 (2014~현재)

정가 25,000원

Achro-210T 보드를 활용한
임베디드 리눅스 시스템의 이해와 활용

2014년 8월 20일 초판 인쇄
2014년 8월 25일 초판 발행

저 자 : 조 윤 석 · 홍 성 현
발행자 : 우 명 찬 · 송 준
발행처 : 홍릉과학출판사
주 소 : ㊐142-885 서울시 강북구 인수봉로 50길 10
등 록 : 1976년 10월 21일 제5-66호
전 화 : 999-2274~5, 903-7037
팩 스 : 905-6729
ISBN : 979-11-5600-317-5

hongpub@hongpub.co.kr
www.hongpub.co.kr

저자와의 협의하에 인지생략